AI에이전트가 가져올 비지니스변화와 대응전략

이것이 AI에이전트 · 챗봇이다

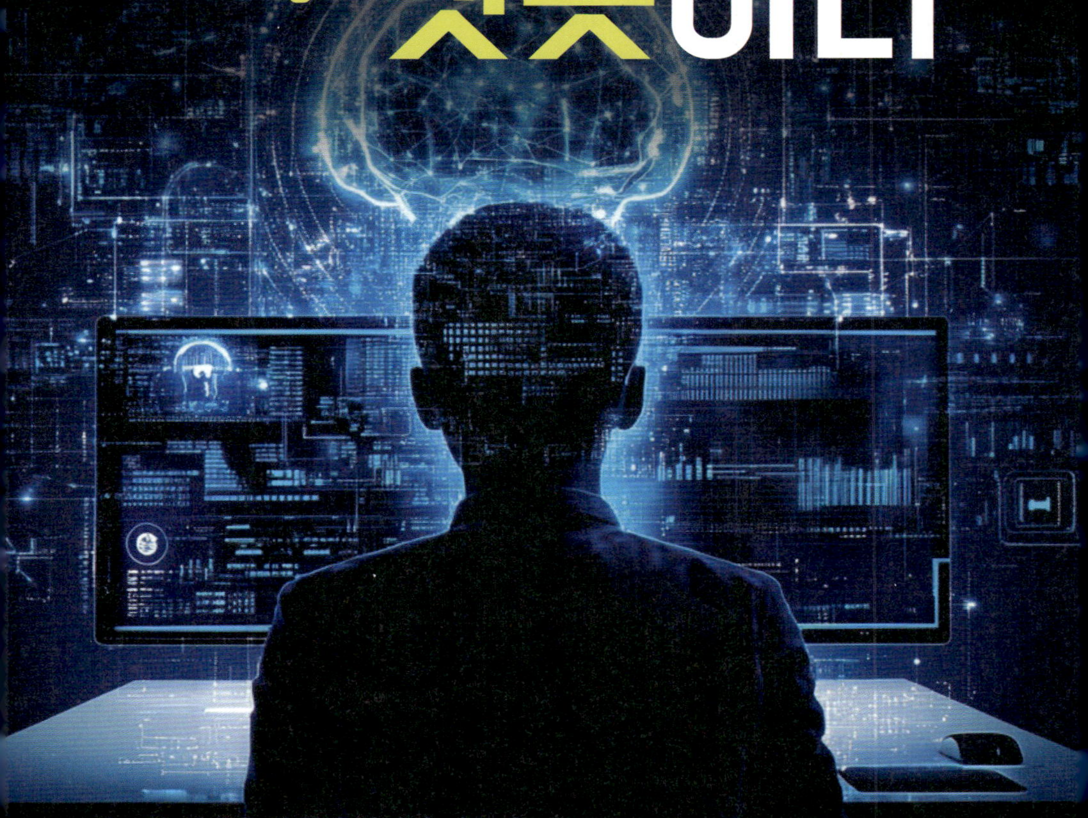

공저 권오형 최재용 김은정 김진경 이도혜
이세제 임현지 전세연 최재향

감수 김진선

미디어북

이것이 AI에이전트 · 챗봇이다

초판인쇄 2024년 12월 04일
초판발행 2024년 12월 12일

공 저 자 권오형 최재용 김은정 김진경 이도혜
이세제 임현지 전세연 최재향
감 수 김진선

발 행 인 정상훈
디 자 인 신아름
펴 낸 곳 미디어북

서울특별시 관악구 봉천로 472
코업레지던스 B1층 102호 고시계사

대 표 02-817-2400 팩 스 02-817-8998
考試界 · 고시계사 · 미디어북 02-817-0419
www.gosi-law.com
E-mail : goshigye@chollian.net

판 매 처 미디어북 · 고시계사
주문전화 817-2400
주문팩스 817-8998

정가 22,000원 ISBN 979-11-89888-99-2 13560

미디어북은 고시계사 자매회사입니다

이것이
AI에이전트 · 챗봇이다

Preface

인공지능(AI)의 발전은 우리 사회 전반에 걸쳐 혁신적인 변화를 일으키며, 새로운 시대를 열어가고 있다. 특히 최근 등장한 생성형 AI 기술은 디지털 전환 패러다임의 중심으로 자리 잡았고, AI 에이전트라는 새로운 개념을 중심으로 한 진화의 핵심 동력이 되고 있다. AI 에이전트는 단순히 인간의 작업을 보조하는 수준을 넘어, 인간의 의도를 이해하고 복잡한 문제를 자율적으로 해결하며, 디지털 동반자로 자리 잡아가고 있다. 이는 단순한 기술 혁신을 넘어 인류 문명의 전환점이라 할 만하다.

생성형 AI는 그중에서도 가장 주목할 만한 기술적 발전으로, AI가 인간과 협력하며 새로운 가능성을 열어가는 데 중요한 역할을 하고 있다. 챗GPT, Claude, 그리고 DALL-E와 같은 AI 시스템은 텍스트와 이미지를 생성하는 능력을 뛰어넘어, 맥락을 이해하고 창의적인 사고를 지원하며 인간의 상호작용 방식을 확장하고 있다. 이러한 시스템들은 인간의 언어와 사고 방식을 깊이 이해하고, 단순한 응답을 넘어 통합적이고 실질적인 협력 파트너로 자리 잡아가고 있다. 특히 텍스트, 이미지, 음성을 통합적으로 처리할 수 있는 멀티모달 AI는 인간의 다중 감각적 소통 방식을 구현하며, 더욱 자연스럽고 효과적인 상호작용을 가능케 한다.

또한 온디바이스 AI의 발전은 개인화된 AI 활용의 가능성을 한층 더 확대하고 있다. AI 전용 하드웨어가 보급되면서, 데이터 프라이버시를 보호하는 동시에 실시간 처리가 가능해졌고, 이는 AI가 사용자와 더욱 밀접하게 연결된 도구로 발전하는 계기를 마련했다. 클라우드 의존성을 줄이고, 사용자의 경험을 더욱 강화하며, AI가 일상에 깊숙이 스며들 수 있도록 만드는 기반이 되고 있다. 이러한 기술적 진보는 단순히 기술 혁신을 넘어서, AI가 개인과 조직의 생산성과 창의성을 동시에 강화하는 데 기여하고 있다.

AI는 검색과 마케팅 분야에서도 새로운 가능성을 열어가고 있다. 구글의 SGE(Search Generative Experience)와 같은 기술은 사용자의 질문을 맥락적으로 이해하고, 종합적이고 유용한 답변을 제공하고 있다. TikTok과 같은 소셜 미디어 플랫폼은 AI를 통해 소비자의 행동을 예측하고, 개인화된 콘텐츠를 제공하며, 마케팅과 소비의 방식을 변화시키고 있다. 이는 기업에게는 더 정교하고 전략적인 고객 접근 방식을 제공하며, 소비자에게는 개인화된 경험을 통해 삶의 편의를 높이는 변화를 가져오고 있다.

특히, AutoGPT와 같은 자율적인 AI 에이전트는 AI 기술의 새로운 지평을 열고 있다. 인간의 목표를 이해하고, 자율적으로 계획을 세우며, 실행하는 능력을 갖춘 AI 에이전트는 단순히 작업을 보조하는 도구를 넘어 전문가 수준의 분석과 창의적 문제 해결을 지원하는 동반자로 자리 잡고 있다. AI 에이전트는 제조업에서 스마트 공장의 운영 최적화를 지원하고, 금융업에서 복잡한 데이터를 분석하며, 의료 분야에서는 개인 맞춤형 진단과 치료를 돕는 등 여러 산업에서 혁신적 변화를 이끌고 있다. 교육 분야에서도 학습자 맞춤형 학습 프로그램을 제공하며, 지식 전달의 패러다임을 변화시키고 있다.

AI 에이전트의 등장은 단순한 산업적 혁신을 넘어, 사회적, 경제적 구조에도 깊은 영향을 미치고 있다. 단순 반복 작업이 자동화되면서, 인간은 더욱 창의적이고 감성적인 능력을 발휘할 수 있는 영역에 집중할 수 있게 될 것이다. 스마트시티에서는 AI 에이전트가 교통 흐름을 최적화하고, 에너지 소비를 효율적으로 관리하며, 도시 공간의 활용도를 극대화하는 데 기여할 것이다. 공공 서비스에서도 AI 챗봇과 자동화된 행정 시스템을 통해 효율성과 품질을 동시에 높이는 변화가 일어나고 있다.

이 책은 이러한 AI 에이전트 시대를 준비하는 개인과 조직을 위한 실질적인 안내서다. AI 기술의 발전 방향과 구체적인 활용 사례를 제시하며, 이를 효과적으로 도입하고 운영하는 전략을 상세히 다룬다. 특히 GPT Store와 같은 AI 에이전트 생태계에서 새로운 비즈니스 기회를 창출하는 방법부터, AI 에이전트를 활용하여 생산성과 창의성을 극대화하는 방법까지 다양한 인사이트를 제공한다.

우리는 이미 AI 에이전트와 함께하는 미래를 맞이하고 있다. AI 에이전트는 단순한 기술 도구를 넘어, 인간의 창의성과 잠재력을 확장하는 동반자로 진화하고 있다. 이는 개인과 조직이 새로운 기회를 창출하며, 더 나은 미래를 향해 나아가는 강력한 힘이 될 것이다.

Preface

AI 에이전트의 방대한 영역을 모두 담기에는 부족하지만, 각 분야 전문가들의 귀중한 통찰을 담고자 했다. 저자 권오형의 'AI 에이전트와 차세대 혁명'과 최재용의 'AI 챗봇 시대, D-ID로 AI 챗봇 에이전트 만들기'를 통해 거시적 관점을 제시하고, 김진경의 'AI 에이전트 시대 대비하기'로 실천적 방향을 모색한다. 또한 김은정의 '지자체에서는 AI 챗봇 이렇게 활용하고 있다!'와 임현지의 'AI 에이전트의 산업별 트렌드', 이도혜의 '챗봇 기업에서는 이렇게 활용한다!'를 통해 지자체와 기업의 활용사례를 상세히 다룬다. 여기에 전세연의 'AI 챗봇의 유형', 최재향의 '챗GPT로 만드는 실용 'GPTs 챗봇', 코딩 없이 시작하기', 이세제의 'AI Talker 실용적인 AI 에이전트의 구현과 활용'을 통해 AI 에이전트의 구현과 응용에 대한 실전적 가이드를 제시하고자 했다.

저자들이 기술한 내용 외에도 AI 에이전트는 2025년을 기점으로 더욱 혁신적인 발전을 이루며 산업 전반에 걸쳐 획기적인 변화를 주도할 것으로 전망된다. 멀티모달 AI의 발전으로 음성, 영상, 텍스트를 통합적으로 처리하는 능력이 강화되고, AI 에이전트 간의 협업 시스템이 구축되면서 새로운 가치를 창출하는 생태계가 형성될 것으로 기대된다. 이러한 AI 에이전트의 진화는 개인과 기업에게 혁신적인 가능성과 새로운 비즈니스 기회를 제시하며, 조직의 생산성과 창의성을 극대화할 전략적 도구로 자리 잡게 될 것이다.

이 책은 독자들에게 AI 에이전트가 가져올 비즈니스 변화와 이에 효과적으로 대응할 전략을 이해하고, 이를 통해 새로운 시대를 선도할 인사이트를 얻을 수 있도록 기획되었다. AI 에이전트의 비전을 공유하며, 변화의 중심에 설 수 있도록 돕고자 하는 마음으로 이 책을 바친다.

끝으로 이 책의 감수를 맡아 수고하신 파이낸스투데이 전문위원, 이사이며 현재 디지털융합교육원 부원장이신 김진선 교수님께 감사를 드리며 미디어북 임직원 여러분께도 감사의 말씀을 전한다.

2024년 12월

대표 저자 **권 오 형** 경영공학 박사

공저자 소개

권 오 형

건국대학교에서 경영학 학사와 석사, 경영공학 박사 학위를 취득했고, 모리아타운/컨설팅의 대표이며, 건국대학교 대학원 겸임교수 및 디지털융합교육원 석좌교수로 강의하고 있다. 경영지도사 자격증 보유와 대한민국 신지식인으로 인정받았으며, 세계 3대 인명사전 중 하나인 마르퀴즈 후즈후에 이름이 등재돼 있다. (tongkennom@gmail.com)

최 재 용

과학기술정보통신부 인가 사단법인 4차산업혁명연구원 이사장과 디지털융합교육원 원장으로 전국을 누비며 생성형 AI 활용 업무 효율화 강의를 하고 있다, 또한 한성대학교 지식서비스&컨설팅대학원 스마트융합컨설팅학과 겸임교수로 근무하고 있다.

(mdkorea@naver.com)

김 은 정

31년차 행정공무원으로서 수원시청 근무, 스피치컨설턴트 1급 자격증을 바탕으로 스피치아카데미 라엘에서 보이스 전문강사로 활동하며, 디지털융합교육원에서 AI 콘텐츠 강사로도 활약하고 있다.

(33kej1002@gmail.com)

공저자 소개

김 진 경

(주)교원아카데미(빨간펜) 단장, (주)엔지텍 전무이사를 거쳐 네이버 지식인의 물신으로 활동했으며 현재 감동선물따랑 대표이다. 사단법인 4차산업혁명연구원 산하 디지털 융합교육원 지도교수이며 선임연구원으로 인공지능 콘텐츠 AI챗봇 및 ChatGPT 전문 강사로 활동하고 있다.

(daol501@naver.com)

이 도 혜

한국AI콘텐츠연구소 대표, 디지털융합교육원 지도교수, 틱톡103K 크리에이터, 삼성전자 본사, 삼성인재개발원 등 대기업 강의와 공공기관·공기업·대학 등에서 생성형 AI를 활용한 업무효율화, 데이터분석, 프롬프트 엔지니어링, 인공지능으로 AI 영상, AI 음악, AI 이미지 등 AI 아트, 보고서 쓰기, 기사 쓰기 등을 강의하고 있다. (dohye.edu@gmail.com)

이 세 제

㈜살린의 공동창업자로, Accenture에서 15년간 컨설턴트로 일한 경험을 바탕으로 회사를 설립했다. AI 기술을 활용해 새롭고 가치 있는 서비스를 제공하기 위해 노력하고 있다. (sj@salin.co.kr)

임 현 지

더블유커리어랩 대표이자 런투컨설팅 핵심 역량본부 본부장이며 기업교육 전문 강사이다. 리더십, 퍼스널브랜딩, 커뮤니케이션 등 실무에 적용 가능한 전문 콘텐츠를 강의하며 SK하이닉스, 삼성전자, 현대자동차, 포스코 등 다양한 기업에 출강하고 있다.

wcareerlab@gmail.com

전 세 연

미래 예측 콘텐츠와 AI 기술 융합 전문가로, GPT 기반 챗봇 개발과 AI 강의·집필 활동을 활발히 진행 중이다. AI와 인간의 상호작용, 윤리적 방향성, 산업별 챗봇 활용 사례를 연구하며 다양한 산업과 사람들에게 기여하고 있다. (jeonsy70@naver.com)

최 재 향

디지털융합연구원 지도교수 겸 인공지능디지털연구소 대표이다. AI 영상 제작 크리에이터로서 생성형 인공지능 챗GPT 업무 효율화와 AI 영상제작을 강의하며 AI 컨설팅과 콘텐츠제작하고 있다.

(80284@naver.com)

공저자 소개

감수자

김진선

'i-MBC 하나더 TV 매거진' 발행인, 세종 대학교 세종 CEO 문학포럼 지도교수를 거쳐 현재 (사)한국AINFT협회 이사장, 파이낸스 투데이 전문위원/이사, SNS스토리저널 대표로서 활동 중이다. 30여 년간 기자로서의 활동을 바탕으로 출판 및 뉴스크리에이터 과정을 진행하고 있다.

(hisns1004@naver.com)

Contents

CHAPTER 1

AI 에이전트 시대와 차세대 혁명

Contents

CHAPTER 3

AI 에이전트 시대 대비하기

Contents

Contents

CHAPTER 7

AI 챗봇의 유형

Contents

Contents

1

AI 에이전트 시대와 차세대 혁명

권 오 형

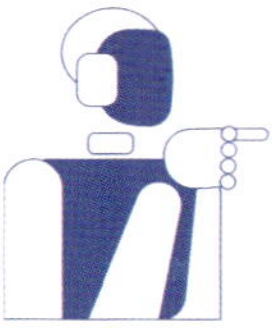

제1장
AI 에이전트 시대와 차세대 혁명

Prologue

기술 혁신은 우리의 일상과 사회 구조를 변화시켜 왔다. 인터넷 시대가 사람들을 전 세계적으로 연결하고 정보의 접근성을 비약적으로 높였고, 모바일 혁명은 개인이 언제 어디서나 정보에 접근하고 작업을 수행할 수 있도록 손안에 강력한 컴퓨팅 능력을 제공했다. 이제 우리는 또 다른 거대한 변화의 문턱에 서 있다. AI 시대가 도래하고 있으며, 그 중심에는 챗GPT의 등장이 있었다. 챗GPT의 등장은 AI 기술의 발전에서 새로운 전환점으로 자리매김했다.

챗GPT와 같은 대규모 언어 모델(LLM)은 언어 이해와 자연어 처리의 기준을 높이며 AI가 인간과 소통하고 학습하는 방식을 재정의했다. LLM의 발전은 AI 기술의 기반을 다지며, 다양한 응용 프로그램과 시스템에서 인간과 자연스럽게 상호작용할 수 있는 토대를 마련했다. 이 발전은 단순한 대화형 AI를 넘어, 더 정교하고 자율적인 기능을 가진 AI 시스템을 탄생시켰다.

우리는 이제 LLM 기반 기술의 진화를 바탕으로 AI 에이전트 시대에 접어들고 있다. AI 에이전트는 시장의 중심축으로 자리잡으며, 단순한 정보 제공을 넘어 자율적인 판단과 학습 능력을 갖춘 실질적인 기술 파트너로 발전하고 있다. AI 에이전트는 데이터 처리와 학습 능력뿐만 아니라 복잡한 문제 해결과 협력적 상호작용을 수행할 수 있는 고유한 기술적 역량을 지니고 있다. 이는 AI 기술이 단순한 자동화를 넘어 한층 더 진보된 단계로 발전했음을 보여준다.

AI 에이전트는 인간의 일상과 업무에 자연스럽게 통합되며 기술적 변화를 주도할 것이다. 인터넷과 모바일 기술이 새로운 시대의 초석이 되었듯, AI 에이전트는 기술 진보의 새로운 장을 여는 중요한 요소가 될 것이다. 이번 장에서는 AI 에이전트의 본질과 이들이 현대 기술 혁신을 어떻게 이끌고 있는지를 탐구하고, AI 에이전트 시대를 가능하게 한 주요 기술 발전에 대해 알아볼 것이다.

이 장을 통해 독자들은 AI 에이전트의 특성과 기술적 구조를 이해하고, 향후 기술 혁명에서 AI가 어떤 중요한 역할을 하게 될지 알게 될 것이다. AI 에이전트는 더이상 먼 미래의 개념이 아니라, 빠르게 현실이 되고 있다. 우리는 AI 에이전트가 가져올 기술 혁신의 흐름을 이해하고, 그 변화에 대비해 우리 사회가 어떻게 준비해야 할지를 탐구해야 할 것이다.

1. AI 에이전트의 개요

급속한 AI 기술의 발전은 우리 사회를 근본적으로 변화시키고 있다. 그 중심에는 챗GPT와 같은 고도화된 언어 모델의 등장이 있었으며, 이를 개발한 OpenAI의 CEO 샘 알트먼(Sam Altman)은 2024년 7월, AGI(인공일반지능) 달성을 목표로 한 5단계 로드맵을 공개했다. AGI는 인간과 유사한 수준의 지능을 가진 AI를 의미하고 이 로드맵은 AI 에이전트의 발전 방향을 명확히 제시하며, AI 기술의 미래를 예측하는 중요한 지표로 평가받고 있다.

OpenAI Imagines Our AI Future

Stages of Artificial Intelligence

Level 1	Chatbots, AI with conversational language
Level 2	Reasoners, human-level problem solving
Level 3	Agents, systems that can take actions
Level 4	Innovators, AI that can aid in invention
Level 5	Organizations, AI that can do the work of an organization

Source: Bloomberg reporting　　**Bloomberg**

[그림1] OpenAI의 AGI 로드맵(출처 : Bloomberg)

현재 AI 기술은 [그림1]의 1단계와 2단계 사이에 위치하고 있다. AI 에이전트는 이미 다양한 소프트웨어 도구를 활용해 복잡한 작업을 처리하고 있으며, 인간이 설정한 목표를 향해 스스로 의사결정을 내리고 행동을 취하는 단계에 접어들었다. 그리고 단순히 정보를 제공하는 시스템을 넘어, 주어진 환경을 분석하고 자율적으로 작동하며, 결과를 기반으로 학습하고 발전하는 진정한 지능형 시스템으로 진화하고 있다.

이와 더불어, 2024년 11월 마이크로소프트(MS)의 CEO 사티아 나델라는 MS의 연례 기술 콘퍼런스 '이그나이트2024'에서 'AI 기술과 AI 에이전트들이 일터에 혁명을 일으킬 것'이라는 입장을 밝혔다. 이는 1980년대부터 기업용 소프트웨어로 비즈니스 시장을 선도해온 MS가 이제는 AI 에이전트를 통해 AI 시장까지 주도하겠다는 포부를 드러낸 것이다. 이러한 발표는 AI 에이전트가 일터와 비즈니스 구조에 미칠 혁신적인 영향에 대한 기대감을 높였으며, 2025년부터 AI 에이전트 시장의 성장이 더욱 가속화될 전망이다.

AI 에이전트의 발전은 경제와 사회 전반에 걸쳐 혁명적인 변화를 가져올 것으로 보인다. 법률, 의료, 보험, 교육 등 고임금 산업뿐만 아니라 일상생활의 다양한 영역에서도 AI 에이전트의 영향력이 확대될 것으로 예상된다. 이러한 변화는 새로운 비즈니스 기회를 창출하고 기존 산업의 구조를 재편할 것이다. 특히, AI 에이전트는 중소기업이 대기업과 대등하게 경쟁할 수 있는 혁신적인 기회를 제공하며, 경제 전반의 균형을 변화시킬 잠재력을 갖고 있다.

1) AI 에이전트의 정의와 개념

AI 에이전트는 사람으로 치면 '대리인'의 개념으로 비유할 수 있다. 비즈니스에서 대리인은 고객을 대신해 계약을 체결하거나 협상을 진행하며, 고객의 이익을 대변한다. 이와 마찬가지로, AI 에이전트는 사용자를 대신해 정보를 수집하고 분석하며 최적의 결정을 내리고 이를 실행하는 역할을 수행한다. 예를 들어 개인 비서 역할을 하는 AI 에이전트는 사용자의 일정을 관리하고, 이메일을 분류하며, 중요한 정보를 요약해 제공하는 등 사용자의 업무 효율을 높이는데 도움을 준다. 이처럼 AI 에이전트는 특정 목적을 위해 자율적으로 행동하는 지능형 시스템으로 환경을 인식하고 적절한 행동을 수행하며 목표를 달성하거나 문제를 해결할 수 있는 능력을 갖추고 있다.

AI 에이전트는 외부 환경에서 데이터를 수집하고 이를 분석해 의사결정을 내리며, 필요한 행동을 반복적으로 수행한다. 이러한 기능은 고도로 발전된 알고리즘, 컴퓨팅 자원, 그리고 데이터 처리 기술을 기반으로 한다. 단순한 도구나 프로그램을 넘어 자율성과 학습 능력을 갖춘 시스템으로 발전하고 있으며, 환경과의 상호작용을 통해 스스로 학습하고 점점 더 나은 결정을 내릴 수 있다.

그리고 다양한 학습을 통해 경험을 축적하고 새로운 상황에 적응하며 행동을 최적화한다. AI 에이전트의 작동은 인식, 의사결정, 행동, 학습, 그리고 피드백이라는 일련의 단계로 구성된다. 인식 시스템은 외부 환경에서 데이터를 수집하고, 의사결정 모듈은 이 데이터를 분석해 최적의 행동을 계획하며, 행동 수행 모듈은 계획된 행동을 실제로 실행한다. 이 과정에서 메모리와 지식 베이스는 과거 경험과 축적된 데이터를 제공하고, 피드백 시스템은 수행된 행동의 결과를 평가해 성능을 개선한다. 마지막으로 학습 엔진은 이러한 모든 데이터를 기반으로 AI 에이전트가 지속적으로 학습하고 적응할 수 있도록 한다.

AI 에이전트는 단순 반응형 에이전트(Simple Reflex Agent), 모델-기반 반응형 에이전트(Model-Based Reflex Agent), 목표-기반 에이전트(Goal-Based Agent), 유틸리티-기반 에이전트(Utility-Based Agent)들과 이 밖의 다양한 유형으로 발전해 왔다. 각 에이전트의 유형은 고유의 특성과 목적에 따라 설계되었으며 다양한 문제 해결과 상황에 맞춰 적용된다.

이러한 AI 에이전트의 발전은 앞으로 여러 산업에 혁신을 가져올 것이다. 예를 들어 금융 분야에서는 자산 관리와 데이터 분석을 통해 최적의 투자 결정을 내리고, 고객 서비스에서는 상담사를 대신해 실시간으로 고객 문의를 처리해 기업의 효율성과 고객 만족도를 높일 수 있다. 제조업에서는 공정 최적화와 품질 관리를 자동화해 생산성을 높이고, 물류 산업에서는 자율 주행 기술을 통해 공급망의 효율성을 극대화하며 비용을 절감할 수 있고 의료 분야에서는 진단 및 치료 계획 수립 단계에서 의사를 보조해 의료 서비스의 정확성과 신속성을 높일 수 있을 것으로 기대한다.

AI 에이전트의 발전이 불러올 변화는 단순한 기술적 혁신을 넘어 인간과 기계 간의 협력 관계를 새로운 차원으로 이끌고 있다. 이는 인간의 업무와 생활 방식을 근본적으로 바꿀 것이며, 단순히 업무를 보조하는 역할을 넘어서 창의적 사고와 복잡한 문제 해결이 필요한 영역에서도 인간의 조력자 역할을 충분히 수행할 수 있을 것으로 예상된다.

2) AI 시스템과 AI 에이전트의 차이점

AI 기술은 현대 사회에서 다양한 형태로 발전하며 우리의 일상에 깊숙이 스며들고 있다. AI 시스템과 AI 에이전트는 이러한 발전의 중심에 있는 중요한 개념들이지만, 그 의미와 기능에는 차이가 있다. 먼저, AI 시스템은 특정 문제를 해결하거나 특정 기능을 수행하기 위해 설계된 소프트웨어 또는 하드웨어를 포함하며, 주어진 입력 데이터를 처리하고 분석해 결과를 도출하는 데 중점을 둔다. 예를 들어 음성 인식 소프트웨어, 이미지 분류 프로그램, 추천 시스템 등은 모두 AI 시스템의 대표적인 예다. 이러한 시스템은 입력된 데이터에 따라 미리 정의된 알고리즘과 규칙을 기반으로 작동하며, 주로 고정된 역할을 수행한다.

AI 에이전트는 AI 시스템의 하위 개념이자 발전된 형태로, 단순한 데이터 처리에서 벗어나 환경과 상호작용할 수 있는 자율적인 시스템을 칭한다. AI 에이전트는 외부 환경을 인식하고, 다양한 학습 방법을 통해 스스로 학습하며, 의사결정을 내리고 행동을 수행해 목표를 달성할 수 있다. 자율 주행 자동차는 도로 상황과 교통 정보를 실시간으로 분석하고 경로를 계획해 스스로 주행하는 대표적인 AI 에이전트이다.

AI 시스템과 AI 에이전트의 주요 차이점 중 하나는 자율성과 학습 능력이다. AI 시스템은 주로 사전에 설정된 규칙이나 알고리즘에 따라 작동하며, 데이터를 처리하고 고정된 결과를 산출하는 정적인 역할을 한다. 반면, AI 에이전트는 스스로 성능을 개선하고 다양한 상황에서도 자율적으로 적응하며 최적의 결정을 내릴 수 있는 능력을 갖추고 있다. 이를 통해 AI 에이전트는 실시간으로 환경에 반응하고, 학습을 통해 행동 전략을 발전시켜 더 나은 결과를 도출할 수 있다.

AI 시스템과 AI 에이전트는 의사결정과 행동 방식에서도 차이가 있다. AI 시스템은 특정 데이터나 사용자의 요청에 따라 사전에 설정된 절차를 통해 결과를 도출하는 반면, AI 에이전트는 환경을 인식하고, 의사결정을 내린 후 행동을 수행하는 과정을 반복하며 지속적인 학습을 통해 발전한다. 단순한 데이터 분석 도구는 사전 설정된 절차에 따라 작동하는 AI 시스템으로 볼 수 있고, 주변 환경을 스스로 분석하고 비행경로와 임무를 조정할 수 있는 지능형 드론은 AI 에이전트에 속한다.

결론적으로 AI 시스템과 AI 에이전트는 각기 다른 목적과 특성을 가진다. AI 시스템은 정해진 알고리즘과 규칙에 따라 작동하며 특정 문제를 해결하거나 데이터를 분석하는 데 중점을 둔다. 이러한 시스템은 구조화된 작업과 고정된 절차가 요구되는 상황에 적합하며, 예측 가능하고 안정적인 결과를 제공하는 장점이 있다. 반면, AI 에이전트는 자율성과 학습 능력, 환경과의 상호작용을 통해 더 복잡하고 유연한 문제 해결을 가능하게 한다. AI 에이전트는 변화하는 환경에서도 적응하며 자율적으로 의사결정을 내릴 수 있어, 유연하고 복합적인 작업에 적합하다.

향후 AI 기술이 발전함에 따라 AI 시스템과 AI 에이전트의 경계는 점차 모호해질 것으로 예상된다. 특히 대규모 언어 모델과 같은 발전된 AI 기술은 기존 AI 시스템의 한계를 넘어 에이전트의 특성을 점차 더 많이 보여주고 있다. AI 에이전트는 더욱 고도화된 자율성과 학습 능력을 갖추게 될 것이며, 이는 인간과 AI의 협력 관계를 한층 더 발전시킬 것으로 전망된다. 이러한 발전은 업무 효율성 향상뿐만 아니라, 새로운 문제 해결 방식과 혁신적인 서비스를 창출하는 데 기여할 것이다.

3) AI 기술의 발전과 현재의 위치

1950년대에 앨런 튜링의 튜링 테스트(Turing Test)로 시작된 AI의 초기 개념은 기계가 인간처럼 사고할 수 있다는 가능성을 제시했다. 이후 1970~1980년대에는 규칙 기반의 전문가 시스템(Expert System)이 개발돼 특정 도메인에서 고정된 규칙에 따라 결정을 내렸다. 그러나 이러한 시스템은 데이터의 양이 증가하고 문제의 복잡성이 높아짐에 따라 한계를 드러냈다. 1990년대와 2000년대 초반에는 컴퓨팅 파워의 증가와 데이터 저장 기술의 발전으로 인해 AI 연구는 기계 학습과 신경망의 발전으로 이어졌다. 이 시기에는 더 복잡한 데이터를 처리할 수 있게 되었고, 패턴 인식과 음성 인식 등의 초기 응용 프로그램이 개발되었다.

2000년대 이후, 딥러닝(Deep Learning) 기술이 AI 발전의 중추로 자리 잡았다. 특히, 다층 인공신경망과 GPU 병렬 처리 기술의 발전은 딥러닝의 가능성을 크게 확장했으며, 이미지 분류, 음성 인식, 번역 등 다양한 분야에서 AI의 성능을 획기적으로 향상시켰다. 이러한 기술적 성장은 AI의 활용 가능성을 새로운 차원으로 이끌며 많은 산업과 응용 분야에 변화를 가져왔다.

2020년대에 들어서면서 대규모 언어 모델(LLM)의 출현으로 AI 기술은 또 한 번의 진전을 이루었다. 그중에서도 GPT(Generative Pre-trained Transformer) 시리즈는 자연어 이해와 생성에서 놀라운 성과를 보이며 AI의 대중화를 촉진했다. 특히 2022년 11월에 등장한 챗GPT는 인간과의 대화에서 높은 수준의 이해력과 응답성을 보여주며 AI의 일상적 사용을 가능하게 했다. 이 모델은 수십억 개의 매개변수를 학습해 자연어 처리(NLP) 분야에서 새로운 기준을 마련했다.

2023년 초에는 AutoGPT가 등장하며 AI 기술 발전의 또 다른 중요한 전환점을 맞았다. AutoGPT는 대규모 언어 모델을 기반으로 한 실험적 오픈소스 프로젝트로, AI가 단순히 사용자 지시에 따라 응답하는 것을 넘어 자율적으로 작업을 계획하고 실행할 수 있는 능력을 갖추었다. AutoGPT는 사용자가 제시한 목표를 달성하기 위해 여러 단계를 스스로 계획하고 실행할 수 있으며, 필요할 경우 인터넷을 통해 정보를 검색하고 이를 활용할 수 있다. 장기 및 단기 메모리 시스템을 통해 작업의 맥락을 유지하고, 필요시 전략을 조정하는 자율성과 적응력도 AutoGPT의 큰 장점으로 꼽힌다.

기술적 측면에서 AutoGPT는 GPT-4나 GPT-3.5와 같은 LLM을 핵심 엔진으로 사용하며, 이를 통해 자연어 처리 능력을 극대화한다. 프롬프트

체인 기법을 통해 복잡한 작업을 단계별로 처리하고 작업 과정에서 피드백 루프를 사용해 결과를 평가하고 다음 단계를 결정함으로써 스스로 학습하고 성능을 개선할 수 있는 구조를 갖추고 있다. 이러한 기능은 AI가 단순한 데이터 처리 도구를 넘어 자율적인 의사결정을 내리고 복잡한 작업을 수행할 수 있는 지능형 에이전트로 자리 잡게 했다.

AutoGPT의 성공은 AI 에이전트 개발의 새로운 패러다임을 제시했으며, 이는 다양한 AI 에이전트 프로젝트의 출현으로 이어졌다. AgentGPT는 AutoGPT의 개념을 웹 기반 인터페이스로 확장해 더 많은 사용자가 AI 에이전트를 쉽게 활용할 수 있도록 했다. 또한 BabyAGI는 작업 관리와 우선순위 설정에 중점을 둔 AI 에이전트로, 복잡한 프로젝트를 작은 하위 작업으로 분할하고 이를 효율적으로 실행하는 능력을 보여주었다. 이러한 발전은 AI 에이전트가 단순한 작업 자동화를 넘어 복잡한 문제 해결과 의사결정 과정에도 참여할 수 있음을 보여주었다.

특히 이러한 AI 에이전트들의 등장은 기업과 개발자들에게 새로운 가능성을 제시했다. 기업들은 AI 에이전트를 활용해 업무 프로세스를 자동화하고 효율성을 높일 수 있게 되었으며, 개발자들은 다양한 오픈소스 프로젝트를 통해 AI 에이전트의 기능을 확장하고 개선할 수 있게 되었다. AI 에이전트는 데이터 분석, 고객 서비스, 프로젝트 관리 등 다양한 영역에서 활용되며, 인간의 업무를 보조하고 의사결정을 지원하는 핵심 도구로 자리잡고 있다. 이러한 기술의 발전은 AI 기술이 실용적인 형태로 진화하고 있음을 보여준다. 앞으로도 AI 에이전트는 더욱 발전해 다양한 산업 분야에서 효율적이고 혁신적인 솔루션을 제공하며 인간과의 협력이 가능한 파트너가 될 것으로 전망된다.

4) AI 에이전트가 현대 사회에 미치게 될 영향과 중요성

AI 에이전트는 현재 특정 산업과 연구 영역에서 점진적으로 도입되고 있지만, 앞으로 더욱 보편화돼 현대 사회의 다양한 측면에 깊은 영향을 미칠 것으로 예상된다. 이들은 단순히 업무를 보조하는 수준을 넘어 자율적으로 행동하고 의사결정을 내릴 수 있는 능력을 통해 인간의 생활과 비즈니스 방식을 근본적으로 변화시킬 잠재력을 갖고 있다. 이러한 기술은 점진적으로 개인 생활, 산업, 경제 등 다양한 영역으로 그 범위가 확장될 것이다.

먼저 AI 에이전트는 효율성과 생산성을 높이는 데 가장 많은 기여를 할 것이다. 제조업에서는 공정의 자동화와 예측 유지 보수를 통해 생산성을 향상시키고, 물류에서는 경로 최적화와 비용 절감을 통해 효율성을 높일 수 있다. 이러한 변화는 산업 전반에 걸쳐 혁신을 촉진하며, 기업들이 직면하는 다양한 문제를 해결하고 경쟁력을 유지하는 데 중요한 역할을 할 것이다. 금융 분야에서도 AI 에이전트는 복잡한 데이터를 실시간으로 분석해 자산 관리나 투자 전략 수립과 같은 다양한 서비스를 자동화할 수 있다.

개인의 일상생활에서도 AI 에이전트는 삶의 질 향상에 기여할 것이다. AI 비서는 일정 관리와 정보 제공을 지원하고, 맞춤형 학습 프로그램은 교육의 질을 높이는 데 활용될 수 있다. 이러한 맞춤형 서비스는 개인의 필요에 최적화된 경험을 제공함으로써 효율성과 편리함을 더해준다. 또한, 의료 분야에서의 AI 에이전트는 환자의 데이터를 분석해 맞춤형 진료와 치료를 보조함으로써 의료 서비스의 신속성과 정확성을 높일 수 있을 것이다.

그러나 AI 에이전트의 무분별한 확산은 사회적 및 윤리적 논의도 불러 일으킬 수 있다. 자동화된 시스템의 도입은 일자리의 성격을 변화시키거나 감소시킬 수 있어, 노동 시장의 구조적 변화에 대한 사회적 대응책과 새로운 형태의 직업 교육 및 전환 프로그램이 필요할 수 있다. 그리고 AI 에이전트의 의사결정이 편향된 데이터에 기반할 경우 불공정하거나 부정확한 결과가 초래될 위험이 있다. 따라서 AI 에이전트가 투명하고 공정하게 작동하도록 윤리적 기준을 설정하고 이를 준수하는 것이 중요하다.

AI 에이전트는 반복적이고 시간이 소모되는 작업을 자동화해 인간이 더 창의적이고 전략적인 활동에 집중할 수 있도록 돕는 조력자가 될 수 있다. 데이터 분석과 예측 능력에서 인간의 한계를 뛰어넘는 AI 에이전트는 복잡한 문제 해결과 더 나은 결정을 내리는 데 중요한 역할을 할 것이다. 이는 다양한 분야에서 인간의 능력을 보완하고 확장함으로써 사회 전반에 긍정적인 변화를 가져올 수 있다.

결론적으로 AI 에이전트는 현대 사회에서 기술적 진보와 경제적 발전의 촉매제로 작용할 것이다. 효율성과 창의성을 높이고 인간과 협력하는 파트너로 자리를 잡을 것이며, 삶의 질을 개선하는 중요한 역할을 할 것이다. AI 에이전트의 성공적인 도입과 활용을 위해서는 기술적 준비와 함께 사회적 합의도 필요하다. 기업과 조직은 AI 에이전트 도입을 위한 인프라 구축과 인재 육성에 투자해야 하며, 직원들의 디지털 역량 강화를 위한 교육 프로그램도 마련해야 한다.

더불어 AI 에이전트의 윤리적 사용을 위한 명확한 가이드라인과 규제 체계를 수립하는 것도 중요하다. 이는 기술의 오남용을 방지하고 공정하고 투명한 AI 에이전트 활용을 보장하는 데 필수적이다. 정부, 기업, 시민

사회가 협력해 AI 에이전트의 발전 방향을 논의하고 사회적 합의를 도출하는 과정이 필요하며, 이를 통해 AI 에이전트가 가져올 혜택을 최대화하고 잠재적 위험을 최소화할 수 있을 것이다.

2. AI 에이전트의 작동 원리와 프로세스

AI 에이전트는 복잡한 환경 속에서 자율적으로 학습하고 의사결정을 내리며 행동을 수행하는 지능형 시스템이다. 이들은 여러 핵심 구성요소가 체계적으로 작동하며, 데이터를 수집하고 분석한 후, 목표를 달성하기 위한 계획을 세우고 실행한다. 이러한 과정은 지속적인 피드백과 학습을 통해 점진적으로 개선되며, AI 에이전트의 적응성과 성능을 강화한다. 이 장에서는 AI 에이전트의 작동 원리 및 이를 구성하는 주요 요소들과 그 상호작용을 체계적으로 살펴보고자 한다.

1) AI 에이전트의 구성요소

AI 에이전트의 핵심 구성요소들은 AI가 지능적이고 자율적으로 작동할 수 있도록 하는 다양한 기능을 제공한다. 이러한 구성요소들은 서로 협력하며 AI 에이전트가 인간의 언어를 이해하고, 목표를 설정하고, 계획을 수립하며, 실제 행동을 수행할 수 있게 한다. 주요 구성요소는 대규모 언어모델, 계획, 기억, 도구, 실행으로 나누며 각각이 AI 에이전트의 능력을 지원하고 확장한다. 다음은 이러한 각 구성요소의 역할과 기능에 대한 설명이다.

(1) 대규모 언어 모델(LLM - Large Language Model)

LLM(대규모 언어 모델)은 AI 에이전트가 인간의 언어를 이해하고 생성하는 데 필수적인 기술이다. LLM은 방대한 데이터 학습을 통해 자연어 처리(NLP)와 텍스트 생성에 특화된 모델로 사용자 명령을 해석하고 맥락을 파악하며 명확하고 적절한 응답을 생성토록 한다. LLM은 AI 에이전트가 단순한 대화형 상호작용을 넘어 복잡한 작업을 이해하고 수행할 수 있는 기반을 제공하며 이는 사람으로 치면 '두뇌'의 역할과 같다. AI 비서 에이전트는 사용자의 명령을 분석해 일정을 정리하거나 특정 작업을 자동화하며, 고객 서비스 에이전트는 고객의 요구를 이해하고 맞춤형 지원을 제공함과 동시에 복잡한 문제를 해결하기 위한 제안을 생성할 수 있다. 이러한 역할은 LLM이 AI 에이전트의 주요 구성요소로 자리 잡게 한 핵심 이유다. LLM의 핵심 기능은 크게 세 가지로 구분된다.

① 자연어 이해(NLU - Natural Language Understanding)

사용자의 입력에 대해 맥락과 의도를 포함해 정확히 이해하는 것은 단순한 키워드 매칭을 넘어서, 문맥적 의미와 함축된 의도를 파악하는 능력을 요구한다. '내일 오후에 미팅이 있는지 알려줘'라는 요청에서 사용자의 의도를 분석해 캘린더 데이터를 확인하는 과정은 이러한 이해력을 보여준다.

② 추론과 판단

입력된 정보를 바탕으로 논리적 추론을 수행하고 적절한 판단을 내린다. 이는 복잡한 문제 해결이나 의사결정 상황에서 특히 중요한 역할을 한다. 금융 AI 에이전트가 사용자 입력을 기반으로 시장 상황을 분석하고 최적의 투자 전략을 제안하는 것처럼 빠른 판단을 통해 사용자에게 필요한 정보를 제공할 수 있다.

③ 자연어 생성(NLG - Natural Language Generation)

이해와 추론을 바탕으로 적절한 응답 생성이 가능하다. 이때 문법적 정확성뿐만 아니라, 맥락적 적절성과 일관성도 함께 고려된다. 고객 지원 에이전트가 친근하면서도 전문적인 언어로 응답을 생성해 사용자와 신뢰를 쌓는 과정을 좋은 예로 볼 수 있다.

현재의 LLM은 GPT, BERT와 같은 다양한 아키텍처를 기반으로 발전해왔다. 각각의 모델은 고유한 특성과 장단점을 갖고 있다. 특히 최근에는 'Few-shot learning(FSL)'과 'Zero-shot learning(ZSL)' 능력을 활용해, 적은 수의 예제만으로도 새로운 작업을 수행할 수 있는 뛰어난 유연성을 보여준다. 이와 함께 최신 언어 모델들은 다중 모달(Multi Modal) 처리 능력을 갖추고 있어, 텍스트뿐만 아니라 이미지, 음성 등 다양한 형태의 입력을 처리할 수 있다. 이는 AI 에이전트의 활용 범위를 크게 확장 시켰으며, 교육, 의료, 고객 서비스 등 다양한 분야에서 혁신을 이끌었다.

(2) 계획(Planning)

계획(Planning)은 AI 에이전트가 목표를 달성하기 위해 효율적인 실행 경로를 설계하는 구성요소다. 이는 단순히 명령을 따르는 것을 넘어 복잡한 작업을 체계적으로 수행하기 위한 전략을 세울 수 있게 하며, 사람으로 치면 '전략가'의 역할과 같다. 스마트 홈 에이전트는 사용자의 생활패턴을 분석해 에너지 소비를 최적화하는 계획을 세운다. 아침에는 사용자의 기상 시간에 맞춰 커피 메이커를 작동시키고, 퇴근 전에 난방을 조절하며, 외출 시에는 보안 시스템을 활성화하는 등 일상에 맞춰 실행 계획을 수립한다. 이러한 계획 기능은 AI 에이전트가 변화하는 상황 속에서도 목표를 효율적으로 달성할 수 있도록 한다. 계획 기능은 네 가지 주요 단계를 통해 구현된다.

① 목표 분석 및 설정

주어진 목표를 명확히 이해한 후 전체 작업을 하위 작업으로 나누는 계획을 세우고, 그 계획에 따라 하위 작업을 수행한다. 복잡한 목표는 작은 단위로 나눠 단계적으로 접근한다. 이는 여행 계획 에이전트가 '다음 달 유럽 여행 계획을 세워줘'라는 목표를 항공권 예약, 숙소 검색, 현지 교통편 확인 등의 하위 목표로 세분화하는 것과 같다.

② 자원 평가 및 정보 획득

사용 가능한 도구, 시간, 리소스 등을 파악하고 제약 조건을 분석한다. AI 에이전트는 실행 확률이 높은 옵션들을 평가하고, 제약 조건 내에서 최적의 자원 배분을 계획한다. 이는 프로젝트 관리 에이전트가 팀원의 가용 시간, 예산, 필요한 기술 등을 고려해 자원 할당 계획을 수립하는 과정과 같다.

③ 목표 설정 및 전략 수립

목표 달성을 위한 최적의 경로를 설계하고, 예상치 못한 상황에 대비한 대안적 계획을 마련하는 것은 중요하다. 물류 관리 에이전트가 교통 상황, 날씨, 배송 물량 등을 고려해 최적의 배송 경로를 설계하며, 돌발 상황에 대비해 대체 경로도 준비하는 것을 예로 들 수 있다.

④ 모니터링 및 실행

계획 실행 과정을 실시간으로 관찰하며, 필요시 계획을 수정한다. 이는 생산 공정 관리 에이전트를 통해 생산라인의 상태를 모니터링하고, 장비 고장이나 자재 부족과 같은 문제가 발생하면 즉시 대체 계획을 실행하는 것과 같다.

이러한 계획 기능은 AI 에이전트가 복잡한 환경에서 효과적으로 작동하도록 돕는 핵심 요소로 계획을 통해 에이전트는 미리 정해진 규칙을 따르는 것에서 벗어나, 상황에 맞춰 유연하게 대응하고 최적의 결정을 내릴 수 있도록 한다. 계획 기능의 발전은 AI 에이전트를 더욱 자율적이고 지능적으로 만들어 주며, 이는 산업 자동화, 스마트 시티, 개인화된 서비스 등 다양한 분야에서 혁신을 이끌어 낼 수 있다.

(3) 기억(Memory)

기억(Memory)은 AI 에이전트가 데이터를 저장하고 활용해 맥락을 유지하고 과거 경험을 기반으로 학습할 수 있도록 하는 구성요소다. 이는 사람의 '기억력'과 '경험'에 비유할 수 있으며, AI 에이전트가 지능적이고 개인화된 서비스를 제공하는 데 필수적인 역할을 한다. 기억 시스템은 데이터의 저장 기간과 용도에 따라 다양한 형태로 나뉘며, 각각 AI 에이전트의 성능과 학습 능력을 결정짓는 핵심 요소로 작용한다. 이를 활용한 개인화된 추천 시스템은 사용자의 과거 행동 데이터를 바탕으로 더 정교한 추천을 제공하며, 고객서비스 에이전트는 이전 상담 내역을 참고해 일관성 있는 대응을 할 수 있다.

① 단기 메모리(Short-term Memory)

단기 메모리는 실시간 작업이나 대화 중에 발생하는 맥락을 유지하며, 현재 상태와 관련된 정보를 일시적으로 저장한다. 이는 대화형 에이전트나 실시간 프로세스 관리 시스템에서 중요한 역할을 한다. 예를 들어 대화형 에이전트는 사용자와의 대화에서 최근의 문맥을 유지해 자연스럽고 적절한 응답을 생성한다. 사용자가 "그거 얼마야?"라고 물었을 때, 앞서 언급된 제품을 기억하고 정확히 응답할 수 있는 것이 단기 메모리의 기능이다. 또한, 작업 수행 중 생성되는 중간 데이터와 상태도 단기 메모리에 저장돼, 실시간 작업의 연속성을 지원한다.

② 장기 메모리(Long-term Memory)

장기 메모리는 학습된 지식과 경험을 영구적으로 저장하며, 이후 의사결정과 문제 해결에 활용된다. 장기 메모리는 벡터 데이터베이스(Vector Database)나 지식 그래프(Knowledge Graph)의 형태로 구현돼, 효율적인 활용이 가능하다. 예를 들어 의료 진단 에이전트는 수많은 진단 사례와 치료 결과를 장기 메모리에 저장하고, 이를 바탕으로 새로운 환자에 대한 진단과 치료 계획을 제안할 수 있고 교육용 AI 에이전트는 학생별 학습 이력과 성취도를 기록해, 개인화된 학습 경로를 설계하고 지속적인 학습 성장을 지원할 수 있다.

기억 시스템의 구현에는 다양한 최신 기술이 활용된다. 벡터 데이터베이스는 정보를 벡터 형태로 저장해 의미적 검색과 빠른 데이터 접근을 가능하게 하며, 지식 그래프는 데이터 간의 관계를 구조화해 의미 있는 추론과 분석을 지원한다. 또한, 어텐션 메커니즘(Attention Mechanism)은 저장된 정보 중 현재 맥락에 가장 관련성 높은 데이터를 선택하도록 돕는다. Retrieval-Augmented Generation(RAG)은 외부 데이터베이스에서 정보를 검색하고 이를 바탕으로 새로운 응답을 생성함으로써, AI 에이전트가 더 깊이 있는 정보를 제공할 수 있게 한다.

(4) 도구(Tools)

도구(Tools)는 AI 에이전트가 자체적인 능력을 확장하고 복잡한 작업을 처리할 수 있도록 지원하는 중요한 구성요소다. 이는 인간의 '손과 도구'에 비유될 수 있으며, 외부 리소스를 활용해 내부 한계를 극복하고 더욱 정교한 작업을 수행할 수 있게 한다. 도구는 외부 데이터베이스 조회, 웹 검색, API 호출, 문서 생성 등 다양한 방식으로 구현되며, AI 에이전트가 효율적이고 정확하게 문제를 해결할 수 있도록 돕는다.

예를 들어 의료 지원 에이전트는 환자의 증상을 분석한 뒤 최신 의학 논문 검색 도구를 활용해 관련 연구를 찾아내고, 의사에게 적절한 진단과 치료법을 제안할 수 있다. 비즈니스 분석 에이전트는 데이터 시각화 도구를 활용해 복잡한 시장 데이터를 이해하기 쉬운 그래프로 변환하거나, 클라우드 컴퓨팅 도구를 통해 대규모 데이터 분석을 수행한다. 이러한 도구의 활용은 AI 에이전트가 인간의 작업 효율성을 극대화하고, 새로운 가치를 창출하는 데 필수적인 역할을 한다.

① 정보 접근 도구

웹 검색 엔진, 데이터베이스 쿼리 시스템, API 클라이언트 등 정보를 검색하고 수집하는 데 사용되는 도구들이다. 이러한 도구는 AI 에이전트가 실시간으로 정확한 데이터에 접근할 수 있게 한다. 여행 계획 에이전트가 항공권 예약 API, 호텔 검색 엔진, 현지 날씨 정보 시스템을 활용해 사용자에게 최적의 여행 일정을 제안하는 것을 예로 볼 수 있다.

② 데이터 처리 도구

수집된 데이터를 분석하고 가공하는 데 필요한 도구들로, 데이터 분석 라이브러리, 시각화 도구, 텍스트 처리 유틸리티 등이 포함된다. 예를 들어 금융 자문 에이전트는 시계열 분석 도구로 주가 동향을 분석하고, 리스크 평가 알고리즘으로 투자 위험도를 계산하며, 포트폴리오 최적화 도구를 활용해 자산 배분 전략을 수립할 수 있다.

③ 외부 시스템 연동 도구

클라우드 서비스 연동, IoT 디바이스 제어, 타 시스템 API 통합 등을 포함하며, 다른 시스템이나 서비스와의 연결을 담당한다. 이는 스마트홈 에이전트가 조명, 온도 조절 장치, 보안 카메라 등 다양한 IoT 기기들과 연동해 통합적인 홈 관리 기능을 제공하는 것과 같다.

④ 콘텐츠 생성 도구

문서 작성, 코드 생성, 이미지 편집, 미디어 제작 등 새로운 콘텐츠를 만들어내는 데 사용된다. 예를 들어 마케팅 에이전트는 콘텐츠 생성 도구를 활용해 광고 문구를 작성하고, 이미지 편집 도구로 광고 비주얼을 제작하며, 성과 분석 보고서를 자동으로 생성할 수 있다.

이러한 도구들은 표준화된 인터페이스와 플러그인 아키텍처를 통해 AI 에이전트와 통합된다. 최근에는 플러그인 기반 설계가 주목받으며, 새로운 도구를 쉽게 추가하고 업데이트할 수 있는 유연한 구조가 점차 트렌드화 되고 있다. 이를 통해 AI 에이전트는 지속적으로 기능을 확장하고, 변화하는 환경에 더 효과적으로 적용할 수 있게 발전하고 있다.

(5) 실행(Action)

실행(Action)은 AI 에이전트가 계획하고 결정한 작업을 실제로 수행하는 구성요소다. 이는 사람으로 치면 '근육'의 역할과 같다. Action 모듈은 Tools가 제공하는 다양한 기능들을 실질적으로 실행하고, 그 결과를 시스템에 반영하는 역할을 한다. Action 모듈은 AI 에이전트가 실제 환경에 영향을 미칠 수 있도록 하는 핵심적인 기능을 담당하며, 다른 구성요소와의 협력을 통해 작동한다. 예로 이메일 작성 에이전트를 들 수 있다. 이메일 작성 에이전트는 LLM을 통해 내용을 생성하고, Planning 모듈을 통해 발송 시점을 결정하며, Tools를 사용해 이메일 API에 접근한다. 그러나 실제 이메일을 전송하는 최종 단계는 Action 모듈이 수행한다. 이렇게 실행 모듈은 AI 에이전트가 실질적인 변화를 만들어낼 수 있게 도와준다.

① 명령 해석 및 변환

Action 모듈은 고차원적인 명령을 구체적인 실행 단계로 변환한다. 예를 들어 '방 온도를 적절히 조절해줘'라는 명령은 현재 온도 확인, 목표 온도 설정, 온도 조절 장치 제어 등의 실행 가능한 단계로 변환된다. 이 과정에서 Planning 모듈의 계획을 실행 가능토록 구체화한다.

② 실행 관리

변환된 명령을 순차적으로 실행하고 그 과정을 관리한다. 각 실행 단계의 성공 여부를 확인하고, 실패 시 적절한 오류 처리를 수행한다. 파일 관리 에이전트가 파일을 이동할 때, 원본 파일 읽기, 새 위치에 쓰기, 원본 삭제, 권한 설정 등의 작업을 순차적으로 관리하고 각 단계의 실행을 보장하게 된다.

③ 피드백 생성

실행 결과를 시스템에 보고하고 필요한 피드백을 생성한다. 이는 단순한 성공과 실패 여부부터 상세한 실행 로그까지 다양한 수준의 정보를 포함할 수 있다. 스마트 홈 제어 에이전트가 조명을 조절한 후, 실제 밝기 변화 정도, 전력 소비량 변화, 실행 소요 시간 등의 상세한 피드백을 생성해 시스템의 학습과 개선에 활용할 수 있다.

Action 모듈의 구현에는 다양한 인터페이스와 프로토콜이 사용된다. REST API, 웹소켓, 데이터베이스 트랜잭션 등 다양한 방식으로 외부 시스템과 상호작용하며, 각각의 실행이 안전하고 신뢰할 수 있게 이뤄지도록 보장한다. 특히 최근에는 비동기 실행, 병렬 처리, 트랜잭션 관리 등의 고급 기능을 통해 복잡한 작업도 효율적으로 처리할 수 있게 되었다.

이러한 Action 모듈은 AI 에이전트가 실제 세계에서 영향력을 행사할 수 있게 하는 핵심 구성요소로 다른 구성요소들과의 긴밀한 협력을 통해 에이전트의 결정을 실질적인 변화로 이끈다. 특히 Security와 Safety 과정을 통해 모든 행동이 안전하고 승인된 범위 내에서 실행되도록 보장하며, 이는 AI 에이전트의 신뢰성과 실용성을 높이는 중요한 요소가 된다.

2) 프로세스와 작동 흐름

AI 에이전트는 복잡한 환경 속에서 자율적으로 작동하며 목표를 달성하기 위해 체계적인 프로세스를 따른다. 이 프로세스는 인식(Perception), 의사결정(Decision-Making), 행동(Action), 피드백(Feedback), 그리고 학습(Learning)의 다섯 단계로 볼 수 있으며, 각 단계가 유기적으로 연결돼 AI 에이전트의 효율성과 적응력을 극대화한다.

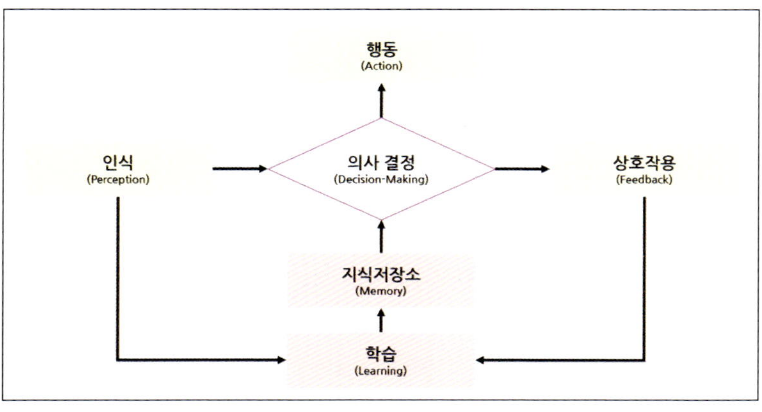

[그림2] 에이전트 프로세스(출처 : 저자 작성)

(1) 인식(Perception)

인식(Perception)은 AI 에이전트가 외부 환경에서 정보를 수집하고 이를 분석 가능한 형태로 변환하는 첫 번째 단계다. 이는 마치 인간의 감각기관이 주변 환경을 인지하는 것과 유사하며, AI 에이전트가 효과적으로 의사결정을 내리고 행동을 수행할 수 있도록 기반을 제공한다. 이 과정은 텍스트, 이미지, 음성, 센서 데이터를 포함한 다양한 입력을 처리하며, 환경의 맥락을 이해하는 데 중점을 둔다. 예를 들어 자율주행 시스템은 카메라와 라이다를 통해 도로 상황을 파악하고, 스마트홈 시스템은 온도와 습도 데이터를 실시간으로 분석하며, 챗봇은 사용자의 텍스트 입력을 통해 의도와 감정을 이해하는 것과 같은 것이다. 인식 과정은 크게 데이터 수집, 데이터 처리 및 해석, 상황 맥락 파악의 세 단계로 구성된다.

① 데이터 수집

AI 에이전트는 텍스트, 음성, 이미지, 센서 데이터 등 다양한 형태의 정보를 환경으로부터 획득한다. 이러한 데이터는 시간, 위치, 출처 등의 메타데이터와 함께 기록되며, 이후 단계에서의 분석과 맥락 파악을 위한 기초 자료로 활용된다. 스마트홈 시스템이 온도, 습도, 조도 데이터를 실시간으로 수집해 쾌적한 거주 환경 조성을 위한 정보를 제공하는 것과 같은 과정을 예로 들 수 있다.

② 데이터 처리 및 해석

수집된 원시 데이터를 AI 에이전트가 처리할 수 있는 형태로 변환한다. 이 과정에서 노이즈 제거, 정규화, 특징 추출과 같은 전처리 작업이 이뤄진다. 음성 인식 시스템은 음성 데이터를 텍스트로 변환하며, 배경 소음을 제거하고 화자의 톤과 강세를 분석해 의도와 감정을 파악하고 챗봇이 입력된 문장의 핵심 키워드와 의도를 추출해 적절한 응답 생성을 위한 기초 과정을 마련하는 것과 같다.

③ 상황 맥락 파악

처리된 데이터를 기반으로 현재 환경의 맥락을 이해한다. 이 단계는 단순히 데이터를 해석하는 것을 넘어 시간적 연속성, 공간적 관계, 인과 관계를 종합적으로 고려한다. 예를 들어 개인화된 추천 시스템은 사용자의 과거 행동 패턴, 현재의 상태, 시간대 등을 분석해 사용자에게 적합한 상품이나 서비스를 추천할 수 있고 의료 진단 지원 시스템은 환자의 병력과 실시간 생체 신호를 분석해 정확한 진단을 내리는 데 활용될 수 있다.

인식 단계는 이후 의사결정, 행동, 피드백의 기초를 제공하며, AI 에이전트의 성능과 신뢰성을 좌우하는 핵심 요소다. 따라서 다중 센서 융합, 신뢰도 평가, 불확실성 처리와 같은 기술이 사용돼 인식의 정확성과 신뢰성을 보장한다. 또한, AI 에이전트는 지속적인 학습과 피드백을 통해 새로운 패턴을 학습하며, 환경 변화에 적응해 점점 더 정교한 인식을 수행할 수 있게 된다.

(2) 의사결정(Decision-Making)

의사결정(Decision-Making)은 AI 에이전트가 인식 단계에서 수집하고 분석한 데이터를 바탕으로 최적의 행동 방침을 결정하는 과정이다. 이는 마치 인간이 주어진 정보를 종합해 결정을 내리는 것에 비유할 수 있으며, AI 에이전트에서 중요한 '추론'역할을 한다. 단순한 규칙 기반 알고리즘부터 복잡한 머신러닝 모델까지 다양한 기술을 활용해 이뤄지며, 환경의 맥락과 제약 조건을 고려해 최적의 행동을 계획하고 실행 지침을 도출한다. 의사결정 과정은 크게 세 단계로 구성되며, 각 단계는 유기적으로 연결돼 작동한다.

① 데이터 분석 및 상황 평가

인식 단계에서 수집된 정보를 바탕으로 현재 상황을 정확히 평가하는 단계다. AI 에이전트는 패턴 인식, 이상 탐지, 데이터 상관관계 분석 등을 통해 상황을 정량적으로 파악한다. 금융 분석 시스템이 시장 데이터를 평가하고 추세와 위험 요소를 분석하고 자동차 자율 주행 시스템은 도로 상황과 주변 환경을 종합적으로 평가하는 것이 예가 될 수 있다. 이 과정에서 베이지안 추론(Bayesian inference)과 같은 확률적 방법론을 활용해 불확실성을 고려한 판단을 수행할 수 있다.

② 결정 생성 및 대안 분석

평가된 상황을 바탕으로 실행 옵션을 생성하고 각각의 실현 가능성과 예상 결과를 분석하는 단계다. 강화 학습과 같은 기법이 활용돼 각 옵션에 대한 예상 결과를 비교하고, 장단점, 리스크, 자원 요구사항 등을 종합적으로 평가한다. 제조 공정 시스템에서 생산성, 품질, 비용 측면에서 여러 운영 방안을 검토하며, 에너지 관리 시스템에서 효율성과 환경 영향을 고려한 다양한 운영 시나리오를 분석하는 것과 같다.

③ 결정 최적화 및 전략 선택

분석된 다양한 대안 중에서 최적의 행동 방침을 선택하고 구체적인 실행 계획으로 발전시키는 단계다. 최적화 기법을 활용해 여러 목표 간의 균형을 맞추고, 제한된 자원을 효과적으로 활용하는 방안을 결정한다. 선택된 전략은 세부 단계별 실행 방안과 예상되는 문제에 대한 대응 방안을 포함하며, 이는 다음 단계인 행동 수행의 기초가 된다. 의사결정 과정은 연속적이고 반복적인 과정이 필요하다.

특히 지속적으로 실시간 데이터가 입력되는 환경에서는 끊임없이 상황을 재평가하고 결정을 갱신하는 과정이 이뤄져야 하며, 이러한 동적 의사결정 능력은 AI 에이전트가 변화하는 환경에 빠르게 적응하고 높은 효율성을 유지할 수 있게 한다. 또한, XAI(Explainable AI, 설명 가능한 AI) 기술의 도입으로 의사결정 과정의 투명성과 신뢰성을 강화할 수 있으며, 다중 에이전트 환경에서는 게임 이론을 활용한 전략적 의사결정을 통해 여러 에이전트 간의 협력과 경쟁 상황을 효과적으로 관리할 수 있다.

의사결정 모듈은 지속적인 학습과 경험을 통해 발전한다. 과거의 결정과 그 결과를 분석해 의사결정 모델을 개선하며, 새로운 상황과 패턴에 적응하는 능력을 발전시킨다. 이러한 진화는 AI 에이전트가 더욱 정교하고 효과적인 의사결정을 수행할 수 있게 하며, 복잡한 문제 해결에 도움이 될 수 있도록 한다.

(3) 행동(Action)

행동(Action)은 AI 에이전트가 의사결정 단계에서 계획된 작업을 실제로 실행해 환경에 영향을 미치는 단계다. 이는 마치 인간의 신경계와 근육이 뇌의 명령을 실제 동작으로 변환하며 AI 에이전트의 '실행부'역할을 한다. AI 에이전트가 사용자와 상호작용하거나 물리적 또는 디지털 환경에서 의미 있는 변화를 만들어내는 데 중요한 역할을 하며, 다양한 도구와 기술을 활용해 실질적인 효과를 달성하는 데 중점을 둔다. 행동 단계는 크게 세 가지 핵심 과정을 포함한다.

① 작업 명령 생성

의사결정 단계에서 수립된 계획이 구체적인 실행 명령으로 변환되는 과정이다. 복잡한 계획을 실행 가능 단계로 세분화해 실행 준비 완료를 목표로 한다. 스마트홈 에이전트에서 '난방 조정' 명령을 온도 설정 명령으로 변환하고, 로봇 제어 시스템은 '물체 집기'라는 고수준 명령을 관절 각도 조정, 그리퍼 작동 등의 저수준 제어 명령으로 변환한다. 이 과정에서 각 작업의 순서와 의존성이 고려되며, 시스템의 제약 조건과 안전 기준이 반영된다.

② 작업 실행

생성된 명령이 실제로 실행되는 단계로, API 호출, 디바이스 제어, 데이터베이스 업데이트 등 다양한 기술이 활용된다. 각 작업은 정해진 순서와 제약 조건에 따라 실행되며, 시스템은 실시간 작업 진행 상황을 추적한다. 물류 관리 에이전트가 최적화된 배송 경로와 실시간 경로를 운전자에게 전달하고 스마트 제조 시스템은 생산 공정을 실시간으로 제어하며 품질 편차를 감지하고 수정하는 것을 예로 볼 수 있다. 실행 과정 중 발생하는 오차나 예외 상황을 감지하고 즉각적으로 수정을 수행하며, 필요한 경우 안전 조치를 취할 수 있다.

③ 결과 모니터링 및 보고

실행된 작업의 결과를 모니터링하고, 결과 데이터를 수집해 시스템에 반환한다. 실행 과정에서 발생한 주요 이벤트와 결과 데이터를 저장하며, 이는 이후의 학습과 개선을 위한 기초 자료가 된다. 고객 서비스 에이전트는 고객의 문의를 처리한 후, 대화 내용과 고객의 피드백을 모니터링해 서비스 품질을 평가한다. 이 시스템은 고객 상호작용 데이터를 분석해 문제점이나 개선 가능성을 식별하고, 이를 기반으로 AI 모델을 지속적으로 업데이트해 성능을 향상시킨다. 성과 지표를 통해 행동의 효과성을 측정하고, 필요한 경우 인간 상담원의 개입을 요청할 수 있는 기능도 포함된다.

행동 단계에서는 신뢰성과 안전성이 특히 중요하다. 최근에는 행동 실행에서의 보안을 강화하기 위해 트랜잭션 관리, 액세스 제어, 오류 복구 과정 등이 도입되고 있다. 로봇공학에서의 동작 제어 알고리즘, 소프트웨어 시스템에서의 트랜잭션 관리, 분산 시스템에서의 동기화 프로토콜 등이 실제 행동의 정확성과 안정성을 보장한다. 행동 실행 능력은 지속적인 개선과 최적화 과정을 통해 발전한다. 실행 경험이 축적될수록 시스템은 더 효율적인 실행 방법을 학습하며, 예외 상황에 대한 대처 능력도 향상된다. 이러한 진화는 AI 에이전트가 더욱 복잡하고 정교한 작업을 수행할 수 있게 하며, 실제 환경에서의 활용 가능성을 넓혀준다.

(4) 피드백(Feedback)

피드백(Feedback)은 AI 에이전트가 자신이 수행한 행동과 그 결과에 대한 환경의 반응을 수집하고 이를 분석해 학습과 성능 개선에 반영하는 단계다. 이는 마치 인간이 행동 결과를 반성하고 개선점을 찾는 것과 유사하며, AI 에이전트의 '자기 개선' 역할을 한다. 피드백은 AI 에이전트가 기존의 AI 시스템과 차별화되는 중요한 특징 중 하나로, 지속적 발전과 적응을 가능하게 하며, 이를 통해 더 나은 의사결정과 행동을 수행할 수 있게 된다. 피드백 과정은 크게 세 가지 주요 활동으로 구성된다.

① 행동 결과의 평가

AI 에이전트는 자신이 수행한 행동의 결과를 분석하고, 목표와의 일치 여부를 평가한다. 이는 정량적 지표(성공률, 응답 시간, 정확도 등)와 정성적 지표(사용자 만족도, 행동의 적절성 등)를 모두 포함한다. 자율주행 시스템에서 주행 시간, 에너지 효율, 안전성 등을 평가하고, 고객 서비스 에이전트에서 고객 만족도 점수와 문제 해결 시간을 측정하는 것과 같다. 이러한 다면적 평가는 시스템의 실제 성능을 종합적으로 파악하는 데 도움을 준다.

② 피드백 데이터 수집

행동 결과에 대한 데이터를 수집하고, 이를 학습 및 의사결정에 활용할 수 있는 형태로 정리한다. 사용자의 반응, 시스템 로그, 환경 상태 변화 등 다양한 데이터가 포함되며, 이는 노이즈와 실제 의미 있는 신호를 구분하는 과정을 거친다. 사용자 분석 시스템에서 사용자의 클릭률, 체류 시간, 구매 전환율 등을 추적하는 것과 같다.

③ 피드백 반영과 학습

수집된 피드백 데이터를 바탕으로 AI 에이전트는 행동과 의사결정 방식을 수정하고, 모델을 업데이트한다. 단기적인 성능 조정과 장기적인 구조적 개선을 구분해 접근하며, 각 개선안의 우선순위와 실행 가능성을 고려한다. 금융 거래 시스템에서 거래 패턴 분석을 통해 리스크 관리 전략을 조정하고, 생산 공정 시스템에서 품질 편차와 생산성 데이터를 바탕으로 공정을 최적화하는 것과 같은 것이다.

피드백 시스템 구현에는 몇 가지 고려사항이 있다. 첫째, 피드백 제공의 시점을 조정해, 실시간 반응이 중요한 경우와 장기적인 분석이 요구되는 경우를 구별해야 한다. 둘째, 피드백의 정확성을 높이기 위해 상관관계와 인과관계를 명확히 구분해야 한다. 셋째, 피드백이 종합적인 관점을 제공하도록 시스템의 여러 측면을 고르게 평가해야 한다. 특히 강화 학습 환경에서 피드백은 보상 신호로 작용해 AI 에이전트가 최적의 행동 경로를 학습하는 데 핵심적인 역할을 한다. 최신 피드백 시스템은 A/B 테스트를 통한 전략 검증, 인과 추론 모델을 통한 성능 변화 원인 분석 등을 통한 의사결정 과정 분석의 기술을 활용한다.

피드백은 AI 에이전트가 단순히 목표를 달성하는 데 그치지 않고 스스로를 평가하고 개선하며 더 복잡한 환경과 상황에 적응할 수 있게 하는 핵심 요소다. 실시간 피드백 처리와 다중 소스 피드백 융합 기술의 발전으로 AI 에이전트는 더 정교하고 복합적인 상황에서도 높은 성능을 유지할 수 있게 되었다. 이를 통해 AI 에이전트는 더 높은 신뢰성과 효율성을 갖춘 진정한 자율 시스템으로 발전하게 된다.

(5) 학습(Learning)

학습(Learning)은 AI 에이전트가 과거 경험과 새로운 데이터를 바탕으로 스스로 성능을 개선하고 변화된 환경에 적응하는 과정을 의미한다. 이는 마치 인간이 경험을 통해 지식을 축적하는 과정과 유사하며, AI 에이전트의 '성장 및 발전'역할을 한다. 이는 AI 에이전트의 자율성과 발전 가능성을 뒷받침하는 핵심 요소로, 에이전트가 단순히 명령을 수행하는 도구를 넘어 지속적인 발전을 할 수 있는 능력을 제공한다. 학습은 인식, 의사결정, 행동 단계에서 얻은 모든 경험 데이터를 중점적으로 활용하게 되며 크게 세 가지 주요 활동으로 구성된다.

① 데이터 수집 및 준비

학습의 출발점은 에이전트가 환경으로부터 데이터를 수집하고, 이를 학습 가능한 형태로 전처리하는 것에서 시작한다. 원시 데이터는 노이즈 제거, 정규화, 특징 추출 등 다양한 전처리 과정을 거쳐 AI 모델이 이해할 수 있는 형식으로 변환된다. 고객 서비스 에이전트에서 고객과의 대화 기록이 수집되고 이를 텍스트 데이터로 변환한 후, 의도와 감정 태그를 추가해 학습 데이터로 활용되는 것이다. 수집된 데이터는 단기 성과와 장기 패턴을 모두 분석할 수 있도록 시계열적으로 관리되며, 향후 학습의 기반이 된다.

② 학습 알고리즘 적용

AI 에이전트는 다양한 학습 방법을 통해 데이터로부터 지식을 획득한다. 지도 학습을 통해 레이블이 달린 데이터에서 패턴을 학습하고, 비지도 학습으로 데이터 내 숨겨진 구조를 파악하며, 강화 학습을 통해 보상과 벌점을 기반으로 최적의 행동 전략을 학습한다. 자율주행 시스템에서는 강화 학습으로 안전한 주행 경로를 학습하고, 추천 시스템은 비지도 학습으로 사용자 선호도를 파악한다. 최근에는 온라인 학습, 전이 학습, 메타 학습 등의 기술이 도입돼 AI 에이전트가 이전 경험을 바탕으로 새로운 작업에 신속히 적응하고 효율적으로 학습할 수 있게 되었다.

③ 성능 평가와 지식 통합

학습된 내용을 평가하고 기존 지식 베이스와 통합하는 단계다. 에이전트는 주기적으로 자신의 성능을 평가하며, 새로운 학습 결과는 기존 지식과의 일관성을 검증한 후 통합된다. 이 과정에서 지식의 충돌이나 모순이 해결되며, 통합된 지식은 실시간 의사결정과 행동 수행에 즉시 반영된다. 금융 예측 시스템에서 실시간으로 시장 데이터를 분석하며 모델의 예측 정확도를 검토하고, 새로운 데이터를 반영해 지속적으로 성능을 개선하는 것이 이에 해당한다.

학습 시스템의 구현에서 중요한 것은 균형과 안정성이다. 새로운 패턴의 학습과 기존 지식의 보존 사이의 균형, 빠른 적응과 안정적 성능 사이의 균형을 유지해야 한다. 또한 학습 과정에서 발생할 수 있는 편향이나 과적합을 방지하기 위한 과정이 필요하며, 학습된 결과의 신뢰성을 검증하는 과정도 중요하다.

AI 에이전트의 학습 능력은 시스템의 장기적 가치를 결정 짓는다. 의료 지원 시스템은 진단 기록과 치료 결과를 학습해 더 정확한 진단과 치료 제안을 제공하고, 제조 공정 제어 시스템에선 생산 데이터를 분석해 최적의 운영 조건 발견에 활용될 수 있다. 이러한 지속적인 학습과 개선은 AI 에이전트가 더 복잡하고 동적인 환경에서도 신뢰할 수 있는 조력자로 자리잡게 하는 원동력이 된다.

3) 학습과 지식 관리

AI 에이전트의 학습과 지식 관리는 시스템의 지속적인 성능 향상과 적응력을 결정짓는 핵심 요소다. 에이전트가 환경과의 상호작용을 통해 얻은 경험과 지식을 효과적으로 저장, 관리, 활용하는 과정은 시스템의 전반적인 성능에 직접적인 영향을 미친다. 이 장에서는 AI 에이전트의 지식 관리 아키텍처, 지식 통합과 관리 프로세스, 그리고 학습–지식 연계 시스템에 대해 살펴본다.

(1) 지식 관리 아키텍처

AI 에이전트의 지식 관리 아키텍처는 정보를 효율적으로 저장하고 접근할 수 있도록 설계된 시스템 구조를 말한다. 이는 지식의 표현, 저장, 검색, 갱신을 위한 체계적인 프레임워크를 제공하며, 효과적인 지식 관리 아키텍처는 AI 에이전트가 학습한 내용을 의미 있는 지식으로 변환하고, 이를 필요할 때 효율적으로 활용할 수 있게 한다.

① 지식 표현

AI 에이전트는 규칙 기반 표현, 의미 네트워크, 프레임 기반 표현 등 다양한 방식으로 정보를 구조화한다. 예를 들어, 의료 진단 시스템은 질병과 증상 관계를 의미 네트워크로 추천 시스템은 사용자와 아이템 관계를 그래프로 표현한다. 특히, LLM은 모델 파라미터에 지식을 내재화해 다양한 작업을 유연하게 처리할 수 있게 한다.

② 메모리 시스템

단기 기억 메모리(Short-Term Memory)는 현재 작업과 관련된 정보를 저장하며, 장기 기억 메모리(Long-Term Memory)는 학습된 지식과 경험을 체계적으로 저장한다. 강화 학습에서는 경험 재생 버퍼(Experience Replay Buffer)를 사용해 과거 경험을 무작위로 샘플링해 학습 데이터의 다양성과 일반화를 지원한다.

③ 데이터 파이프라인

정보의 수집, 저장, 처리 과정을 관리해 지식의 품질과 일관성을 보장한다. 최근 연속 학습(Continual Learning) 기술은 새로운 데이터를 기존 지식에 통합하면서 기존 성능을 유지하는 데 중점을 둔다. 이는 자율주행 시스템에서 새로운 도로 환경 데이터를 기존 모델에 통합해 성능을 지속적으로 향상시키는 것을 예로 들 수 있다.

이러한 지식 관리 아키텍처의 발전은 AI 에이전트가 더욱 복잡하고 동적인 환경에서 효과적으로 작동할 수 있게 한다. 특히 멀티모달(Multi Modal) 학습이 가능한 AI 시스템에서는 텍스트, 이미지, 음성 등 다양한 형태의 데이터를 통합적으로 처리하고 이해하는 능력이 중요해지고 있다.

이를 위해 각 모달리티의 특성을 고려한 지식 표현 방식과 효율적인 크로스모달(Cross Modal) 검색 기법 등이 연구되고 있다.

(2) 지식 통합과 관리 프로세스

AI 에이전트의 지식 통합과 관리 프로세스는 새로운 정보를 기존 지식 체계에 효과적으로 통합하고, 전체 지식의 일관성과 신뢰성을 유지하는 체계적인 과정이다. 단순히 데이터를 저장하는 것을 넘어 지식의 품질 관리, 갱신, 검증을 포함하는 복잡한 프로세스로, 시스템의 지속적인 성능 향상을 가능하게 한다.

① 지식 통합

지식 통합은 새로운 정보를 기존 지식 체계에 효과적으로 통합해 활용할 수 있게 만드는 과정이다. 이는 단순한 정보 추가가 아닌, 기존 지식과의 관계성을 고려한 구조적 통합을 포함한다. 예를 들어, 대화형 AI 시스템은 새로운 대화 패턴을 학습할 때 기존의 대화 맥락과 일관성을 유지하며 통합한다. 이를 통해 시스템은 더 자연스럽고 다양한 대화를 수행할 수 있게 된다. 한편, 지식 관리의 효율성 증대를 위한 방법으로 지식 증류(Knowledge Distillation) 기법이 활용된다. 이 기법은 대규모 모델의 지식을 소규모 모델로 전달해 성능을 유지하면서 자원을 절약하는 방식이다. 이를 통해 복잡한 AI 모델의 핵심 지식을 더 작고 효율적인 모델로 압축해 다양한 환경에서 활용할 수 있게 된다.

② 일관성 관리

일관성 관리는 AI 시스템의 지식 저장소가 논리적 정합성을 유지하고 내부 모순을 방지하는 과정이다. 새로 습득한 정보가 기존의 지식 체계와 상충할 경우, 이를 식별하고 조정하는 과정이 포함된다. 자율주행 시스템에서 다양한 센서로부터 수집된 데이터 간 불일치를 신뢰도 기반의 알고리즘으로 해결해 일관된 환경 인식을 유지하는 것을 예로 들 수 있다. 또한 점진적 학습(Incremental Learning)을 통해 새로운 지식을 추가하면서 기존 지식에 대한 망각을 최소화한다.

③ 버전 관리와 품질 보증

각 지식의 출처, 신뢰도, 갱신 이력을 추적하며 정기적 검증을 통해 정확성을 유지한다. 금융 및 의료 분야에서는 A/B 테스팅과 점진적 배포 전략을 사용해 새로운 지식의 영향을 평가하며, 이러한 검증은 AI 시스템의 신뢰성을 보장하기 위한 필수 요소다.

이러한 지식 통합과 관리 프로세스는 AI 시스템의 확장성과 신뢰성을 강화하는 데 핵심 역할을 한다. 특히 연합 학습(Federated Learning)이나 분산 AI 시스템에서는 다양한 소스에서 수집된 지식을 효과적으로 통합하고 관리하는 능력이 더욱 중요하다.

(3) 학습 및 지식 통합관리

학습과 지식의 통합관리는 AI 에이전트가 학습 과정과 지식 관리를 긴밀히 통합해 시스템의 성능을 지속적으로 향상시키는 것을 말한다. 이는 학습을 통해 얻은 새로운 정보를 유용한 지식으로 변환하고, 축적된 지식을 학습에 다시 활용하는 순환 구조를 갖추고 있다. 이러한 통합적 관리는 AI 에이전트의 적응력과 성능 향상을 가능하게 하는 핵심 동력이다.

① 학습 결과의 지식화

학습을 통해 얻은 정보를 체계적인 지식으로 변환하는 과정이다. 딥러닝 모델을 통해 학습된 패턴을 규칙이나 기호적 지식으로 추출해 지식 베이스에 통합한다. 또한, 전이 학습(Transfer Learning)을 통해 한 도메인에서 학습된 지식을 다른 도메인에 적용함으로써 학습 효율성을 극대화한다. 이는 의료 진단 시스템에서 활용되는 방법으로 특정 증상과 질병 간의 상관관계를 학습해 규칙화된 지식으로 변환해 새로운 환자 진단에 활용한다.

② 지식 기반 학습 최적화

기존 지식을 활용해 새로운 학습의 효율성을 높이는 접근법이다. 축적된 지식은 학습 초기 설정에 영향을 미치며, 탐색 공간을 제한해 학습 속도와 정확도를 높인다. 메타 러닝(Meta-Learning)을 통해 이전 학습 경험을 기반으로 새로운 작업에 최적화된 학습 전략을 설정할 수 있다.

③ 실시간 학습 및 지식 갱신

환경 변화에 따라 지속적으로 학습하고 지식을 갱신하는 프로세스로 온라인 정보 학습을 통해 새로운 데이터를 실시간으로 반영해 모델을 갱신하고, 이를 지식 베이스에 즉각적으로 통합한다. 이는 금융 트레이딩 시스템은 시장의 급격한 변화에 실시간으로 대응하며 거래 전략을 조정하고 이를 규칙화된 지식으로 저장하는 것과 같다.

이러한 학습과 지식의 통합관리는 AI 에이전트의 발전에 필수적이며, 특히 신경-상징 AI(Neuro-Symbolic AI) 접근법은 신경망의 학습 능력과 기호적 지식 표현의 장점을 결합한 것으로 AI 시스템 구축에 기여하고 있다. 또한, 평생 학습(Lifelong Learning)을 통해 시스템은 지속적으로 학습하면서도 기존 지식을 잃지 않고 발전할 수 있다. 이는 AI 에이전트가 복잡하고 변화하는 환경에서도 효과적으로 작동할 수 있게 하는 중요한 기반이 된다.

4) 시스템 통합과 최적화

AI 에이전트의 시스템 통합과 최적화는 구성요소들이 효율적으로 상호작용해 전체 시스템이 최적의 성능을 발휘할 수 있도록 설계하고 조율하는 과정이다. 이는 단순히 기술적으로 연결하는 것을 넘어, 시스템의 안정성, 확장성, 효율성을 보장하는 통합적인 접근 방식을 요구한다. 현대의 AI 에이전트는 여러 모듈과 하위 시스템이 복잡하게 얽혀있어 이들 간의 효과적인 상호작용과 최적화가 시스템 성능에 결정적인 영향을 미친다.

(1) 구성요소 간 상호작용

AI 에이전트의 구성요소 간 상호작용은 인식, 의사결정, 학습, 실행 모듈이 정보를 교환하고 협력하는 방식을 정의한다. 이는 데이터의 흐름, 통신 프로토콜, 동기화 과정 등을 포함하며, 에이전트의 성능과 적응력을 결정짓는 핵심 요소다. 이러한 상호작용은 AI 에이전트가 복잡한 환경에서도 효율적으로 기능하도록 지원한다.

① 데이터 흐름 관리

AI 에이전트 내에서 정보가 이동하고 처리되는 과정을 체계적으로 설계한다. 예를 들어, 자연어 처리 기반 에이전트에서는 사용자 입력이 인식(텍스트 변환), 이해(의도 파악), 의사결정(응답 선택), 응답 생성(출력) 단계를 거치며, 각 모듈 간 데이터가 효율적으로 전달된다. 최근에는 연속학습(Continual Learning) 기법을 통해 실시간 데이터를 처리하고 에이전트의 지식을 업데이트하는 방식이 주목받고 있다.

② 통신 프로토콜

에이전트의 내부 모듈 간, 또는 외부 환경과의 메시지 교환 방식을 정의한다. 이는 모듈 간 데이터 전송의 표준화를 가능하게 하며, 특히 멀티 에이전트 시스템에서는 에이전트 간의 협업과 정보 공유를 위한 프로토콜이 중요하다. 이를 통해 개별 에이전트가 독립성을 유지하면서도 복잡한 작업을 공동으로 수행할 수 있다.

③ 동기화

여러 구성요소가 동시에 작동할 때 데이터의 일관성과 처리 순서를 보장하는 과정이다. 예를 들어, 강화학습 기반 에이전트는 환경을 인식하고 정책을 결정하며 행동을 실행하는 과정에서 동기화가 필수적이다. 또한, 장기 메모리와 작업 메모리 간 동기화를 통해 일관된 의사결정과 학습을 수행할 수 있다.

이와 같은 구성요소 간의 상호작용을 통해 AI 에이전트는 환경을 인식하고, 의사결정을 내리며, 학습하고 행동을 실행하는 전체 과정에서 중요한 역할을 한다. 통합적이고 최적화된 상호작용 과정은 에이전트의 효율성과 적응력을 극대화하며, 다양한 환경에서 안정적이고 신뢰성 있는 성능을 제공한다.

(2) 성능 최적화

① 연산 효율성 관리

에이전트의 주요 연산 과정을 최적화해 반응 속도와 처리 효율 향상 단계다. 강화학습 에이전트에서는 경험 재생 버퍼(Experience Replay Buffer)의 크기와 샘플링 전략을 조정해 학습 효율성을 높인다. 대화형 에이전트에서는 어텐션 메커니즘(Attention Mechanism) 최적화를 통해 문맥 이해와 응답 생성 속도를 개선한다. 최근에는 모델 경량화와 양자화 기법을 통해 에이전트의 추론 속도를 향상시키는 연구도 활발히 이뤄지고 있다.

② 메모리 최적화

AI 에이전트의 기억 시스템을 효율적으로 관리해 중요 정보의 저장과 검색을 최적화한다. 지식 증류(Knowledge Distillation) 기법을 통해 학습된 지식을 압축해 모델의 크기를 줄이고 성능을 유지한다. 이와 함께 점진적 학습(Incremental Learning)은 새로운 지식을 추가하면서 기존 지식의 망각을 최소화하는 방법으로 장기 실행 에이전트에서 학습과 메모리 관리의 균형을 맞춘다. 이러한 기법들은 AI 에이전트가 복잡한 환경에서도 효과적으로 작동할 수 있도록 지원한다. 이렇게 축약된 내용은 핵심 개념을 간결하게 전달합니다. 필요에 따라 추가적인 세부 사항을 포함할 수 있습니다.

③ 적응형 성능 조정

환경과 작업 부하에 따라 에이전트의 성능을 동적으로 조절하는 과정이다. 예를 들어, 자율주행 에이전트는 도로 상황과 차량 상태에 따라 의사결정의 정밀도와 속도를 조정하며 추천 시스템에서는 사용자의 상호작용 패턴에 따라 알고리즘의 복잡도를 조정해 응답성과 정확성의 균형을 맞춘다.

(3) 시스템 안정성

AI 에이전트의 시스템 안정성은 예측하지 못한 상황이나 오류에도 견고하게 작동하며, 일관된 성능을 유지하도록 보장하는 요소이다. 이는 실제 환경에서 에이전트가 신뢰성을 갖추고 안정적으로 작동하기 위한 필수 조건이며, 특히 의료, 금융, 자율주행 등 안전성과 신뢰성이 중요한 영역에서 더욱 강조된다.

① 오류 감지와 복구

에이전트가 동작 중 발생할 수 있는 오류를 감지하고 이를 적절히 해결하는 과정으로 대화형 에이전트는 사용자의 입력을 잘못 이해했을 경우, 이를 인지하고 명확화를 요청하거나 대체 응답을 제공한다. 강화학습 기반 에이전트는 예상치 못한 환경 상태에 직면했을 때 기본 정책(Default Policy)으로 전환해 위험을 최소화한다. 또한, 판단의 신뢰도를 평가하는 방법을 통해 에이전트는 자신의 결정에 대한 확신 수준을 확인하고, 필요시 인간 운영자의 개입을 요청할 수 있다.

② 일관성 유지

에이전트의 의사결정과 행동이 논리적이고 일관성 있게 이뤄지도록 보장하는 과정으로 지식 베이스의 무결성을 정기적으로 검증하며, 상충되는 규칙이나 목표를 조정한다. 예를 들어, 추천 시스템 에이전트는 사용자 선호도 모델의 일관성을 검토하고, 모순된 데이터가 있는 경우 이를 수정한다. 멀티 에이전트 시스템에서는 개별 에이전트 간의 목표와 행동이 충돌하지 않도록 조율하는 동기화 과정이 필요하다. 이러한 일관성 관리는 복잡한 환경에서도 안정적이고 신뢰성 있는 작동을 가능하게 한다.

③ 성능 모니터링과 유지보수

AI 에이전트의 성능을 지속적으로 추적하고, 필요한 경우 유지보수를 통해 성능 저하를 방지하는 과정이다. 성능 지표를 모니터링해 모델 드리프트(Model Drift)나 예기치 않은 성능 저하를 조기에 발견하고, 이를 해결하기 위해 재학습이나 모델 업데이트를 수행한다. 예를 들어, 이상 탐지 에이전트는 탐지 정확도를 주기적으로 평가하며, 성능이 저하되면 학습 데이터를 추가하거나 모델 구조를 개선한다. 또한 A/B 테스팅을 통해 새로운 모델이나 기능의 안정성을 검증한다.

시스템 안정성은 AI 에이전트의 실제 환경 적용에서 신뢰성과 효율성을 결정짓는 필수 요소다. 최근에는 AI의 투명성을 높이는 다양한 기술을 통해 에이전트의 의사결정 과정을 투명하게 만들어 신뢰를 높이는 노력이 진행 중이다. 또한, 적대적 공격(Adversarial Attack)에 대비한 방어 체계가 연구되면서, 에이전트의 보안성과 견고성이 더욱 강화되고 있다. 이러한 안정성 확보 기술은 AI 에이전트의 실질적인 적용 가능성을 확대하며, 특히 고위험 분야에서의 활용도를 높이는데 기여하고 있다.

(4) 확장성 관리

AI 에이전트의 확장성 관리는 시스템이 증가하는 데이터량, 복잡한 작업, 새로운 기능 요구사항에 유연하게 대응할 수 있도록 보장하는 중요한 요소다. 이는 에이전트가 지속적으로 발전하고 다양한 환경에 적응하며 장기적 운영이 가능한 기반이 된다.

① 모듈화와 유연성

AI 에이전트의 구성요소를 독립적인 모듈로 설계해 기능 추가 및 수정이 용이하게 만든다. 예를 들어, 대화형 에이전트에서는 언어 이해, 대화 관리, 응답 생성과 같은 모듈을 각각 독립적으로 개선하거나 업그레이드할 수 있다. 플러그인 아키텍처를 도입하면 새로운 기능이나 도메인 지식을 쉽게 통합할 수 있으며, 이를 통해 에이전트의 기능을 점진적으로 확장할 수 있다. 이러한 접근 방식은 빠른 요구사항 변경에도 유연하게 대응할 수 있도록 돕는다.

② 성능 확장성

증가하는 작업량과 시스템 복잡성에 적응할 수 있는 능력을 의미한다. 분산 학습과 병렬 처리 기술을 활용해 대규모 데이터를 효율적으로 처리하고, 복잡한 연산을 수행할 수 있다. 예를 들어, 추천 시스템 에이전트는 사용자와 아이템의 수가 급격히 증가하더라도, 확장 가능한 인프라와 최적화된 알고리즘으로 효율적인 처리를 유지한다. 또한, 전이 학습(Transfer Learning)을 통해 기존 지식을 활용해 새로운 도메인으로의 확장을 효과적으로 수행한다.

③ 적응형 구조

환경 변화나 새로운 요구사항에 따라 에이전트의 구조를 동적으로 조정할 수 있다. 메타 학습(Meta-Learning)을 통해 새로운 작업이나 도메인에 빠르게 적응하며, 모듈러 아키텍처(Modular Architecture)를 활용해 필요한 구성요소를 동적으로 재구성한다. 예를 들어, 추천 시스템은 사용자의 행동 변화에 따라 알고리즘의 복잡도를 조정해 개인화된 추천을 제공하는 능력을 갖추고 있으며, 사용자가 특정 장르의 영화를 선호하는 경우, 시스템은 그에 맞춰 추천 알고리즘을 동적으로 조정해 사용자 경험을 향상시킨다.

AI 에이전트의 시스템 통합과 최적화는 이론적 설계를 실제로 실행이 가능한 시스템으로 구현하는 데 있어 핵심적인 과정이다. 구성요소 간 상호작용, 성능 최적화, 시스템 안정성, 확장성 관리의 네 가지 측면은 서로 긴밀히 연결돼 있으며, 이들의 균형 잡힌 구현이 성공적인 AI 에이전트 시스템의 기초가 된다. 특히 현대의 AI 에이전트는 복잡한 환경과 다양한 요구사항에 직면하고 있어, 설명 가능성(Explainability), 신뢰성(Reliability), 확장성(Scalability)과 같은 시스템 수준의 고려사항이 더욱 중요해지고 있다. 이러한 요구를 통합적으로 고려한 설계와 최적화는 AI 에이전트가 실제 환경에서 안정적이고 효과적으로 작동하기 위한 필수 조건이 될 것이다.

3. AI 에이전트의 종류와 특성

AI 에이전트는 환경을 인식하고 행동을 결정하는 방식에 따라 다양한 유형으로 발전해왔다. 초기의 단순 반응형 구조에서 시작해, 환경을 모델링하고 명시적 목표를 추구하며 선택의 효용성을 평가할 수 있는 복잡한 형태로 진화했다. 또한, 여러 접근 방식을 결합한 하이브리드 에이전트와 다수의 에이전트가 협력하는 멀티 에이전트 시스템의 등장으로 활용 범위가 확장되고 있다.

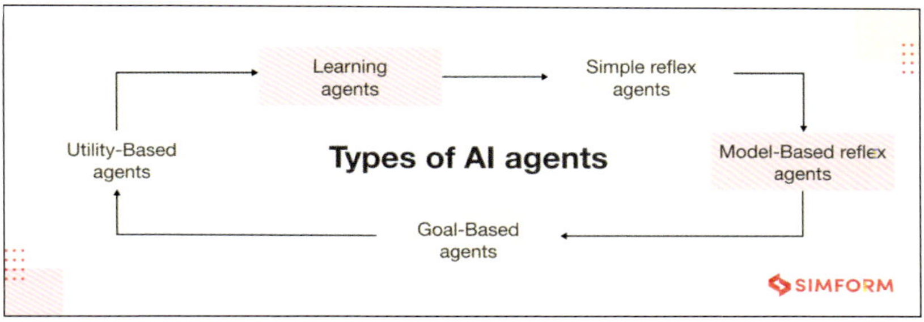

[그림3] AI 에이전트 유형(출처 : SIMFORM)

1) 단순 반응형 에이전트(Simple Reflex Agent)

단순 반응형 에이전트(Simple Reflex Agent)는 가장 기본적인 형태의 AI 에이전트로, 현재 상태를 기반으로 즉각적인 행동을 결정하는 시스템이다. 이는 마치 미리 작성된 FAQ에 따라 응답하는 기본적인 챗봇 시스템과 같이, 주어진 입력에 대해 미리 정의된 규칙에 따라 단순히 반응한다. 단순 반응형 에이전트는 과거의 상태를 기억하거나 미래를 예측하지 않으며, 현재 입력된 정보만을 바탕으로 행동한다.

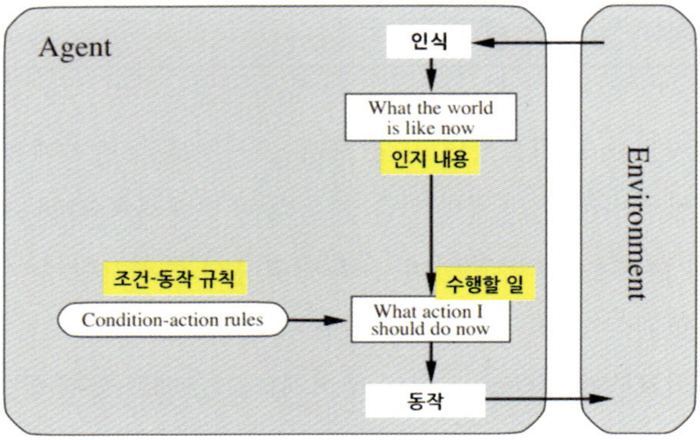

[그림4] 단순 반응형 에이전트 다이어그램(출처 : Russell & Norvig(2020))

기본적인 챗봇 시스템은 단순 반응형 에이전트의 대표적인 예시다. 사용자의 메시지에서 특정 키워드나 패턴을 인식하고, 이에 대해 미리 정의된 응답을 제공한다. 예를 들어 "영업시간" 키워드에 대해 저장된 영업시간 정보를 응답하는 식이다. 또한 기본적인 스팸 메일 필터링 시스템도 이메일의 제목이나 내용에서 특정 키워드나 패턴을 검출해 스팸 여부를 판단하는 방식으로 작동한다.

단순 반응형 에이전트의 주요 장점은 빠른 응답 속도와 예측 가능한 행동이다. 복잡한 처리 과정 없이 즉각적인 응답이 가능하며, 규칙이 명확하게 정의돼 있어 시스템의 동작을 쉽게 이해하고 검증할 수 있다. 그러나 이러한 단순성은 동시에 한계로 작용한다. 예를 들어 단순 키워드 기반의 챗봇은 '영업시간이 언제인가요?'라는 직접적인 질문에는 응답할 수 있지만, '오늘 저녁에 방문해도 될까요?'와 같은 간접적인 질문의 의도를 파악하지 못한다. 단순 반응형 에이전트는 명확한 규칙으로 정의할 수 있는 간단한 작업이나 즉각적인 반응이 필요한 상황에 적합하다. 그러나 맥락 이해나 패턴 학습이 필요한 복잡한 상황에서는 한계를 보이며, 이는 모델-기반 반응형 에이전트에서 해결된다.

2) 모델-기반 반응형 에이전트(Model-Based Reflex Agent)

모델-기반 반응형 에이전트(Model-Based Reflex Agent)는 단순 반응형 에이전트의 단점을 보완한 형태로, 환경의 현재 상태를 보다 깊이 이해하고 변화를 추적할 수 있는 내부 모델을 가진 AI 에이전트다. 이는 기존의 입력과 출력 매핑을 넘어서, 환경에 대한 이해와 변화를 모델링해 더 정교한 의사결정을 가능하게 한다.

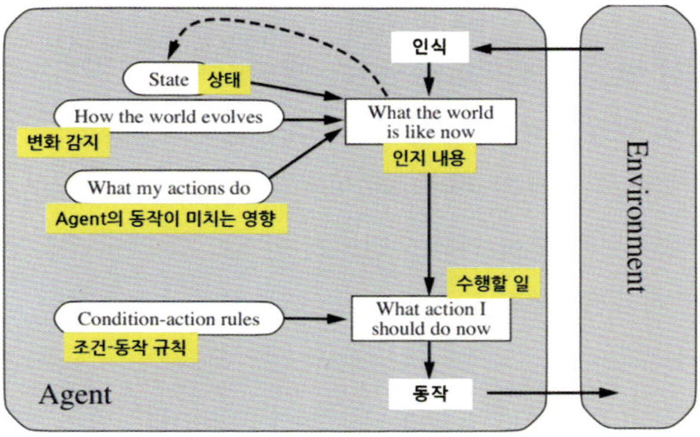

[그림5] 모델-기반 반응형 에이전트 다이어그램(출처 : Russell & Norvig(2020))

고급 이메일 분류 시스템은 모델-기반 반응형 에이전트의 대표적인 예시다. 단순 반응형과는 다르게 미리 정의된 키워드나 규칙만으로 판단하는 것이 아닌 이메일의 맥락, 사용자의 이메일 사용 패턴, 시간대별 특성 등을 종합적으로 고려한다. 콘텐츠 추천 시스템도 좋은 사례로, 사용자의 시청 이력, 선호도 변화, 시간대별 콘텐츠 소비 패턴 등을 모델링 해 맥락에 맞는 추천을 제공한다.

모델-기반 반응형 에이전트의 주요 장점은 환경에 대한 더 깊은 이해를 바탕으로 정교한 판단이 가능하다는 점이다. 모델-기반 반응형 검색 엔진의 경우, 검색어의 맥락, 사용자의 검색 히스토리, 최근 트렌드 등을 고려해 더 관련성 높은 결과를 제공할 수 있다. 그러나 정확한 모델을 구축하고 유지하는 것은 복잡하고 많은 데이터를 필요로 하며, 모델의 복잡도가 증가할수록 실시간 처리에 필요한 컴퓨팅 리소스도 증가하는 한계가 있다.

모델-기반 반응형 에이전트는 단순 반응형 에이전트의 한계를 상당 부분 극복하며, 이메일 분류, 콘텐츠 추천, 개인화된 검색 등 사용자의 패턴과 맥락을 이해해야 하는 분야에서 널리 활용된다. 그러나 여전히 명시적인 목표 달성이나 장기적 계획 수립에는 한계가 있으며, 이는 다음 단계인 목표-기반 에이전트에서 해결된다.

3) 목표-기반 에이전트(Goal-Based Agent)

목표-기반 에이전트(Goal-Based Agent)는 모델-기반 반응형 에이전트의 발전된 형태로, 명시적인 목표를 설정하고 이를 달성하기 위해 행동을 계획하고 실행하는 AI 에이전트다. 단순히 현재 상태와 반응을 연결하거나 환경을 모델링하는 것을 넘어, "무엇을 달성해야 하는가"라는 명확한 목적을 중심으로 동작한다. 목표-기반 에이전트는 목표 달성을 위해 최적의 경로를 탐색하고 실행하며, 이는 더 복잡하고 장기적인 의사결정을 가능하게 한다.

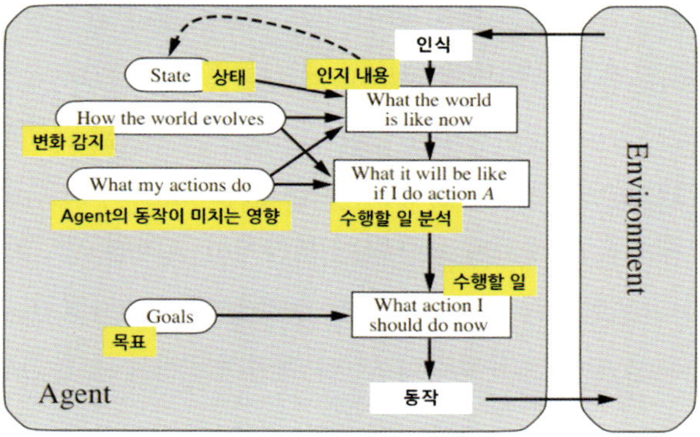

[그림6] 목표-기반 반응형 에이전트 다이어그램(출처 : Russell & Norvig(2020))

대표적인 예로, 지능형 일정 관리 시스템이 있다. 이 시스템은 '모든 참석자가 참여 가능한 회의 일정 잡기'라는 구체적인 목표를 설정하고, 참석자의 일정, 선호 시간대, 회의실 가용성 등을 고려해 최적의 일정을 제안한다. 또 다른 사례로는 AI 기반 학습 관리 시스템이 있다. 이 시스템은 '특정 과목의 시험 점수 향상'이라는 목표를 달성하기 위해 학습자의 현재 수준, 취약점, 학습 패턴, 가용 시간 등을 분석하고, 맞춤형 학습 계획을 수립해 실행한다.

목표-기반 에이전트의 주요 장점은 장기적인 관점에서 최적의 결과를 도출할 수 있다는 점이다. 예를 들어 자동화된 재고 관리 시스템은 '재고 비용 최소화'와 '품절 방지'라는 상반되는 목표를 동시에 고려하며, 판매 예측, 공급망 상황, 계절적 요인 등을 분석해 최적의 발주 계획을 수립한다. 이러한 접근은 단순한 단기 반응을 넘어 복잡한 문제 해결에 적합하다. 그러나 목표-기반 에이전트에도 한계는 존재한다. 복잡한 목표를 처리하려면 많은 계산 자원과 시간이 필요하며, 여러 목표가 상충되는 경우 적절한 균형점을 찾는 것이 어려울 수 있다. 예를 들어 재고 관리 시스템에서 비용 최소화와 품절 방지 사이의 최적점을 찾는 과정에서 의사결정의 복잡성이 크게 증가할 수 있다.

목표-기반 에이전트는 일정 관리, 학습 관리, 자원 최적화 등 명확한 목표 설정과 체계적인 계획이 요구되는 분야에서 효과적으로 활용된다. 다만, 목표 간의 우선순위 설정과 효율성 평가를 위한 추가적인 과정이 필요하며, 이는 다음 단계인 유틸리티-기반 에이전트에서 더 발전된 방식으로 해결된다.

4) 유틸리티-기반 에이전트(Utility-Based Agent)

유틸리티-기반 에이전트(Utility-Based Agent)는 목표-기반 에이전트를 한 단계 발전시킨 형태로 단순히 목표 달성 여부를 평가하는 데 그치지 않고 각 행동의 효용성(유틸리티)을 수치화해 최적의 결정을 내리는 AI 에이전트다. 이는 여러 목표가 상충하거나 다양한 선택지가 존재하는 복잡한 상황에서 각 행동의 결과가 얼마나 적합한지를 정량적으로 평가해 최선의 의사결정을 가능하게 한다.

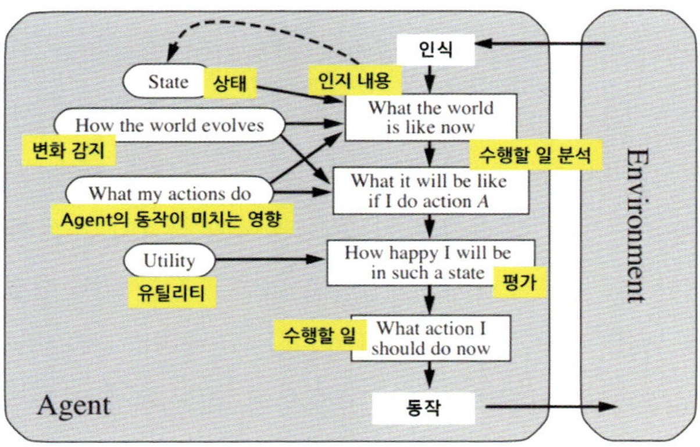

[그림7] 유틸리티-기반 반응형 에이전트 다이어그램(출처 : Russell & Norvig(2020))

대표적인 사례로는 AI 기반 투자 관리 시스템이 있다. 이 시스템은 '수익률 극대화'와 '위험 최소화'라는 상충하는 목표 사이에서, 각 투자 옵션의 기대 수익률, 리스크 수준, 시장 상황 등을 종합적으로 평가해 최적의 포트폴리오를 구성한다. 자율 주행 소프트웨어 역시 유틸리티-기반 에이전트의 대표적인 활용 사례다. 주행 속도, 안전성, 연비, 승차감 등의 다양한 요소를 유틸리티 함수로 계산해, 각 상황에서 최적의 주행 전략을 결정한다.

유틸리티-기반 에이전트의 주요 강점은 다양한 요소를 통합적으로 고려할 수 있다는 점이다. 효용성 함수를 통해 각 행동 옵션을 단일 척도로 평가함으로써, 복잡한 트레이드오프(Trade-off) 상황에서도 합리적이고 효율적인 의사결정을 내릴 수 있다. 예를 들어 스마트 도시 관리 시스템에서는 에너지 소비, 교통 흐름, 공기 질 등을 통합적으로 평가해 도시 운영의 효율성을 극대화할 수 있다. 그러나 유틸리티-기반 에이전트는 몇 가지 도전 과제도 가진다. 가장 큰 문제는 효용성 함수를 설계하는 것이다. 각 요소를 적절히 수치화하고, 상황에 따라 변하는 가중치를 정확히 부여하는 일은 매우 복잡하다. 특히 인간의 주관적인 선호나 환경의 불확실성은 이러한 작업을 더욱 어렵게 만든다.

유틸리티-기반 에이전트는 금융 투자, 자원 할당, 최적화 문제 등 복잡한 의사결정이 필요한 분야에서 높은 가치를 제공한다. 이는 AI 에이전트의 가장 발전된 형태 중 하나로, 다양한 요소를 통합적으로 고려해 실제 세계의 복잡한 문제들을 해결하는 데 효과적인 접근 방식을 제공한다

5) 학습 에이전트(Learning Agent)

학습 에이전트(Learning Agent)는 경험을 통해 지속적으로 성능을 개선해나가는 AI 에이전트이다. 다른 유형의 에이전트들은 미리 정의된 규

칙이나 모델에 의존하는 반면, 학습 에이전트는 환경과의 상호작용에서 얻은 경험을 기반으로 지식과 행동 전략을 발전시킨다. 이는 변화하는 환경에서도 유연하게 적응하고 성능을 유지할 수 있는 능력을 제공한다. 대표적인 예로 대화형 AI 시스템은 학습 에이전트의 한 형태다. 이러한 시스템은 사용자들과의 대화 경험을 축적하면서 더 자연스럽고 맥락에 적합한 응답을 생성하는 방법을 학습한다. 또 다른 사례로 온라인 쇼핑몰의 상품 추천 시스템이 있다. 이 시스템은 사용자들의 구매 기록, 클릭 패턴, 검색 행동 등을 지속적으로 학습해 개인화된 추천을 제공하며, 시간이 지남에 따라 추천의 정확도와 신뢰성을 높여간다.

학습 에이전트는 네 가지 핵심 구성요소로 이뤄진다. 성능 요소(Performance Element)는 현재 지식을 바탕으로 행동을 선택하고 실행하며, 학습 요소(Learning Element)는 환경과의 상호작용에서 얻은 데이터를 통해 성능을 개선한다. 비판(Critic)은 에이전트의 행동 결과를 평가하고 피드백을 제공하며, 문제 생성(Problem Generator)은 새로운 학습 기회를 만들어내어 에이전트의 능력을 확장한다.

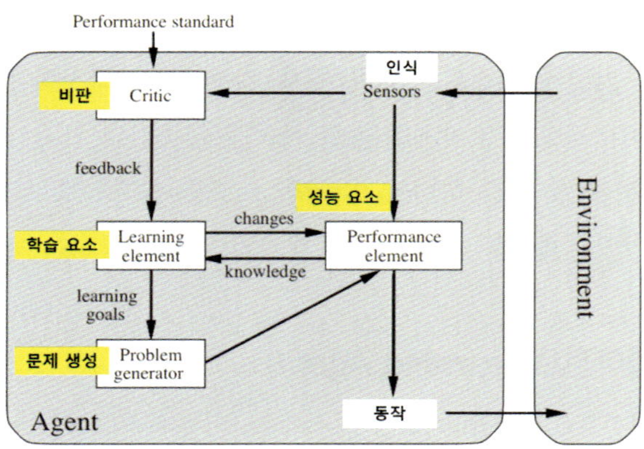

[그림8] 학습 에이전트 다이어그램(출처 : Russell & Norvig(2020))

학습 에이전트의 가장 큰 장점은 환경 변화에 대한 적응력과 지속적인 개선 능력이다. 이러한 특성은 특히 동적인 환경에서 효과적이며, AI 시스템이 고정된 규칙에 얽매이지 않고 스스로 발전할 수 있도록 돕는다. 그러나 학습에 필요한 충분한 데이터 확보, 효율적인 학습 알고리즘 설계, 과적합 방지 등은 여전히 해결해야 할 중요한 도전 과제다. 학습 에이전트는 대화 시스템, 추천 시스템, 게임 AI 등 다양한 분야에서 활용되며, AI 시스템의 자율성과 적응력을 크게 향상시키는 데 기여하고 있다. 이는 AI가 단순한 데이터 처리 도구를 넘어 자율적이고 유연한 의사결정 도구로 발전하는 데 핵심 역할을 한다.

6) 기타 에이전트 유형

(1) 대화형 에이전트(Conversational Agent)

대화형 에이전트(Conversational Agent)는 자연어를 통해 사용자와 상호작용하며 대화를 수행하는 AI 에이전트다. 초기에는 단순한 규칙 기반의 챗봇 형태로, 미리 정의된 규칙과 패턴에 따라 정형화된 응답을 제공하는 수준이었다. 그러나 최근 대규모 언어 모델(LLM)의 발전으로 인해 대화형 에이전트는 인간 언어의 이해와 생성 능력에서 많은 이들의 이목을 받고 있다. GPT, BERT와 같은 LLM의 등장은 대화형 AI가 문맥을 깊이 이해하고 자연스럽고 유연한 대화를 생성할 수 있는 기반을 마련했다.

기존의 대화형 에이전트는 제한된 응답 패턴과 대화 흐름 관리에 그쳤지만, LLM 기반의 최신 대화형 에이전트는 더 높은 수준의 기능을 제공한다. 문맥 이해와 추론 능력을 갖추어 이전 대화 내용을 고려한 일관된 응답이 가능해졌으며, 제공된 정보를 기반으로 논리적 추론과 문제 해결을 수행한다. 또한 학습된 방대한 지식을 활용해 전문적이고 세부적인 응답을 생성할 수 있으며, 단순 대화를 넘어 데이터 분석, 창작, 고객 지원 등 다목적 활용이 가능하다.

대화형 에이전트는 자연어 이해(NLU), 대화 관리, 자연어 생성(NLG), 문맥 관리의 네 가지 핵심 구성요소로 이뤄진다. 자연어 이해는 사용자의 입력 의도를 정확히 파악하며, 대화 관리는 대화의 흐름을 자연스럽게 유지하고 제어한다. 자연어 생성은 맥락에 맞는 적절한 응답을 생성하며, 문맥 관리는 대화의 일관성을 유지해 사용자 경험을 향상시킨다.

챗GPT와 같은 최신 대화형 에이전트는 고객 지원, 교육, 콘텐츠 생성 등 다양한 분야에서 활용되고 있다. 이들은 기존 시스템과 비교할 수 없는 수준의 자연스러운 상호작용을 제공하며, 복잡한 작업에서도 높은 수준의 유연성과 효율성을 발휘한다. 그러나 이러한 발전에도 불구하고, 응답의 사실적 정확성, 윤리적 문제, 편향성 등의 과제가 여전히 존재한다. 특히 대규모 언어 모델이 생성하는 응답의 신뢰성과 안전성을 보장하는 것은 앞으로 해결해야 할 중요한 문제로 대두되고 있다.

(2) 상호작용형 에이전트(Interactive Agent)

상호작용형 에이전트(Interactive Agent)는 사용자와 실시간으로 상호작용하며 지속적인 피드백을 주고받는 AI 에이전트다. 이는 단순한 일방향적 반응을 넘어서, 사용자의 행동과 선호도를 학습하고 이에 맞춰 동적으로 대응하는 특징을 가진다. 특히 최근 AI 기술의 발전으로 더욱 자연스럽고 개인화된 상호작용이 가능해졌다.

상호작용형 에이전트의 핵심은 사용자의 행동과 반응을 실시간으로 분석하고, 이를 바탕으로 적절한 대응을 생성하는 능력이다. 이를 위해 사용자 모델링, 행동 패턴 분석, 상황 인식, 적응형 반응 생성 등의 기술이 활용된다. 특히 강화 학습을 통해 상호작용 경험으로부터 지속적으로 학습하고 발전하는 것이 특징이다. 상호작용형 에이전트의 주요 장점은 높은 개인화 수준과 적응성이다. 각 사용자의 특성과 선호도에 맞춘 최적화된 경험을 제공할 수 있으며, 사용자의 변화하는 요구사항에 유연하게 대응할 수 있다. 그러나 실시간 처리의 복잡성, 개인정보 보호, 일관성 있는 상호작용 유지 등의 과제가 존재한다.

상호작용형 에이전트는 게임, 교육, 개인화된 서비스 등 사용자와의 실시간 상호작용이 중요한 분야에서 널리 활용된다. 향후 더욱 발전된 센싱 기술과 AI 알고리즘의 도입으로 더욱 자연스럽고 효과적인 상호작용이 가능해질 것으로 기대된다.

(3) 인지형 에이전트(Cognitive Agents)

인지형 에이전트(Cognitive Agents)는 인간의 인지 과정을 모방해 정보를 처리하고 의사결정을 수행하는 AI 에이전트다. 이는 단순한 입력과 출력 처리나 규칙 기반 동작을 넘어, 인간과 유사한 방식으로 상황을 인지하고, 추론하며, 학습하는 능력을 갖추고 있다. 최근 인지과학과 AI 기술의 융합으로 더욱 발전된 형태의 인지형 에이전트가 등장하고 있다.

인지형 에이전트의 핵심 요소는 지각(Perception), 주의(Attention), 기억(Memory), 학습(Learning), 추론(Reasoning), 의사결정(Decision Making)이다. 이러한 요소들은 인간의 인지 과정을 모델링해 구현되며, 각 요소들이 유기적으로 연결돼 복잡한 문제 해결을 가능하게 한다. 특히 작업 기억(Working Memory)과 장기 기억(Long-term Memory)의 상호작용을 통해 효과적인 정보 처리와 의사결정을 수행한다.

인지형 에이전트의 주요 장점은 복잡한 상황에서의 유연한 대응 능력과 설명 가능성이다. 인간의 사고 과정을 모방함으로써, 결정 과정을 이해하기 쉽게 설명할 수 있으며, 예상치 못한 상황에서도 적절한 대응이 가능하다. 그러나 인간의 인지 과정을 완벽하게 모델링하는 것의 어려움, 계산 복잡성, 실시간 처리의 제약 등의 과제가 존재한다. 인지형 에이전트는 의료, 교육, 의사결정 지원 등 인간의 전문적 판단이 필요한 분야에서 활용되며, 인간과의 협업을 가능하게 한다. 인공지능과 인지과학의 발전에 따라, 더욱 정교한 인지 모델링과 효과적인 문제 해결 능력을 갖춘 인지형 에이전트의 개발이 기대된다.

4. AI 에이전트 학습 및 추론 알고리즘

AI 에이전트의 핵심 능력은 데이터를 학습하고 이를 기반으로 추론하는 데 있다. 기계 학습과 심층 학습은 에이전트가 경험을 통해 성능을 향상시키는 중요한 기반을 제공하며, 자연어 처리 기술의 발전은 사용자와의 자연스러운 상호작용을 가능하게 한다. 강화 학습은 에이전트가 환경과 상호작용하며 자율적인 의사결정 능력을 개발하는 데 핵심적인 역할을 한다. 이러한 학습과 추론 능력은 체계적인 데이터 수집 및 분석 메커니즘을 통해 더욱 강화된다.

1) 기계 학습과 심층 학습의 역할

AI 에이전트에서 기계 학습과 심층 학습은 데이터로부터 패턴을 학습하고 의사결정을 수행하는 핵심 요소이다. 전통적인 프로그래밍이 미리 정의된 규칙에 따라 동작하는 것과 달리, 이러한 학습 기반 접근은 데이터를 통해 자동으로 규칙을 학습하고 새로운 상황에 적용할 수 있게 한다.

(1) 기계 학습(Machine Learning)의 정의와 역할

기계 학습은 명시적인 프로그래밍 없이 데이터를 통해 패턴을 학습하고 작업을 수행하는 기술이다. 전통적인 프로그래밍에서는 사람이 모든 규칙을 직접 코딩해야 했지만, 기계 학습은 데이터를 기반으로 규칙을 자동으로 발견하고 학습한다. 이는 마치 인간이 경험을 통해 학습하고 성장하는 것과 유사한 방식이다. 기계 학습은 패턴 인식, 예측, 의사결정과 같은 작업에서 핵심적인 역할을 한다. 예를 들어, 의료 진단 시스템은 환자의 증상과 검사 결과를 분석해 질병을 진단하고, 금융 시스템은 거래 데이터를 기반으로 사기 거래를 탐지하며, 추천 시스템은 사용자의 행동 패턴을 학습해 맞춤형 콘텐츠를 제공한다.

경험적 학습을 통해 성능을 지속적으로 개선할 수 있다는 점이 기계 학습의 가장 큰 강점이다. 새로운 데이터를 학습함으로써 예측의 정확도를 높이고 더 나은 의사결정을 지원하며, 환경 변화에도 유연하게 적응할 수 있다. 이는 기계 학습을 다양한 응용 분야에서 필수적인 기술로 만드는 중요한 요소다. 특히 빅데이터 시대에 기계 학습의 중요성은 더욱 부각되고 있다. 방대한 데이터에서 인간이 발견하기 어려운 복잡한 패턴을 찾아내어, 이를 기반으로 의미 있는 통찰과 혁신적인 해결책을 제시할 수 있기 때문이다. 이러한 특성은 비즈니스 의사결정, 과학 연구, 사회 문제 해결 등 다양한 분야에서 큰 변화를 이끌고 있다.

(2) 기계 학습(Machine Learning)의 주요 방법론과 기술

① 지도 학습(Supervised Learning)

지도 학습은 입력 데이터와 그에 대한 정답(레이블)을 함께 사용해 모델을 학습시키는 방법이다. 이는 마치 교사가 학생에게 예제와 정답을 함께 제시하며 가르치는 것과 유사하다. 이메일 스팸 필터가 과거의 이메일들과 그것이 스팸인지 아닌지의 레이블을 통해 학습하며, 신용카드 사기 탐지 시스템은 과거 거래 기록과 사기 여부를 학습해 새로운 거래의 위험성 판단을 예로 들 수 있다.

② 비지도 학습(Unsupervised Learning)

비지도 학습은 레이블 없이 데이터 자체의 구조나 패턴을 발견하는 학습 방법으로 이는 학생이 스스로 데이터를 관찰하고 패턴을 발견하는 것과 같다. 예를 들어, 온라인 쇼핑몰의 고객 세분화에서는 고객들의 구매 패턴, 웹사이트 활동, 인구통계학적 정보 등을 분석해 자연스러운 고객 그룹을 발견하는 것과 같다.

③ 강화 학습(Reinforcement Learning)

강화 학습은 에이전트가 환경과 상호작용하며 시행착오를 통해 최적의 행동을 학습하는 방법이다. 핵심은 보상(Reward) 시스템으로 에이전트는 각 행동에 대해 환경으로부터 받는 보상을 통해 행동의 적합성을 평가한다. 양의 보상은 긍정적인 행동을 강화하고, 음의 보상은 부정적인 행동을 억제하며, 에이전트는 이러한 보상을 장기적으로 최대화하는 방향으로 자신을 발전시킨다.

(3) 심층 학습(Deep Learning)의 정의와 역할

심층 학습은 다층 구조의 인공 신경망을 사용해 데이터의 복잡한 패턴을 학습하는 기술이다. 인간의 뇌의 뉴런 구조에서 영감을 받아 개발된 이 기술은 이미지, 음성, 자연어와 같은 비정형 데이터 처리에서 뛰어난 성능을 보인다. 기계 학습은 전문가의 수동적인 특징 추출에 의존했던 것과 달리, 심층 학습은 원본 데이터로부터 중요한 특징을 자동으로 학습해 데이터 처리의 효율성과 정확성을 크게 높인다.

심층 학습의 핵심은 여러 층의 뉴런들이 계층적으로 정보를 처리하는 방식이다. 심층 학습 모델의 입력층(Input Layer)은 데이터의 기본적인 특징(예: 선, 색상)을 학습하며, 은닉층(Hidden Layer)은 이를 조합해 질감, 패턴 같은 중간 수준의 특징을 추출합니다. 마지막으로 출력층(Output Layer)에 가까운 깊은 은닉층들은 데이터의 고수준 특징(예: 물체의 형태, 언어의 문맥적 의미)을 학습해 최종 예측이나 결정을 내린다.

이러한 심층 학습은 빅데이터와 고성능 컴퓨팅 기술의 발전에 힘입어 비약적인 성과를 이루고 있다. 컴퓨터 비전 분야에서는 인간의 시각 능력에 근접하거나 이를 능가하는 성능을 보이며, 자연어 처리 분야에서는 BERT, GPT와 같은 대규모 언어 모델을 통해 자연스러운 언어 이해와 생성 능력을 구현하고 있다. 이러한 모델은 검색 엔진, 번역 시스템, 대화형 에이전트 등 다양한 응용 분야에서 혁신을 주도하고 있다.

또한, 심층 학습은 표현 학습(Representation Learning)이라는 중요한 특징을 가진다. 이는 데이터의 중요한 특징을 자동으로 학습해 추출하는 능력으로 전문가의 도메인 지식 없이도 다양한 데이터에서 유용한 정보를 효과적으로 활용할 수 있게 한다. 이러한 자율적 특징 추출 능력은 새로운 문제 영역에 대한 적용을 용이하게 하며, AI 시스템의 유연성과 적응력을 크게 향상시킨다.

(3) 심층 학습(Deep Learning)의 주요 구조와 기술

① CNN(Convolutional Neural Network)

CNN은 이미지와 영상 처리를 위해 설계된 신경망 구조로, 인간의 시각 체계를 모방해 이미지의 지역적 특징을 효과적으로 포착할 수 있다. 의료 영상 분석에서는 X-ray나 MRI 이미지에서 질병의 징후를 감지하고, 자율

주행 시스템에서는 도로의 물체와 보행자를 인식하는 데 사용된다. CNN은 초기 계층에서 단순한 선과 모서리 같은 기본적인 특징을 감지하고, 더 깊은 계층에서는 더욱 복잡한 패턴과 객체의 전반적인 형상을 파악하는 계층적 학습을 수행한다.

② RNN(Recurrent Neural Network), LSTM(Long Short-Term Memory)

RNN과 LSTM은 시계열 데이터와 순차적인 데이터를 처리하는 데 특화된 신경망 구조다. 이전 시점의 정보를 기억하고 이를 현재의 처리에 활용할 수 있다. 주식 시장 예측에서는 시간에 따른 가격 변동 패턴을 학습하고, 기계 번역에서는 문장의 문맥을 이해해 더 자연스러운 번역을 생성한다. 특히 LSTM은 장기 의존성 문제를 해결해 긴 시퀀스 데이터도 효과적으로 처리할 수 있다.

③ Transformer

Transformer는 현대 자연어 처리에서 핵심적인 역할을 하는 구조로 자기 주의(Self-Attention) 메커니즘을 통해 입력 시퀀스의 모든 요소 간 관계를 동시에 고려할 수 있다. 이는 BERT, GPT와 같은 대규모 언어 모델의 기반이 되는 구조로, 텍스트의 문맥을 깊이 이해하고 자연스러운 텍스트를 생성하는 데 뛰어난 성능을 발휘한다. 고객 서비스 챗봇은 사용자의 질문 의도를 정확히 파악해 적절한 응답을 생성하며, 콘텐츠 생성 시스템은 주어진 주제나 스타일에 맞춘 텍스트를 자동으로 작성할 수 있다.

기계 학습과 심층 학습은 AI 에이전트의 지능적 행동을 가능하게 하는 상호보완적인 기술이다. 기계 학습은 비교적 단순한 패턴의 학습과 명확한 규칙 발견에 강점이 있으며, 적은 데이터로도 효과적인 학습이 가능하다. 반면 심층 학습은 복잡한 패턴의 자동 학습과 비정형 데이터 처리에서 뛰어난 성능을 보이지만, 대량의 데이터와 컴퓨팅 자원이 필요하다. 각각의 특성을 이해하고 적절히 활용함으로써, AI 에이전트는 더욱 지능적이고 자율적인 시스템으로 발전하고 있다.

2) 자연어 처리(NLP) 기술과 챗봇의 진화

AI 에이전트의 핵심 기술로서 자연어 처리(Natural Language Processing, NLP)는 에이전트가 인간의 언어를 이해하고 처리해 지능적인 행동을 수행하는 데 필수적인 역할을 한다. 특히 최근 대규모 언어 모델(Large Language Model, LLM)의 발전은 AI 에이전트가 더욱 자연스럽고 효과적으로 사용자와 상호작용할 수 있는 기반을 마련했다. 이러한 NLP 기술의 발전은 단순한 챗봇에서 복잡한 작업을 자율적으로 수행하는 지능형 에이전트로의 진화를 가능하게 했다.

AI 에이전트의 NLP 기술은 초기의 규칙 기반 접근 방식에서 현재의 딥러닝 기반 방식으로 발전했다. 특히 2017년 등장한 Transformer 모델은 AI 에이전트의 언어 이해 능력 향상에 많은 도움이 되었다. Transformer의 자기주의(Self-attention) 메커니즘은 에이전트가 문장의 맥락을 더 정확히 파악하고, 사용자의 의도를 깊이 있게 이해할 수 있게 했다. 이는 BERT, GPT와 같은 강력한 언어 모델을 통해 AI 에이전트의 인지 능력을 한층 더 발전시키는 계기가 되었다.

AI 에이전트의 챗봇 기능도 이러한 기술 발전과 함께 진화했다. 1966년 ELIZA로 대표되는 초기의 자연 언어 처리 컴퓨터 프로그램은 단순한 패턴 매칭만을 수행했다. 이 시기의 에이전트는 미리 정의된 규칙에 따라서만 동작했기 때문에, 복잡한 사용자 요구사항을 이해하고 처리하는 데 한계가 있었다. 2000년대에 들어서면서 통계적 기계 학습 방법이 도입돼 에이전트의 언어 처리 능력이 향상되었지만, 여전히 심층적인 문맥 이해나 복잡한 작업 수행에는 제약이 있었지만 2020년 이후, LLM의 등장으로 AI 에이전트는 획기적인 발전을 이루었다.

챗GPT를 시작으로, AutoGPT, AgentGPT와 같은 자율적 에이전트들이 등장하며 단순한 대화를 넘어 복잡한 작업의 계획 수립 및 실행이 가능해졌다. 이러한 에이전트들은 사용자의 의도를 정확히 파악하고, 이를 달성하기 위한 세부 단계를 스스로 계획하며, 필요한 도구들을 적절히 활용할 수 있게 되었다. 예를 들어, 사용자가 '시장 조사 보고서를 작성해줘'라고 요청하면, 에이전트는 이를 여러 하위 작업으로 나누고, 관련 데이터를 수집하며, 분석을 수행하고, 최종 보고서를 작성하는 일련의 과정을 자율적으로 수행할 수 있다.

현대의 AI 에이전트는 고도화된 NLP 기술을 통해 더욱 정교한 작업 수행이 가능해졌다. 대화 문맥을 장기간 유지하며 일관된 작업을 수행할 수 있고, 필요한 경우 사용자에게 명확화를 요청하거나 중간 결과를 보고할 수 있다. 또한 다양한 외부 도구와 API를 활용해 정보를 검색하고, 데이터를 처리하며, 결과물을 생성하는 등 복합적인 작업을 수행할 수 있게 되었다. 그러나 이러한 발전에도 불구하고, AI 에이전트의 NLP 기술은 여전히 중요한 도전 과제들에 직면해 있다. 가장 핵심적인 문제는 에이전트가 수행하는 작업의 정확성과 신뢰성 보장이다. 특히 복잡한 작업을 수행할 때, 각 단계에서의 오류가 최종 결과에 큰 영향을 미칠 수 있다. 또한 에이전트가 접근할 수 있는 도구나 정보의 제한, 실시간 작업 수행 시의 성능 문제, 보안과 프라이버시 문제 등도 해결해야 할 과제로 남아있다.

더불어 AI 에이전트의 자율성이 높아질수록 발생하는 윤리적 문제도 중요한 고려사항이다. 에이전트가 수행하는 작업의 책임 소재, 의사결정의 투명성, 잠재적 오용 가능성 등에 대한 명확한 가이드라인과 제어 방안이 필요하다. 이러한 도전 과제들을 해결하기 위해서는 기술적 발전뿐만 아니라, 사회적 합의와 제도적 장치 마련도 함께 이뤄져야 할 것이다.

3) 강화 학습을 통한 자율 행동

AI 에이전트의 강화 학습(Reinforcement Learning, RL)은 에이전트가 환경과의 상호작용을 통해 자율적인 의사결정과 행동 능력을 발전시키는 핵심 학습 방법이다. 강화 학습을 통해 AI 에이전트는 시행착오를 겪으며 최적의 행동 전략을 학습하고, 복잡한 환경에서도 목표를 달성할 수 있는 자율성을 갖추게 된다. 특히 최근 딥러닝과의 결합으로 등장한 심층 강화 학습(Deep Reinforcement Learning)은 AI 에이전트의 자율 행동 능력을 한 단계 더 발전시켰다.

강화 학습에서 AI 에이전트는 상태(State), 행동(Action), 보상(Reward)이라는 세 가지 핵심 요소를 기반으로 학습을 진행한다. 에이전트는 현재 상태에서 가능한 여러 행동 중 하나를 선택하고, 그 결과로 받는 보상을 통해 실행한 행동이 얼마나 효과적이었는지를 평가한다. 이러한 과정을 반복하면서 에이전트는 장기적으로 더 높은 보상을 얻을 수 있는 행동 정책을 학습하게 된다. 예를 들어, 자율주행 에이전트는 안전한 주행을 통해 양의 보상을 받고, 사고나 규칙 위반 시에는 음의 보상을 받으면서 점차 안전하고 효율적인 주행 방식을 터득하게 된다.

현대의 AI 에이전트는 다양한 강화 학습 알고리즘을 활용한다. Q-learning과 같은 전통적인 방식에서 발전해, DQN(Deep Q-Network), PPO(Proximal Policy Optimization), SAC(Soft Actor-Critic) 외에도 다양한 형태의 발전된 알고리즘들이 사용되고 있다. 이러한 알고리즘들은 에이전트가 더 복잡한 환경에서도 안정적으로 학습하고, 효과적인 의사결정을 할 수 있도록 돕는다.

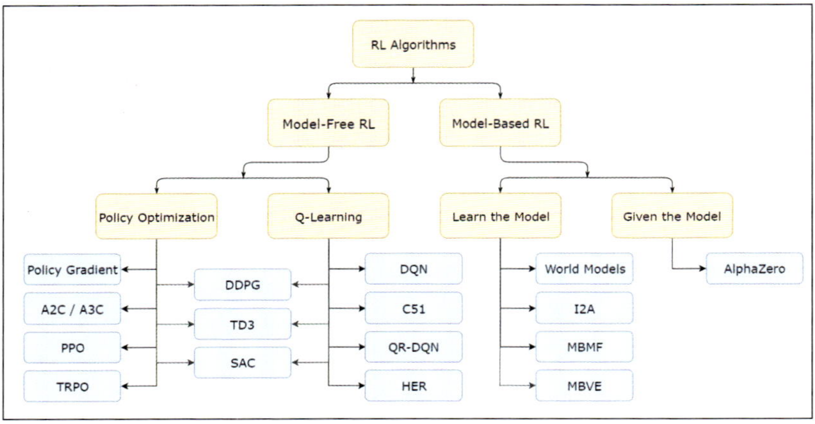

[그림9] 강화 학습 알고리즘(출처 : OpenAI Spinning Up)

그러나 강화 학습 기반 AI 에이전트는 여전히 몇 가지 중요한 도전 과제들에 직면해 있다. 첫째로, 학습의 효율성 문제가 있다. 복잡한 작업을 학습하기 위해서는 많은 시행착오가 필요하며, 이는 실제 환경에서는 비용과 시간의 제약으로 이어진다. 둘째로, 안전성 보장의 문제가 있다. 학습 과정에서 에이전트가 위험한 행동을 시도할 수 있으며, 이는 실제 환경에서 심각한 문제를 초래할 수 있다. 마지막으로, 학습된 정책의 해석 가능성 문제가 있다. 복잡한 신경망을 통해 학습된 행동 정책은 왜 특정 결정을 내렸는지 설명하기 어려운 경우가 많다. 이러한 한계를 극복하기 위해 다양한 연구가 진행되고 있으며, 시뮬레이션을 활용한 사전 학습, 안전한 탐색을 보장하는 제약 조건 추가, 설명 가능한 AI(XAI) 기술의 도입 등이 시도되고 있다.

4) 데이터 수집 및 분석 메커니즘

AI 에이전트가 환경을 이해하고 학습해 의사결정을 내리는 데 필수적인 데이터 수집 및 분석 메커니즘은 단순한 데이터 수집을 넘어, 수집된 데이터를 의미 있는 정보로 변환하고 이를 지능적인 행동에 활용하는 전체적인 체계를 포함한다. 현대의 AI 에이전트는 다양한 소스에서 실시간으로 데이터를 수집하고 분석해, 더욱 정교한 의사결정과 행동을 가능하게 한다.

AI 에이전트가 데이터를 수집하는 방법은 크게 세 가지로 구분한다. 첫째, 고객 서비스 에이전트는 채팅 로그, 이메일 내용, 통화 기록 등 다양한 커뮤니케이션 채널을 통해 직접 환경 데이터를 수집한다. 둘째, API나 데이터베이스를 통해 외부에서 필요한 정보를 획득한다. 셋째, 사용자와의 상호작용을 통해 사용자의 행동, 선호도, 피드백 등을 지속적으로 수집해 학습에 활용한다. 수집된 데이터는 전처리 시스템을 통해 정제돼 노이즈를 제거하고, 결측치를 처리하며, 데이터를 정규화한다. 이러한 정제 과정은 데이터 분석의 정확성과 효율성을 크게 향상시킨다. 예를 들어, 고객 서비스 에이전트는 대화 데이터에서 중요한 키워드를 추출하고 감정 분석을 수행하며, 대화의 문맥을 구조화해 저장한다.

분석 단계에서 AI 에이전트는 통계적 방법으로 데이터의 기본적인 패턴을 파악하고, 머신러닝 알고리즘으로 복잡한 패턴을 식별해 예측 모델을 생성한다. 특히, 이미지, 음성, 텍스트 등의 비정형 데이터 분석에서 딥러닝 기술은 고수준의 특징을 추출할 수 있다는 강점을 가진다. 실시간 데이터 분석도 현대 AI 에이전트의 중요한 기능이다. 에이전트는 스트리밍 데이터를 실시간으로 처리하고 분석해 즉각적인 의사결정에 활용한다. 예를 들어, 금융 거래 에이전트는 시장 데이터의 실시간 분석을 통해 거래 기회를 포착하고 리스크를 관리한다. 이러한 실시간 처리 능력은 에지 컴퓨팅과 분산 처리 기술의 발전으로 더욱 강화된다.

분석된 결과는 에이전트의 지식베이스에 통합돼 장기적인 학습과 의사결정에 활용된다. 계층적 메모리 구조는 현재 상황과 관련된 즉각적인 정보를 저장하는 단기 메모리와 학습된 패턴과 지식을 보관하는 장기 메모리로 구성돼 있으며, 이는 에이전트가 과거의 경험을 효과적으로 활용하면서도 새로운 상황에 유연하게 대응할 수 있게 한다.

이러한 데이터 수집 및 분석 메커니즘은 데이터의 품질과 신뢰성을 확보하고, 개인정보 보호와 보안 문제를 해결하며, 실시간 처리의 계산 비용을 관리하고, 분석 결과의 설명 가능성을 제공하는 데 중요한 도전 과제를 포함한다. 연합 학습, 설명 가능한 AI(XAI) 기술, 데이터 압축 및 처리 기술의 개발은 AI 에이전트가 데이터를 보다 효과적이고 신뢰할 수 있는 방식으로 활용할 수 있게 할 것으로 기대된다.

5. 미래 전망: 차세대 혁신의 중심에 선 AI 에이전트

인공지능 기술의 급속한 발전과 함께 AI 에이전트는 새로운 사회적 동력으로 자리 잡고 있다. 딥러닝과 신경망 기술의 발전, 컴퓨팅 파워의 향상, 빅데이터의 축적은 AI 에이전트의 능력을 이전보다 훨씬 강력하게 만들었다. 이러한 발전은 단순한 기술적 혁신을 넘어, 인류의 생활 방식과 사회 구조에 근본적인 변화를 가져올 것으로 기대된다. 현재 AI 에이전트는 특정 분야에서의 전문성을 넘어 범용적인 문제 해결 능력을 갖춘 AGI(Artificial General Intelligence)로 진화하고 있다. 이는 인간의 인지능력을 모방하거나 이를 초월할 수 있는 AI 시스템의 출현 가능성을 의미한다. 또한 양자 컴퓨팅 및 공간 컴퓨팅과의 융합은 AI 에이전트의 성능과 가능성을 더욱 발전시켜 나갈 것으로 전망된다.

AI 에이전트 시장의 성장세는 이러한 기술적 가능성을 뒷받침한다. 시장조사기관 마켓앤마켓(Markets and Markets)에 따르면, AI 에이전트 시장 규모는 2024년 51억 달러에서 연평균 44.8%의 성장률(CAGR)을 기록하며 2030년에는 471억 달러에 이를 것으로 내다보고 있다. 이는 AI 에이전트가 앞으로 다양한 산업 분야에서 많은 역할을 수행할 것임을 시사한다. 하지만 기술의 발전에 따라 윤리적 및 사회적 도전 과제가 새롭게 대두되고 있다. AI 에이전트의 신뢰성 확보, 편향성과 윤리적 문제 해결, 기술적 한계 극복 및 사회적 영향력 관리는 미래 AI 생태계에서 중요한 화두로 떠오를 것이다.

1) 차세대 AI 에이전트 기술 예측

AI 에이전트 기술은 빠르게 발전하고 있으며, 최근 대규모 언어 모델(LLM)의 성공은 미래 기술의 방향성을 제시하고 있다. 이러한 기술은 언어, 이미지, 영상 등 다양한 데이터를 통합적으로 처리하며, 인간의 문제 해결 능력과 상호작용 방식을 혁신적으로 변화시키고 있다. AI 에이전트는 멀티모달 데이터 처리, 정교한 상황 인식, 자율적 의사결정, 협업 능력을 갖추며 더욱 지능적이고 자율적인 시스템으로 진화할 것이다. 이는 산업 전반에 혁신적인 변화를 가져오며, 우리의 생활과 업무 방식을 근본적으로 바꿀 잠재력을 갖고 있다.

(1) 멀티모달 AI의 발전

AI 에이전트는 텍스트, 음성, 이미지, 영상, 센서 데이터 등 다양한 형태의 정보를 통합적으로 처리하는 능력을 갖추게 될 것이다. 현재 스마트홈 시스템에서 음성 명령을 인식하는 수준을 넘어, 거주자의 생활 패턴, 선호도, 건강 상태 등을 종합적으로 분석해 최적의 환경을 제공하는 지능형 에이전트가 등장할 전망이며, 자율주행 분야에서는 카메라, 라이다, 레이더 등 다양한 센서 데이터를 실시간으로 통합 분석해 더욱 안전하고 효율적인 주행 판단을 내리는 시스템이 개발될 것이다.

또한, 이러한 멀티모달 AI는 통합 데이터 처리 플랫폼과 실시간 데이터 분석 소프트웨어를 통해 다양한 입력 데이터를 효과적으로 결합하고 처리할 수 있는 능력을 갖추게 될 것이며, 이는 사용자에게 개인화된 경험을 제공하고, 복잡한 상황에서도 최적의 의사결정을 지원하는 데 기여할 것이다.

(2) 상황 인식 에이전트의 등장

AI 에이전트는 물리적 환경과 사회적 맥락을 깊이 이해하고, 시시각각 변화하는 상황에 적응해 최적의 결정을 내릴 수 있을 것이다. 의료 분야에서는 환자의 과거 병력, 현재 증상, 생활습관, 유전적 요인을 종합적으로 분석해 맞춤형 치료 방안을 제시하고, 교육 분야에서는 학습자의 이해도, 학습 스타일, 감정 상태를 실시간으로 파악해 개인화된 학습 경험을 제공하는 AI 튜터가 등장할 것으로 보인다.

(3) 자율적 의사결정 능력의 향상

복잡한 실세계 환경에서 독립적인 판단과 실행 능력을 가진 AI 에이전트가 등장할 것이다. 스마트 팩토리에서는 AI 에이전트가 생산 라인의 상태를 실시간으로 모니터링하고, 수요 예측과 재고 관리를 통합적으로 수행하며, 장비 유지보수 시점을 예측해 자율적으로 생산을 최적화할 수 있다. 금융 분야에서는 시장 동향, 기업 실적, 글로벌 이벤트 등을 분석해 투자 결정을 내리고 리스크를 관리하는 고도화된 AI 트레이딩 시스템이 발전할 것이다.

(4) 협업 AI 에이전트의 발전

여러 AI 에이전트가 상호 협력해 복잡한 문제를 해결하는 능력이 향상될 것이다. 스마트시티에서는 교통, 에너지, 환경, 안전 등 각 분야를 담당하는 AI 에이전트들이 정보를 공유하고 협력해 도시 인프라를 효율적으로 관리하고 시민들의 삶의 질을 향상시킬 것이며, 재난 대응 분야에서는 다수의 AI 에이전트가 협력해 위험 상황을 감지하고, 대피 경로를 최적화하며, 구조 작업을 조율하는 통합 시스템이 구축될 것이다.

이처럼 차세대 AI 에이전트의 발전은 산업, 의료, 교육, 금융 등 다양한 분야에서 혁신을 가져올 것이다. 멀티모달 데이터 처리, 상황 인식, 자율적 의사결정, 협업 AI의 진화는 인간의 능력을 확장하고, 더 효율적이고 지능적인 서비스를 제공할 수 있는 기반이 될 것이다.

이러한 AI 에이전트의 진화와 상용화 과정은 이전의 기술 혁명과 유사한 패턴을 보일 것으로 예상된다. 1990년대 초반 인터넷이 등장했을 때, 기술은 존재했지만 실제 대중화돼 산업 전반에 영향을 미치기까지는 상당한 시간이 필요했다. 모바일 혁명 역시 2007년 아이폰의 등장 이후, 모바일 생태계가 완성되고 이를 기반으로 한 새로운 비즈니스 모델이 등장하기까지 수년의 시간이 걸렸다. AI 에이전트 기술도 이와 유사한 진화 과정을 거칠 것으로 보인다.

현재 우리가 목격하는 AI 에이전트의 발전은 시작에 불과하며, 이 기술이 완전히 성숙하고 산업 전반에 깊이 통합되기까지는 일정 시간이 필요할 것이다. 하지만 이전의 기술 혁명들이 그러했듯이, AI 에이전트는 우리의 생활과 산업 환경을 근본적으로 변화시킬 잠재력을 갖고 있다.

2) AGI(Artificial General Intelligence)와 AI 에이전트의 발전 방향

현재 AI 시스템은 특정 분야나 작업에 최적화된 좁은 인공지능(Narrow AI) 단계에 있으며, 제한된 영역에서 탁월한 성능을 발휘하지만, 일반화된 문제 해결에는 한계가 있다. 이에 반해 AGI(Artificial General Intelligence)는 여러 분야에서 학습한 지식을 융합하고, 새로운 상황에 적응하며, 범용적 문제 해결 능력을 갖춘 AI로 진화하고자 한다. 이 과정에서 AI 에이전트는 단순한 작업 도구를 넘어 인간의 사고와 협력하는 관계로 발전할 가능성이 크다.

AGI는 인간 수준의 인지 능력, 감정적 이해, 윤리적 판단, 창의적 문제 해결 능력을 갖추며 다양한 산업과 사회적 도전에 대응할 수 있을 것으로 기대된다. 이는 AI 에이전트가 특정 역할을 넘어, 인간의 한계를 보완하고 새로운 기회를 창출하는 중요한 존재로 자리 잡게 될 것을 의미한다. 다만, 완전한 AGI 실현에는 기술적, 윤리적, 철학적 과제의 해결이 필수적이며, 이러한 진화는 장기적인 도전이 될 전망이다.

(1) 인간 수준의 인지 능력을 향한 진화

AI 에이전트는 인간의 기본적인 인지 능력을 모방하고 구현하는 방향으로 발전하고 있다. 추상적 사고와 일반화 능력의 향상을 통해, 한 영역에서 학습한 지식을 다른 영역에 적용하는 전이학습이 가능해질 것이다. 특히 인간의 직관적 이해와 유사한 수준의 상황 판단 능력을 갖추게 될 것으로 예상된다. 예를 들어, 의료 분야에서는 환자의 생활환경과 심리 상태를 고려한 맞춤형 치료 방안을 제시하고, 법률 분야에서는 사건의 맥락과 법적 판례를 종합 분석해 의사결정을 지원하는 AI 에이전트가 등장할 것이다.

(2) 감성 지능과 사회적 인지 능력의 발전

차세대 AI 에이전트는 감정을 인식하고 공감하는 능력이 크게 향상될 것이다. 인간의 감정 상태를 정확히 파악하고, 상황에 맞는 적절한 감정적 반응을 보이는 것이 가능해질 것이다. 교육이나 상담 분야에서는 학습자나 내담자의 감정 상태를 이해하고, 개인의 특성에 맞는 맞춤형 상호작용을 제공하는 AI 에이전트가 등장할 것이다. 또한 사회적 규범과 문화적 맥락을 이해하고, 이에 따라 적절한 행동을 선택하는 능력도 발전할 것이다.

(3) 자기 인식과 학습 능력의 고도화

AGI를 향한 발전 과정에서 AI 에이전트는 자신의 한계와 능력을 인식하고, 지속적으로 학습하고 개선하는 메타인지 능력을 갖추게 될 것이다. AI 에이전트는 스스로의 판단을 평가하고 필요한 경우 전략을 재구성해 더 나은 의사결정을 내리는 능력을 갖추게 될 것이다. 이는 특히 복잡한 문제 해결 과정에서 중요한 역할을 할 것으로 예상된다.

(4) 윤리적 판단과 책임성의 구현

AGI 수준으로 발전하는 과정에서 AI 에이전트는 윤리적 판단 능력을 갖추게 될 것이다. 단순히 프로그래밍 된 규칙을 따르는 것을 넘어, 상황이 지닌 윤리적 맥락을 이해하고 도덕적으로 올바른 결정을 내리는 능력이 요구될 것이다. 이는 자율주행차의 윤리적 딜레마 해결이나 의료 분야의 의사결정과 같은 중요한 상황에서 필수적인 능력이 될 것이다.

(5) 창의성과 문제 해결 능력의 향상

AGI를 향한 진화 과정에서 AI 에이전트의 창의적 문제 해결 능력도 크게 향상될 것이다. 기존 데이터나 경험에 기반한 해결책을 넘어, 새로운 관점과 접근 방식을 도출하는 것이 가능해질 것이다. 예술 창작, 과학적 발견, 혁신적 디자인 등 창의성이 요구되는 영역에서 AI 에이전트의 역할이 확대될 것으로 예상된다.

현재의 AI 에이전트가 가진 한계를 극복하며, 궁극적으로는 인간의 인지 능력을 보완하고 확장하는 방향으로 발전할 것이다. 그러나 완전한 AGI 실현에는 여전히 많은 도전 과제가 존재한다. 자기 의식을 포함한 메타인지 능력은 이러한 과제 중 하나로, 에이전트가 스스로의 상태와 한계를 이해하며 학습 전략을 조정할 수 있는 능력을 필요로 한다. 이를 구현하기 위해 인간의 사고를 모방한 심층 신경망 구조와 지속적 학습이 가능한 유연한 메모리 시스템이 요구된다.

또한, AI 에이전트가 다양한 데이터 도메인에서 학습한 지식을 통합하고 새로운 문제에 적용할 수 있는 일반화된 학습 능력과 일상적인 상식을 기반으로 상황을 이해하고 추론하는 능력도 중요한 과제다. 이를 위해 전이 학습(Transfer Learning)과 상식 데이터베이스를 활용한 지식 기반 추론 시스템의 발전이 필수적이다. 이러한 기술적 혁신과 더불어 윤리적 기준의 정립과 사회적 합의가 동반될 때, AGI는 인간의 한계를 보완하며 사회에 실질적 가치를 제공할 수 있는 방향으로 발전할 것이다.

3) 기술적 한계와 도전 과제

AI 에이전트 기술은 빠르게 발전하고 있지만, 여러 기술적 한계와 도전 과제가 여전히 존재한다. AI 에이전트가 다양한 환경에서 안정적이고 효과적으로 작동하며, 실질적인 가치를 창출하기 위해서는 컴퓨팅 파워, 실시간 처리 능력, 시스템 안정성 등 여러 기술적 문제를 해결해야 한다. 이러한 한계는 AI 에이전트 기술의 다음 단계로 나아가기 위한 중요한 도전 과제다.

(1) 컴퓨팅 파워와 에너지 효율의 한계

현대 AI 에이전트, 특히 대규모 언어 모델과 같은 시스템은 막대한 컴퓨팅 자원을 필요로 한다. 모델 크기의 기하급수적 증가와 함께 에너지 소비 문제가 대두되고 있으며, 이는 지속 가능한 AI 기술 발전의 걸림돌이 되고 있다. 이를 해결하기 위해 신경망 모델의 경량화, 하드웨어 효율성을 높이는 특화 프로세서(TPU 등)의 개발, 양자 컴퓨팅의 상용화 등이 활발히 연구되고 있다. 이러한 기술들은 에너지 효율성을 높이면서도 성능 저하를 최소화하는 방향으로 발전하고 있다.

(2) 실시간 처리와 지연 시간의 문제

AI 에이전트의 실시간 대응 능력은 자율주행, 로봇 제어, 금융 거래와 같이 즉각적인 반응이 필요한 분야에서 핵심적인 요건이다. 그러나 복잡한 연산과 대규모 데이터 처리로 인한 지연 시간은 여전히 큰 도전 과제로 남아있다. 이를 해결하기 위해 엣지 컴퓨팅 기술과 분산 처리 시스템이 개발되고 있으며, 데이터를 현장에서 처리해 네트워크 의존성을 줄이고 응답 속도를 높이는 방식이 주목받고 있다.

(3) 시스템 안정성과 신뢰성

AI 에이전트의 성능이 아무리 향상되더라도, 시스템의 안정성과 신뢰성을 확보하는 것은 여전히 해결해야 할 핵심 과제다. 현재 AI 시스템은 예상치 못한 데이터 입력이나 환경 변화에 대한 대응 능력이 부족하며, 특히 적대적 공격(Adversarial Attack)에 취약한 특성을 보이고 있다. 이러한 문제는 AI 에이전트를 실제 환경에 배포하고 상용화하기 위해 반드시 극복해야 할 과제 중 하나로 꼽힌다.

(4) 데이터 관리와 적응성 부족

AI 에이전트는 학습과 운영 과정에서 막대한 양의 데이터를 필요로 하지만, 데이터의 처리와 저장에는 여전히 제약이 많다. 또한, 현재 AI 시스템은 초기 학습에 많은 시간과 자원을 필요로 하며, 새로운 환경에 적응하는 데 어려움을 겪고 있다. 이를 해결하기 위해 평생 학습(Lifelong Learning)과 전이 학습(Transfer Learning) 기술이 개발되고 있으며, 데이터 압축 및 스마트 데이터 관리 기술도 중요하게 다뤄지고 있다.

(5) 하드웨어 의존성과 확장성

현재 AI 에이전트는 고성능 GPU나 TPU와 같은 하드웨어에 크게 의존하고 있으며, 이러한 의존성은 시스템의 확장성과 접근성을 제한하는 요인이 된다. 효율적이고 경제적인 하드웨어 솔루션 개발이 필요하며, 에너지 효율성을 높이고 범용적으로 사용할 수 있는 AI 전용 칩셋 개발도 중요한 연구 주제로 부상하고 있다.

이러한 기술적 한계들은 AI 에이전트가 다양한 산업 분야에서 안정적으로 활용되기 위해 반드시 극복해야 할 과제들이다. 현재 많은 연구자와 기업들이 신뢰성과 안정성을 높이는 기술 개발, 효율적인 데이터 처리 방식, 혁신적인 하드웨어 설계를 통해 이러한 문제를 해결하려 노력하고 있다. 이러한 도전 과제를 해결하는 과정은 AI 에이전트 기술의 성숙도를 높이고, 더 광범위한 실제 응용을 가능하게 하는 이정표가 될 것이다.

4) 양자 컴퓨팅이 가속하는 AI 에이전트의 지능화

양자 컴퓨팅은 기존 컴퓨터의 한계를 뛰어넘어 복잡하고 연산 집약적인 문제를 빠르고 효율적으로 해결할 수 있는 잠재력을 갖고 있다. 이러한 기술이 AI 에이전트와 결합되면, 에이전트의 성능과 능력이 혁신적으로 향상될 것으로 기대된다. 특히 연산 속도, 학습 효율성, 보안 능력 등 여러 측면에서 AI 에이전트 기술의 한계를 극복할 수 있는 핵심 도구로 자리 잡을 가능성이 크다.

(1) 고성능 AI 에이전트를 위한 양자 가속

양자 컴퓨팅은 병렬 처리와 높은 연산 능력을 활용해 AI 에이전트의 성능을 크게 향상시킬 수 있다. 대규모 데이터 분석과 복잡한 모델 훈련이 필요한 시스템에서 양자 컴퓨팅은 처리 속도를 획기적으로 높일 수 있다. 자율주행 AI 에이전트는 실시간으로 카메라, 라이다, 레이더 데이터를 통합 분석하며 경로를 최적화해야 하는데, 양자 컴퓨팅은 이러한 작업을 수초 내에 수행할 수 있도록 지원한다. 이를 통해 더 안전하고 효율적인 주행 판단이 가능해지고, 교통 체증 완화와 사고 감소에 기여할 것이다. 또한 금융 분야에서는 방대한 시장 데이터를 신속하게 분석하고, 복잡한 투자 전략을 빠르게 계산해 고도화된 트레이딩 시스템을 지원할 수 있다.

(2) 에이전트의 학습 능력 혁신

양자 머신러닝 알고리즘은 기존의 학습 방식에서 벗어나 새로운 지평을 열어줄 것으로 기대된다. 양자 상태의 중첩과 얽힘을 활용하면 기존보다 더 빠르고 효율적으로 지식을 습득하고 패턴을 인식할 수 있다. 예를 들어, 의료 AI 에이전트는 양자 머신러닝을 통해 환자의 유전 정보와 환경적 요인을 빠르게 분석하고, 맞춤형 치료 방안을 제시할 수 있다. 이러한 방식은 데이터 분석 시간을 크게 줄이고, 더 나은 결과를 도출하는 데 기여할 것이다. 더불어 새로운 환경에 적응하는 학습 능력도 향상돼, 복잡하고 동적으로 변화하는 문제를 다루는 AI 에이전트의 잠재력을 극대화할 것이다.

(3) 다중 에이전트 시스템의 최적화

양자 컴퓨팅은 여러 AI 에이전트가 협력하는 다중 에이전트 시스템에서도 중요한 역할을 할 수 있다. 스마트시티의 교통 관리 시스템에서는 양자 컴퓨팅을 활용해 실시간으로 최적의 교통 신호를 제어하고, 자율주행차 간의 협업을 강화할 수 있다. 여러 에이전트가 교통 흐름 데이터를 공유하며, 양자 알고리즘을 기반으로 최적의 경로와 신호를 결정해 도시 전체의 교통 효율성을 높일 수 있다. 이는 에너지 소비 감소와 시민들의 이동 시간 단축에도 크게 기여할 것이다.

(4) 보안 강화 에이전트 개발

양자 암호화 기술은 AI 에이전트의 통신 보안을 혁신적으로 향상시킬 수 있다. 양자 난수 생성기(Quantum Random Number Generator)와 양자 키 분배(Quantum Key Distribution) 기술은 금융, 의료, 국방과 같이 높은 보안이 요구되는 분야에서 중요한 역할을 할 것이다. 예를 들어, 의료 AI 에이전트가 민감한 환자 데이터를 처리하는 경우, 양자 암호화를 통해 데이터를 안전하게 보호할 수 있다. 이러한 기술은 데이터 유출의 위험을 크게 줄이고, AI 에이전트의 신뢰성을 더욱 높이는 데 기여할 것이다.

(5) 예측 및 시뮬레이션 능력 향상

양자 컴퓨팅의 시뮬레이션 능력은 AI 에이전트가 복잡한 시스템을 예측하고 계획을 수립하는 데 큰 도움을 줄 것이다. 예를 들어, 신약 개발에서는 양자 시뮬레이션을 통해 분자의 상호작용을 정확히 예측해 개발 시간을 단축할 수 있다. 또한 날씨 예측이나 금융 시장 분석에서도 복잡한 데이터를 빠르게 처리해 더 정확한 결과를 도출할 수 있다. 이는 AI 에이전트가 중요한 의사결정을 내리는 데 있어 더욱 강력한 도구가 될 것이다.

양자 컴퓨팅과 AI 에이전트의 융합은 성능 향상을 넘어 새로운 진화의 방향을 제시한다. 이 기술은 AI 에이전트의 연산 능력, 학습 효율성, 보안 및 예측 능력을 모두 강화하며, 더 지능적이고 효율적인 시스템 구축을 가능하게 할 것이다. 이는 현재 AI 기술이 직면한 주요 과제를 해결하는 데 중요한 역할을 할 것으로 보이며, 더 넓은 산업과 사회적 응용으로 이어질 것이다.

5) 공간 컴퓨팅 환경의 실감형 AI 에이전트

AI 에이전트는 공간 컴퓨팅 기술과 결합하면서 더욱 진화된 형태의 비주얼 에이전트로 발전할 것으로 예상된다. 애플 비전프로, 메타 퀘스트, 마이크로소프트 홀로렌즈와 같은 XR 디바이스의 등장으로, AI 에이전트는 물리적 공간과 디지털 공간을 자연스럽게 넘나들며 사용자와 상호작용하게 될 것이다. 이러한 비주얼 에이전트는 단순한 음성이나 텍스트 기반의 상호작용을 넘어, 실제 공간에서 가상의 캐릭터나 아바타 형태로 존재하며 더욱 직관적이고 자연스러운 방식으로 사용자를 지원할 것이다.

[그림10] Apple Vision Pro(출처 : Apple)

공간 컴퓨팅 환경에서 AI 에이전트는 사용자의 제스처, 시선, 움직임을 실시간으로 인식하고 이해하며, 상황에 맞는 적절한 반응과 지원을 제공할 수 있다. 이는 단순히 기술적 진보를 넘어 인간과 AI의 상호작용 방식에 근본적인 변화를 가져올 것이다. 업무 환경에서 비주얼 AI 에이전트는 가상의 디스플레이를 통해 작업 정보를 표시하고, 3D 모델링을 통해 제품 설계를 지원하며, 원격으로 협업 시 실시간 통역과 회의 내용 정리를 제공할 수 있다. 특히 건축, 엔지니어링, 의료 분야에서는 복잡한 3차원 데이터를 직관적으로 시각화하고 조작할 수 있어 전문가들의 의사결정을 크게 향상시킬 것이다.

그리고 AR 글래스와 같은 웨어러블 디바이스와 결합된 AI 에이전트는 일상생활에서 더욱 광범위한 지원을 제공할 것이다. 쇼핑 중에는 제품 정보와 추천을 실시간으로 제공하고, 내비게이션 기능을 통해 길 안내를 하며, 실시간 언어 번역과 정보 검색을 지원할 것이다. 교육 분야에서는 학습 내용을 3차원 시각화해 보여주거나, 가상의 실험실에서 안전하게 실습을 진행할 수 있게 될 것이다. 문화예술 분야에서도 AI 에이전트는 박물관이나 미술관에서 개인화된 전시 해설을 제공하고, 공연장에서는 실시간 자막과 배경 정보를 제공하는 등 문화 체험을 더욱 풍부하게 만들 것이다.

이러한 혼합현실(Mixed Reality) 환경에서의 AI 에이전트는 디지털 정보와 물리적 세계를 자연스럽게 연결하는 교두보 같은 역할을 하게 될 것이다. 더 나아가, 여러 AI 에이전트들이 서로 협력해 더 복잡한 작업을 수행하거나, 다수의 사용자를 동시에 지원하는 등 집단 지능의 형태로 발전할 수 있다. 이는 스마트 홈, 스마트 오피스, 스마트시티 등의 환경에서 더욱 효과적인 서비스 제공을 가능하게 할 것이다.

공간 컴퓨팅과 AI 에이전트의 융합은 인간의 인지 능력과 작업 수행 능력을 획기적으로 확장시킬 것으로 기대된다. 이는 단순한 기술적 진보를 넘어, 인간이 정보와 상호작용하는 방식을 근본적으로 변화시키고, 새로운 형태의 디지털 경험을 창출할 것이다. 이러한 변화는 우리의 일상생활, 업무 방식, 학습 경험을 더욱 풍부하고 효율적으로 만들어 줄 것이며, 미래 사회의 핵심적인 기술 기반이 될 것이다.

6) AI 에이전트의 진화가 가져올 경제 및 사회적 변화

AI 에이전트의 발전은 경제와 사회 전반에 걸쳐 근본적인 변화를 가져올 것으로 보인다. 단순히 작업을 자동화하는 것을 넘어, 고도화된 판단과 의사결정을 수행하며, 스마트시티, 의료, 금융 등 다양한 분야에서 혁신을 주도하고 있다. 이러한 변화는 기존 산업 구조의 재편, 노동 시장의 전환, 교육 및 의료 시스템의 혁신을 통해 인간의 삶 전반에 긍정적인 영향을 미칠 것이다.

(1) 경제적 변화와 산업 혁신

AI 에이전트는 제조업과 서비스업의 효율성을 혁신적으로 개선할 것이다. 스마트 팩토리에서는 생산 공정을 최적화하고 품질 관리와 예측 정비를 자동화해 생산성을 향상시킬 것이다. 예를 들어, 공간 컴퓨팅 기술과 결합된 AI 에이전트는 작업자의 동선과 설비 배치를 분석해 더욱 효율적인 공정을 설계할 수 있다.

서비스 산업에서는 AI 에이전트가 고객 데이터를 분석해 맞춤형 서비스를 제공하고, 금융, 유통, 엔터테인먼트 등 다양한 분야에서 새로운 비즈니스 모델을 창출할 것이다. 특히 메타버스와 같은 가상 공간에서 AI 에이전트는 디지털 자산 관리와 고객 지원 등에서 중요한 역할을 수행할 것이다. 이러한 변화는 노동 시장에도 큰 영향을 미칠 것이다. 반복적이고 예측이 가능한 업무는 AI 에이전트가 대체하며, 인간은 창의성과 감성 지능이 필요한 직무에 집중할 것이다.

(2) 사회적 변화와 일상의 혁신

AI 에이전트는 교육과 의료를 포함한 사회적 서비스의 질적 향상을 이끌 것이다. 교육 분야에서는 학습자의 데이터와 학습 스타일을 분석해 개인화된 학습 경험을 제공하고, 이해도와 진도를 실시간으로 평가해 취약한 부분을 보완할 수 있다. 이는 모든 학습자가 자신의 잠재력을 극대화하도록 지원하는 데 기여할 것이다.

의료 분야에서는 AI 에이전트가 환자의 의료 데이터를 통합적으로 분석해 정밀한 진단과 치료 계획을 수립할 것이다. 예방 의료와 원격 진료가 보편화 되며, 개인 건강 관리에서도 AI 에이전트가 맞춤형 서비스를 제공할 것이다. 도시 생활에서도 AI 에이전트는 교통 관리, 에너지 최적화, 환경 모니터링 등 스마트시티의 핵심 요소로 작동하며, 시민들의 삶을 더 안전하고 편리하게 만들 것이다.

(3) 새로운 도전과 과제

이러한 변화 속에서 신뢰성과 책임성, 프라이버시 보호, 디지털 격차 해소 등은 해결해야 할 중요한 과제로 남아있다. AI 에이전트의 의사결정에 대한 윤리적 논의와 사회적 합의가 필수적이며, 기술 혜택이 사회 전반에 공정하게 분배되도록 정책적 노력이 요구된다. 프라이버시와 데이터 보안 문제는 AI 에이전트가 수집한 방대한 개인정보를 안전하게 관리하는 동시에, 혁신적인 서비스를 제공하기 위한 균형 잡힌 접근이 필요하다.

AI 에이전트의 진화는 인간의 능력을 보완하고 삶의 질을 향상시키는 데 중요한 역할을 할 것이다. 이를 위해 기술 발전과 사회적 합의를 조화롭게 추진하며, 인간 중심의 기술 발전이라는 관점을 유지하는 것이 필요하다. AI 에이전트는 혁신의 중심에서 더 나은 사회를 위한 도구로 자리 잡을 것이다.

Epilogue

우리는 지금 역사적인 변곡점에 서 있다. AI 에이전트의 등장은 단순한 기술 혁신을 넘어, 새로운 시대의 장을 열고 있다. 글에서 다룬 바와 같이, AI 에이전트는 단순 작업의 자동화를 넘어 복잡한 의사결정과 창의적 문제 해결에 이르기까지 우리 삶의 거의 모든 영역에 스며들고 있다. 이제 AI 에이전트는 더 이상 단순한 도구가 아니라, 인간과 협력하며 함께 진보하는 동반자로 자리 잡아가고 있다.

그러나 AI 에이전트가 아무리 고도화되더라도, 이는 결국 인간이 만들어낸 도구라는 근본적 사실을 잊어서는 안 된다. 기술은 인류의 삶에 실질적 가치를 더하는 방향으로 발전해야 하며, 이를 위해 우리는 인간의 본질적 가치를 기술 혁신의 기준으로 삼아야 한다. 기술이 주도하는 세상이 아닌, 인간이 기술을 지혜롭게 활용하는 사회를 구축하는 것이 우리의 과제이다.

앞으로 다가올 10년 동안 우리가 상상조차 하지 못했던 혁신적인 AI 에이전트가 등장할 것이다. 단순 반응형 시스템을 넘어 학습 에이전트, 그리고 범용 인공지능(AGI)으로 진화하는 과정에서 AI 에이전트는 우리의 일상, 산업, 사회 구조를 근본적으로 재정의할 것이다. 특히 양자 컴퓨팅과의 융합은 이러한 변화를 더욱 가속화하며, 지금까지의 기술적 한계를 넘어서는 새로운 가능성을 열어줄 것이다.

다만 우리는 기술의 발전이 가져올 편익만을 주목해서는 안 될 것이다. 기술이 발전할수록 우리는 윤리적 사용과 책임 있는 개발이라는 본질적 가치를 더욱 깊이 고민해야 한다. AI 에이전트가 만드는 결정과 그 결과는 결국 인간에게 영향을 미칠 것이며, 이러한 과정에서 발생할 수 있는 윤리적·사회적 도전에 대한 명확한 가이드라인이 필요하다. AI 에이전트를 단순히 두려워하거나 맹목적으로 수용하기보다는, 이를 인류의 진보를 위한 동반자로 수용하고 올바르게 활용하는 지혜가 요구된다.

기술 혁신의 시대를 맞이해, AI 에이전트는 단순히 인간의 노동을 대체하거나 자동화하는 것을 넘어, 인간의 창의성과 잠재력을 확장시키는 촉매가 될 것이다. 기술이 인류에게 진정으로 기여하기 위해서는, 사회적 합의와 책임감 있는 개발, 그리고 기술이 초래할 변화를 대비하기 위한 교육과 제도가 함께 마련돼야 한다.

이 글이 AI 에이전트를 이해하고 준비하는 데 도움이 되길 바라며, AI 에이전트가 인류의 발전에 긍정적인 영향을 미치고 우리 모두에게 더 나은 미래를 만드는 밑거름이 되기를 기대한다.

[참고문헌]

[도서]

- Russell, S., & Norvig, P.(2020). Artificial Intelligence: A Modern Approach(4th ed.). Pearson.
- Sutton, R. S., & Barto, A. G.(2018). Reinforcement Learning: An Introduction(2nd ed.). MIT Press.

[기사]

- 오로라(2024.11.20.), AI에이전트의 시대 선도하겠다는 MS...'행정·통번역 잡무 다 AI에 맡겨라', 조선일보
- 이혜련(2024.10.22.), 카카오 "사람처럼 기억하는 AI 메이트로 차세대 챗봇 기술 선도", ZDNET Korea
- 이채환(2024.09.17.), 자동화 수요 급증 'AI 에이전트' 연평균 44.8% 기록적 성장, GTT KOREA
- 임대준(2024.10.23.), 가트너, 2025년 10대 기술 트렌드 중 9개가 AI...에이전트·공간지능 등 선정, AI TIMES
- 송견재(2020.10.21.), "로봇, 일자리 증가에 도움" WEF, 파이낸셜 뉴스

[매거진]

- 코아(2024.10.16.), AI에이전트 개념, 서비스, 작동 방식, AI 트렌드와 기업이야기

[블로그]

- https://blogs.nvidia.co.kr/blog/what-is-agentic-ai/, NVIDIA
- https://blog-ko.superb-ai.com/challenges-and-opportunities-in-the-age-of-ai-agents, superb AI

[영상]

- https://youtu.be/3nGGmd5gp-M, VESSL AI
- https://youtu.be/C2BLY7GlO2o, kakao tech
- https://youtu.be/PooDMxNH_6o, 티타임즈 TV
- https://youtu.be/OKnviJwiwCQ, 모두의 AI

[홈페이지]

- https://openai.com/blog/챗GPT/, OpenAI
- https://www.ibm.com/kr-ko/think/topics/ai-agents, IBM
- https://aws.amazon.com/ko/what-is/ai-agents/, AWS
- https://www.magicaiprompts.com/, 프롬프트해커 대니
- https://www.toolify.ai/ko/ai-news-kr/ai-1457249, Toolify.ai
- https://botpress.com/ko/blog/what-is-an-ai-agent, botpress
- https://app.dalpha.so/blog/ai-agent/, DALPHA
- https://news.skhynix.co.kr/post/all-around-ai-2, SK하이닉스
- https://wikidocs.net/book/5942, WikiDocs
- https://www.perplexity.ai/, perplexity
- https://claude.ai/, Claude
- https://chatgpt.com/, ChatGPT
- https://www.apple.com/, apple

2

AI 챗봇 시대, D-ID로 AI 챗봇 에이전트 만들기

최 재 용

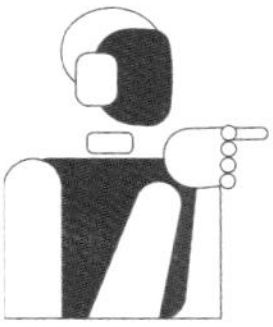

제2장
AI 챗봇 시대, D-ID로 AI 챗봇 에이전트 만들기

Prologue

인공지능(AI) 기술의 비약적인 발전은 우리의 일상과 비즈니스 환경을 크게 변화시키고 있다. 그중에서도 AI 챗봇은 특히 주목받는 기술 중 하나로 다양한 분야에서 혁신적인 변화를 이끌고 있다. 과거에는 단순한 텍스트 기반의 질문과 답변에 국한됐던 챗봇이 이제는 음성 인식, 자연어 처리(NLP), 심지어는 감정 분석까지 가능해지면서 사람과의 상호작용 수준이 한층 높아졌다.

AI 챗봇은 고객 서비스, 교육, 의료, 금융 등 여러 산업에서 그 가치를 증명하고 있다. 예를 들어, 고객 서비스 분야에서는 24시간 대응이 가능한 AI 챗봇을 통해 고객 만족도를 높일 수 있으며 교육 분야에서는 개인 맞춤형 학습 도우미로 활용될 수 있다. 의료 분야에서는 환자의 기본적인 문의를 해결하고 진료 예약을 관리하는 등의 역할을 수행할 수 있다. 금융 분야에서는 사용자 맞춤형 금융 정보 제공 및 상담 서비스를 통해 고객의 편의를 도모할 수 있다.

이러한 변화의 중심에는 D-ID라는 강력한 플랫폼이 있다. D-ID는 AI 챗봇 개발을 보다 직관적이고 효율적으로 만들 수 있는 다양한 도구와 기능을 제공해 누구나 쉽게 챗봇을 설계하고 구현할 수 있도록 돕는다.

본문은 AI 챗봇 개발을 꿈꾸는 모든 이들에게 D-ID 플랫폼을 활용한 실질적인 가이드를 제공하기 위해 쓰여졌다. D-ID는 복잡한 코딩 없이도 강력한 챗봇을 만들 수 있는 환경을 제공하며 이를 통해 개발자뿐만 아니라 비전문가도 쉽게 챗봇을 개발할 수 있다.

1. D-ID로 시작하는 AI 챗봇 개발

1) D-ID란?

'D-ID'는 생성적 AI 기반 상호작용 및 콘텐츠 제작의 혁신을 선도하고 있다. 자연 사용자 인터페이스(NUI) 기술을 전문으로 하는 D-ID의 플랫폼은 이미지, 텍스트, 비디오, 오디오, 음성을 고도로 몰입감 있는 디지털 인물로 매끄럽게 변환해 독특한 경험을 제공한다. D-ID는 얼굴 합성 및 딥러닝 전문 지식을 결합해 다국어로 상호작용하는 AI 경험을 제공함으로써 디지털 세계에서의 연결과 창작 방식을 한층 발전시키고 확장하고 있다. 이 회사의 기술은 고객 경험, 마케팅, 판매에 특화된 비즈니스뿐만 아니라 전 세계의 콘텐츠 제작자들을 위한 솔루션을 제공하고 있다.

2) D-ID 역사

D-ID는 지난 6년 동안 생성적 AI 분야의 선구자로 자리매김해 왔다. 2017년에 설립된 D-ID는 일류 벤처캐피털의 지원을 받고 있으며 지금까

지 1억 5,000만 개 이상의 AI 비디오가 D-ID의 사용자 친화적인 셀프서비스 Creative Reality™ 스튜디오와 통합 시스템을 통해 제작됐다. 또한 25만 명 이상의 개발자가 D-ID API를 사용해 다양한 솔루션을 구축하고 있다.

최근에는 Deutsche Telekom, PWC, Deloitte, Burda Media, AXA Insurance, Gameloft와 같은 고객들이 D-ID의 플랫폼을 사용해 AI 아바타를 통해 놀라운 경험을 창출하고 있다.

3) D-ID의 다양한 기능

(1) 기업이 고객과 소통하는 새로운 인터페이스 제공

D-ID의 플랫폼은 셀프서비스 스튜디오, API, 또는 통합 시스템을 통해 접근할 수 있으며 정지 사진을 맞춤형 스트리밍 비디오로 변환해 기업이 고객과 소통하는 새로운 인터페이스를 제공한다. 사용자는 실감 나는 디지털 인간과 텍스트로부터 애니메이션을 생성할 수 있어 대규모 비디오 제작의 비용과 번거로움을 획기적으로 줄일 수 있다.

D-ID의 고객에는 포춘 500대 기업, 마케팅 에이전시, 제작사, 소셜미디어 플랫폼, 주요 e-러닝 플랫폼 그리고 다양한 콘텐츠 제작자가 포함된다. 이 솔루션은 셀프서비스 스튜디오와 API를 통해 기업, 창작자, 개발자에게 제공된다.

(2) 첨단 언어 모델의 지능과 대면 커뮤니케이션

이번에 베타버전으로 출시된 AI 챗봇 D-ID 에이전트는 첨단 언어 모델의 지능과 대면 커뮤니케이션의 따뜻함을 결합해 디지털 연결을 재정의하고 이를 더 개인적이고 몰입감 있으며 인간적으로 만든다.

에이전트의 외모를 선택하고 목소리를 고르거나 자신의 목소리를 복제하며 원하는 상호작용 방식을 설명하고 지식 기반을 확장하며 개인화할 수 있는 문서를 제공하기만 하면 된다. 몇 분 안에 실제 사람처럼 대화할 수 있는 디지털 인물을 만들 수 있다.

(3) 디지털 대화에 인간적인 차원 추가

D-ID 에이전트는 사용자의 요구에 맞게 적응해 모든 상호작용에 친근하고 몰입감 있는 존재감을 제공하며 듣고 응답함으로써 디지털 대화에 인간적인 차원을 추가한다. 90% 이상의 정확도로 2초 이내에 질문에 대한 답변을 신속하고 정확하게 제공하며 정보검색기반 생성(RAG) 기술 덕분에 일반적인 언어 모델의 한계를 뛰어넘어 최신의 정교한 정보를 제공한다.

(4) 코딩에 대한 지식 없이 누구나 제작 가능

코딩에 대한 지식이 없어도 누구나 D-ID 에이전트를 만들 수 있다. 역할을 선택하고 에이전트에게 지침을 제공하며 추가 지식을 업로드하기만 하면 쉽게 에이전트를 만들 수 있다. 에이전트는 기업의 매출 증대, 고객 질문에 대한 답변 또는 팔로워와의 채팅을 도울 수 있다. 각 에이전트는 특정 지식창고에 액세스할 수 있는 각기 다른 분야의 전문가다. 에이전트와 대화해 에이전트가 누구인지, 어떤 역할을 하는지 정확히 알아볼 수 있다.

(5) 에이전트와 대화 가능

텍스트 입력란에 질문을 입력하거나 마이크 아이콘을 클릭해 다른 사람과 대화하는 것처럼 에이전트와 대화할 수 있다(Chrome/Safari 브라우저 또는 대부분의 모바일 기기에서 사용 가능). 표준 음성뿐만 아니라 음성 선택 메뉴에서 Pro 아이콘으로 식별되는 ElevenLabs의 고품질(Pro) 음성을 사용할 수 있다. 오디오 녹음을 업로드해 자신의 목소리를 복제할 수도 있다.

(6) 자신의 웹사이트에 에이전트 임베드 가능

D-ID에서 호스팅하는 에이전트 링크를 공유하거나 자신의 웹사이트에 에이전트를 임베드할 수 있다. 누군가가 내 에이전트와 대화를 하면 내 계정으로 비용이 청구된다는 점을 유의해야 한다. 에이전트는 자연어 처리(NLP)와 생성형 AI를 사용해 텍스트 또는 음성 입력을 이해한 다음 관련 답변을 제공한다. 정보 검색 기반 생성(RAG) 기술을 사용해 업로드된 문서의 지식창고에서 쿼리에 대한 정확한 답변을 검색한다.

D-ID 에이전트를 성공적으로 구축하려면 고품질 데이터셋 구축이 중요하다. 다양하고 신뢰할 수 있는 데이터를 확보하고 데이터 품질을 우선하며 FAQ 스타일 데이터셋을 사용하는 것이 좋다. 데이터는 효율적으로 조직하고 처음에는 특정 주제에 집중해 점진적으로 확장해야 한다. 지속적인 개선과 확장은 에이전트의 가치를 극대화하는 데 필수적이다. 이러한 모범 사례를 따르면, 신뢰할 수 있는 고품질의 D-ID 에이전트를 만들 수 있다.

4) D-ID의 활용범위

D-ID 에이전트는 다양한 용도로 활용할 수 있다. 고객 경험을 향상시키기 위해 AI 챗봇을 도입할 수 있으며 상호작용이 가능한 AI 아바타를 통해 웹사이트를 더욱 매력적으로 만들 수 있다. 또한 맞춤형 튜터를 통해 온라인 강의를 한층 더 발전시킬 수도 있다. D-ID 에이전트는 상상력에 따라 무궁무진한 가능성을 제공한다.

D-ID 에이전트는 소유자가 업로드한 지식을 기반으로 질문에 답하고 비즈니스 또는 개인 사용 사례에 도움이 되는 특정 역할이나 작업을 수행할 수 있는 자율적인 AI 비서이다. 에이전트는 마케팅, 고객 참여 또는 교육, 트레이닝 등의 역할에 적합하다. 에이전트는 실제 인물과 가상의 캐릭터를 시뮬레이션하거나 유명 브랜드나 개인을 대표하는 가상의 인플루언서가 될 수 있다.

5) 보험회사 D-ID 에이전트 활용 제안

보험회사의 일상 운영은 이메일, 전화, 회의로 바쁘며, 고객 요구를 충족시키고 업셀링과 크로스셀링을 시도하며 많은 보험 정책을 관리해야 한다. 이러한 업무는 스트레스와 압박을 유발하고, 개인화된 고객 상호작용에 시간을 할애하기 어렵게 만든다.

D-ID 에이전트는 이러한 문제를 해결하고자 설계됐다. 이 에이전트는 AI 기술을 활용해 보험 업무를 간소화하고, 고객 경험을 개선하며, 매출을 증가시킨다. 보험회사가 직면한 주요 문제로는 과중한 업무와 비용, 고객과의 상호작용 부족 그리고 직원 번아웃이 있다. 이러한 문제는 고객 만족도를 낮추고, 직원 이직률을 높이며, 회사의 운영 비용을 증가시킨다.

D-ID 에이전트는 감정과 공감을 바탕으로 고객과 소통해 더 나은 장기적인 관계를 형성하고, 24시간 365일 언제나 이용 가능하며, 개인화된 서비스를 제공한다. 이 에이전트는 지속적인 팔로우업과 지원을 통해 고객 만족도를 높이고, 회사의 ROI를 증대시킨다. 또한 에이전트는 보험판매인과의 약속으로 이어지도록 해 거래를 완료할 수 있도록 돕는다.

D-ID 에이전트를 도입하면 보험회사는 더 원활하고 효율적인 업무 환경을 갖추고, 고객 만족도를 높이며, 궁극적으로 더 수익성 있는 비즈니스를 운영할 수 있다.

2. D-ID 에이전트 만들기

1) D-ID 구글 검색하기

D-ID 에이전트 만들려면 'D-ID Studio' 계정에 '로그인'하고 제한된 평가판에 액세스할 수 있어야 한다. 먼저 구글 크롬에서 D-ID를 검색한다.

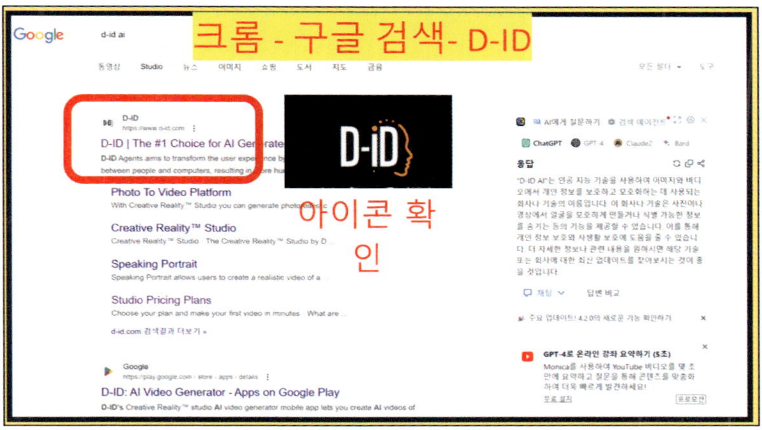

[그림1] 구글에서 D-ID 검색하기

2) START FREE TRIAL 선택

'START FREE TRIAL'을 누른다.

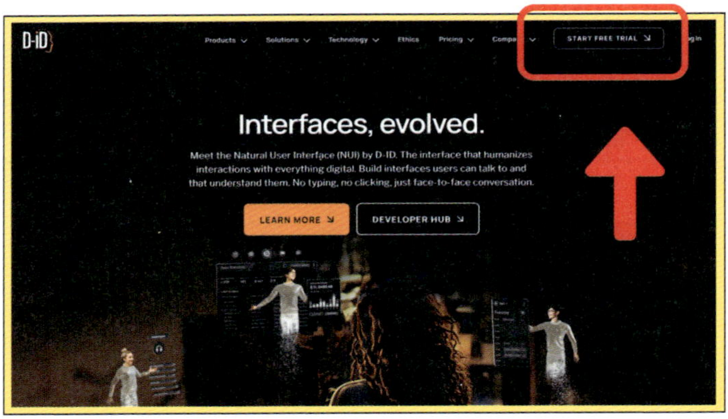

[그림2] START FREE TRIAL 누르기

3) 로그인 하기

구글계정으로 '로그인'한다.

[그림3] 구글계정 로그인

4) Creat an Agent 선택

'Creat an Agent'를 누른다.

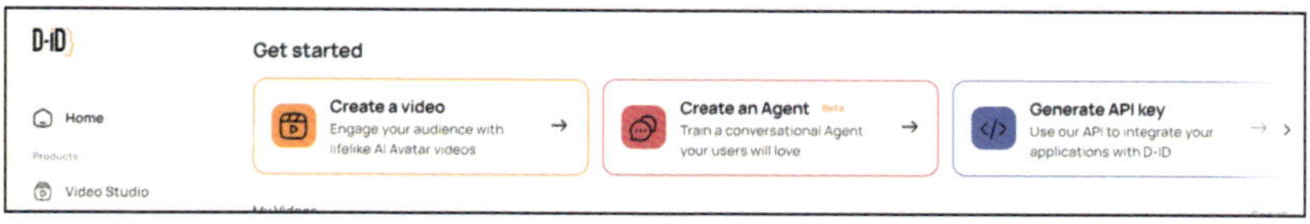

[그림4] Creat an Agent 선택하기

5) 아바타 만들기

얼굴 사진이나 아바타 사진을 넣고 우측 하단 Next를 누른다.

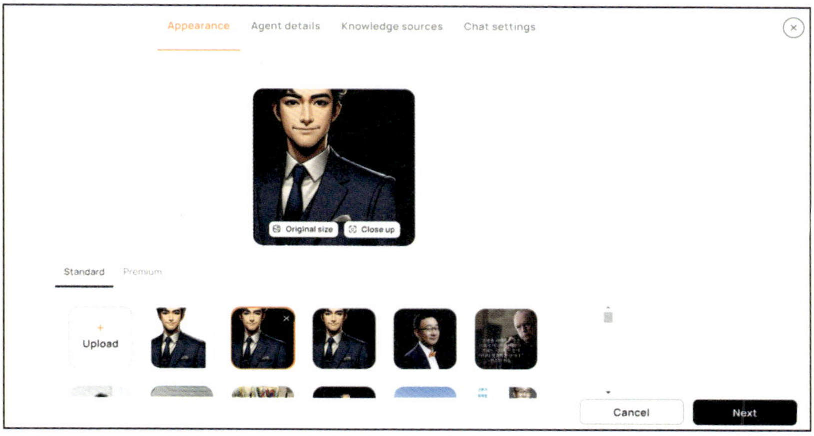

[그림5] 사진 넣기

6) 이름, 언어, 성우 설정하기

사용할 이름을 적어 넣고 언어를 설정한다. 이어 AI 성우도 목소리를 들어보고 마음에 드는 성우로 설정한다.

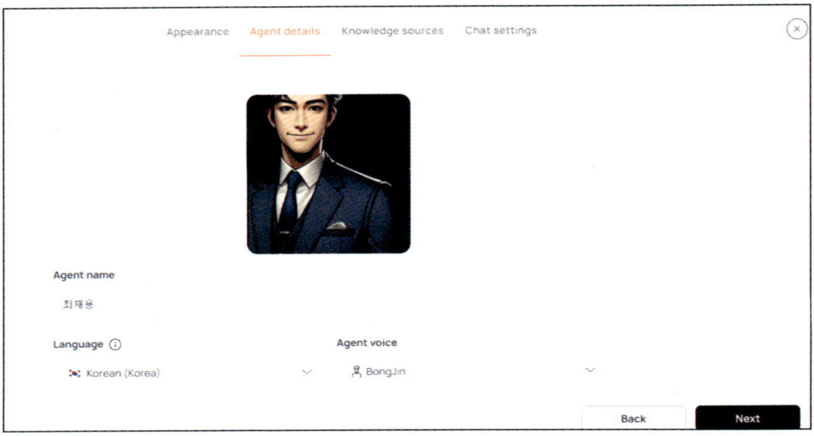

[그림6] 언어설정

7) 참고 자료 넣기

지식창고(Knowledge source)에 응답할 때 참고 할 자료도 넣어둔다.

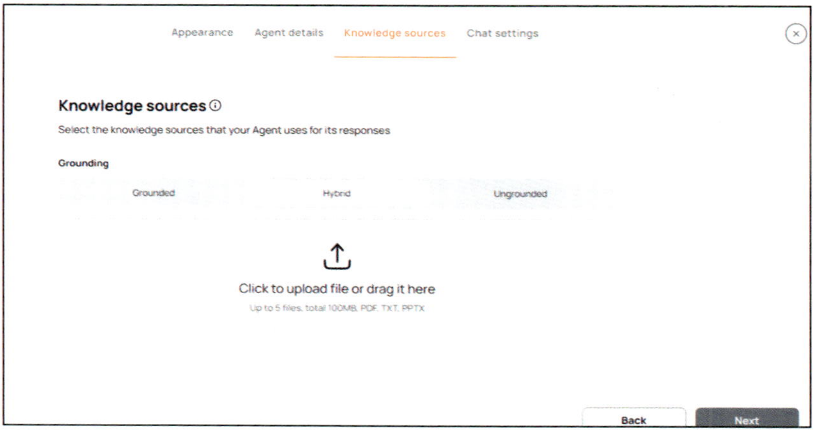

[그림7] 지식창고에 자료 넣어두기

8) 환영 인사와 예시 질문 작성

대화 세팅을 위해 환영 인사와 예시 질문 넣고 우측하단에 'Create agent'를 누른다.

[그림8] 환영 인사 만들기

아래와 같이 멋진 AI 챗봇 에이전트가 만들어진다.

[그림9] 최재용 AI 챗봇 에이전트

3. 사용료

사용은 무료로 200회까지 대화가 가능하며 유료사용의 경우 월 사용료는 [그림10]을 참고하면 된다.

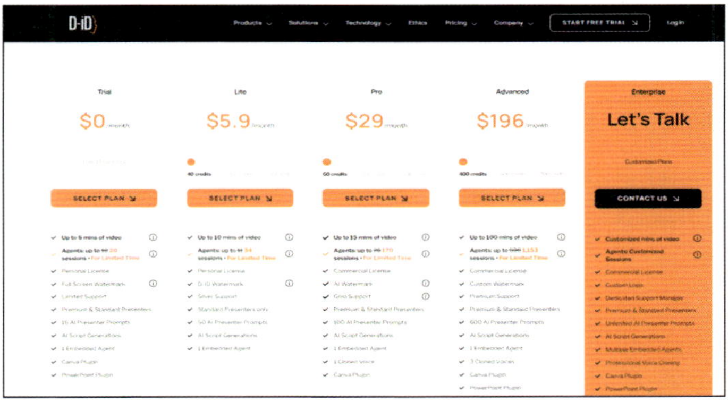

[그림10] 에이전트 월 사용료

Epilogue

AI와 챗봇 기술, 특히 D-ID 플랫폼을 활용한 챗봇 개발 방법을 다루었다. 기술은 빠르게 발전하며, AI 챗봇은 다양한 산업에서 혁신을 주도하고 있다. D-ID 플랫폼은 더 나은 상호작용과 개인화된 경험을 제공하는 강력한 도구로 앞으로도 지속적인 학습과 혁신을 통해 AI 챗봇 시대의 선구자가 되기를 바란다.

[참고문헌]

D-ID 홈페이지 - https://www.d-id.com/agents

3

AI 에이전트 시대 대비하기

김진경

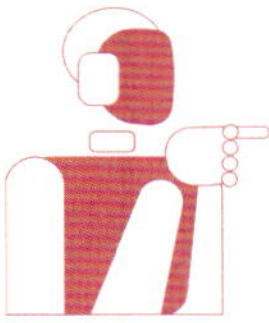

제3장
AI 에이전트 시대 대비하기

Prologue

도시가 숨을 고르는 새벽녘, 은은한 불빛들이 저마다의 리듬으로 하루를 준비한다. 깨어 있는 도시 속 사람들은 각자의 일상을 살아가며 꿈을 꾸고, 그 꿈을 향해 움직인다. 하지만 이 고요한 새벽, 우리가 사는 세상은 또 하나의 새로운 변화를 품고 있다. 바로, AI 에이전트가 우리 삶 깊숙이 스며들어 그 모습을 드러내고 있는 것이다.

AI 에이전트는 단순히 우리의 명령에 응답하는 도구로 머물지 않는다. 그것은 삶의 질을 높이고, 일상의 반복을 줄이며, 가능성을 무한히 확장해 주는 동반자다. 과거엔 상상 속의 미래로만 여겨졌던 이 기술은 이제 현실이 돼, 개인과 사회의 모든 영역에서 새로운 이야기를 쓰고 있다. AI 에이전트는 단순한 코드나 알고리즘의 조합이 아니다. 그것은 인간의 창의성과 기술이 결합해 만들어낸 가능성의 결정체다. 우리가 상상하던 미래가 이제 손끝에서 펼쳐지는 것이다.

하지만 이 변화는 단순한 편리함 이상의 무언가를 요구한다. AI 에이전트는 우리의 일상을 변화시키는 동시에, 인간의 역할과 정체성에 대한 질문을 던진다. 인간만의 고유한 영역은 어디에 있을까? AI가 더욱 발전할수록 우리의 가치는 어떤 모습으로 자리 잡아야 할까? 기술이 모든 것을 대신해 준다면, 우리는 어떤 방식으로 우리의 인간다움을 표현해야 할까?

우리는 AI 에이전트를 통해 꿈꾸던 세상에 더 가까이 다가가고 있지만, 그 과정에서 우리는 다시금 '인간다움'의 의미를 성찰해야 한다. AI가 제공하는 효율성과 창의성을 넘어, 우리는 그들과 어떻게 공존할지를 고민해야 한다. 인간의 지혜와 기술의 힘이 만나 새로운 가능성을 열어갈 때, 그 중심에는 언제나 '사람'이 있어야 한다.

새벽녘 도시의 불빛은 잠시 숨을 고르며 새로운 하루를 맞이한다. AI 에이전트는 바로 그 불빛과 같다. 우리가 무심코 지나치던 문제에 대한 답을 찾아주고, 더 나은 방향으로 나아가도록 이끄는 길잡이가 돼준다. 그러나 불빛만으로 길을 걸을 수는 없다. 빛을 따라 발걸음을 내딛는 것은 우리의 몫이다.

이 글은 AI 에이전트 시대를 살아가기 위해 우리가 무엇을 준비해야 하고, 어떤 태도로 기술을 받아들여야 할지에 대해 이야기하려 한다. AI 에이전트는 더 이상 먼 미래의 이야기가 아니다. 그것은 이미 우리의 삶 속에서 다양한 모습으로 자리 잡았고, 이제는 그들과 함께 새로운 길을 열어가야 할 때다.

AI는 인간의 경쟁자가 아니라 협력자다. 우리는 이 새로운 시대를 두려워하거나 회피하기보다, 그 속에서 인간다움의 가치를 재발견해야 한다.

이 책의 페이지를 넘기며, AI 에이전트와 함께 만들어갈 미래에 대한 통찰과 영감을 얻길 바란다. 마치 새벽녘의 불빛이 어두운 길을 밝혀주듯, 이 이야기가 당신의 여정에 작은 등불이 돼줄 것이다.

1. AI 에이전트와 함께하는 일상 준비

1) AI 에이전트와 인간의 역할 분담과 조화

AI 에이전트는 데이터 처리와 분석, 자동화, 반복 작업 수행에 있어 탁월한 능력을 발휘하며 인간의 업무를 보완하고 있다. 반면 인간은 창의성, 공감, 윤리적 판단과 같은 고유한 능력으로 AI와 차별화된 가치를 제공한다. AI와 인간이 각자의 강점을 발휘하고 서로의 약점을 보완할 때, 두 존재의 조화는 더 큰 성과와 혁신을 이끌어낼 수 있다.

(1) AI 에이전트의 역할

AI 에이전트는 현대 사회에서 방대한 데이터를 빠르게 처리하고 분석하는 데 탁월한 능력을 발휘한다. 체계적이고 반복적인 작업에서는 인간보다 더 빠르고 정확한 결과를 만들어내며, 다양한 분야에서 중심적인 역할을 하고 있다. 예를 들어, 이메일을 자동으로 분류하거나, 고객의 문의에 실시간으로 응답하거나, 복잡한 시장 데이터를 분석해 유의미한 트렌드를 도출하는 작업은 AI 에이전트가 가장 잘 수행하는 일이다.

특히 대규모 데이터가 필요한 영역에서는 AI 에이전트의 강점이 더욱 두드러진다. 의료 분야에서는 환자의 증상 데이터를 분석해 진단 가능성을 제시하고, 금융 업계에서는 방대한 거래 데이터를 통해 사기를 탐지하는 알고리즘을 실행한다. 인간이 수 시간, 혹은 수일이 걸릴 작업을 AI는 단 몇 초 만에 처리하며, 효율성과 정확성을 동시에 제공한다.

AI 에이전트는 또한 사용자 맞춤형 서비스를 제공하며 소비자 경험의 중심에 자리 잡고 있다. 사용자의 선호도를 학습한 뒤 이에 기반해 맞춤형 콘텐츠를 제안하거나 상품을 추천하는 스트리밍 플랫폼과 온라인 쇼핑 사이트에서 그 능력을 쉽게 확인할 수 있다. AI는 단순한 계산 도구를 넘어 변화하는 환경에 적응하며, 인간의 활동을 보완하는 파트너로 진화하고 있다.

이와 같은 AI 에이전트의 발전은 인간이 더 창의적이고 전략적인 활동에 집중할 수 있는 여건을 마련한다. 반복적이고 시간을 소모하는 작업을 AI가 대신함으로써, 인간은 자신의 고유한 능력을 발휘할 수 있는 새로운 기회를 얻게 된다. AI는 학습과 적응을 통해 새로운 패턴을 발견하고 변화하는 환경에도 유연하게 대응할 수 있다는 점에서 단순한 도구 이상의 가치를 제공한다.

(2) 인간의 역할

AI 에이전트가 효율성과 정확성에서 탁월한 능력을 보여주더라도, 인간은 여전히 창의적 사고와 문제 해결 능력으로 대체 불가능한 가치를 발휘한다. AI는 데이터를 분석해 최적의 선택을 제안하지만, 복잡한 상황 속에서 혁신적이고 독창적인 해결책을 도출하는 것은 인간만이 할 수 있는 일이다. 예술, 문학, 디자인, 전략적 의사결정 등 창의적 활동이 요구되는 영역에서는 인간의 역할이 핵심적이다.

또한, 인간은 감정적 공감과 신뢰 형성에서도 AI를 능가한다. 고객의 감정을 이해하고 이를 바탕으로 신뢰를 쌓는 일, 조직 내에서 협업을 통해 인간관계를 강화하는 일은 AI가 흉내 낼 수 없는 인간 고유의 영역이다. 윤리적 판단과 책임감 또한 인간의 몫으로 남아 있다. AI가 데이터를 기반으로 의사결정을 내리더라도, 그 결정이 사회적, 문화적, 윤리적으로 적합한지 판단하는 것은 인간의 역할이다. 특히, AI의 결과가 편향됐거나 불공정한 경우 이를 수정하고 사회적 책임을 다하는 일은 인간의 판단과 통찰력을 필요로 한다.

이러한 인간의 역할은 구체적인 사례에서도 잘 드러난다. 의료 분야에서는 AI가 환자의 데이터를 분석해 진단 가능성을 제시하지만, 최종적으로 환자의 병력과 감정 상태를 종합적으로 고려해 판단을 내리는 것은 의사의 몫이다. 교육 분야에서도 AI가 학습 데이터를 기반으로 맞춤형 콘텐츠를 제공할 수 있지만, 학생의 동기를 유발하고 정서적 지원을 제공하며 학습 방향을 이끄는 일은 교사가 맡아야 한다.

AI 에이전트와 인간의 역할은 상호보완적이다. AI는 반복적이고 체계적인 작업에서 효율성을 극대화하는 한편, 인간은 창의적 사고와 윤리적 판단으로 기술의 방향성을 제시한다. 이러한 협력은 AI 에이전트 시대를 성공적으로 맞이하는 핵심 열쇠가 된다. AI가 시간과 자원을 절약해 주는 동안, 인간은 고유한 창의성과 통찰력을 발휘해 더 나은 결과를 만들어낼 수 있다.

결국 AI 에이전트는 인간의 도구이자 동반자로 자리 잡는다. AI는 인간의 손과 눈을 대신하지만, 마음과 판단은 여전히 인간의 몫이다. 인간의 강점과 기술의 힘이 조화를 이룰 때 비로소 진정한 가능성이 열린다. 이 조화로운 협력은 더 나은 미래를 향한 열쇠가 된다.

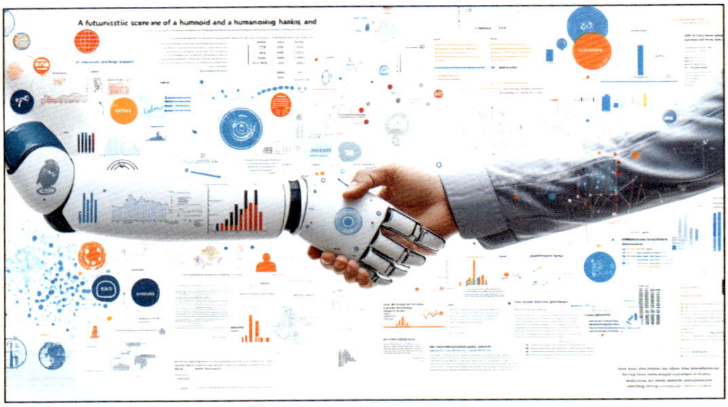

[그림1] AI 에이전트와 인간의 공존 시대(출처 : Midjourney 이미지 생성)

2) 일상 속 AI 에이전트의 활용 사례

AI 에이전트는 이제 우리 삶의 일부가 돼 다양한 영역에서 우리의 일상을 돕고 있다. 이들은 단순히 편리함을 넘어, 개인의 필요를 이해하고 맞춤형 솔루션을 제공하며 삶의 질을 높이는 데 기여하고 있다. 여기에서는 AI 에이전트가 실제로 어떻게 활용되고 있는지 대표적인 사례를 구체적으로 살펴본다.

(1) 개인 비서로서의 AI 에이전트

AI 에이전트는 일정 관리와 알림 설정, 이메일 정리와 같은 반복적이고 체계적인 작업을 효과적으로 수행한다. 음성 명령만으로도 복잡한 일정을 쉽게 정리할 수 있으며, 교통 상황을 실시간으로 분석해 최적의 이동 경로를 제안하기도 한다. 예를 들어, "내일 오전 9시 미팅을 등록해 줘"라고 말하면, AI는 곧바로 캘린더에 추가하고 미팅 시작 전에 알림을 보낸다. 또한 스마트 홈 기기와 연동되면 AI는 조명을 켜고, 음악을 재생하며, 날씨에 따라 실내 온도를 조정하는 등 일상의 편리함을 극대화한다.

(2) 쇼핑 도우미로서의 AI

AI는 우리의 구매 이력과 검색 기록을 분석해 취향에 맞는 상품을 추천한다. 온라인 쇼핑몰에서 '방금 본 상품 연관 추천'이라는 추천 목록은 AI 분석의 결과물이다. 이런 추천은 단순히 판매를 촉진하는 것을 넘어, 사용자가 필요한 상품을 빠르게 찾도록 돕는다. 최근에는 패션 분야에서도 AI가 활약하며, 옷의 크기, 색상, 스타일까지 개인의 취향에 맞춘 코디를 제안한다.

[그림2] 네이버의 실시간 개인화 추천 서비스(출처 : 네이버 웹사이트)

(3) 금융 관리의 조력자

AI 에이전트는 개인의 소비 패턴을 분석해 재정 관리에 도움을 준다. AI 기반 가계부 앱은 사용자의 카드 사용 내역과 예산을 연결해 실시간으로 예산 초과 여부를 알려준다. 또한, 자산을 늘리고 싶은 사용자에게는 수익률이 높은 투자 상품을 추천하거나, 목표 금액에 도달하기 위한 절약 계획을 제공한다. 이러한 AI의 도움은 재정 관리가 어렵고 복잡하다고 느껴지는 사람들에게 큰 도움이 된다.

(4) 헬스케어 파트너로서의 AI

웨어러블 기기와 연동된 AI는 건강 데이터를 실시간으로 분석해 맞춤형 건강 관리 서비스를 제공한다. 심박수, 걸음 수, 수면 패턴 등의 데이터를 기반으로 사용자의 건강 상태를 파악하고, 부족한 운동량을 채우기 위한 목표를 설정해 준다. 간단한 건강 질문에도 AI가 즉각적으로 답변을 제공하며, 특정 증상이 지속될 경우 병원 방문의 필요성을 알려주기도 한다. 예를 들어, AI는 “어제보다 수면의 질이 낮아졌습니다. 오늘 낮잠을 추천합니다”라는 알림을 통해 사용자의 건강을 세심히 관리한다.

(5) 맞춤형 학습의 조력자

교육 분야에서도 AI 에이전트는 혁신적인 변화를 이끌고 있다. 학생의 학습 수준을 분석해 개인화된 교육 콘텐츠를 추천하거나, 특정 과목에서 부족한 부분을 보완할 문제를 제안한다. 특히 언어 학습 앱에서는 학습자의 취약한 문법 영역을 파악하고 그에 맞는 연습 문제를 제공함으로써 학습 효율을 높인다. 또한 AI는 학생들이 작성한 글을 문법적으로 교정해 주거나, 더 나은 표현 방식을 제안하기도 한다.

(6) 엔터테인먼트 큐레이터로서의 AI

음악 스트리밍 서비스와 비디오 플랫폼에서 AI는 사용자의 취향을 분석해 새로운 콘텐츠를 추천한다. 예를 들어, 특정 장르의 음악을 반복해서 듣는다면, AI는 비슷한 스타일의 음악을 포함한 플레이리스트를 자동으로 생성한다. 또한, 영화나 드라마 추천 시스템도 AI의 데이터 분석을 기반으로 하며, 사용자가 좋아할 만한 작품을 선별해 제공한다. 이로 인해 새로운 취향을 발견하거나 다양한 콘텐츠를 접할 기회가 늘어나고 있다.

(7) 고객 서비스의 혁신가

AI 기반 챗봇은 고객 상담의 효율성을 높이고 있다. 과거에는 고객센터에 전화를 걸어 긴 대기 시간을 감수해야 했지만, 이제는 간단한 질문이나 예약 요청을 챗봇으로 빠르게 처리할 수 있다. 예를 들어, 항공권 예약과 같은 복잡한 절차도 몇 번의 클릭이나 간단한 대화만으로 완료된다. AI는 고객이 필요한 정보를 정확하게 전달받을 수 있도록 실시간으로 학습하고 발전한다.

이처럼 AI 에이전트는 개인의 필요를 중심으로 작동하며, 우리의 일상을 보다 효율적이고 풍요롭게 만들고 있다. 그들은 단순히 시간을 절약하는 도구가 아니라, 데이터를 기반으로 더 나은 선택을 돕고 새로운 가능성을 열어주는 동반자로 자리 잡고 있다. AI 에이전트를 적절히 활용한다면, 우리는 더욱 스마트하고 풍요로운 삶을 살아갈 수 있다.

AI 에이전트는 조직과 개인에게 생산성 향상과 혁신적인 성과를 가져다 줄 수 있는 강력한 도구다. 그러나 단순히 AI를 도입하는 것만으로는 그 잠재력을 온전히 발휘하기 어렵다. 이를 최대한 활용하기 위해서는 체계적인 접근과 전략적인 사용이 필요하다. 다음은 AI 에이전트를 효과적으로 활용하는 방법들이다.

3) AI 에이전트를 최대한 활용하는 방법

AI 에이전트는 업무 효율성 증대와 창의적 문제 해결을 지원하는 강력한 도구다. 그러나 AI의 잠재력을 최대한 발휘하려면 단순히 도입하는 것만으로는 부족하다. AI를 효과적으로 활용하려면 명확한 목표 설정, 데이터 관리, 사용자 교육 등 체계적인 접근이 필요하다.

(1) 명확한 목적 설정

AI 에이전트를 효과적으로 활용하려면 명확한 목적을 설정하는 것이 우선이다. 어떤 문제를 해결하고 싶은지, 어떤 목표를 달성하려 하는지를 명확히 규정해야 한다. 예를 들어, 고객 지원 속도를 높이려는 목적이라면 AI 기반 챗봇을 도입하고, 데이터 분석을 통해 시장 트렌드를 파악하려는 경우라면 분석 AI를 활용할 수 있다. 목표가 명확해야 적합한 기술과 접근 방식을 선택할 수 있으며, AI 에이전트의 성과를 측정하는 기준도 설정할 수 있다.

(2) 데이터 품질 관리

AI 에이전트는 데이터를 기반으로 작동하기 때문에, 데이터 품질은 성공적인 활용의 핵심 요소다. AI는 주어진 데이터를 학습해 결과를 도출하므로, 데이터가 정확하고 일관성이 있어야 한다. 불완전하거나 편향된 데이터를 사용하면 AI의 결과 역시 부정확하거나 왜곡될 가능성이 높다. 따라서 데이터 수집 단계에서부터 철저히 검증하고, 정제 과정을 거쳐 고품질 데이터를 제공해야 한다.

또한, 데이터를 정기적으로 업데이트하고 보강하는 작업도 필요하다. 시간이 지남에 따라 데이터는 구식이 될 수 있으므로, 최신 정보를 반영해 AI 에이전트가 변화하는 환경에 적응하도록 해야 한다.

(3) 사용자 교육 및 인식 제고

AI 에이전트를 성공적으로 활용하려면 사용자가 이를 이해하고 효과적으로 사용할 수 있도록 교육이 필요하다. AI 기술은 복잡하고 전문적인 분야처럼 보일 수 있지만, 기본적인 사용법과 잠재력을 이해하는 것만으로도 생산성을 크게 향상시킬 수 있다.

특히 AI 에이전트가 어떻게 작동하며, 어떤 한계를 갖고 있는지 인식시키는 것이 중요하다. 예를 들어, AI가 정확한 결과를 제공하더라도, 그 결과를 맹신하지 않고 인간의 판단과 조화를 이루도록 사용자를 훈련해야 한다. 교육은 AI 에이전트와 사용자 간의 신뢰를 형성하고, 이를 일상 업무에 자연스럽게 통합하는 데 도움이 된다.

(4) AI와 인간의 협력 구조 설계

AI 에이전트를 최대한 활용하기 위해서는 AI와 인간의 역할을 명확히 구분하고, 상호보완적인 협력 구조를 설계해야 한다. AI는 반복적이고 체계적인 작업에서 강점을 발휘하지만, 창의력, 윤리적 판단, 정서적 공감은 여전히 인간의 영역이다.

예컨대, AI가 대량의 데이터를 분석해 유용한 통찰을 제공하면, 이를 바탕으로 전략적 결정을 내리는 것은 인간의 몫이다. 의료 분야에서는 AI가 진단 가능성을 제시하더라도, 환자의 정서적 상태와 병력을 고려해 최종 판단을 내리는 것은 의사가 해야 한다. 이런 협력 구조를 명확히 할 때 AI 에이전트는 인간의 역량을 증폭시키는 도구로 효과적으로 작용한다.

(5) 지속적 모니터링과 개선

AI 에이전트를 성공적으로 활용하려면 지속적으로 성과를 모니터링하고 개선해 나가야 한다. AI는 변화하는 환경에 적응할 수 있지만, 그 과정에서 인간의 점검과 수정이 필요하다. 예를 들어, AI의 예측이나 분석이 실제 상황과 일치하지 않는 경우, 데이터를 재훈련하거나 알고리즘을 조정해야 한다.

또한, AI 사용 과정에서 예상치 못한 문제나 윤리적 이슈가 발생할 가능성도 있으므로, 이를 빠르게 감지하고 해결하는 체계가 마련돼야 한다. AI 에이전트가 조직의 목표와 일치하도록 주기적으로 평가하고, 필요에 따라 최적화 작업을 수행하는 것이 중요하다.

(6) 윤리적 기준과 투명성 확보

AI를 최대한 활용하려면 윤리적 기준과 투명성을 확보하는 것도 필수적이다. AI의 결정 과정이 투명하게 공개돼야 사용자가 그 결과를 신뢰할 수 있다. 또한, AI 에이전트가 편향된 결과를 도출하거나 불공정한 결정을 내리지 않도록 윤리적 설계를 반영해야 한다.

예를 들어, AI가 채용 과정에서 지원자를 평가하는 경우, 특정 성별이나 인종에 대한 편향이 없는지 점검해야 한다. AI가 공정하고 투명하게 작동하도록 관리하는 것은 AI 활용의 신뢰성을 높이는 중요한 요소다.

AI 에이전트는 우리의 업무와 일상을 혁신적으로 변화시킬 가능성을 갖고 있다. 그러나 그 잠재력을 온전히 실현하기 위해서는 명확한 목표 설정, 데이터 품질 관리, 사용자 교육, 협력 구조 설계, 지속적인 개선, 윤리적 기준 확립 등 체계적인 접근이 필요하다. AI 에이전트를 도구로 활용하는 데 그치지 않고, 인간의 역량을 증폭시키는 동반자로 자리 잡게 한다면, 우리는 더 나은 성과와 미래를 만들어낼 수 있다.

4) AI 에이전트와 인간의 상호작용 가이드

AI 에이전트와 인간의 상호작용은 기술의 잠재력을 극대화하고 인간의 고유한 역량을 강화하는 데 중요한 열쇠다. AI는 효율성과 데이터 분석 능력에서 우수하지만, 최종적인 판단과 창의력은 여전히 인간의 몫이다. 이러한 상호작용을 효과적으로 설계하려면 AI와 인간의 역할을 명확히 구분하고, 신뢰를 바탕으로 한 협력 방식을 채택해야 한다. 다음은 AI와 인간이 조화롭게 상호작용하기 위한 여섯 가지 주요 가이드다.

[그림3] AI 에이전트와 인간의 상호작용 가이드(출처 : Gamma 이미지 생성)

(1) AI 결과의 의사결정 지원 역할로 활용하기

AI 에이전트는 데이터를 분석하고 통찰을 도출하는 데 탁월하지만, 그 결과를 최종 결정으로 받아들이기보다는 참고 자료로 활용해야 한다. 예를 들어, 의료 현장에서 AI가 환자의 증상 데이터를 기반으로 진단 가능성을 제시한다고 하더라도, 그 결과를 곧바로 수용하지 않고 의사가 환자의 병력과 감정 상태를 종합적으로 고려해 최종 판단을 내려야 한다. 이러한 방식은 AI의 강점을 활용하면서도 인간의 전문성과 윤리적 판단을 유지하는 데 기여한다.

(2) 단순 반복 작업은 AI에 맡기고 창의적 작업에 집중하기

AI는 단순 반복적이고 체계적인 작업을 처리하는 데 있어 인간보다 훨씬 효율적이다. 이러한 특성을 활용하면 인간은 더 창의적이고 전략적인 업무에 집중할 수 있다. 예를 들어, 고객 지원 센터에서는 AI 챗봇이 잦은 질문에 대한 답변을 제공하고, 복잡하거나 감정적으로 민감한 문제는 인간 상담사가 처리하도록 역할을 나눌 수 있다. 이는 효율성을 높이는 동시에 고객 만족도를 향상시키는 효과를 가져온다.

(3) AI와의 협력을 통해 데이터 기반 통찰 강화하기

AI는 방대한 데이터를 분석하고 패턴을 도출하는 데 뛰어난 능력을 갖고 있다. 이를 인간의 전략적 의사결정에 활용하면 데이터 기반의 통찰력이 강화된다. 예를 들어, 마케팅 팀에서 AI가 소비자 행동 데이터를 분석해 특정 상품에 대한 구매 경향을 파악하면, 이를 바탕으로 인간이 창의적인 마케팅 캠페인을 설계할 수 있다. AI의 분석 능력과 인간의 창의력이 결합되면 더욱 효과적인 결과를 도출할 수 있다.

(4) AI의 한계를 이해하고 적절히 보완하기

AI는 강력한 도구이지만 완벽하지 않으며, 편향되거나 잘못된 데이터를 기반으로 오작동할 가능성도 있다. 인간은 AI의 결과를 맹목적으로 신뢰하기보다는 비판적으로 검토해야 한다. 예를 들어, AI가 금융 업계에서 투자 전략을 추천할 때, 인간은 그 추천이 시장 상황과 윤리적 기준에 부합하는지 면밀히 검토해야 한다. AI의 한계를 보완함으로써 더 안전하고 신뢰할 수 있는 결과를 얻을 수 있다.

(5) AI 사용 과정에서 피드백과 학습을 지속하기

AI는 고정된 시스템이 아니라, 지속적으로 학습하고 개선될 수 있는 동적 시스템이다. 인간은 AI가 보다 나은 결과를 도출할 수 있도록 지속적으로 피드백을 제공해야 한다. 예를 들어, AI가 고객의 문의에 잘못된 답변을 했을 경우, 이를 바로잡고 데이터베이스를 업데이트해 다음 번에는 더 나은 답변을 할 수 있도록 조치해야 한다. 이러한 지속적인 피드백 과정은 AI와 인간 간의 상호작용을 점점 더 효과적으로 만들어준다.

(6) AI와 인간의 조화로운 상호작용을 위한 미래

AI 에이전트와 인간의 상호작용은 단순히 효율성을 높이는 데 그치지 않고, 더 나은 의사결정과 창의적 협력을 가능하게 한다. AI의 강점을 최대한 활용하면서도 인간의 판단력과 창의력을 중심에 둔 상호작용 방식을 설계한다면, AI는 인간의 가장 강력한 동반자로 자리 잡을 것이다. AI와 인간이 서로의 강점을 존중하며 협력할 때, 우리는 새로운 가능성과 혁신의 문을 열 수 있다.

2. 개인과 조직의 AI 에이전트 활용 전략

1) 업무 효율을 높이는 AI 에이전트 사용법

AI 에이전트는 반복적이고 시간이 소모되는 작업을 자동화하고, 데이터를 기반으로 효율적인 결정을 지원함으로써 업무 효율성을 크게 향상시킬 수 있다. 이를 효과적으로 활용하려면 AI 에이전트의 특성을 이해하고, 적절한 역할에 배치해야 한다. 다음은 업무 효율을 높이기 위한 AI 에이전트 사용법과 그 구체적인 예들이다.

(1) 일정 관리 자동화

AI 에이전트는 일정을 자동으로 정리하고 최적화하는 데 뛰어난 능력을 발휘한다. 예를 들어, AI 기반 일정 관리 도구는 사용자의 이메일과 캘린더를 분석해 중요한 회의 일정을 추천하거나, 참가자들의 가용 시간을 분석해 가장 적합한 회의 시간을 자동으로 예약할 수 있다. 이러한 기능은 관리자와 팀원들이 반복적으로 일정을 조율하는 데 드는 시간을 줄이고, 더 중요한 업무에 집중할 수 있도록 돕는다.

(2) 이메일 및 메시지 관리 간소화

업무 이메일과 메시지를 효율적으로 관리하는 것도 AI 에이전트의 주요 강점 중 하나다. AI는 받은 이메일을 자동으로 분류하고 우선순위를 설정해, 중요한 이메일이 먼저 확인되도록 도와준다. 예를 들어, AI는 고객 문의, 긴급 요청, 또는 일정 변경과 같은 주요 이메일을 분류해 사용자에게 알림을 제공하고, 불필요한 스팸 메일은 자동으로 차단한다. 이를 통해 직원들은 더 중요한 업무에 집중할 수 있으며, 중요한 메시지가 누락되는 일을 방지할 수 있다.

(3) 데이터 분석과 보고서 생성 자동화

AI 에이전트는 데이터를 분석하고 직관적인 보고서를 생성하는 데 탁월한 도구로 활용될 수 있다. 예를 들어, AI 기반 비즈니스 분석 도구는 판매 데이터, 시장 트렌드, 또는 고객 피드백을 실시간으로 분석해 의미 있는 통찰을 제공할 수 있다. 한 회사에서 AI 도구를 통해 매출 데이터를 분석한 후, 특정 지역의 판매 감소 원인을 빠르게 파악하고 이를 개선하기 위한 전략을 수립한 사례가 있다. 이런 방식으로 AI는 대량의 데이터를 처리해, 의사결정을 위한 기반 정보를 제공하며 시간을 절약할 수 있다.

(4) 고객 서비스 자동화

AI 에이전트를 활용하면 고객 지원 업무에서도 효율성을 극대화할 수 있다. AI 챗봇은 24시간 동안 고객의 질문에 실시간으로 응답하고, 질문(FAQ)에 대한 답변을 제공함으로써 상담사의 업무 부담을 줄인다. 예를 들어, 온라인 쇼핑몰에서 AI 챗봇을 도입한 후, 기본적인 문의 응답 속도가 빨라지고 고객 만족도가 향상된 사례가 있다. 복잡한 문제는 AI가 인간 상담사에게 자동으로 전달하도록 설정해, 단순한 작업은 AI가 처리하고 인간은 심화된 문제 해결에 집중할 수 있도록 한다.

AI 에이전트는 단순히 작업을 자동화하는 도구를 넘어, 인간의 업무를 지원하며 생산성과 효율성을 높이는 동반자가 되고 있다. 일정 관리, 이메일 처리, 데이터 분석, 고객 지원 등 다양한 업무 영역에서 AI를 효과적으로 활용하면 시간과 자원을 절약할 수 있다. AI와 인간이 각자의 강점을 최대한 발휘하는 협력 구조를 구축한다면, 업무 효율은 더욱 극대화될 것이다. AI 에이전트를 도입하고 지속적으로 개선하며, 변화하는 환경에 맞게 활용 방식을 업데이트하는 것이 성공적인 업무 효율화의 핵심이다.

2) AI 에이전트를 통한 고객 서비스 혁신

AI 에이전트는 고객 서비스 분야에서 혁신적인 변화를 가져오고 있다. AI는 빠른 응답, 데이터 분석, 개인화된 추천 등으로 고객 만족도를 높이고 기업의 경쟁력을 강화할 수 있다. 다음은 AI 에이전트를 활용해 고객 서비스를 혁신하는 네 가지 주요 방법이다.

(1) 24시간 실시간 고객 지원

AI 기반 챗봇은 24시간 내내 고객의 문의에 실시간으로 응답할 수 있어, 기업의 고객 지원 속도와 품질을 크게 향상시킨다. 예를 들어, 전자상거래 플랫폼에서는 AI 챗봇을 통해 주문 상태를 확인하거나 반품 절차를 안내하는 등의 기본적인 요청을 처리한다. 이는 고객이 대기 시간을 줄이고 빠르게 필요한 정보를 얻을 수 있도록 돕는다. 동시에 기업은 상담사의 업무 부담을 줄이고 비용 효율성을 높일 수 있다.

[그림4] [그림5] [그림6] 삼성전자서비스 챗봇 '써비'(출처 : 삼성전자서비스)

(2) 고객 데이터 분석을 통한 맞춤형 서비스 제공

AI 에이전트는 고객 데이터를 분석해 개인화된 추천과 서비스를 제공할 수 있다. 예를 들어, 스트리밍 서비스에서는 AI가 사용자의 시청 기록과 선호도를 분석해 관련 콘텐츠를 추천한다. 이를 통해 고객은 자신의 취향에 맞는 경험을 누릴 수 있으며, 기업은 고객 충성도를 높이고 재방문율을 향상시킬 수 있다. 이런 개인화된 접근은 고객이 자신이 특별히 고려되고 있다는 느낌을 받게 해 만족도를 높인다.

[그림7] 쿠팡의 실시간 개인화 추천 서비스(출처 : 쿠팡 웹사이트)

(3) 고객 감정 분석을 통한 서비스 개선

AI는 고객의 텍스트와 음성 데이터를 분석해 감정을 파악할 수 있다. 예를 들어, 콜센터에서는 AI가 고객의 목소리 톤과 사용 언어를 분석해 고객의 불만 정도를 실시간으로 파악한다. 이를 통해 상담사는 더 신속하게 문제를 해결하거나 적절한 대응 전략을 채택할 수 있다. 이처럼 감정 분석 기능은 고객 경험을 심화시키고, 불만을 효과적으로 해결하는 데 기여한다.

(4) 문제 해결 과정의 자동화

AI 에이전트는 문제 해결 과정을 자동화함으로써 고객의 시간을 절약하고 효율성을 높인다. 예를 들어, 인터넷 서비스 제공업체에서 AI가 고객의 네트워크 문제를 진단하고 간단한 설정 문제를 자동으로 해결하도록 설정할 수 있다. 복잡한 문제는 상담사에게 전달되지만, 기본적인 문제를 해결하는 데 걸리는 시간이 크게 단축된다. 이는 고객의 만족도를 높이고 기업의 서비스 품질을 강화하는 데 도움을 준다.

AI 에이전트는 고객 서비스의 속도와 품질을 모두 개선하는 데 중요한 역할을 하고 있다. 실시간 지원, 맞춤형 서비스, 감정 분석, 문제 해결 자동화 등의 기능을 통해 기업은 고객 만족도를 높이고 경쟁력을 강화할 수 있다. AI와 인간 상담사가 협력하는 구조를 통해 단순한 문제는 AI가 처리하고, 복잡하고 창의적인 문제는 인간이 해결하는 방식으로 고객 서비스의 새로운 표준을 만들어갈 수 있다. AI를 효과적으로 도입하고 지속적으로 개선한다면, 고객 서비스 혁신은 한층 더 가속화될 것이다.

3) 조직 내 AI 에이전트 도입 단계별 접근법

AI 에이전트를 조직에 성공적으로 도입하려면 체계적이고 단계적인 접근이 필요하다. AI 기술은 단순히 업무를 자동화하는 도구를 넘어 조직의 생산성과 혁신을 촉진하는 핵심 자산이 될 수 있다. 이를 효과적으로 구현하려면 명확한 목표 설정과 철저한 준비가 필수적이다. 다음은 조직 내 AI 에이전트를 도입하는 네 가지 주요 단계와 접근법이다.

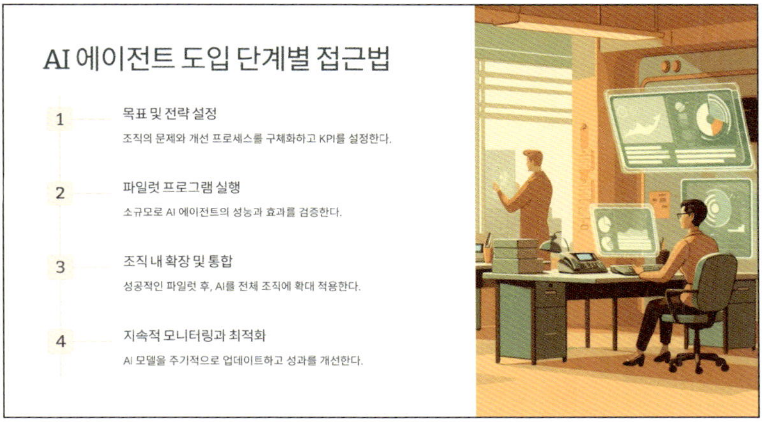

[그림8] AI 에이전트 도입 단계별 접근(출처 : Gamma 이미지 생성)

(1) 목표와 전략 설정

AI 에이전트를 도입하기 위한 첫 단계는 명확한 목표를 설정하고 전략을 수립하는 것이다. 조직이 해결하려는 문제나 개선하려는 프로세스를 구체화해야 한다. 예를 들어, 고객 응대 속도를 높이는 것이 목표라면 AI 챗봇 도입이 적합할 수 있으며, 데이터 분석 능력을 강화하려는 경우 AI 기반 분석 도구를 고려할 수 있다. 이 단계에서는 목표 달성을 위한 핵심 성과 지표(KPI)를 설정해 도입 효과를 측정할 수 있는 기준을 마련해야 한다.

(2) 파일럿 프로그램 실행

AI 도입의 두 번째 단계는 소규모 '파일럿 프로그램'을 통해 AI 에이전트의 실질적인 성능과 효과를 검증하는 것이다. 예를 들어, 특정 부서에 AI 도구를 배포해 데이터 처리 속도나 고객 문의 응대 성능을 테스트할 수 있다. 파일럿 단계는 기술적 문제를 사전에 발견하고, 조직의 요구에 부합하는지 검토하는 데 중요한 역할을 한다.

이 단계에서는 데이터 품질이 AI 성능에 미치는 영향을 분석하고, 필요한 경우 데이터를 정제하거나 추가 데이터를 수집해 모델의 정확성을 높이는 작업이 필요하다.

(3) 조직 내 확장 및 통합

파일럿 프로그램이 성공적으로 완료됐다면, AI 에이전트를 조직 전체로 확장하고 기존 업무 프로세스와 통합해야 한다. 예를 들어, 파일럿 프로젝트에서 고객 서비스 챗봇이 효과적임이 입증됐다면 이를 전사적으로 확대해 모든 고객 서비스 채널에 적용할 수 있다.

확장 단계에서는 부서 간 협업과 기술 통합이 핵심이다. 이를 위해 직원들에게 AI의 작동 방식과 활용 방법에 대한 교육을 제공해 AI 기술을 일상 업무에 자연스럽게 통합할 수 있도록 해야 한다.

(4) 지속적인 모니터링과 최적화

AI 에이전트를 성공적으로 도입한 후에는 지속적으로 성과를 모니터링하고 최적화해야 한다. AI 모델은 시간이 지남에 따라 데이터를 업데이트하거나 알고리즘을 개선하는 작업이 필요하다. 예를 들어, AI가 고객 데이터를 분석해 추천 시스템을 운영할 경우, 새로운 고객 행동 데이터를 주기적으로 반영해 추천 정확도를 높여야 한다.

또한, AI 활용으로 발생할 수 있는 윤리적 문제나 데이터 보안 이슈를 지속적으로 점검하고, 이를 해결하기 위한 대책을 마련해야 한다.

AI 에이전트는 조직의 생산성과 효율성을 혁신적으로 향상시키는 강력한 도구다. 그러나 그 잠재력을 완전히 실현하려면 명확한 목표 설정, 파일럿 실행, 전사적 통합, 지속적 최적화라는 체계적인 접근이 필요하다. AI와 인간이 각자의 강점을 최대한 발휘하며 협력하는 구조를 구축한다면, 조직은 더 큰 성과와 혁신을 이룰 수 있을 것이다.

4) AI 에이전트로 생산성과 창의성의 균형 잡기

AI 에이전트는 반복적인 작업을 자동화하고 데이터를 분석해 생산성을 높이는 데 뛰어난 도구다. 그러나 AI가 제공하는 효율성만으로는 창의적이고 혁신적인 성과를 이루기 어렵다. AI 에이전트를 효과적으로 활용해 생산성과 창의성의 균형을 잡으려면 AI와 인간이 상호보완적으로 협력해야 한다. 다음은 이를 실현하기 위한 네 가지 방법이다.

(1) 단순 반복 작업은 AI에 맡기고 창의적 과제에 집중하기

AI는 단순하고 체계적인 작업을 빠르게 처리할 수 있다. 이를 활용하면 인간은 창의력과 복잡한 문제 해결 능력을 요구하는 업무에 더 많은 시간을 투자할 수 있다. 예를 들어, AI가 이메일 분류나 일정 조율과 같은 반복적인 작업을 자동으로 처리하면, 인간은 새로운 프로젝트 기획이나 독창적인 콘텐츠 제작에 더 집중할 수 있다. 이렇게 역할을 분담하면 생산성과 창의성이 동시에 극대화된다.

(2) 데이터 기반 통찰을 통해 창의적 의사결정 지원하기

AI는 데이터를 분석해 유용한 통찰을 제공하지만, 분석 결과를 창의적으로 해석하고 실행 가능한 아이디어로 발전시키는 것은 인간의 몫이다. 예를 들어, AI가 시장 데이터를 분석해 소비자 트렌드를 도출하면, 이를 바탕으로 새로운 제품 디자인이나 마케팅 캠페인을 기획하는 창의적 과정은 인간이 담당한다. 데이터와 창의적 사고가 결합될 때 혁신적인 결과를 도출할 수 있다.

(3) AI와 인간의 협업 구조 설계하기

AI와 인간이 각자의 강점을 발휘할 수 있도록 협업 구조를 설계하는 것도 중요하다. AI는 대량의 데이터를 빠르게 처리하거나 규칙 기반의 문제를 해결하는 데 뛰어나고, 인간은 감정적 공감과 복잡한 맥락을 이해하는 데 강점이 있다. 예를 들어, 고객 서비스에서 AI 챗봇이 기본적인 문의를 처리하고, 고객의 특별한 요청이나 감정적인 상황은 인간 상담사가 해결하도록 역할을 분담하면, 서비스 품질과 효율성을 동시에 높일 수 있다.

[그림9] AI와 인간의 강점을 발휘할 수 있는 협업 구조 설계

(출처 : Midjourney 이미지 생성)

(4) AI 활용 과정에서 지속적인 피드백 제공하기

AI는 정적인 도구가 아니라 지속적으로 학습하고 발전할 수 있는 시스템이다. 인간은 AI가 보다 정확하고 창의적인 방향으로 발전할 수 있도록 피드백을 제공해야 한다. 예를 들어, AI가 제안한 디자인 시안에 대한 수정 사항이나 개선 방향을 제시하면, AI는 이를 학습해 다음 작업에서 더

나은 결과를 도출할 수 있다. 이러한 상호작용은 생산성과 창의성 간의 균형을 유지하는 데 중요한 역할을 한다.

AI 에이전트는 생산성을 극대화하는 데 강점을 갖고 있지만, 창의적인 성과는 여전히 인간의 고유한 영역이다. 단순 작업은 AI에 맡기고, 창의적 과제는 인간이 주도하며, 데이터 분석 결과를 창의적으로 해석하는 과정을 통해 생산성과 창의성의 균형을 잡을 수 있다. AI와 인간이 각자의 강점을 발휘하며 조화롭게 협력할 때, 더 나은 성과와 혁신을 만들어낼 수 있다.

3. AI 에이전트로 인한 직업 및 업무 변화

1) AI 에이전트가 대체할 업무와 새로운 기회

AI 에이전트는 반복적이고 체계적인 업무를 대체함으로써 인간이 더 창의적이고 전략적인 활동에 집중할 수 있는 기회를 제공한다. 이러한 변화는 단순히 기존 업무를 자동화하는 데 그치지 않고, 새로운 가능성과 기회를 창출하는 데 기여한다. 다음은 AI 에이전트가 대체할 업무와 그로 인해 열리는 새로운 기회의 다섯 가지 사례다.

(1) 데이터 입력 및 관리의 자동화

AI 에이전트는 데이터 입력과 정리 같은 단순하고 반복적인 작업을 대체할 수 있다. 예를 들어, 의료기관에서 환자 정보를 전자차트에 입력하는 작업을 AI가 처리하면 시간과 노력이 절약된다. 이로 인해 의료진은 환자 치료와 상담 등 고부가가치 활동에 더 많은 시간을 할애할 수 있게 된다. 이는 의료 서비스의 질을 향상시키는 새로운 기회를 열어준다.

(2) 고객 문의와 기본적인 응대 업무

콜센터나 고객 지원 부서에서 AI 챗봇은 고객의 간단한 문의에 실시간으로 응답하고, FAQ를 처리하는 역할을 맡는다. 이는 인간 상담사가 복잡한 문제 해결과 감정적 공감이 필요한 대화에 집중할 수 있도록 해준다. 예를 들어, AI가 주문 상태 확인이나 반품 절차 안내를 담당하면, 인간 상담사는 고객 만족도를 높이는 데 필요한 창의적인 솔루션을 제공할 수 있다.

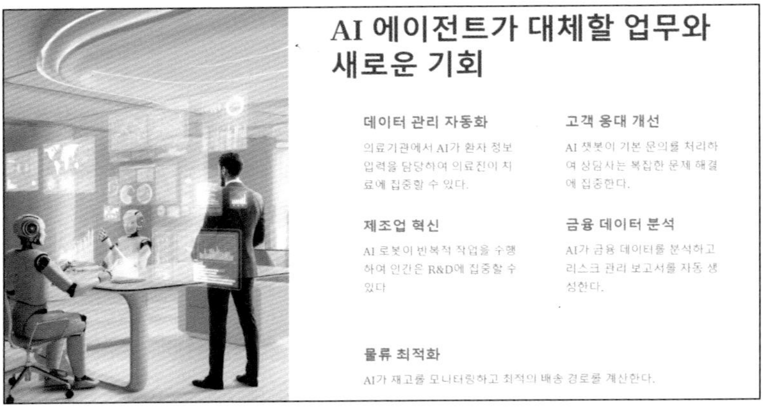

[그림10] AI 에이전트로 인한 직업 및 업무 변화(출처 : Gamma 이미지 생성)

(3) 반복적인 제조업 프로세스 자동화

AI 에이전트는 제조업에서 반복적인 작업을 자동화해 생산성을 높인다. 예를 들어, 공장에서 AI 로봇이 제품을 조립하거나 품질을 검사하는 일을 맡으면, 인간은 연구개발(R&D)이나 새로운 생산 공정 설계 같은 고급 업무에 집중할 수 있다. 이는 제조업의 혁신과 경쟁력 강화로 이어질 수 있는 기회를 제공한다.

(4) 금융 데이터 분석과 보고서 생성

AI는 대량의 금융 데이터를 분석하고 보고서를 생성하는 데 뛰어난 능력을 발휘한다. 예를 들어, AI가 투자 데이터나 거래 내역을 분석해 리스크 관리 보고서를 자동으로 작성하면, 금융 전문가들은 분석 결과를 바탕으로 전략적 의사결정을 내릴 수 있다. 이는 새로운 투자 기회를 발굴하거나, 시장 변화에 빠르게 대응할 수 있는 기반을 마련한다.

(5) 물류와 공급망 관리의 최적화

AI는 물류와 공급망 관리에서 효율성을 극대화하는 데 활용된다. 예를 들어, AI가 재고를 실시간으로 모니터링하고 최적의 배송 경로를 계산하면, 물류팀은 운영 비용을 줄이고 고객 만족도를 높일 수 있다. 인간은 AI가 제공하는 데이터를 활용해 더 나은 공급망 전략을 설계하거나, 지속 가능한 물류 체계를 구축할 수 있는 새로운 기회를 얻는다.

AI 에이전트는 반복적이고 비효율적인 업무를 대체함으로써 인간이 더 창의적이고 전략적인 활동에 집중할 수 있도록 한다. 데이터 입력, 고객 응대, 제조업 프로세스, 금융 분석, 물류 관리 등에서 AI의 역할이 확대될수록, 인간은 더 높은 부가가치를 창출할 수 있는 새로운 기회를 얻게 된다. 이러한 변화는 단순한 자동화를 넘어, 인간과 AI가 협력해 더 나은 결과를 만들어내는 미래를 열어갈 것이다.

2) 협업의 동반자로서 AI 에이전트의 역할

AI 에이전트는 단순한 자동화 도구를 넘어, 인간과 협력해 더 나은 결과를 창출하는 동반자로서의 역할을 수행하고 있다. AI는 데이터 처리와 분석, 문제 해결, 의사결정 지원 등에서 인간의 업무를 보완하며, 효율성과 창의성을 동시에 강화할 수 있는 가능성을 열어준다. 다음은 협업의 동반자로서 AI 에이전트가 수행할 수 있는 네 가지 주요 역할이다.

(1) 데이터 분석과 의사결정 지원

AI 에이전트는 방대한 데이터를 분석해 인간이 더 나은 결정을 내릴 수 있도록 지원한다. 예를 들어, 경영진이 중요한 비즈니스 결정을 내릴 때, AI는 실시간으로 매출 데이터와 시장 트렌드를 분석해 유의미한 통찰을 제공한다. 이러한 분석은 인간이 정확하고 빠르게 결정을 내리는 데 도움을 준다. 데이터 기반 의사결정은 협업의 효과를 극대화하며, 리스크를 줄이는 데도 기여한다.

(2) 반복 작업의 자동화를 통한 협업 효율성 증대

AI는 반복적이고 시간이 많이 소요되는 작업을 자동화해, 인간이 더 중요한 업무에 집중할 수 있도록 돕는다. 예를 들어, 팀 프로젝트에서 AI가 이메일 분류, 일정 관리, 보고서 초안 작성과 같은 기계적 작업을 처리하면, 팀원들은 창의적이고 전략적인 문제 해결에 더 많은 에너지를 투입할 수 있다. AI가 팀의 보조 역할을 충실히 수행하면, 협업의 속도와 품질이 동시에 향상된다.

(3) 실시간 피드백과 문제 해결

AI 에이전트는 실시간으로 문제를 감지하고 해결 방안을 제시함으로써 팀의 협업을 지원한다. 예를 들어, 소프트웨어 개발팀에서 AI 도구는 코드의 오류를 실시간으로 탐지하고 수정할 방법을 제안해준다. 이러한 역할은 프로젝트 진행 속도를 높이고, 오류로 인한 리스크를 줄인다. 인간은 AI가 제시한 방안을 기반으로 창의적인 대안을 더해 협업의 결과를 더욱 개선할 수 있다.

(4) 개인화된 업무 지원과 팀의 조율 역할

AI는 팀원 개개인의 업무 스타일과 선호도를 분석해 개인화된 지원을 제공할 수 있다. 예를 들어, AI가 팀원의 업무 패턴을 분석해 최적의 작업 환경을 추천하거나, 팀 간의 의사소통을 효율화하기 위한 조율 역할을 수행할 수 있다. 이러한 기능은 협업 과정에서의 갈등을 줄이고, 모든 팀원이 최대한 효율적으로 참여할 수 있는 환경을 조성한다.

협업의 동반자로서 AI 에이전트는 데이터 분석, 반복 작업 자동화, 실시간 문제 해결, 개인화된 지원 등을 통해 팀의 역량을 극대화하는 데 중요한 역할을 하고 있다. AI와 인간이 서로의 강점을 활용하며 협력할 때, 업무의 효율성과 창의성이 동시에 강화된다. AI 에이전트를 단순한 도구가 아닌 협력적인 파트너로 바라볼 때, 우리는 더욱 혁신적인 결과를 만들어갈 수 있다.

3) AI 에이전트를 활용한 직업 재교육과 스킬 업그레이드

AI 에이전트는 빠르게 변화하는 직업 환경에 대응하기 위한 재교육과 스킬 업그레이드에서 강력한 도구로 자리 잡고 있다. 기술 발전과 자동화가 기존 직업의 형태를 변화시키면서, 개인과 조직은 새로운 능력을 습득하고 적응할 필요성을 느끼고 있다. AI 에이전트는 개인 맞춤형 학습 지원, 실시간 피드백, 데이터 기반 분석 등 다양한 방식으로 이 과정을 혁신하고 있다. 다음은 AI 에이전트를 활용한 직업 재교육과 스킬 업그레이드의 주요 사례 세 가지다.

(1) 맞춤형 학습 경로 설계

AI 에이전트는 사용자의 현재 능력 수준과 학습 목표를 분석해 최적의 학습 경로를 설계할 수 있다. 이는 시간과 자원을 효율적으로 활용하면서도 개인화된 학습 경험을 제공한다.

예를 들어, 프로그래밍 언어를 배우고자 하는 직장인이 있다면, AI 에이전트는 사용자의 초기 기술 수준과 학습 속도를 평가해 초급 강의, 실습 과제, 그리고 중급 단계로 자연스럽게 연결되는 학습 계획을 추천한다. 또한, 사용자의 약점과 강점을 실시간으로 분석해 추가 학습 자료를 제안하거나, 학습 중 겪는 문제를 빠르게 해결하는 데 도움을 준다. 이와 같은 맞춤형 접근은 학습 효과를 극대화하고, 개인이 필요한 역량을 더 빠르게 습득하도록 돕는다.

(2) 가상 시뮬레이션과 실습 환경 제공

AI는 복잡한 직업 기술을 배우기 위해 가상 시뮬레이션 환경을 제공할 수 있다. 가상현실(VR)과 AI 기술이 결합된 시뮬레이션은 실제 업무 환경을 재현하며, 학습자가 위험 부담 없이 실습을 경험할 수 있도록 한다.

예를 들어, 항공기 정비를 배우는 교육생은 AI 기반의 시뮬레이션 프로그램에서 가상의 항공기를 점검하고 문제를 진단하는 과정을 연습할 수 있다. 이는 실제 정비 작업을 수행하기 전에 안전하게 기술을 익히고, 자신감을 키우는 데 도움을 준다. 또한, 의료 분야에서는 AI와 VR을 활용해 수술 시뮬레이션을 제공함으로써, 의료진이 실수 위험 없이 기술을 연마할 수 있도록 한다.

이러한 실습 환경은 학습자가 실제 작업 상황에서 마주할 수 있는 문제를 미리 경험하고 해결책을 찾는 과정을 학습하게 함으로써, 직업 능력을 강화한다.

(3) 실시간 피드백과 진척도 모니터링

AI 에이전트는 학습자에게 실시간 피드백을 제공하고, 학습 진척도를 체계적으로 모니터링한다. 이는 학습자가 자신의 강점과 약점을 파악하고, 필요한 영역에 집중할 수 있도록 돕는다.

예를 들어, 외국어를 배우는 학습자가 AI 기반 언어 학습 플랫폼을 사용할 경우, 발음, 문법, 어휘 사용에 대한 즉각적인 피드백을 받을 수 있다. AI는 사용자의 발음 정확도를 평가하고, 개선이 필요한 구체적인 부분을 제안한다. 이러한 피드백은 학습자가 실수를 인식하고 바로 수정할 수 있는 기회를 제공한다.

또한, AI는 학습 과정에서 수집된 데이터를 분석해 진척 상황을 시각화하고, 목표 달성까지 필요한 추가 학습 시간을 예측할 수 있다. 이를 통해 학습자는 자신의 학습 여정을 명확히 이해하고, 동기를 유지할 수 있다.

AI 에이전트는 직업 재교육과 스킬 업그레이드의 과정에서 개인화된 학습 경로 설계, 실습 환경 제공, 실시간 피드백과 진척도 모니터링을 통해 기존 학습 방식을 혁신하고 있다. AI를 활용한 교육은 효율성과 접근성을 높이는 동시에, 학습자가 변화하는 직업 환경에 유연하게 대응할 수 있는 역량을 갖추도록 지원한다.

AI와 함께라면 학습은 더 이상 시간과 장소에 제한되지 않으며, 개인의 필요와 속도에 맞춘 맞춤형 경험이 가능하다. 이러한 변화는 단순히 새로운 기술을 배우는 것을 넘어, 지속적인 자기 계발과 미래 지향적인 커리어 개발의 문을 열어준다. AI는 우리의 학습 여정을 동반하며, 기술과 인간의 협력이 만들어내는 새로운 가능성을 보여주고 있다.

4) AI 에이전트와 인간 중심 직무의 진화

AI 에이전트의 도입은 직무 구조와 역할을 혁신적으로 변화시키고 있다. 단순하고 반복적인 작업은 AI가 처리하는 한편, 인간은 창의성, 공감, 전략적 사고와 같은 고부가가치 직무에 집중할 수 있게 됐다. 이는 기술적 진보를 넘어, 인간 중심 직무가 새롭게 진화하는 계기를 마련하고 있다. 다음은 AI와 인간의 협력이 이끄는 네 가지 직무 진화의 사례다.

(1) 데이터 분석 전문가에서 전략적 의사결정자로의 변화

AI는 방대한 데이터를 처리하고 통찰을 제공하지만, 전략적 의사결정은 여전히 인간의 역할로 남아 있다. 예를 들어, 마케팅 담당자는 AI가 분석한 소비자 행동 데이터를 기반으로 창의적인 캠페인을 기획하거나 브랜드 전략을 수립한다.

이러한 역할 변화는 단순히 데이터를 해석하는 기술적 작업에서 벗어나, 데이터를 활용해 비즈니스 방향을 설정하는 전략가로 인간을 진화시킨다. 이는 데이터를 기반으로 한 통찰과 인간의 창의적 아이디어가 결합돼 조직의 성과를 극대화한다.

(2) 고객 상담사에서 공감 전문가로의 전환

AI 기반 챗봇은 고객의 단순 문의를 신속히 해결할 수 있지만, 감정적으로 민감한 문제나 복잡한 상황은 인간 상담사가 처리해야 한다. 예를 들어, AI가 상품 환불 절차를 안내하는 동안, 고객의 불만을 공감하며 해결하거나 위기 상황에서 신뢰를 제공하는 역할은 인간 상담사의 몫이다.

이는 상담사가 반복적 작업에서 벗어나 고객과의 관계를 심화시키고, 감정적 지원을 제공하는 공감 전문가로 진화하도록 돕는다. 고객 경험의 품질은 이러한 인간적 요소에서 큰 차이를 보인다.

[그림11] AI 에이전트와 인간 중심 직무의 진화(출처 : DALL-E 3 이미지 생성)

(3) 교사에서 학습 설계자로의 변화

AI는 학생의 학습 데이터를 분석해 개인화된 학습 콘텐츠를 추천하고, 학습 진행 상황을 실시간으로 모니터링할 수 있다. 이를 통해 교사는 단순히 지식을 전달하는 역할에서 벗어나, 학생의 학습 동기를 유발하고 개별 학습 경로를 설계하는 학습 설계자로 변화한다.

예를 들어, AI가 제공한 데이터를 바탕으로 교사는 학생들이 흥미를 가질 수 있는 창의적이고 몰입도 높은 교육 프로그램을 기획할 수 있다. 이는 교육 경험을 향상시키며, 학습자 중심의 교육 환경을 조성한다.

(4) 의료진에서 환자 케어 코디네이터로의 진화

AI는 의료 데이터를 분석하고 질병 위험을 예측하는 데 유용하지만, 환자의 치료와 감정적 케어는 인간 의료진이 담당해야 한다. 예를 들어, AI가 환자의 건강 데이터를 기반으로 질병 위험을 분석하면, 의료진은 이를 바탕으로 환자와 상담하고 치료 계획을 수립한다.

인간 의료진은 기술의 도움을 받아 환자와 깊은 신뢰 관계를 형성하고, 치료 경험의 품질을 향상시킬 수 있다. 이는 기술과 인간의 협력이 의료 분야에서 더 나은 결과를 만들어내는 사례를 보여준다.

AI 에이전트는 단순 작업을 대체하고, 인간이 창의적이고 전략적인 역할에 집중할 수 있도록 돕는다. 데이터 분석, 고객 상담, 교육, 의료 등 다양한 분야에서 AI는 인간의 역량을 증폭시키는 도구로 작용한다.

이러한 협력은 직무를 더욱 창의적이고 가치 있는 방향으로 변화시키며, 인간과 기술이 함께 새로운 가능성을 열어갈 수 있는 기반을 제공한다. AI와 인간의 조화로운 협력은 더 나은 직무 환경과 혁신적인 결과를 만들어내는 열쇠가 될 것이다.

5) AI 에이전트와 미래 직업의 창출

AI 에이전트는 기존 직업의 일부를 대체하는 동시에, 새로운 직업과 산업의 탄생을 이끄는 촉매제로 작용하고 있다. 기술 발전에 따라 이전에는 상상하지 못했던 직업들이 생겨나고 있으며, 이는 개인과 조직이 새로운 기회를 발견하고 적응할 수 있도록 돕는다. AI 에이전트가 창출하는 미래 직업의 다섯 가지 주요 사례를 살펴보자.

(1) AI 훈련 및 최적화 전문가

AI 에이전트의 성능은 데이터를 기반으로 학습하는 과정에서 결정되기 때문에, 이를 관리하고 최적화하는 전문 직업이 점점 중요해지고 있다. AI 훈련 및 최적화 전문가는 AI 모델이 적절히 학습하도록 데이터를 설계하고, 학습 과정에서 발생할 수 있는 편향이나 오류를 수정하는 역할을 맡는다.

예를 들어, 고객 서비스 AI가 고객의 감정 상태를 인식하도록 학습시키려면, 적절한 텍스트 데이터와 음성 데이터를 선택하고, AI가 이를 정확히 해석하도록 모델을 조정해야 한다. 이러한 전문가는 AI가 다양한 환경에서 높은 성능을 유지할 수 있도록 지속적인 관리와 업데이트를 수행한다.

(2) 데이터 큐레이터 및 분석가

AI 에이전트는 데이터를 기반으로 작동하기 때문에, 고품질 데이터를 수집하고 정제하며 이를 분석하는 데이터 큐레이터와 분석가의 역할이 점점 확대되고 있다. 이 직업은 AI가 신뢰할 수 있는 결과를 제공할 수 있도록 데이터를 선별하고, 필요한 경우 데이터를 가공하는 작업을 수행한다.

예를 들어, 헬스케어 산업에서 AI가 질병 예측 모델을 학습하려면, 환자의 의료 기록과 진단 데이터를 정제하고 표준화하는 과정이 필요하다. 데이터 큐레이터는 이러한 작업을 수행하며, AI가 적절히 학습할 수 있는 기반을 마련한다.

(3) AI 에이전트 윤리 감독관

AI 에이전트가 다양한 산업에 적용되면서 윤리적 문제를 사전에 예방하고 관리하는 역할이 중요해지고 있다. AI 윤리 감독관은 AI의 설계와 운영 과정에서 발생할 수 있는 편향, 불공정성, 데이터 프라이버시 침해 문제를 점검하고 해결하는 직업이다.

예를 들어, 채용 과정에서 AI가 특정 성별이나 인종에 불공정한 결과를 초래하지 않도록 데이터와 알고리즘을 검토하며, 이를 바탕으로 AI 설계를 수정한다. 이 직업은 AI가 사회적 신뢰를 얻고, 책임 있는 기술로 자리잡을 수 있도록 돕는다.

(4) AI 사용자 경험 디자이너

AI 에이전트와 인간의 상호작용은 점점 더 중요해지고 있다. AI 사용자 경험(UX) 디자이너는 AI와 사용자가 원활하게 소통할 수 있도록 인터페이스와 상호작용 방식을 설계한다.

예를 들어, 고객 서비스 AI가 고객의 질문에 답변할 때, 직관적이고 친근한 대화 흐름을 설계해 사용자 경험을 개선하는 것이 이들의 역할이다. 이 직업은 기술적인 전문성과 인간 중심의 디자인 감각을 결합해, 사용자가 AI와 긍정적인 경험을 가질 수 있도록 한다.

(5) AI 기반 신흥 산업 창업자

AI 기술을 활용해 새로운 산업을 창출하거나 기존 산업을 혁신하는 창업자의 역할이 증가하고 있다. 이들은 AI 에이전트를 활용한 창의적인 비즈니스 아이디어를 바탕으로 신흥 시장을 개척한다.

예를 들어, 농업 분야에서는 AI를 활용한 스마트 농업 스타트업이 증가하고 있다. 이러한 기업은 AI가 토양 데이터를 분석하고 기상 데이터를 예측해 농작물 생산성을 높이는 기술을 개발하고 있다. 이처럼 AI는 다양한 분야에서 새로운 비즈니스 모델과 직업의 탄생을 이끌고 있다.

AI 에이전트는 단순히 기존 직업을 대체하는 데 그치지 않고, 새로운 직업과 산업의 창출을 통해 인간의 역량을 확장하고 있다. AI 훈련 전문가, 데이터 큐레이터, 윤리 감독관, UX 디자이너, 창업자 등은 AI 기술의 발전과 함께 중요성이 커지고 있는 직업들이다. 이러한 직업들은 AI가 인간의 삶을 풍요롭게 하고, 경제적 기회를 확대하는 데 중요한 역할을 한다.

미래 직업 환경은 AI와 인간의 협력 속에서 새롭게 정의될 것이다. 이러한 변화는 개인과 조직이 새로운 기술과 직업에 적응하고, 창의적인 방식으로 이를 활용할 수 있는 기회를 제공한다. AI는 직업의 진화를 통해 인간의 삶에 더 큰 가능성과 가치를 제공하는 동반자로 자리 잡고 있다.

4. 데이터 기반의 AI 에이전트 생태계

1) AI 에이전트의 데이터 수집 및 학습 과정

AI 에이전트는 데이터를 기반으로 학습하며, 이를 통해 문제를 해결하거나 더 나은 결정을 내릴 수 있다. 데이터의 품질과 학습 방법, 지속적 업데이트는 AI의 성능과 신뢰도를 좌우하는 핵심 요소다. 다음은 AI 에이전트의 데이터 수집과 학습 과정에서 중요한 네 가지 주요 단계다.

(1) 데이터 수집과 정제

AI 에이전트는 다양한 소스에서 데이터를 수집해 학습에 활용한다. 여를 들어, 전자상거래 플랫폼은 고객의 구매 이력과 검색 기록 데이터를 수집해 추천 알고리즘을 학습시킨다. 그러나 수집된 데이터에는 중복, 오류, 불필요한 정보가 포함될 수 있으므로 정제(cleaning) 작업이 필요하다.

데이터 정제는 결측치를 보완하고, 데이터를 일관성 있게 정리하며, AI 모델 학습에 적합한 형태로 준비하는 작업이다. 데이터 품질이 높아질수록 AI의 성능도 향상된다.

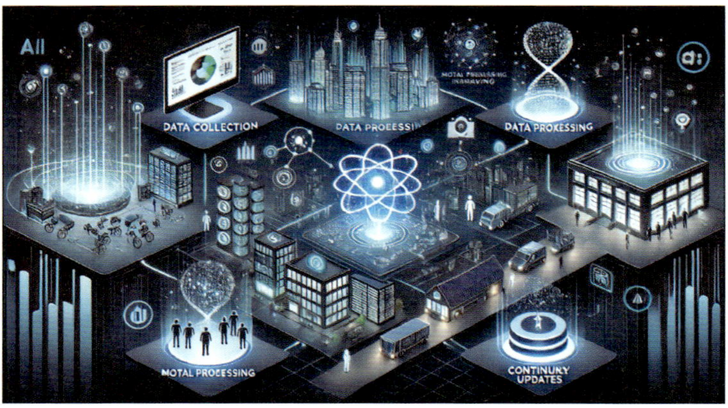

[그림12] 데이터 기반의 AI 에이전트 생태계(출처 : DALL-E 3 이미지 생성)

(2) 데이터 레이블링과 특징 선택

효율적인 학습을 위해 AI가 사용하는 데이터는 명확한 레이블링이 필요하다. 예를 들어, 이미지 분류 AI는 고양이와 강아지를 구분하도록 학습하려면 데이터셋에 '고양이'와 '강아지'라는 레이블이 지정돼야 한다.

또한, 학습의 효율성을 높이기 위해 중요한 데이터를 선별하는 특징(feature) 선택 과정도 필수적이다. 예를 들어, 부동산 가격 예측 AI는 위치, 면적, 건축 연도 등 중요한 특징만을 사용해 학습하면 성능이 크게 개선될 수 있다.

(3) 모델 학습과 훈련

AI 에이전트는 수집된 데이터를 머신러닝 및 딥러닝 알고리즘을 사용해 학습한다. 머신러닝은 데이터를 분석해 규칙을 발견하고, 딥러닝은 다층 신경망을 통해 복잡한 패턴을 학습한다.

예를 들어, 자율주행 자동차 AI는 도로 데이터를 학습해 보행자, 차량, 신호등을 인식하고 주행 결정을 내리는 방법을 배운다. 학습 과정에서는 데이터를 훈련(training)과 검증(validation) 세트로 나눠 과적합(overfitting)을 방지하고 모델 성능을 최적화한다.

(4) 검증과 지속적 학습

학습을 마친 AI는 테스트 데이터를 통해 성능을 검증해야 한다. 예를 들어, 의료 진단 AI는 암 진단 정확도를 테스트 데이터로 평가해 성능을 점검한다.

AI가 변화하는 환경에 적응하려면 지속적 학습이 필요하다. 새로운 데이터를 반영해 모델을 업데이트하는 지속적 학습은 AI가 시간이 지날수록 더 나은 결과를 제공하도록 돕는다. 예를 들어, 전자상거래 AI는 고객의 새로운 구매 데이터를 학습해 추천 알고리즘을 개선한다.

AI 에이전트의 데이터 수집과 학습 과정은 AI의 성능과 신뢰도를 결정짓는 중요한 단계다. 데이터의 품질과 정제, 레이블링과 특징 선택, 모델 훈련과 검증, 지속적 학습을 체계적으로 수행하면 AI는 더욱 강력한 문제 해결 도구로 발전할 수 있다. AI의 학습 과정 최적화를 통해 우리는 더 나은 미래를 만들어갈 수 있을 것이다.

2) 맞춤형 AI 에이전트 개발을 위한 데이터 활용법

AI 에이전트를 맞춤형으로 개발하려면 데이터는 단순한 입력값 이상의 핵심 자원으로, 이를 효과적으로 수집하고 활용하는 것이 중요하다. 데이터 활용 과정이 체계적으로 이뤄질수록 AI는 특정 문제에 최적화된 결과를 제공할 수 있다. 다음은 맞춤형 AI 에이전트 개발을 위한 다섯 가지 주요 데이터 활용법이다.

(1) 목적에 맞는 데이터 수집

AI 개발의 첫 단계는 목표에 맞는 데이터를 수집하는 것이다. AI가 해결하려는 문제와 목표를 명확히 정의한 후, 관련 데이터를 조직 내부(예: CRM, ERP 시스템)와 외부(예: 소셜 미디어, 공공 데이터)에서 수집해야 한다.

예를 들어, 고객 지원 AI를 개발하려면 과거 고객 문의 기록과 해결된 사례 데이터를 수집해야 한다. 다양한 데이터 소스를 활용해 목표에 부합하는 데이터를 충분히 확보하는 것이 중요하다.

(2) 데이터 정제와 품질 관리

수집된 데이터에는 불완전하거나 중복된 정보가 포함될 수 있으므로, AI 학습에 앞서 정제 과정이 필요하다. 데이터 정제는 오류를 제거하고, 결측값을 보완하며, 일관성 있게 정리하는 작업이다.

예를 들어, 중복 데이터를 제거하거나 잘못된 정보를 수정해 AI 모델이 신뢰할 수 있는 결과를 도출하도록 돕는다. 데이터 품질을 유지하면 AI의 성능과 신뢰성을 향상시킬 수 있다.

(3) 레이블링 및 데이터 분류

지도 학습을 사용하는 AI에서는 데이터에 명확한 레이블을 부여하는 작업이 중요하다. 레이블링은 AI가 데이터를 이해하고 학습하도록 돕는 핵심 과정이다.

예를 들어, 이미지 분류 AI는 '사과'와 '바나나'로 레이블링된 데이터를 통해 학습한다. 또한, 데이터를 훈련, 검증, 테스트 세트로 분류해 학습 과정에서 과적합(overfitting)을 방지하고 AI 모델의 일반화 능력을 높인다.

(4) 특징 엔지니어링(Feature Engineering)

AI 학습에서 중요한 데이터를 선별하는 특징 엔지니어링은 모델 성능을 크게 향상시킨다. 데이터에서 유의미한 정보를 추출해 AI가 문제 해결에 필요한 핵심 요소만 학습하도록 가공한다.

예를 들어, 고객 추천 AI에서는 구매 이력, 검색 패턴, 클릭 로그 등 고객 행동 데이터를 주요 특징으로 선택해 학습 속도와 정확도를 높일 수 있다.

(5) 지속적인 데이터 업데이트와 피드백 수집

AI 에이전트는 고정된 시스템이 아니라, 끊임없이 발전할 수 있는 유연한 시스템이다. 실시간으로 새로운 데이터를 수집하고 이를 모델에 반영함으로써 성능을 지속적으로 유지하거나 향상시킬 수 있다.

예를 들어, 전자상거래 AI는 고객의 최신 구매 데이터를 학습해 고객의 선호도에 맞는 추천 결과를 제공한다. 또한, 사용자 피드백을 활용해 모델을 개선함으로써 변화하는 환경에 적응할 수 있다.

맞춤형 AI 에이전트 개발에서 데이터 활용은 성공의 핵심이다. 목적에 맞는 데이터 수집, 정제와 품질 관리, 레이블링과 분류, 특징 엔지니어링, 지속적인 업데이트와 피드백 수집을 체계적으로 수행하면 AI는 더욱 강력한 도구로 발전할 수 있다. AI와 데이터의 상호작용을 최적화함으로써 조직과 개인의 목표를 효과적으로 지원하는 맞춤형 AI를 실현할 수 있다.

3) 데이터 경제와 AI 에이전트의 상호작용

데이터는 21세기 경제의 핵심 자산으로 자리 잡았으며, 데이터 경제의 중심에는 AI 에이전트가 있다. AI 에이전트는 데이터를 처리하고 분석해 부가가치를 창출하는 데 중요한 역할을 한다. 데이터를 통해 학습하고, 데이터를 바탕으로 결정을 내리며, 데이터를 활용해 새로운 기회를 발견하는 AI는 데이터 경제를 움직이는 주요 동력이다. 다음은 데이터 경제와 AI 에이전트가 상호작용하는 네 가지 주요 방식을 살펴본다.

(1) 데이터 기반 서비스의 혁신적 확장

AI 에이전트는 데이터를 활용해 개인화된 서비스를 제공함으로써 데이터 경제의 핵심 역할을 한다. 예를 들어, 스트리밍 플랫폼은 AI를 통해 사용자의 시청 기록과 선호도를 분석하고, 개인화된 콘텐츠를 추천한다. 이는 고객의 만족도를 높이고, 플랫폼에 대한 충성도를 강화하는 효과를 가져온다.

데이터를 활용한 개인화 서비스는 소비자와 기업 모두에게 이익이 되는 새로운 경제적 기회를 창출한다. AI 에이전트는 방대한 데이터를 실시간으로 처리해, 사용자가 원하는 가치를 빠르게 제공함으로써 데이터 경제의 성장을 촉진한다.

(2) 데이터 분석을 통한 시장 통찰력 제공

AI 에이전트는 데이터를 분석해 기업이 시장에서 더 나은 의사결정을 내릴 수 있도록 지원한다. 예를 들어, 전자상거래 플랫폼에서 AI는 고객의 구매 행동 데이터를 분석해 가장 인기 있는 상품과 매출에 기여하는 요인을 파악한다. 이를 바탕으로 기업은 효율적인 마케팅 전략을 수립하거나 신제품을 개발할 수 있다.

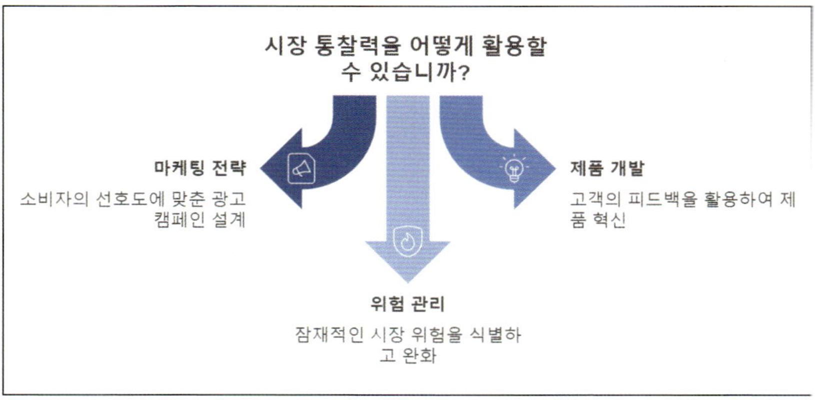

[그림13] 데이터 분석을 통한 시장 통찰력(출처 : Napkin.ai 이미지 생성)

데이터 분석과 AI의 결합은 기업이 변화하는 시장 환경에 빠르게 대응할 수 있도록 도와준다. AI 에이전트는 방대한 데이터 속에서 유의미한 패턴과 트렌드를 발견함으로써, 데이터 경제에서 새로운 가능성을 열어가는 역할을 한다.

(3) 데이터 거래 플랫폼에서의 AI 활용

데이터 경제에서는 데이터가 상품처럼 거래된다. AI 에이전트는 데이터 거래 플랫폼에서 데이터를 평가하고, 수집하며, 구매자와 판매자 간의 거래를 중개하는 데 중요한 역할을 한다. 예를 들어, AI는 특정 산업에 유용한 데이터셋을 평가해 데이터의 가치를 책정하거나, 특정 요구에 맞는 데이터를 추천할 수 있다.

이러한 데이터 거래는 기업 간의 협력을 촉진하고, 새로운 데이터 생태계를 형성하며, 데이터 경제의 활성화를 이끈다. AI 에이전트는 데이터 거래 과정에서 신뢰를 구축하고, 거래 속도를 높이는 중요한 도구로 작용한다.

(4) 데이터 활용의 윤리와 규정 준수 지원

데이터 경제의 확장은 데이터 활용과 관련된 윤리적 문제와 규정 준수의 중요성을 함께 강조한다. AI 에이전트는 데이터를 처리하는 과정에서 개인 정보를 보호하고, 데이터의 윤리적 사용을 보장하는 데 중요한 역할을 한다. 예를 들어, AI는 데이터 익명화 기술을 적용하거나, 데이터 사용이 관련 법규를 준수하는지 자동으로 확인할 수 있다.

특히, 규제 산업(예: 금융, 의료)에서 AI 에이전트는 데이터 보안을 강화하고, 규제 준수를 효율적으로 관리함으로써 신뢰 기반의 데이터 경제를 구축하는 데 기여한다.

데이터 경제는 AI 에이전트를 통해 더욱 활성화되고 있다. AI는 데이터를 기반으로 서비스 혁신을 이루고, 시장 통찰력을 제공하며, 데이터 거래를 촉진하고, 윤리적 활용을 보장한다. 이러한 상호작용은 데이터가 경제적 가치의 원천으로 자리 잡는 것을 가속화하고, 기업과 소비자 모두에게 새로운 기회를 제공한다. 데이터와 AI의 조화는 경제적 혁신의 주요 촉매제가 될 것이다.

5. 윤리적 AI 에이전트를 위한 방향성

1) AI 에이전트의 윤리적 설계 기준

AI 에이전트는 인간의 삶에 큰 영향을 미치는 도구로 자리 잡았다. 이를 활용한 의사결정이 공정하고 신뢰할 수 있도록 보장하기 위해 윤리적 설계 기준이 필수적이다. 윤리적 설계는 AI가 책임감 있게 작동하며, 인간 중심의 가치를 존중하도록 보장하는 핵심 과정이다. 다음은 AI 에이전트 설계에서 중요한 세 가지 윤리적 기준이다.

(1) 공정성과 비편향성 보장

AI는 데이터를 기반으로 작동하기 때문에, 편향된 데이터는 AI의 결정 과정에 직접적인 영향을 미칠 수 있다. 따라서 AI를 설계할 때는 데이터의 다양성을 보장하고, 특정 그룹이나 개인에 불리한 결과를 초래하지 않도록 해야 한다. 예를 들어, 채용 AI가 특정 성별이나 인종을 차별하지 않도록 데이터 편향을 분석하고 수정하는 과정이 필수적이다.

공정성을 확보하기 위해 설계 단계에서 AI 모델의 결과를 검토하고, 다양한 테스트 시나리오를 적용해 모든 사용자에게 동등하게 작용하는지를 확인해야 한다. 이를 통해 AI는 사회적 신뢰를 얻고, 윤리적으로 바람직한 방향으로 발전할 수 있다.

(2) 투명성과 설명 가능성

AI 에이전트는 복잡한 알고리즘을 기반으로 작동하기 때문에, 그 결과가 어떻게 도출됐는지 이해하기 어려운 경우가 많다. 윤리적 설계는 AI의 의사결정 과정을 투명하게 공개하고, 사용자에게 쉽게 이해할 수 있는 설명을 제공해야 한다. 예를 들어, 금융 대출 AI가 대출을 거절한 경우, 사용자에게 그 이유와 근거를 명확히 전달할 수 있어야 한다.

설명 가능성(explainability)은 사용자가 AI의 결과를 신뢰하고, 필요한 경우 결과를 수정하거나 개선할 수 있는 기회를 제공한다. 이를 통해 AI는 더 책임감 있고 신뢰할 수 있는 도구로 자리 잡을 수 있다.

(3) 개인정보 보호와 데이터 보안 강화

AI 에이전트는 대량의 개인 데이터를 처리하기 때문에, 데이터 보안과 프라이버시 보호는 윤리적 설계의 핵심이다. 개인정보는 익명화하거나 암호화해 처리하고, 데이터 사용 목적을 명확히 정의하며, 불필요한 데이터 수집을 최소화해야 한다.

예를 들어, 헬스케어 AI는 환자의 민감한 의료 데이터를 다룰 때, 이 정보가 허가 없이 제3자에게 공유되지 않도록 엄격한 보안 체계를 갖춰야 한다. 또한, 데이터 사용에 대해 사용자에게 명확히 알리고, 동의를 구하는 과정이 포함돼야 한다.

AI 에이전트의 윤리적 설계는 기술이 인간의 가치를 존중하며 책임감 있게 사용되도록 보장하는 핵심이다. 공정성과 비편향성, 투명성과 설명 가능성, 개인정보 보호와 데이터 보안을 강화하는 세 가지 기준은 AI 설계와 활용의 방향성을 제시한다. 이러한 기준을 체계적으로 적용하면, AI는 더 많은 신뢰를 얻고 인간과 기술이 조화롭게 공존하는 미래를 열어갈 수 있다.

2) AI 에이전트 기술 발전과 사회적 책임

AI 에이전트 기술은 데이터 분석, 자동화, 의사결정 지원 등 다양한 분야에서 효율성을 높이며 인간의 삶을 풍요롭게 만들고 있다. 그러나 기술 발전에는 새로운 사회적 책임이 따르며, AI가 신뢰받기 위해서는 윤리적이고 책임감 있는 접근이 필요하다. 다음은 AI 기술 발전에 따른 주요 사회적 책임 세 가지다.

(1) 편향 없는 공정한 기술 개발

AI는 데이터를 기반으로 학습하기 때문에 편향된 데이터가 입력되면 결과도 편향될 가능성이 크다. 이는 특정 계층이나 집단에 불공정한 영향을 미칠 수 있다. 예를 들어, 채용 AI가 과거의 편향된 데이터를 학습하면 특정 성별이나 인종을 선호하는 결과를 초래할 수 있다.

이 문제를 해결하려면 데이터 수집 단계에서 다양성과 대표성을 고려해야 하며, AI 모델을 지속적으로 검증하고 수정하는 과정이 필수적이다. 윤리적 원칙과 체계적인 가이드라인을 준수하는 것은 AI가 동등한 기회를 제공하고 사회적 신뢰를 구축하는 데 기여한다.

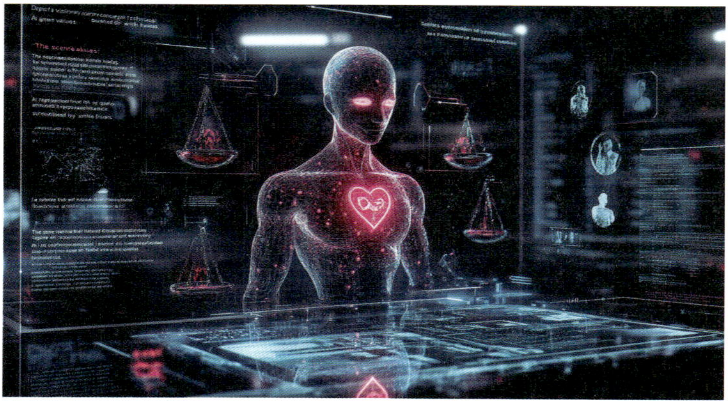

[그림14] AI 에이전트의 윤리적 설계(출처 : Midjourney 이미지 생성)

(2) 투명성과 책임성 확보

AI의 의사결정 과정이 복잡해지면서, 사용자는 AI가 왜 특정 결정을 내렸는지 이해하기 어려워지고 있다. 이는 기술에 대한 신뢰 저하로 이어질 수 있다. 예를 들어, AI가 대출 심사에서 거절 결정을 내렸을 때 이유를 설명하지 않으면 고객의 불만을 초래할 수 있다.

이를 방지하기 위해 AI 의사결정 과정을 설명 가능한 형태로 제공하고, 잘못된 결과를 수정할 수 있는 기술적 기반을 마련해야 한다. 또한, AI를 개발하거나 사용하는 조직은 결과에 대한 책임을 명확히 정의하고, 문제 발생 시 신속히 대응할 수 있는 시스템을 구축해야 한다.

(3) 사회적 영향 평가와 윤리적 설계

AI는 설계와 활용 방식에 따라 긍정적 또는 부정적 영향을 미칠 수 있다. 예를 들어, 얼굴 인식 AI는 보안 강화에 유용하지만, 감시와 사생활 침해 위험도 내포하고 있다.

AI 활용의 사회적 책임을 다하기 위해 기술의 잠재적 영향을 사전에 평가하고 윤리적 설계를 적용해야 한다. 또한, 불공정한 결과를 방지하고 특정 집단의 권리를 침해하지 않도록 규제와 표준을 마련하는 것이 중요하다.

AI 에이전트 기술은 더 나은 삶과 새로운 기회를 제공할 잠재력을 갖고 있다. 그러나 이 잠재력을 실현하기 위해서는 편향 없는 공정한 기술 개발, 투명성과 책임성 확보, 윤리적 설계가 필수적이다. AI와 사회가 조화롭게 공존할 수 있는 환경을 구축함으로써, 기술이 인간 중심의 가치를 창출하는 미래를 만들어갈 수 있다.

3) AI 에이전트의 윤리적 활용을 위한 교육과 인식

AI 에이전트가 우리의 삶과 일에 미치는 영향이 커지면서, 이를 윤리적으로 활용하기 위한 교육과 인식 제고의 중요성이 점점 커지고 있다. AI 기술의 발전은 효율성을 제공하지만, 그 사용 방식이 잘못되면 개인의 권리 침해나 사회적 신뢰 저하로 이어질 수 있다. 이를 방지하기 위해 개인, 조직, 사회 전반에 걸친 윤리적 AI 활용 교육이 필수적이다. 다음은 AI 에이전트의 윤리적 활용을 위한 교육과 인식을 높이는 세 가지 주요 방법이다.

(1) 사용자 중심의 AI 윤리 교육 프로그램 개발

AI 에이전트를 사용하는 개인과 조직이 그 영향을 올바르게 이해하고, 책임감 있게 활용할 수 있도록 교육 프로그램을 제공해야 한다. 이 프로그램은 AI의 기본 작동 원리와 함께, 윤리적 문제와 잠재적 위험을 다룰 수 있어야 한다.

예를 들어, 기업 내에서 AI를 활용하는 직원들에게 데이터 편향의 위험성과 프라이버시 보호의 중요성을 교육하는 워크숍을 진행할 수 있다. 특히, AI가 잘못된 결정을 내렸을 때 이를 식별하고 수정하는 방법을 포함한 실무 중심의 사례 학습이 효과적이다. 이러한 교육은 사용자들이 AI 기술을 신뢰하면서도 비판적으로 접근할 수 있도록 돕는다.

(2) 윤리적 AI 활용 가이드라인 확산

정부와 비영리 단체, 기업은 AI의 윤리적 활용을 위한 명확한 가이드라인을 수립하고 이를 대중에게 알리는 데 노력해야 한다. 이러한 가이드라인은 AI 설계자뿐만 아니라 사용자들에게도 쉽게 이해되고 적용될 수 있어야 한다.

예를 들어, AI 사용 지침에는 데이터 수집과 활용에서 프라이버시를 보호하는 방법, AI의 결과를 검증하는 방식, 사회적 편향을 방지하기 위한 체크리스트 등이 포함될 수 있다. 이러한 가이드라인은 교육 자료로 활용돼 AI 기술의 책임감 있는 사용 문화를 정착시키는 데 기여한다.

(3) 대중 인식을 위한 AI 윤리 캠페인

AI 기술의 윤리적 활용에 대한 대중의 관심과 이해를 높이기 위해 대중적인 캠페인과 프로그램이 필요하다. 이는 AI 기술의 영향을 쉽게 접할 수 있는 일상 속 사례를 활용해, 누구나 이해할 수 있는 방식으로 전달돼야 한다.

예를 들어, AI가 소셜 미디어에서 정보를 추천하는 방식을 설명하며, 잘못된 정보가 확산될 위험성을 대중에게 알리는 캠페인을 진행할 수 있다. 또한, 학생들을 대상으로 하는 교육 프로그램에서는 게임이나 시뮬레이션을 통해 AI가 올바르게 활용되지 않을 때 발생할 수 있는 문제를 체험하게 할 수도 있다. 이러한 노력은 AI 기술의 긍정적인 면과 함께, 윤리적 책임의 중요성을 이해시키는 데 기여한다.

AI 에이전트를 윤리적으로 활용하려면 기술 자체의 발전뿐만 아니라, 이를 사용하는 사람들의 책임감과 인식 수준이 함께 높아져야 한다. 사용자 중심의 교육 프로그램, 명확한 가이드라인, 대중 인식 캠페인은 AI 기술의 부작용을 줄이고, 이를 사회적으로 신뢰받는 기술로 자리 잡게 하는 데 중요한 역할을 한다.

AI는 인간의 선택과 의지에 따라 긍정적인 도구가 될 수도, 부정적인 영향을 미치는 기술이 될 수도 있다. 윤리적 활용을 위한 교육과 인식 제고는 기술과 인간의 조화로운 공존을 가능하게 하고, AI가 모두를 위한 도구로 자리매김하는 미래를 열어갈 것이다.

Epilogue

AI 에이전트는 이제 우리의 일상과 사회 전반에 깊숙이 자리 잡았다. 단순히 효율성을 높이는 기술적 도구를 넘어, 인간의 삶을 풍요롭게 하고 새로운 가능성을 열어가는 동반자가 되고 있다. 그러나 AI의 발전은 기술의 혁신만으로 이뤄지는 것이 아니다. 그것은 윤리적 책임, 인간 중심의 설계, 그리고 기술과 사회의 조화를 고려할 때 비로소 완전해진다.

인류는 기술을 통해 스스로의 한계를 극복하고 더 나은 미래를 만들어왔다. AI 에이전트는 그러한 도전의 연장선에 있다. 데이터의 힘을 빌려 복잡한 문제를 해결하고, 자동화를 통해 반복적인 업무에서 벗어나 창의적이고 전략적인 활동에 집중할 수 있는 환경을 만들어준다. 예를 들어, AI는 의료진이 환자의 데이터를 분석하는 데 걸리는 시간을 줄이고, 진단의 정확도를 높이는 데 기여한다. 교육 현장에서는 학생 개개인의 학습 스타일에 맞춘 맞춤형 콘텐츠를 제공해 학습 경험을 풍부하게 만든다.

그러나 AI의 잠재력을 온전히 실현하기 위해서는 신뢰와 책임이 뒷받침돼야 한다. 데이터의 편향 문제를 해결하고, 의사결정 과정을 투명하게 만들며, 개인의 프라이버시를 보호하는 것은 AI가 인간의 동반자로 자리 잡기 위한 필수 조건이다. 이를 위해 개발자, 정책 입안자, 사용자 모두가 AI를 윤리적이고 책임감 있게 다루는 문화를 만들어 가야 한다.

또한, AI의 진보는 인간의 역할을 축소시키는 것이 아니라, 인간의 능력을 확대하고 보완하는 방향으로 나아가야 한다. AI는 반복적이고 체계적인 작업을 맡고, 인간은 창의적이고 감정적으로 민감한 문제를 해결하는 데 집중할 수 있다. AI가 데이터를 통해 통찰을 제공하면, 인간은 이를 바탕으로 혁신적인 아이디어를 실현할 수 있다. 이러한 상호작용은 기술과 인간이 서로의 강점을 활용하며 더 큰 시너지를 창출할 수 있는 길을 제시한다.

AI 에이전트는 우리가 맞이할 미래를 재정의할 잠재력을 갖고 있다. 그러나 그 미래는 기술 그 자체로만 완성되지 않는다. 우리는 AI가 인간 중심의 가치를 존중하며, 사회적 신뢰를 바탕으로 발전할 수 있도록 지속적인 대화를 이어가야 한다. AI는 우리가 꿈꾸는 세상을 실현할 수 있는 도구지만, 그 방향은 결국 우리의 선택과 의지에 달려 있다.

기술은 우리를 더 효율적으로 만들 수 있지만, 인간을 더 인간답게 만드는 것은 여전히 인간의 몫이다. AI 에이전트는 우리에게 더 많은 가능성을 열어주지만, 그 가능성을 어떻게 활용할지는 우리의 손에 달려 있다. AI와 인간이 조화롭게 공존하며 함께 만들어 가는 세상, 그것이 우리가 추구해야 할 진정한 혁신의 방향이다.

AI가 열어가는 미래는 낯설면서도 흥미롭다. 그 속에서 우리가 발견하게 될 것은 단순히 기술의 힘이 아니라, 인간의 의지와 상상력이 결합된 새로운 가능성일 것이다. 지금 이 순간 우리는 기술의 한계를 넘어 더 나은 세상을 향한 첫걸음을 내딛고 있다. AI 에이전트와 함께 열어갈 그 미래는 이제 우리의 선택에 달려 있다.

4

지자체에서는 AI 챗봇 이렇게 활용하고 있다!

김은정

제4장
지자체에서는 AI 챗봇 이렇게 활용하고 있다!

Prologue

인공지능의 발전은 우리의 일상과 사회 전반에 큰 변화를 가져오고 있다. AI 챗봇은 행정, 교육, 의료 등 다양한 분야에서 우리의 삶을 더 편리하고 효율적으로 만드는 중요한 도구로 자리 잡았다. 특히 지자체에서의 AI 챗봇 도입은 공공 서비스의 새로운 시대를 열고 있다. 복잡한 민원 처리 과정이 더 신속하고 효율적으로 바뀌었으며, 시민들은 언제 어디서나 필요한 정보를 쉽게 얻을 수 있게 되었다.

이 4장에서는 AI 챗봇이 공공 서비스와 사회적 맥락에서 어떻게 활용되고 있는지, 그리고 앞으로 어떤 발전 가능성을 갖고 있는지를 탐구한다. 공무원의 반복적인 업무 부담을 줄이고, 시민들과의 소통을 원활하게 하며, 공공의 이익을 증진시키기 위해 AI 챗봇이 수행하고 있는 역할은 단순한 기술 이상의 의미를 지닌다. AI 챗봇의 도입으로 공공 서비스가 어떻게 변화하고 있으며, 이러한 변화가 우리 사회 전반에 어떤 긍정적인 영향을 미치고 있는지를 살펴보자.

AI 챗봇은 단순한 응답 기계가 아니라, 사회적 문제를 해결하고 시민 개개인의 필요를 충족시키기 위한 중요한 도구로 그 역할을 확장하고 있다. 디지털 취약계층에게도 쉽고 편리한 정보 접근을 제공함으로써, 디지털 포용성을 실현하는 데 크게 기여하고 있다.

이 4장에서 소개하는 사례들은 AI 챗봇이 우리 사회에서 어떤 혁신을 만들어 가고 있는지에 대한 흥미로운 여정을 제공할 것이다. 이를 통해 AI가 단순한 기술적 발전을 넘어서 사람들의 삶을 어떻게 변화시키고 있는지, 그리고 앞으로 더 나은 사회를 만들어 가는 데 어떻게 기여할 수 있을지를 고민하게 될 것이다.

1. AI 챗봇의 등장과 공공 서비스 혁신

1) 지자체 AI 챗봇 도입의 배경과 필요성

지자체가 AI 챗봇을 도입한 이유는 시민들에게 빠르고 편리한 행정 서비스를 제공하기 위해서다. 기존의 민원 처리 방식은 전화나 방문을 통해 이뤄져 많은 시간이 소요되었고, 공무원의 업무 부담이 컸다. 이러한 문제를 해결하고 시민들이 행정 서비스를 쉽게 이용할 수 있도록 AI 챗봇 도입이 필요했다.

AI 챗봇은 24시간 민원을 자동으로 응대하며, 반복적이고 간단한 질문에 즉각적으로 답변한다. 이를 통해 시민들은 불필요한 방문이나 전화 없이 문제를 해결할 수 있게 되었고, 행정 서비스 접근성과 시민 편의성이 크게 향상되었다. 또한, 반복적인 민원 응대를 챗봇이 대신 처리하면서 AI 챗봇 도입은 시민과 공무원 모두에게 긍정적인 영향을 미치고 있다.

2) 공공 행정에서의 AI 챗봇 역할

AI 챗봇은 공공 행정에서 시민들의 잦은 질문에 신속하게 답변하고, 민원상담의 초기 단계를 처리함으로써 행정의 효율성을 높인다. 예를 들어, 생활 쓰레기 배출 방법이나 서류 발급 절차 같은 간단한 정보를 제공해 시민들의 시간을 절약하고 편의를 증대시킨다.

또한, AI 챗봇은 반복적인 업무를 대신 처리해 공무원들이 중요한 정책 결정이나 복잡한 민원 상담에 집중할 수 있는 시간을 확보하도록 돕는다. 이를 통해 행정 서비스의 전반적인 품질이 향상되며, 시민 만족도가 높아진다.

AI 챗봇은 시민들의 문의 데이터를 수집하고 분석해 행정 서비스 개선에 필요한 자료로 활용할 수 있다. 이러한 데이터 기반 의사결정은 맞춤형 행정 서비스 제공과 행정의 투명성 및 신뢰성 향상에 기여한다.

24시간 서비스 제공은 행정 서비스 접근성을 높이는 중요한 요소로, 시민들은 언제든지 필요한 정보를 얻을 수 있다. 또한, 다국어 지원을 통해 외국인 시민들도 언어 장벽 없이 행정 서비스를 이용할 수 있어 다양한 시민층의 요구를 충족시킨다.

AI 챗봇은 공공 행정의 디지털 전환을 촉진하고, 행정 절차를 간소화하며 맞춤형 서비스를 제공해 행정의 효율성을 극대화하고 있다. 앞으로 더욱 지능화된 AI 챗봇은 시민들에게 친화적이고 접근성 높은 서비스를 제공하며, 공공 행정의 발전에 중요한 역할을 할 것으로 기대된다.

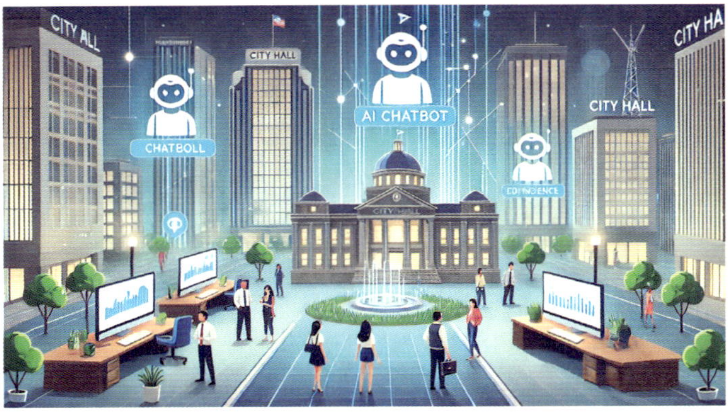

[그림1] AI챗봇이 시민들에게 서비스를 제공하는 모습(제작 : ChatGPT4O)

3) 해외 공공 부문 AI 챗봇 사례에서 얻는 시사점

(1) 해외 사례 분석과 시사점

해외 여러 공공 부문에서 AI 챗봇이 성공적으로 활용되고 있는 사례는 국내 지자체에도 많은 시사점을 제공한다. 영국, 싱가포르, 호주 등 국가에서는 AI 챗봇을 통해 다양한 행정 서비스를 시민들에게 제공하고 있으며, 이러한 경험은 국내 스마트 행정 도입에 중요한 참고 자료가 된다. AI 챗봇을 활용한 사례들은 공공 서비스의 효율성을 높이고, 시민들이 더 편리하게 행정 서비스를 이용할 수 있는 다양한 방안을 제시하고 있다.

(2) 영국의 AI 챗봇(복지 서비스 간소화)

영국의 여러 지방정부에서는 AI 챗봇을 이용해 주민의 복지 관련 문의나 생활 지원 서비스에 대한 안내를 제공하고 있다. 영국의 AI 챗봇은 시민들이 잦은 질문에 대한 답변을 신속하게 제공하고, 복지 혜택 신청 과정을 안내하는 데 활용되고 있다. 이러한 AI 챗봇은 복지 관련 정보 제공뿐만 아니라, 복지 서비스 신청의 간소화에도 기여하고 있다. 이로 인해 시민들은 복잡한 절차를 쉽게 이해하고 신청할 수 있으며, 공무원들도 복잡한 업무 부담을 줄일 수 있게 되었다. 이러한 사례는 국내 지자체에서도 복지 행정 서비스의 효율성을 높이는 데 큰 도움이 될 수 있으며, 더 많은 시민이 복지 혜택을 신속하게 누릴 수 있는 환경을 조성하는 데 중요한 역할을 한다.

(3) 싱가포르의 통합형 AI 챗봇(일관된 사용자 경험 제공)

싱가포르의 경우, 정부는 다양한 행정 서비스를 하나의 AI 챗봇 플랫폼으로 통합해 시민들에게 일관된 사용자 경험을 제공하고 있다. 이러한 통합형 AI 챗봇은 시민들이 다양한 부서의 서비스를 개별적으로 이용할 필요 없이 하나의 플랫폼에서 모든 필요한 정보를 얻을 수 있도록 돕는다. 예를 들어, 주택, 교통, 복지, 교육 등 여러 행정 부서의 정보를 하나의 챗봇을 통해 제공함으로써 시민들이 각각의 부서를 찾아다니지 않고도 필요한 모든 정보를 신속히 얻을 수 있게 한다. 이는 행정 서비스의 접근성을 크게 향상시키며, 복잡한 행정 절차를 간소화하는 데 중요한 역할을 한다. 이러한 사례는 국내에서도 공공 서비스 통합을 통해 시민들의 편의를 도모할 수 있는 방법을 제시하고 있으며, 특히 행정 업무의 중복을 줄이고 일관성 있는 서비스를 제공하는 데 있어 큰 도움을 줄 수 있다.

(4) 호주의 긴급 상황 대응 AI 챗봇(재난 관리와 정보 제공)

호주는 자연재해와 같은 긴급 상황에서 AI 챗봇을 활용해 시민들에게 실시간 정보를 제공하고 있다. AI 챗봇은 대피소 위치, 긴급 연락처, 안전 수칙 등 긴급 상황에서 필요한 정보를 신속하게 전달하며, 시민들이 보다 안전하게 상황에 대처할 수 있도록 돕는다. 예를 들어, 홍수나 산불 같은 재난 상황에서 시민들은 챗봇을 통해 빠르게 대피해야 할 장소나 안전 행동 지침을 얻을 수 있다. 이러한 신속한 정보 제공은 위기 상황에서 시민들의 생명을 보호하고, 혼란을 줄이는 데 중요한 역할을 한다. 이러한 사례는 자연재해가 빈번히 발생하는 국내에서도 위기 상황에서의 AI 챗봇 활용 가능성을 보여준다. 신속하고 정확한 정보 제공은 시민들의 안전을 지키는 데 중요한 요소가 되며, 이를 통해 행정 서비스의 신뢰성을 높일 수 있다. 이러한 긴급 상황 대응 기능은 재난 관리 체계의 일환으로 AI 기술을 적극적으로 활용해야 하는 이유를 잘 보여준다.

[그림2] AI 챗봇이 긴급 상황에서 정보를 제공하는 모습(제작 : MidJourney)

(5) 시사점과 국내 적용 방안

해외의 다양한 AI 챗봇 활용 사례는 공공 행정의 효율성 증대, 시민 편의성 향상, 그리고 위기 상황에서의 신속한 대응 등을 통해 국내 지자체가 나아가야 할 방향을 제시한다. 이러한 해외 사례를 바탕으로 국내 지자체는 AI 챗봇의 기능을 더욱 발전시키고, 시민들에게 보다 나은 행정 서비스를 제공하기 위해 노력해야 한다. 특히, 행정 서비스의 통합과 긴급 대응 기능의 강화는 국내 스마트 행정의 발전에 중요한 요소로 작용할 수 있다. 이러한 노력을 통해 시민들은 더 간편하고 신속하게 행정 서비스를 이용할 수 있게 될 것이며, 공공 행정의 신뢰성과 효율성도 크게 향상될 것이다.

또한, AI 챗봇의 지속적인 발전을 위해서는 기술의 개선뿐만 아니라, 시민들의 피드백을 반영한 사용자 경험의 개선이 필수적이다. 해외 사례에서도 볼 수 있듯이, AI 챗봇은 시민들이 원하는 정보를 제공하고, 그들의 요구에 빠르게 대응함으로써 행정 서비스의 만족도를 높이는 데 중요한 역할을 하고 있다. 이를 위해 지자체는 AI 챗봇의 응답 정확성을 지속적으로 향상시키고, 시민들의 요구에 맞춘 맞춤형 정보를 제공할 수 있는 방향으로 발전시켜 나가야 한다. 특히, 챗봇의 인터페이스를 사용하기 쉽게 개선하고, 다양한 언어를 지원함으로써 다양한 배경을 가진 시민들이 행정 서비스를 이용하는 데 어려움이 없도록 해야 한다. 이러한 접근은 스마트 행정의 실현을 더욱 앞당기고, 시민들의 행정 서비스 이용 경험을 혁신적으로 변화시킬 것이다.

결론적으로, 해외 AI 챗봇 사례에서 얻을 수 있는 교훈은 명확하다. AI 챗봇은 시민들의 행정 서비스 접근성을 높이고, 복잡한 절차를 간소화하며, 긴급 상황에서 신속하고 정확한 대응을 가능하게 한다. 이를 통해 공공 행정의 효율성과 시민 만족도를 높일 수 있다. 국내 지자체가 이러한 성공 사례를 바탕으로 AI 챗봇을 발전시키고, 시민 친화적 서비스를 구축한다면, 스마트 행정의 실현은 더욱 앞당겨질 것이다. 이를 위해 지자체는 기술적인 발전과 함께 시민들의 피드백을 반영한 지속적인 개선 노력을 이어가야 하며, 이를 통해 시민들이 실질적으로 체감할 수 있는 변화와 혁신을 만들어 나가야 한다.

2. AI 챗봇이 공공 서비스에 미친 변화

1) 민원 처리 속도의 혁신적 개선

AI 챗봇 도입으로 지자체의 민원 처리 속도가 크게 개선되었다. 기존의 민원 처리 방식은 전화나 방문을 통해 공무원과 직접 대면해야 했기 때문에 시간이 많이 걸리고, 특정 시간대에는 대기 시간이 길어지는 문제가 있었다. AI 챗봇은 24시간 언제나 민원을 접수하고 처리할 수 있어, 시민들이 원하는 시간에 간편하게 문의하고 답변을 받을 수 있도록 돕는다. 이로 인해 행정 서비스의 접근성과 편리성이 크게 향상되었다.

AI 챗봇은 반복적인 질문이나 간단한 정보 요청에 신속히 응답함으로써 민원 처리 속도를 높였다. 예를 들어, 생활 쓰레기 배출 방법, 주차 시설 위치, 주민등록 서류 발급 절차 등 잦은 질문에 대해 빠르고 정확하게 답변을 제공한다. 이를 통해 시민들은 불필요하게 기다리는 시간을 줄이고, 간단한 문제는 챗봇과의 대화만으로 해결할 수 있게 되었다.

또한, AI 챗봇은 민원 접수를 자동화해 관련 부서에 필요한 정보를 신속히 전달한다. 이를 통해 복잡한 민원 처리 과정이 간소화되고, 공무원들이 보다 중요한 업무에 집중할 수 있는 환경이 조성되었다. 공무원들은 챗봇이 수집한 정보를 바탕으로 핵심 사항에만 집중해 업무 효율성을 높일 수 있었으며, 이는 행정 서비스의 질적 향상으로 이어졌다.

AI 챗봇은 긴급 상황에서도 민원 처리 속도를 높이는 데 기여하고 있다. 예를 들어, 자연재해나 공공 안전 문제와 관련된 문의에 대해 AI 챗봇이 신속히 대응함으로써 시민들이 필요한 정보를 빠르게 얻을 수 있게 한다.

이러한 긴급 응답 기능은 시민들의 안전을 보장하고, 지자체의 위기 대응 능력을 높이는 데 중요한 역할을 한다.

AI 챗봇은 다양한 디지털 기기를 통해 접근할 수 있도록 설계되었다. 스마트폰, 태블릿, 컴퓨터 등 다양한 디바이스로 언제 어디서나 쉽게 이용할 수 있어 행정 서비스 이용의 제약을 줄이고, 시민들이 원하는 장소와 시간에 편리하게 민원을 처리할 수 있게 한다.

이러한 개선은 시민들의 행정 서비스에 대한 만족도를 높이는 데 크게 기여하고 있다. 간단한 문의에 대한 즉각적인 응답과 민원 처리 시간의 단축은 시민들에게 더 나은 사용자 경험을 제공하며, 지자체의 행정 서비스 신뢰성을 강화하는 데 중요한 역할을 하고 있다. 나아가, AI 챗봇은 지자체의 스마트 행정을 실현하는 데 중요한 기반을 제공하고 있다.

2) 시민 접근성과 편의성 증대

AI 챗봇의 도입은 지자체 행정 서비스 접근성을 크게 높이고, 시민 편의성을 증대시키는 데 중요한 역할을 하고 있다. 기존 행정 서비스는 관공서 운영 시간에 제한이 있어 바쁜 시민들이 이용하기 어려웠다. AI 챗봇 도입으로 시민들은 24시간 언제든지 행정 서비스를 이용할 수 있게 돼 시간과 장소에 구애받지 않는 편리함을 누릴 수 있게 되었다.

AI 챗봇은 간단한 질문에 신속히 답변함으로써 시민들이 복잡한 절차 없이 손쉽게 정보를 얻을 수 있도록 돕는다. 예를 들어, 대중교통 정보, 쓰레기 배출 방법, 세금 납부 기한 등의 잦은 질문에 대해 신속하고 정확하게 답변한다. 이를 통해 시민들은 관공서 방문이나 전화 문의 없이 필요한 정보를 즉각적으로 얻을 수 있으며, 이러한 자동화된 정보 제공은 시민들의 시간을 절약하고 행정 서비스 접근성을 높인다.

또한, AI 챗봇은 다국어 지원 기능을 통해 외국인 주민들의 행정 서비스 접근성을 높이고 있다. 외국인 주민들은 언어 장벽으로 인해 행정 서비스를 이용하는 데 어려움을 겪는 경우가 많았다. AI 챗봇은 여러 언어로 서비스를 제공해 이러한 문제를 해결하고, 외국인 주민들이 차별 없이 지자체의 행정 서비스를 이용할 수 있도록 돕고 있다. 이는 외국인 주민의 지역사회 정착을 지원하고, 지자체의 포용성을 강화하는 중요한 역할을 한다.

AI 챗봇은 또한 시민들에게 개인화된 서비스를 제공할 수 있다. 사용자가 특정 정보를 반복적으로 요청하면, 챗봇은 이를 학습해 더욱 개인화된 정보를 제공한다. 이를 통해 시민들은 자신에게 맞는 맞춤형 정보를 쉽게 얻을 수 있으며, 이는 행정 서비스 경험과 만족도를 높이는 데 기여한다. 예를 들어, 자주 사용하는 서비스나 선호하는 정보를 학습한 챗봇은 해당 정보를 더욱 빠르게 제공해 시민들의 편의성을 극대화한다.

AI 챗봇은 시민들의 행정 서비스 이용 과정에서의 스트레스를 줄이는 데도 기여하고 있다. 과거에는 민원 처리와 같은 행정 서비스가 복잡한 절차와 긴 대기 시간으로 인해 시민들에게 큰 부담이 되었으나, AI 챗봇을 통해 이러한 과정을 간소화하고 필요한 정보를 즉각 제공함으로써 시민들이 느끼는 스트레스를 줄일 수 있게 되었다. 이는 행정 서비스에 대한 긍정적인 인식을 형성하고 시민 만족도를 높이는 결과를 가져오고 있다.

또한, AI 챗봇은 특정 서비스에 대한 알림 기능을 통해 시민들에게 필요한 정보를 미리 제공함으로써 편의성을 더욱 높인다. 예를 들어, 세금 납부 기한이 다가오면 AI 챗봇이 자동으로 알림을 보내 시민들이 기한을 놓치지 않도록 도와준다. 이러한 알림 기능은 시민들이 중요한 행정 절차를 제때 처리할 수 있도록 돕고 불필요한 불편함을 예방한다.

AI 챗봇의 이러한 접근성과 편의성 증대는 시민들에게 더 나은 행정 서비스 경험을 제공하며, 지자체와 시민 간의 소통을 강화하는 데 기여하고 있다. AI 챗봇은 단순한 정보 제공을 넘어, 시민들이 필요로 하는 정보를 선제적으로 예측하고 맞춤형으로 제공하는 방향으로 발전하고 있다. 이러한 디지털 행정 서비스의 발전은 지자체의 스마트 행정 실현을 앞당기고, 시민들의 행정 서비스 이용 편의를 획기적으로 개선하는 계기가 되고 있다.

3) 공무원 업무 부담 경감

AI 챗봇 도입은 공무원들의 업무 부담을 크게 줄이는 데 중요한 역할을 하고 있다. 기존 민원 처리 방식에서는 공무원들이 반복적이고 단순한 질문에도 직접 응대해야 했기에 많은 시간이 소요되었고, 이는 중요한 업무에 집중하지 못하는 원인이 되었다. 그러나 AI 챗봇이 반복적인 민원상담 업무를 자동화하면서 공무원들은 더 중요한 업무에 집중할 수 있게 되었다.

AI 챗봇은 생활 쓰레기 배출 요일, 주차 시설 이용 방법, 서류 발급 절차 등 자주 문의하는 내용을 자동으로 처리함으로써 공무원들이 이러한 단순 업무에서 벗어나 더 전문적인 업무에 집중할 시간을 확보해 준다. 이를 통해 정책 기획, 현장 대응 등 고차원적인 행정 업무에 더욱 집중할 수 있게 되었으며, 행정 서비스의 질도 개선되었다. 반복 업무의 감소는 공무원들이 업무 스트레스를 줄이고, 창의적이고 전략적인 사고를 할 여유를 제공한다.

AI 챗봇은 민원 접수 초기 단계를 자동화해 공무원들이 신속하게 민원을 처리할 수 있도록 돕는다. 챗봇은 민원 내용을 분류하고 필요한 정보를 수집해 관련 부서에 전달함으로써, 민원 처리 과정이 간소화된다. 예를 들어, 민원이 접수되면 챗봇이 자동으로 해당 민원의 유형을 분류하고, 필요한 문서를 준비해 공무원들이 신속히 대응할 수 있도록 지원한다. 이를 통해 민원 처리 속도가 빨라지고, 시민들이 체감하는 서비스 품질도 향상된다.

또한, AI 챗봇은 공무원들에게 실시간으로 필요한 정보를 제공해 업무의 신속성과 정확성을 높인다. 예를 들어, 민원 처리 과정에서 필요한 규정이나 지침을 빠르게 조회할 수 있도록 지원함으로써 공무원들의 업무 수행 시간을 단축하고, 신뢰성 있는 행정 서비스를 제공할 수 있다. 특히 긴급 상황에서 필요한 정보를 빠르게 조회함으로써 공무원들의 의사결정 과정을 지원하고, 민원 처리의 정확성과 효율성을 높이는 역할을 한다.

AI 챗봇을 통한 업무 부담 경감은 공무원들이 더욱 효율적이고 전문적으로 업무를 수행할 수 있는 환경을 조성하며, 이는 행정 서비스의 전반적인 품질 향상으로 이어진다. AI 챗봇 덕분에 공무원들은 반복적인 업무에서 벗어나 중요한 정책 수립에 집중할 수 있게 되었으며, 이를 통해 행정의 전략적 방향 설정과 실질적인 개선이 이뤄질 수 있다. 공무원들은 반복적인 업무에서 해방됨으로써 새로운 정책 아이디어를 구상하고, 시민들과의 소통을 강화하는 데 더 많은 에너지를 쏟을 수 있다.

AI 챗봇 도입은 공무원들의 직무 만족도를 높이는 데에도 기여하고 있다. 반복적인 작업이 줄어들면서 공무원들은 자신의 업무가 시민들에게 미치는 긍정적인 영향을 체감하게 되었고, 이는 직무에 대한 동기 부여와 자긍심을 높이는 결과를 가져왔다. 공무원들이 창의적이고 고부가가치 업무에 집중할 수 있게 되면서 행정 서비스의 질적 향상과 시민 만족도 증가로 이어지고 있다. 이는 궁극적으로 공공 행정의 신뢰성을 강화하고, 시민들에게 더 나은 서비스를 제공하는 기반이 되고 있다.

AI 챗봇을 통한 공무원 업무 부담 경감은 단순히 반복적인 업무를 줄이는 것을 넘어, 공무원들이 새로운 도전 과제를 받아들이고 혁신적인 행정 서비스를 개발할 기회를 제공하고 있다. 앞으로 AI 챗봇의 기능이 더욱 발전함에 따라 공무원들의 업무 환경은 지속적으로 개선될 것이며, 행정 서비스의 효율성도 더욱 높아질 것으로 기대된다.

[그림3] 업무 효율성을 높이고 전략적인 업무 환경 조성(제작 : MidJourney)

4) 시민과 행정 간 소통 강화

AI 챗봇은 시민과 행정 간 소통을 강화하는 데 중요한 역할을 하고 있다. 기존의 행정 소통 방식은 주로 전화나 방문을 통한 대면 방식이었고, 이러한 방식은 시간과 장소의 제약으로 시민들에게 불편함을 주었다. AI 챗봇의 도입으로 시민들은 언제 어디서나 간편하게 행정기관과 소통할 수 있게 되었으며, 이에 따라 행정 서비스의 접근성이 크게 개선되었다.

AI 챗봇은 시민들이 원하는 정보를 신속하게 제공하고, 민원 접수와 진행 상황에 대한 실시간 피드백을 제공해 소통의 질을 높인다. 예를 들어, 민원 처리 상태가 궁금한 시민에게 AI 챗봇은 즉시 진행 상황을 안내할 수 있다. 이를 통해 시민들은 민원의 처리 과정을 쉽게 파악할 수 있으며, 이러한 투명성은 행정 서비스에 대한 신뢰를 높이는 데 기여한다.

또한, AI 챗봇은 시민들의 의견과 요구를 수집해 행정 서비스 개선에 활용한다. 시민들은 언제든지 챗봇을 통해 의견을 제시할 수 있으며, 이러한 의견은 데이터로 축적돼 행정 정책 결정에 중요한 참고 자료로 사용된다. 이를 통해 지자체는 시민들의 요구를 반영한 맞춤형 행정 서비스를 제공할 수 있으며, 시민 만족도를 높이는 결과로 이어진다.

위기 상황에서도 AI 챗봇은 신속한 소통을 가능하게 한다. 자연재해나 긴급 상황 발생 시 AI 챗봇은 대피소 위치, 긴급 연락처 등 필요한 정보를 실시간으로 제공해 시민들의 안전을 돕는다. 이를 통해 위기 상황에서 혼란을 줄이고, 신뢰할 수 있는 정보 제공을 통해 시민들의 불안감을 해소한다.

또한, AI 챗봇은 공공 행사나 지자체 주요 정책에 대한 정보를 시민들에게 제공해 소통을 활성화한다. 지자체에서 진행하는 행사 정보를 AI 챗봇을 통해 쉽게 제공하고, 시민들이 간편하게 행사 참여 신청을 할 수 있도록 돕는다. 이러한 기능은 시민 참여를 유도하고, 행정과 시민 간 유대감을 강화하는 데 기여한다.

24시간 대응 가능한 AI 챗봇은 시민들이 언제든 궁금한 점을 질문하고 필요한 정보를 얻을 수 있게 지원해 행정 서비스의 접근성을 높인다. 이러한 소통의 개선은 시민들이 행정을 더 친근하게 느끼도록 하며, 지자체 행정 서비스에 대한 긍정적인 인식을 확산시키는 역할을 한다. 또한, 감정 분석 기술을 통해 시민들의 감정 상태를 파악하고 공감적인 응답을 제공함으로써 시민 만족도를 높인다.

AI 챗봇의 도입은 행정 서비스의 접근성과 품질을 크게 향상시켰다. 필요한 정보를 신속히 제공하고 민원 처리 과정을 투명하게 공개함으로써 행정 서비스의 신뢰성을 높였으며, 시민 중심의 행정 서비스 구현에 중요한 역할을 하고 있다.

5) 행정 서비스의 데이터 기반 의사결정 지원

(1) AI 챗봇을 통한 행정 서비스 혁신

AI 챗봇 도입은 행정 서비스의 데이터 기반 의사결정을 지원하며, 시민들과의 대화를 통해 수집된 데이터를 분석해 서비스 개선에 필요한 정보를 제공한다. 이러한 데이터는 시민들이 자주 묻는 질문, 반복되는 문제, 특정 서비스 수요 등을 파악하는 데 유용하며, 지자체가 시민 요구를 명확히 이해하고 서비스 품질을 높이는 데 중요한 역할을 한다.

AI 챗봇은 시민들의 요구와 불편 사항을 데이터로 축적하고, 이를 바탕으로 행정 서비스 품질을 개선한다. 반복되는 민원을 분석해 해결 방안을 제안하며, 이러한 분석 결과는 정책 기획과 서비스 도입에 중요한 참고 자료로 활용된다. 공무원들은 시민들이 직면하는 문제를 구체적으로 이해하고 필요한 서비스에 대한 통찰을 얻을 수 있다.

또한, AI 챗봇은 데이터 분석을 통해 서비스 수요를 예측하고 행정 자원을 효율적으로 배분하는 데 도움을 준다. 특정 시기에 서비스 문의가 급증할 경우 이를 예측해 자원을 미리 준비함으로써 효율성을 높이고 시민 요구에 신속히 대응할 수 있다. 이를 통해 지자체는 체계적인 서비스 제공이 가능해진다.

AI 챗봇을 통해 수집된 데이터는 시민 만족도 평가에도 활용된다. 대화를 통해 얻은 피드백은 특정 서비스에 대한 시민의 감정을 파악하고 개선 방향을 설정하는 데 유용하다. 불만이 자주 제기되는 서비스에 대한 문제점을 분석해 개선 방안을 제시함으로써 행정 서비스의 투명성과 신뢰성을 높인다.

(2) 장기적 계획 수립을 위한 데이터 활용

AI 챗봇은 다양한 데이터를 수집해 장기적인 행정 서비스 계획 수립에도 기여한다. 특정 서비스 수요가 증가하는 추세를 보이면, 이를 바탕으로 인프라 확장이나 자원 투입 계획을 세워 변화하는 요구에 대응할 수 있다.

또한, AI 챗봇의 데이터 분석은 공무원들의 업무 효율성에도 긍정적 영향을 미친다. 공무원들은 AI가 수집한 데이터를 통해 주요 관심사와 불편사항을 신속히 파악하고, 더 효과적인 대응 전략을 수립할 수 있다. 이를 통해 공무원들은 업무를 효율적으로 수행하며 시민들에게 신속하고 정확한 서비스를 제공할 수 있다.

(3) 시민 참여 증대

AI 챗봇은 시민 참여 증대에도 기여한다. 시민들은 챗봇을 통해 의견을 쉽게 제시하고, 이러한 의견은 데이터로 축적돼 행정 서비스 개선에 반영된다. 이를 통해 시민들이 행정 서비스 개선에 직접 참여할 수 있으며, 지자체와 시민 간의 신뢰 관계도 강화된다.

AI 챗봇의 데이터 기반 의사결정 지원은 효율적이고 체계적인 행정 서비스 제공에 중요한 역할을 한다. 데이터 분석과 예측 기능은 행정 서비스의 질적 향상과 시민 만족도를 높이는 데 기여하며, 스마트 행정 실현의 기반이 된다. 앞으로 AI 챗봇의 데이터 분석 기능이 더욱 발전하면서, 지자체는 시민 요구를 정확히 파악하고 최적화된 서비스를 제공할 수 있을 것이다. 이러한 발전은 행정 서비스 혁신을 이끌고, 시민들의 삶의 질을 향상시키는 데 기여할 것으로 기대된다.

[그림4] AI 챗봇을 통한 시민 참여 증대 시각적으로 표현(제작 : MidJourney)

3. 국내 지자체 AI 챗봇 활용 사례

1) 서울시 '서울톡' 챗봇 사례

(1) 서울톡 도입과 주요 기능

서울시는 행정 서비스 접근성을 높이기 위해 AI 챗봇 '서울톡'을 도입했다. 인공지능 상담사가 서울시에 관한 다양한 행정 문의에 답변하고 시설·교육·행사 등 공공 서비스 예약과 민원 접수를 도와주는 서울시 대표 챗봇 서비스이다. 서울톡은 주요 정책 안내, 생활 정보, 민원 접수 등 다양한 서비스를 제공해 시민들이 필요로 하는 정보를 신속히 얻을 수 있게 돕는다. 특히, 서울톡은 잦은 질문에 신속한 답변을 제공해 민원 처리 속도를 높이고, 시민들이 원하는 정보를 쉽게 얻을 수 있도록 지원한다.

서울톡은 24시간 언제든지 이용 가능해 시민들이 시간과 장소에 구애받지 않고 행정 서비스를 이용할 수 있다. 이러한 접근성은 바쁜 시민들에게 유용하며, 행정 서비스의 편의성을 크게 증대시켰다.

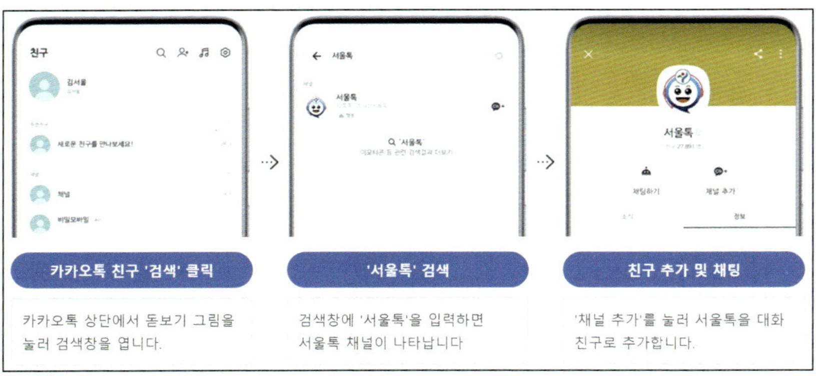

[그림5] 서울톡 이용 방법(출처 : 120 서울시 다산콜재단)

상담내용은 행정안내 552종, 현장 민원 접수 54종, 서울시 공공 서비스 예약 7천여 종, 도서관 서비스 40종, 평생교육 온라인강의 수강 신청 서비스 900종이다.

구분	상 담 내 용	비고
교통	불법주정차, 자동차 등록, 대중교통, 따릉이 등	
행정	증명서류, 여권 발급, 세금 납부, 부서 및 기관 안내 등	
복지	임신, 영유아, 아동, 청년, 중장년, 어르신 등 생애주기별 지원 정보	
환경	미세먼지, 주거환경, 쓰레기 수거, 태양열, 에너지 등	
문화	행사, 축제, 이벤트 신청 등	
경제	사업자 등록, 일자리, 제로페이, 친환경 농장 신청 등	
안전	시설물 안전, 생활 안전, 재난 대응 요령 등	
주택	부동산, 도로, 보도, 건축물 등	

[표1] 서울톡 상담내용

(2) 다국어 지원과 외국인 주민 서비스

서울톡은 영어, 중국어, 일본어 등 여러 언어를 지원해 외국인 주민들도 쉽게 이용할 수 있다. 이를 통해 외국인들이 서울시의 행정 서비스를 언어적 장벽 없이 이용할 수 있으며, 서울시가 글로벌 도시로서의 위상을 유지하는 데 기여하고 있다.

(3) 지속적인 개선과 사용자 피드백 반영

서울시는 시민들의 피드백을 반영해 서울톡을 지속적으로 개선하고 있다. 시민들이 느끼는 불편함을 반영해 기능을 업그레이드하고, 사용자 인터페이스를 개선해 시민들이 정보를 더욱 쉽게 찾을 수 있도록 했다. 앞으로도 서울시는 AI 기술을 활용해 스마트한 행정 서비스를 제공할 계획이다.

(4) 서울톡의 미래와 시사점

서울톡 사례는 AI를 활용한 스마트 행정의 대표적인 예로, 다른 지자체에도 중요한 벤치마크가 될 수 있다. AI 챗봇을 통한 행정 서비스 효율성 증대와 시민 편의성 향상은 다른 지자체에서도 참고할 가치가 있다. 앞으로 서울시는 서울톡의 기능을 확대하고 시민들과의 소통을 강화해 더욱 혁신적인 행정 서비스를 제공할 계획이다.

2) 부산시 '자립꿀단지' 챗봇 사례

부산시는 시민들의 자립을 지원하기 위해 '자립꿀단지' 챗봇을 도입했다. 이 챗봇은 경제적 자립과 생활 전반에 필요한 다양한 정보를 제공해 시민들이 쉽게 접근하고 도움을 받을 수 있도록 설계되었다. 다음은 부산시 자립꿀단지 챗봇의 주요 기능과 기대 효과에 대해 항목별로 정리했다.

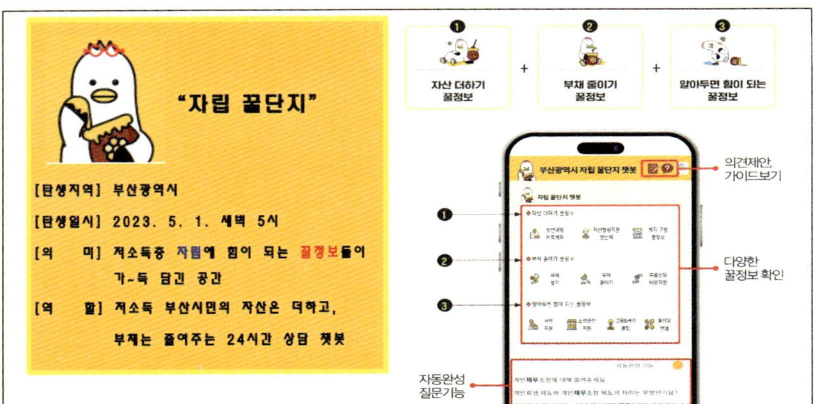

[그림6] 부산시 자립꿀단지 챗봇(출처 : 부산광역시 홈페이지)

(1) 경제적 자립 지원

부산시 자립꿀단지 챗봇은 시민들이 경제적으로 자립할 수 있도록 다양한 프로그램과 지원 정보를 제공한다. 소상공인 지원 프로그램을 통해 창업 지원과 대출 정보를 제공하며, 소상공인을 위한 자금 지원 프로그램에 대한 안내도 이뤄진다. 또한 지역 내 일자리 정보를 제공하고, 구직 활동을 돕기 위한 교육 프로그램과 취업 지원 서비스도 안내한다. 개인 재무관리와 자산 형성에 필요한 재정 상담도 제공해 시민들이 스스로 재정을 관리할 수 있는 역량을 기를 수 있게 돕는다.

(2) 복지 및 생활 지원

복지 서비스와 생활 지원 정보도 부산시 자립꿀단지 챗봇을 통해 쉽게 접근할 수 있다. 생애주기별로 필요한 복지 지원 정보를 제공하며, 영유아부터 청년, 중장년, 노년층에 이르기까지 각 생애 단계에 맞춘 지원 프로그램을 안내한다. 생활고를 겪는 시민들을 위한 상담 서비스도 제공되며, 긴급 지원이나 무료 법률 상담에 대한 정보도 쉽게 얻을 수 있다. 또한, 저소득층 주거 환경 개선 프로그램과 공공 임대주택 신청 정보도 제공해 시민들의 주거 안정에 기여한다.

(3) 교육 및 자립 역량 강화

자립꿀단지 챗봇은 시민들의 자립 역량 강화를 위해 다양한 교육 프로그램을 제공한다. 직업 기술 교육과 창업 교육 프로그램을 통해 시민들이 필요한 기술을 습득하고 자립할 수 있도록 지원한다. 또한 온라인 학습 자료를 제공해 시민들이 시간과 장소에 구애받지 않고 학습할 수 있도록 돕는다. 자립을 위한 생활 기술 교육과 재취업을 위한 역량 강화 프로그램도 안내해 시민들이 자립할 수 있는 기반을 마련해 준다.

(4) 맞춤형 상담 서비스

시민들의 다양한 요구에 맞춘 맞춤형 상담 서비스도 제공된다. 자립꿀단지 챗봇은 시민들이 필요로 하는 정보를 맞춤형으로 제공하며, 필요할 경우 전문가와의 상담을 예약할 수 있는 기능도 갖추고 있다. 이를 통해 시민들은 더 구체적이고 전문적인 도움을 받을 수 있다. 24시간 이용 가능한 챗봇 상담을 통해 기본적인 자립 관련 질문에 즉각적으로 응답하며, 시민들이 언제든지 필요한 정보를 얻을 수 있도록 지원한다.

(5) 기대 효과

부산시 자립꿀단지 챗봇은 시민들이 경제적 자립을 이루고 더 나은 생활을 영위할 수 있도록 돕는 중요한 역할을 한다. 이를 통해 부산시는 시민들의 자립을 위한 지속 가능한 생태계를 구축하고, 시민들의 삶의 질을 높이는 데 기여할 것이다. 쉽고 빠르게 접근할 수 있는 디지털 서비스를 통해 시민들의 편의성이 증대되고, 필요한 정보를 적시에 제공받을 수 있는 환경이 마련된다.

3) 대구시 챗봇 '뚜봇' 사례

대구광역시는 시민들의 편의성을 높이고 행정 서비스의 접근성을 강화하기 위해 인공지능 기반의 챗봇 서비스 '뚜봇'을 도입했다. 뚜봇은 시민들이 일상적으로 접하는 행정 업무와 관련된 다양한 질문에 신속하고 정확하게 답변하며, 복잡한 행정 절차를 간소화해 시민들이 더욱 쉽게 행정 서비스를 이용할 수 있도록 돕는다. 다음은 대구광역시 챗봇 '뚜봇'의 주요 기능과 기대 효과에 대한 항목별 정리이다.

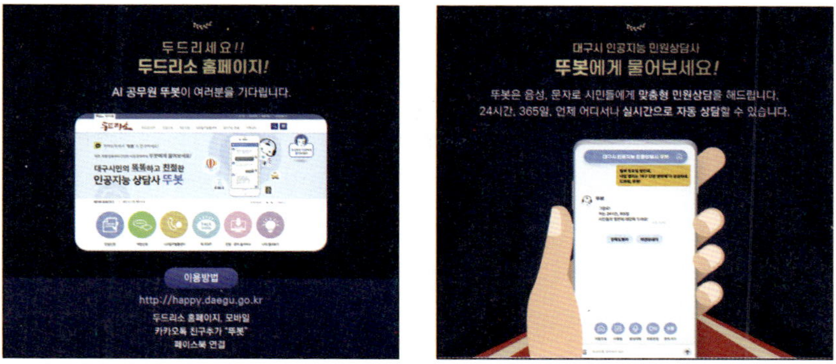

[그림7] 대구시 '뚜봇' 챗봇(출처 : 두드리소 홈페이지)

(1) 24시간 행정 서비스 상담 제공

뚜봇은 24시간 언제든지 이용 가능한 행정 서비스 상담 기능을 제공한다. 이를 통해 시민들은 시간에 구애받지 않고 질문할 수 있으며, 행정 정보와 관련된 신속한 답변을 받을 수 있다. 예를 들어, 주민등록등본 발급 절차, 대중교통 이용 안내, 각종 세금 납부 방법 등 잦은 질문에 빠르고 간단하게 답변을 제공한다.

(2) 민원 접수 및 처리 현황 조회

뚜봇은 간단한 민원 접수와 처리 현황 조회 기능도 지원한다. 시민들은 불법 주정차 신고, 쓰레기 배출 문제, 공공시설 불편 신고 등 일상생활에서 발생하는 다양한 민원을 온라인으로 접수할 수 있으며, 접수된 민원의 처리 상태를 실시간으로 확인할 수 있다. 이를 통해 민원 처리 과정을 투명하게 해 시민들의 불편을 최소화한다.

(3) 생활 정보 제공 및 안내

뚜봇은 행정 서비스뿐만 아니라 시민들이 필요로 하는 생활 정보도 제공한다. 예를 들어, 대구 내 주요 행사 일정, 관광지 정보, 대중교통 노선 안내, 긴급 연락처 등의 정보를 제공해 시민들이 일상생활에서 필요한 정보를 쉽게 얻을 수 있도록 돕는다. 이러한 서비스는 시민들의 생활 편의성을 높이고, 대구에 대한 이해도를 증진시키는 데 기여한다.

(4) 맞춤형 정보 제공

뚜봇은 시민 맞춤형 정보 제공에도 중점을 두고 있다. 사용자의 이전 질문 이력을 바탕으로 관련된 정보를 추천하고, 필요할 경우 추가적인 정보나 서비스를 제공한다. 이러한 맞춤형 서비스는 시민들이 원하는 정보를 더욱 효율적으로 찾을 수 있도록 돕고, 사용자의 만족도를 높이는 데 기여한다.

(5) 기대 효과

대구광역시의 챗봇 '뚜봇'은 시민들이 필요한 행정 정보와 생활 정보를 쉽게 접근할 수 있게 해 행정 서비스의 편의성과 접근성을 크게 향상시킨다. 이를 통해 시민들은 복잡한 절차 없이 필요한 정보를 즉시 얻을 수 있으며, 관공서 방문 없이도 민원을 간편하게 처리할 수 있다. 또한, 공무원들의 반복적인 업무 부담을 줄여 보다 중요한 행정 업무에 집중할 수 있도록 돕는다. 뚜봇은 시민 중심의 스마트 행정을 구현하는 데 중요한 역할을 하고 있으며, 앞으로도 지속적인 개선을 통해 시민들의 삶의 질을 높이는 데 기여할 것으로 기대된다.

4) 경상북도 '챗경북' 사례와 행정업무 혁신

'챗경북'은 2023년 3월 전국 지자체 최초로 공개한 AI 챗봇 서비스다. 경상북도는 시민들과의 소통을 강화하고 행정 서비스의 접근성을 높이기 위해 인공지능 기반의 챗봇 서비스인 '챗경북'을 도입했다. 챗경북은 시민들이 자주 묻는 질문에 신속하고 정확한 답변을 제공하며, 행정 업무를 보다 효율적으로 지원하기 위해 설계되었다.

경북연구원이 개발하여 제공 중인 챗경북 서비스는 누구나 접속해 활용할 수 있으며, 행정업무에 특화된 AI 서비스 3종을 직원들을 대상으로 추가 제공하고 있다. 행정업무 혁신을 위한 AI 주무관 도입은 경상북도청의 행정 서비스를 혁신하고, 시민들의 만족도를 높이는 데 중점을 두고 있다.

제공되는 서비스는 보도자료 작성 지원, 사업건의조서 작성 지원, 화공특강 챗봇 서비스이다. 보도자료와 사업건의조서 작성 지원 서비스는 기존 자료를 바탕으로 초안을 자동으로 생성해 주며, 이를 통해 보통 1시간 걸리던 초안 작성 작업을 3분 이내에 완료할 수 있어 업무 효율성과 전문성 또한 크게 강화될 것으로 기대된다. 챗경북은 스마트 행정의 모범 사례로, 앞으로도 시민들의 삶의 질을 높이는 데 중요한 역할을 할 것이다.

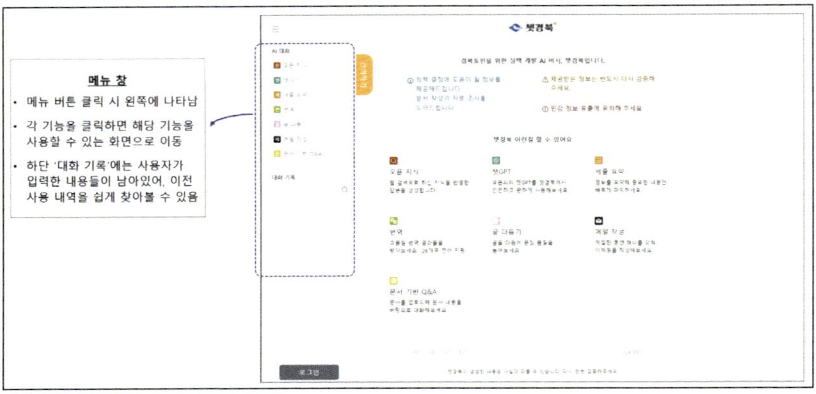

[그림8] 챗경북 메인화면(출처 : 경상북도 홈페이지)

4. AI 챗봇 활용 시 직면하는 문제와 해결 방안

1) 개인정보 보호 이슈 및 보안 강화 방안

(1) AI 챗봇 도입과 개인정보 보호

AI 챗봇 도입은 편리한 행정 서비스를 제공하지만, 개인정보 보호와 보안에 대한 우려도 함께 따른다. 민감한 개인정보가 안전하게 보호되는 것은 AI 챗봇의 신뢰성을 유지하는 데 필수적이다. 이를 위해 여러 보안 강화 방안을 마련해야 한다.

(2) 데이터 암호화 적용

개인정보를 보호하기 위해 전송 및 저장 시 데이터 암호화를 적용해야 한다. 최신 암호화 알고리즘을 사용하고, 암호화 키를 정기적으로 변경해 데이터 유출 위험을 최소화해야 한다.

(3) 접근 통제 시스템 강화

민감한 정보에 대한 접근 권한은 최소한으로 제한하고, 접근 기록을 지속적으로 모니터링해 내부 정보 유출 가능성을 줄여야 한다. 다중 인증(MFA)을 도입해 접근 보안을 강화하고, 모든 접근 기록을 투명하게 관리해야 한다.

(4) 정기적인 보안 점검과 업데이트

AI 챗봇 시스템은 정기적으로 보안 점검과 업데이트를 받아야 한다. 모의 해킹을 통해 취약점을 발견하고 보완함으로써 보안성을 지속적으로 향상시켜야 한다.

(5) 개인정보 처리 방침 안내와 동의 절차

시민들에게 개인정보 처리 방침을 명확하게 안내하고 동의를 받아야 한다. 간결한 언어로 개인정보가 어떻게 사용되는지 설명해 시민들의 신뢰를 확보하고 투명성을 높여야 한다.

(6) 시민 인식 제고와 교육 프로그램 제공

시민들이 안전하게 AI 챗봇을 이용할 수 있도록 교육 프로그램을 제공해야 한다. 온라인 자료나 오프라인 워크숍을 통해 개인정보 보호의 중요성을 알리고, 모든 연령대의 시민들이 안전하게 서비스를 이용할 수 있도록 지원해야 한다.

결론적으로 AI 챗봇의 보안 강화는 신뢰성 있는 행정 서비스 제공을 위한 필수 요소이다. 데이터 암호화, 접근 통제, 정기적 보안 점검, 투명한 개인정보 처리 방침, 시민 교육 등을 통해 보안을 강화하고 안전한 AI 기반 행정 서비스를 구현해야 한다. 지속적인 개선을 통해 지자체는 모범적인 사례가 될 수 있을 것이다.

2) 챗봇 응답의 정확성과 신뢰성 확보

(1) AI 챗봇 응답 정확성과 신뢰성 강화 방안

AI 챗봇의 도입은 행정 서비스의 접근성을 크게 향상시키지만, 응답의 정확성과 신뢰성 문제는 여전히 중요한 과제이다. 시민들이 AI 챗봇을 통해 다양한 정보를 얻고 민원을 해결하기 때문에, 챗봇의 정보가 정확하고 신뢰할 수 있어야 한다. 부정확한 응답은 시민 만족도를 떨어뜨리고 행정 서비스의 신뢰성을 손상시킬 수 있다. 따라서, AI 챗봇의 응답 정확성과 신뢰성을 확보하기 위한 다양한 방안을 적용해야 한다.

(2) 데이터 업데이트와 관리

AI 챗봇의 정확성을 유지하기 위해 지속적인 데이터 업데이트가 필요하다. 행정 정책, 법률, 절차 등 변화가 챗봇 데이터베이스에 즉시 반영돼야 최신 정보를 시민들에게 제공할 수 있다. 또한, 데이터베이스 구조를 효율적으로 관리해 정보 검색 속도를 높이고 정확한 정보를 빠르게 제공하도록 시스템을 최적화해야 한다.

(3) 응답 품질 모니터링

AI 챗봇의 응답 품질을 지속적으로 모니터링하고 평가하는 시스템이 필요하다. 시민들이 얻은 응답이 적절한지 평가하고, 오류 발생 시 이를 신속히 수정해야 한다. 자동화된 테스트와 실시간 피드백 시스템을 도입해 시민들이 응답 품질을 평가하고 개선 사항을 제안할 수 있도록 해야 한다.

[그림9] AI 챗봇의 응답 정확성과 신뢰성을 강조(제작 : MidJourney)

(4) 투명한 상호작용

AI 챗봇의 신뢰성을 높이기 위해 시민들과의 상호작용에서 투명성을 유지해야 한다. 챗봇이 특정 질문에 답변할 수 없을 경우 솔직히 인정하고 공무원에게 연결하거나 추가 도움을 안내해야 한다. 이를 통해 시민들은 챗봇이 정확한 답변을 제공하기 위해 노력하고 있음을 느낄 수 있다.

(5) 데이터 편향 관리

AI 모델의 학습 데이터가 편향되지 않도록 다양한 출처에서 데이터를 수집하고, 데이터의 중립성을 유지해야 한다. 전문가 검토를 통해 데이터 정확성과 편향성을 분석하고, 정기적으로 데이터셋을 검토해 AI 챗봇이 공정한 정보를 제공할 수 있도록 해야 한다.

(6) 시민 피드백 반영

시민들의 피드백을 반영하는 것도 중요하다. 시민들이 챗봇과 상호작용하면서 느낀 불편함이나 오류에 대한 피드백을 수집하고 개선해야 한다.

이를 통해 시민 요구에 부합하는 맞춤형 서비스를 제공하고, 시민들의 신뢰를 강화할 수 있다.

결론적으로 AI 챗봇의 응답 정확성과 신뢰성을 높이는 것은 신뢰성 있는 행정 서비스 제공을 위해 필수적이다. 데이터 업데이트, 응답 품질 모니터링, 투명한 상호작용, 데이터 편향 관리, 시민 피드백 반영, 공무원과의 협력을 통해 AI 챗봇의 품질을 개선하고, 시민들이 안심하고 사용할 수 있는 환경을 조성해야 한다. 앞으로도 기술 발전과 시민들과의 소통 강화를 통해 AI 챗봇이 신뢰할 수 있는 행정 서비스 도구로 자리잡을 수 있도록 해야 한다.

3) 기술 도입에 따른 예산과 비용 문제

(1) AI 챗봇 도입의 예산과 비용 관리 방안

AI 챗봇 도입의 중요한 과제 중 하나는 예산과 비용 문제이다. AI 챗봇 시스템을 구축하고 운영하는 데는 상당한 초기 투자와 유지 비용이 발생하기 때문에, 지자체는 이를 효과적으로 관리할 명확한 계획이 필요하다. 예산과 비용 문제는 AI 챗봇 도입의 성공 여부를 좌우할 수 있는 중요한 요소로, 비용을 최소화하면서도 효율적인 시스템을 구축하는 방안을 모색해야 한다.

(2) 초기 개발 비용과 인프라 구축

AI 챗봇 도입에 있어 초기 개발 비용과 인프라 구축 비용을 고려해야 한다. AI 챗봇은 데이터베이스 구축, 자연어 처리 기술 개발, 시스템 통합 등 다양한 요소가 포함되므로 초기 개발에 드는 비용이 상당히 클 수 있다. 이를 해결하기 위해 지자체는 중앙정부나 다른 공공기관과의 협력을 통해 예산 지원을 받을 방안을 모색할 수 있다. 예를 들어, 중앙정부가 제공하는 스마트 행정 지원 프로그램을 활용해 일부 예산을 지원받거나, 지자체 간 공동 개발을 통해 비용을 분담하는 방식이 있다.

[그림10] AI 챗봇 초기 개발 비용과 인프라 구축 과정(제작 : MidJourney)

(3) 운영과 유지 관리 비용 절감

AI 챗봇 운영과 유지 관리에 대한 비용도 중요한 고려 사항이다. AI 챗봇은 지속적인 데이터 업데이트, 서버 유지, 보안 패치, 사용자 피드백 반영 등 운영과 유지 관리에 많은 자원이 필요하다. 이를 위해 지자체는 장기적인 비용 절감 방안을 마련해야 한다. 예를 들어, 클라우드 서비스를 활용해 서버 유지 비용을 줄이거나, 오픈소스 AI 모델을 기반으로 시스템을 구축해 개발 비용을 절감하는 등의 방안을 고려할 수 있다.

(4) 민간 기업과의 협력

AI 챗봇 도입에 따른 예산 문제를 해결하기 위해 민간 기업과의 협력도 중요한 역할을 할 수 있다. 일부 지자체는 민간 기술 기업과 협력해 AI 챗봇 시스템을 공동으로 개발하거나, 기술을 제공받는 방식으로 비용을 절감하고 있다. 이러한 민관 협력은 지자체가 기술적 전문성을 확보하고 최신 기술을 활용해 보다 효율적인 AI 챗봇을 구축하는 데 도움이 된다. 민간 기업의 기술력과 지자체의 행정 경험이 결합되면, 더 나은 품질의 AI 챗봇 서비스를 제공할 수 있게 된다.

(5) 단계적 도입의 접근

비용 문제를 해결하기 위한 또 다른 방안으로는 단계적인 도입을 고려하는 것이다. 처음부터 모든 행정 서비스를 챗봇으로 처리하려 하기보다는, 시민들이 자주 묻는 간단한 질문부터 AI 챗봇이 처리하도록 하고, 이후 점진적으로 서비스 범위를 확대하는 방식으로 운영할 수 있다. 이를 통해 초기 비용 부담을 줄이고, 시스템 안정성을 확보하면서 점진적으로 AI 챗봇을 발전시킬 수 있다.

(6) 장기적인 경제적 효과 고려

마지막으로, AI 챗봇의 경제적 효과를 고려할 필요가 있다. 초기 도입에 드는 비용이 크더라도, 장기적으로 공무원의 업무 부담을 줄이고 민원 처리 속도를 높임으로써 운영 비용을 절감할 수 있다. 이를 통해 공무원들이 더 중요한 업무에 집중할 수 있는 환경을 조성하고, 전체적인 행정 서비스의 효율성을 높일 수 있다. 이러한 장기적인 효과를 고려해 AI 챗봇 도입을 위한 예산을 투자하는 것이 중요하다.

결론적으로 AI 챗봇 도입에 따른 예산과 비용 문제는 지자체가 해결해야 할 중요한 과제이다. 초기 개발 비용, 유지 관리 비용, 민관 협력, 단계적 도입, 그리고 장기적인 경제적 효과를 고려해, 지자체는 효율적인 예산 관리 방안을 마련하고 시민들에게 보다 나은 행정 서비스를 제공하기 위한 AI 챗봇 도입을 성공적으로 추진해 나가야 한다. 이러한 노력을 통해 AI 챗봇이 공공 서비스의 질적 향상과 행정 효율성 증대에 기여할 수 있을 것이다.

4) AI 챗봇 사용에 대한 불안감과 거부감

(1) 시민들의 불안감과 거부감 해소

AI 챗봇 도입 과정에서 시민들이 느끼는 불안감과 거부감을 해결하는 것은 매우 중요한 과제이다. AI 기술이 빠르게 발전하고 있지만, 여전히 많은 사람은 AI 시스템에 대해 불신하거나 두려움을 느끼고 있다. 이러한 불안감과 거부감을 해소하지 못하면 AI 챗봇의 도입 효과가 제한적일 수 있으며, 시민들이 행정 서비스를 이용하는 데 불편을 겪을 수 있다. 따라서, AI 챗봇 사용에 대한 시민들의 불안감을 해소하고, 친숙하게 느끼도록 하는 방안을 마련하는 것이 중요하다.

(2) 투명한 정보 제공

먼저, AI 챗봇 사용에 대한 불안감을 줄이기 위해 시민들에게 AI 챗봇의 작동 원리와 개인정보 보호 방침에 대해 충분히 설명해야 한다. 많은 사람이 AI 시스템이 어떻게 작동하는지, 개인정보가 어떻게 처리되는지 알지 못하기 때문에 불안감을 느낀다. 이를 해결하기 위해 AI 챗봇이 정보를 어떻게 수집하고 처리하는지, 그리고 개인정보 보호를 위해 어떤 조치가 취해지고 있는지에 대해 명확하게 안내해야 한다. 이를 통해 시민들은 AI 챗봇을 더욱 신뢰하게 되고, 개인정보 유출에 대한 걱정을 줄일 수 있다.

(3) 교육과 체험 프로그램 제공

AI 챗봇 사용에 대한 교육과 체험 프로그램을 제공해 시민들이 직접 AI 챗봇을 경험해 볼 수 있도록 하는 것도 좋은 방안이다. AI 챗봇과의 상호작용을 통해 시민들은 챗봇의 유용성과 편리함을 직접 체감할 수 있으며, 이를 통해 자연스럽게 AI 기술에 대한 거부감이 줄어들 수 있다. 예를 들어, 지자체는 체험형 교육 프로그램을 운영하거나, 지역 행사에서 AI 챗봇을 활용한 체험 기회를 제공해 시민들이 AI 기술에 익숙해질 수 있도록 지원할 수 있다.

(4) 공무원과의 협력 보장

AI 챗봇이 제공하는 서비스가 공무원과의 직접적인 소통을 대체하는 것이 아님을 명확히 하는 것도 중요하다. 많은 시민은 AI 챗봇이 사람과의 상호작용을 대체할까 봐 두려움을 느끼기도 한다. 이를 해소하기 위해 AI 챗봇은 단순히 정보를 제공하고 반복적인 질문에 응답하는 도구일 뿐이며, 복잡한 문제나 세심한 상담이 필요한 경우에는 여전히 공무원과의 직접적인 소통이 가능하다는 점을 강조해야 한다. 이러한 접근은 AI 챗봇이 공무원의 역할을 보완하는 도구임을 시민들에게 이해시키고, AI 기술에 대한 거부감을 줄이는 데 도움이 된다.

(5) 문제 해결 체계 구축

AI 챗봇의 응답이 시민들의 기대에 부합하지 않을 경우, 이를 쉽게 공무원에게 전달하고 문제를 해결할 수 있는 시스템을 마련해야 한다. 챗봇 사용 중에 불만이나 불편 사항이 발생했을 때 이를 신속히 해결할 수 있는 체계를 갖추면, 시민들은 AI 챗봇을 이용하는 과정에서 느끼는 불안감을 줄일 수 있다. 예를 들어, 챗봇 응답이 부정확하거나 부족할 경우, 바로 공무원과 연결해 문제를 해결하는 기능을 제공함으로써 시민들의 만족도를 높일 수 있다.

(6) 긍정적인 이미지 구축

마지막으로, AI 챗봇에 대해 긍정적인 이미지를 구축하는 것도 중요하다. AI 챗봇의 장점과 성공 사례를 홍보하고, 실제로 AI 챗봇을 사용해 이득을 본 시민들의 경험을 공유함으로써 시민들이 AI 챗봇의 유용성을 더욱 신뢰하게 만들 수 있다. 이러한 긍정적인 사례와 홍보는 AI 기술에 대한 긍정적인 인식을 확산시키고, 시민들이 AI 챗봇을 더 적극적으로 사용할 수 있도록 유도하는 데 도움이 된다.

결론적으로 AI 챗봇 사용에 대한 불안감과 거부감을 해소하는 것은 AI 기술을 활용한 행정 서비스의 성공적인 도입을 위해 필수적이다. 투명한 정보 제공, 교육과 체험 프로그램, 공무원과의 협력 보장, 문제 해결 체계 구축, 그리고 긍정적인 이미지 홍보를 통해 시민들이 AI 챗봇을 신뢰하고 편리하게 사용할 수 있도록 돕는 것이 중요하다. 이러한 노력을 통해 AI 챗봇이 시민들의 삶을 더 편리하고 효율적으로 만드는 유용한 도구로 자리잡을 수 있을 것이다.

[그림11] AI 챗봇과 공무원의 협력, 문제 해결 체계(제작 : MidJourney)

5) 지자체 내 AI 기술 전문 인력 부족 문제와 해결 방안

(1) AI 전문 인력 부족의 도전과 해결책

AI 챗봇의 도입과 운영 과정에서 중요한 과제 중 하나는 지자체 내 AI 기술 전문 인력의 부족이다. AI 시스템의 개발, 유지, 개선을 위해서는 AI 기술에 대한 깊은 이해와 경험이 필요하지만, 많은 지자체에서는 이러한 전문 인력이 충분하지 않다. 전문 인력의 부족은 AI 챗봇의 효과적인 도입과 운영을 방해하며, 지자체가 스마트 행정을 구현하는 데 있어 큰 걸림돌이 될 수 있다. 이러한 문제를 해결하기 위한 방안을 마련하는 것이 필수적이다.

(2) 교육과 훈련 프로그램 마련

먼저, 지자체 내 AI 전문 인력을 양성하기 위한 교육과 훈련 프로그램을 마련해야 한다. 기존 공무원들에게 AI 기술과 데이터 분석에 대한 교육을 제공함으로써, AI 챗봇 시스템의 기초적인 운영과 유지 관리가 가능하도록 하는 것이 필요하다. 공무원들이 AI 기술에 대한 이해를 높이고 실무에 적용할 수 있는 역량을 갖추게 되면, AI 챗봇의 도입과 운영이 보다 원활해질 수 있다. 이를 위해 중앙정부나 대학, 연구기관과 협력해 맞춤형 교육 프로그램을 제공하는 것도 좋은 방안이다.

(3) 외부 전문가 채용과 자문

또한, 외부 전문가를 적극적으로 채용하거나 자문을 구하는 것도 필요하다. AI 기술은 급속히 발전하는 분야이기 때문에, 외부의 전문적인 지식과 경험을 활용하는 것이 지자체의 AI 챗봇 도입에 큰 도움이 될 수 있다. 지자체는 AI 관련 전문성을 가진 인력을 채용하거나, 외부 기술 컨설팅 회사와 협력해 챗봇 시스템의 구축과 개선을 지원받을 수 있다. 이러한 외부 전문가의 참여는 지자체 내 기술적 공백을 메우고, AI 시스템의 품질을 높이는 데 기여할 수 있다.

(4) 민관 협력 강화

민관 협력 또한 AI 전문 인력 문제를 해결하는 데 중요한 역할을 할 수 있다. 지자체는 지역 내 IT 기업이나 스타트업과 협력해 AI 기술을 공유하고, 공동 프로젝트를 진행함으로써 기술적 역량을 강화할 수 있다. 이러한 협력은 지자체와 민간 기업이 서로의 장점을 활용해 AI 챗봇을 보다 효과적으로 개발하고 운영하는 데 기여할 수 있다. 예를 들어, 민간 기업은 최신 AI 기술과 개발 경험을 제공하고, 지자체는 행정 서비스에 대한 깊은 이해를 제공함으로써 상호 보완적인 관계를 형성할 수 있다.

(5) 공공기관 간 협력 네트워크 구축

AI 기술 전문 인력의 부족 문제를 해결하기 위해 공공기관 간 협력도 고려할 수 있다. 지자체 간 협력 네트워크를 구축해 AI 기술에 대한 정보를 공유하고, 공동으로 교육 프로그램을 개발하거나 전문가를 교류하는 방식으로 기술 역량을 강화할 수 있다. 이를 통해 각 지자체는 AI 기술을 보다 효과적으로 활용할 수 있으며, 전문 인력의 부족 문제를 어느 정도 해소할 수 있다.

(6) 사용자 친화적인 AI 개발 도구 활용

마지막으로, AI 시스템의 운영과 유지 관리를 보다 용이하게 하기 위해 사용자 친화적인 AI 개발 도구를 활용하는 것도 하나의 방안이 될 수 있다. 최근에는 코딩 없이도 AI 모델을 개발하고 관리할 수 있는 다양한 도구들이 등장하고 있다. 이러한 도구를 활용하면 AI 전문 지식이 부족한 공무원들도 챗봇의 기본적인 기능을 수정하거나 관리할 수 있어, 전문 인력의 필요성을 줄일 수 있다.

결론적으로 지자체 내 AI 기술 전문 인력 부족 문제는 AI 챗봇 도입의 중요한 과제 중 하나이다. 공무원 교육과 외부 전문가 채용, 민관 협력, 공공기관 간 협력, 그리고 사용자 친화적인 AI 도구 활용을 통해 이러한 문제를 해결하고, 지자체가 스마트 행정을 구현하기 위한 기반을 마련하는 것이 중요하다. 이러한 노력을 통해 AI 챗봇을 효과적으로 운영하고, 시민들에게 더욱 편리한 행정 서비스를 제공할 수 있을 것이다.

5. AI 챗봇의 미래와 발전 가능성

1) 챗봇의 지능화와 예측 기능

AI 챗봇의 발전 방향 중 하나는 지능화와 예측 기능의 강화이다. 기존의 AI 챗봇은 주로 시민들의 질문에 응답하거나 단순한 민원 처리를 돕는 역할을 해왔다. 그러나 앞으로의 AI 챗봇은 단순히 질문에 답변하는 것을 넘어, 시민들이 필요로 하는 정보를 예측하고 맞춤형 서비스를 제공하는 수준으로 발전할 것으로 기대된다. 이러한 지능화와 예측 기능은 행정 서비스의 효율성을 크게 높이고, 시민들에게 더욱 개인화된 경험을 제공할 수 있는 기반이 된다.

지능화된 AI 챗봇은 시민들이 자주 묻는 질문이나 반복적으로 발생하는 문제를 학습해, 필요할 때 적절한 정보를 선제적으로 제공할 수 있다. 예를 들어, 특정 계절에 자주 발생하는 민원이나 특정 이벤트와 관련된 문의에 대해 AI 챗봇이 사전에 관련 정보를 제공하거나, 예상되는 질문에 대해 미리 답변을 제시하는 방식으로 서비스의 질을 높일 수 있다. 이러한 기능은 시민들이 정보를 찾는 시간을 줄여주고, 보다 편리하게 행정 서비스를 이용할 수 있도록 돕는다.

또한, AI 챗봇은 데이터 분석을 통해 시민들의 요구를 예측하고, 이에 맞춘 맞춤형 서비스를 제공할 수 있다. 예를 들어, 과거의 민원 데이터를 분석해 특정 시기에 어떤 서비스에 대한 수요가 증가할지를 예측하고, 이에 대한 준비를 미리 할 수 있다. 이를 통해 지자체는 행정 서비스의 수요 변화에 보다 유연하게 대응할 수 있으며, 시민들의 요구에 신속하게 부응할 수 있는 환경을 조성할 수 있다.

지능화된 AI 챗봇은 자연어 처리 능력이 더욱 향상돼, 시민들과의 대화에서 더욱 인간적인 상호작용을 제공할 수 있게 된다. 기존의 챗봇은 정형화된 질문과 답변에 한정돼 있는 경우가 많았으나, 앞으로의 챗봇은 보다 자연스러운 대화를 통해 시민들이 느끼는 불편함을 줄이고, 더욱 친근한 행정 서비스를 제공할 수 있을 것이다. 이러한 발전은 AI 챗봇을 단순한 도구가 아닌, 시민들과의 소통을 강화하는 중요한 수단으로 자리매김하게 한다.

예측 기능을 강화한 AI 챗봇은 시민들의 개별적인 요구를 파악해 맞춤형 정보를 제공하는 데에도 큰 도움이 된다. 예를 들어, 시민이 과거에 특정한 서비스를 여러 번 이용한 경우, 챗봇은 이를 학습해 해당 시민에게 관련된 최신 정보를 우선적으로 제공할 수 있다. 이러한 맞춤형 서비스는 시민들이 필요로 하는 정보를 보다 신속하고 정확하게 얻을 수 있도록 돕고, 행정 서비스에 대한 만족도를 높이는 결과로 이어진다.

AI 챗봇의 지능화와 예측 기능은 스마트 행정의 실현에 중요한 역할을 한다. 이를 통해 지자체는 시민들의 요구를 보다 정확하게 파악하고 신속하게 대응할 수 있으며, 행정 서비스의 품질을 지속적으로 향상시킬 수 있다. 앞으로 AI 챗봇의 지능화와 예측 기능이 더욱 발전함에 따라, 시민들은 더욱 개인화되고 편리한 행정 서비스를 경험하게 될 것이다.

2) 공공 서비스 외 타 분야 확장 가능성

(1) AI 챗봇의 다방면 활용 전망

AI 챗봇의 발전은 공공 서비스를 넘어 다양한 분야로 확장될 가능성을 갖고 있다. 현재 AI 챗봇은 주로 행정 업무와 민원 처리에 사용되고 있지만, 앞으로는 공공 서비스 외에도 여러 분야에서 활용될 수 있을 것이다. 이러한 확장은 시민들의 생활 전반에 걸쳐 편리함을 제공하고, 다양한 서비스와 정보를 신속하게 제공하는 데 기여할 것이다.

(2) 교육 분야에서의 활용

AI 챗봇은 교육 분야에서 중요한 역할을 할 수 있다. 학교나 교육기관에서는 AI 챗봇을 통해 학생들의 질문에 실시간으로 답변하거나, 학습 자료를 제공하는 방식으로 학습을 지원할 수 있다. 예를 들어, 학생들이 자주 묻는 수학 문제나 과학 개념에 대해 AI 챗봇이 빠르고 정확하게 설명함으로써 학습 효과를 높일 수 있다. 또한, 학부모와 교사 간의 소통을 지원하는 데에도 활용돼, 학부모들이 자녀의 교육 상황에 대해 손쉽게 정보를 얻을 수 있도록 도울 수 있다.

(3) 의료 분야에서의 활용

의료 분야에서도 AI 챗봇의 활용 가능성은 크다. AI 챗봇은 병원에서 환자들의 예약을 관리하거나, 간단한 증상에 대한 초기 상담을 제공하는 데 활용될 수 있다. 이를 통해 환자들은 병원 방문 전에 필요한 정보를 얻을 수 있으며, 의료진의 업무 부담도 줄일 수 있다. 예를 들어, AI 챗봇이 환자의 증상을 분석하고 적절한 진료 부서를 안내하거나, 진료 예약을 자동으로 처리함으로써 병원의 효율성을 높일 수 있다. 또한, AI 챗봇은 건강 관리에 대한 정보를 제공하고 생활 습관 개선을 위한 조언을 제공함으로써 시민들의 건강 증진에도 기여할 수 있다.

(4) 민간 기업의 고객 서비스에서의 활용

AI 챗봇은 민간 기업의 고객 서비스 분야에서도 큰 역할을 할 수 있다. 많은 기업들이 고객들의 질문에 신속하게 답변하고, 불만 사항을 처리하는 데 AI 챗봇을 활용하고 있다. AI 챗봇은 24시간 운영되기 때문에 고객들은 언제든지 필요한 정보를 얻을 수 있으며, 이를 통해 고객 만족도를 높일 수 있다. 예를 들어, 온라인 쇼핑몰에서는 상품 문의, 주문 상태 확인, 반품 절차 안내 등 다양한 고객 서비스를 AI 챗봇을 통해 제공함으로써 고객들의 편의를 증대시키고 있다.

(5) 관광 분야에서의 활용

관광 분야에서도 AI 챗봇은 유용하게 사용될 수 있다. 관광객들은 여행 중에 다양한 정보가 필요하며, AI 챗봇은 이러한 정보를 실시간으로 제공할 수 있다. 예를 들어, 관광지 정보, 교통편 안내, 숙박 시설 추천 등을 AI 챗봇이 제공함으로써 관광객들의 편의를 높이고, 보다 풍부한 여행 경험을 제공할 수 있다. 또한, 다국어 지원 기능을 통해 외국인 관광객들에게도 유용한 정보를 제공할 수 있어 관광 산업의 활성화에 기여할 수 있다.

[그림12] 관광 분야에서 AI 챗봇의 활용성과 효과(제작 : MidJourney)

(6) 사회복지 서비스에서의 활용

AI 챗봇은 사회복지 서비스 분야에서도 큰 도움이 될 수 있다. 복지 서비스는 대상자별로 다양한 요구와 상황을 반영해야 하는데, AI 챗봇은 이를 개인 맞춤형으로 지원할 수 있는 가능성을 갖고 있다. 예를 들어, 복지 혜택 신청 절차 안내, 대상자 맞춤형 복지 정보 제공 등을 통해 사회적 약자들이 필요한 서비스를 보다 쉽게 접근할 수 있도록 돕고, 복지 서비스의 접근성을 높일 수 있다.

결론적으로 AI 챗봇의 공공 서비스 외 타 분야로의 확장은 시민들의 삶의 질을 높이고, 다양한 서비스에 대한 접근성을 향상시키는 데 기여할 것이다. 교육, 의료, 고객 서비스, 관광, 사회복지 등 여러 분야에서 AI 챗봇이 적극 활용된다면, 시민들은 더욱 편리하고 개인화된 서비스를 경험할 수 있을 것이다. 이러한 확장은 AI 기술의 발전과 함께 더욱 가속화될 것으로 기대된다.

3) AI와의 협업으로 본격화되는 스마트 행정

AI 챗봇의 발전은 단순한 행정 업무 자동화를 넘어, 공무원과의 협업을 통해 스마트 행정을 본격화하는 데 중요한 역할을 할 것으로 기대된다. AI와의 협업은 행정 서비스의 효율성을 극대화하고, 시민들에게 보다 높은 품질의 서비스를 제공하는 기반을 마련한다. 이를 통해 지자체는 한정된 인력을 보다 효율적으로 활용하고, 행정 서비스의 품질을 지속적으로 향상시킬 수 있다.

AI와 공무원이 협력해 스마트 행정을 구현하는 중요한 방식 중 하나는 AI 챗봇이 반복적이고 단순한 업무를 처리함으로써 공무원이 더 고차원적인 업무에 집중할 수 있도록 돕는 것이다. AI 챗봇은 시민들의 자주 묻는 질문이나 간단한 민원 처리를 자동으로 해결해, 공무원들이 정책 기획이나 복잡한 민원상담과 같은 중요한 업무에 집중할 수 있는 시간을 확보해 준다. 이를 통해 공무원들은 전략적인 업무에 집중할 수 있으며, 전체적인 행정 서비스의 품질도 높아진다.

또한, AI 챗봇은 행정 서비스에 필요한 데이터 수집과 분석을 자동으로 수행해, 공무원들이 데이터를 기반으로 의사결정을 내릴 수 있도록 지원한다. 예를 들어, 시민들의 잦은 질문이나 발생하는 문제를 AI 챗봇이 수집하고 분석함으로써, 지자체는 시민들의 요구와 문제점을 보다 정확하게 파악할 수 있다. 이를 통해 지자체는 데이터를 기반으로 행정 정책을 수립하고, 시민들에게 더 적합한 서비스를 제공할 수 있다. 데이터 기반 의사결정은 행정의 투명성과 신뢰성을 높이는 데에도 중요한 역할을 한다.

스마트 행정을 실현하는 또 다른 방식은 AI 챗봇을 활용해 개인 맞춤형 행정 서비스를 제공하는 것이다. AI 챗봇은 시민 개개인의 요구와 선호를 학습하고, 이를 바탕으로 맞춤형 서비스를 제공할 수 있다. 예를 들어, 특정 시민이 과거에 신청한 복지 혜택 정보를 기반으로 해당 시민에게 추가적인 혜택이나 관련 정보를 제공할 수 있다. 이러한 맞춤형 서비스는 시민들의 만족도를 높이고, 행정 서비스에 대한 신뢰성을 강화하는 데 기여한다.

AI 챗봇은 공무원과 시민 간의 소통을 보조하는 중요한 도구로도 활용될 수 있다. 예를 들어, 공무원이 바쁜 일정으로 인해 즉각적으로 시민의 질문에 응답하기 어려운 경우, AI 챗봇이 기본적인 정보를 제공하고 공무원이 후속 조치를 취할 수 있도록 지원할 수 있다. 이를 통해 공무원과 시민 간의 소통이 끊기지 않고 지속될 수 있으며, 시민들은 보다 원활하게 행정 서비스를 이용할 수 있다.

AI와 공무원의 협업은 행정 서비스의 효율성을 높이는 동시에 시민들에게 더 나은 서비스를 제공하는 중요한 수단이 된다. AI는 반복적이고 단순한 업무를 처리하고 데이터를 분석하는 역할을 담당하며, 공무원은 창의적이고 복잡한 문제를 해결하는 데 집중함으로써 서로의 장점을 극대화할 수 있다. 이러한 협업을 통해 지자체는 스마트 행정을 본격적으로 실현하고, 시민들에게 더욱 개인화되고 효율적인 행정 서비스를 제공할 수 있을 것이다.

4) 시민 의견을 반영한 사용자 친화적 AI 챗봇의 진화

AI 챗봇의 발전에서 중요한 요소 중 하나는 시민들의 의견을 반영해 더욱 사용자 친화적으로 진화하는 것이다. 시민들은 AI 챗봇을 이용하면서 다양한 피드백을 제공하며, 이러한 피드백은 챗봇의 성능을 개선하고 시민들의 요구에 맞춰 발전시키는 데 중요한 역할을 한다. 사용자 친화적 AI 챗봇의 진화는 시민들의 행정 서비스 경험을 향상시키고, 지자체와 시민 간의 신뢰를 구축하는 데 기여한다.

시민 의견을 반영한 사용자 친화적 AI 챗봇의 발전은 먼저 시민들의 피드백을 적극적으로 수집하고 분석하는 것으로 시작된다. 시민들은 AI 챗봇과의 상호작용에서 느낀 불편한 점이나 개선이 필요한 부분에 대해 의견을 제공하며, 지자체는 이러한 피드백을 바탕으로 챗봇의 기능을 개선해야 한다. 예를 들어, 시민들이 특정 질문에 대한 답변이 명확하지 않다고 느낄 경우, 이를 반영해 답변을 보완하거나 질문의 의도를 더 정확히 이해할 수 있도록 자연어 처리 능력을 향상시키는 방식으로 개선할 수 있다.

또한, 사용자 친화적인 인터페이스 제공도 중요한 부분이다. AI 챗봇은 다양한 시민들이 이용할 수 있도록 직관적이고 이해하기 쉬운 인터페이스를 가져야 한다. 이를 위해 그래픽 사용자 인터페이스(GUI)를 개선하고, 음성 인식 기능을 추가해 디지털 기기 사용이 익숙하지 않은 사람들도 쉽게 이용할 수 있도록 해야 한다. 이러한 개선은 특히 노인이나 디지털 소외 계층과 같은 사회적 약자들이 행정 서비스에 쉽게 접근할 수 있도록 돕는다.

시민 의견을 반영한 AI 챗봇의 진화는 맞춤형 서비스 제공의 강화로도 이어진다. AI 챗봇은 시민들이 이전에 제공한 정보와 상호작용 데이터를 학습해, 개인 맞춤형 서비스를 제공할 수 있어야 한다. 예를 들어, 한 시민이 복지 혜택에 대해 여러 번 문의한 경우, 챗봇은 해당 시민에게 관련된 최신 정보를 우선적으로 제공하거나, 해당 혜택과 관련된 추가적인 정보를 안내할 수 있다. 이러한 맞춤형 서비스는 시민들이 필요로 하는 정보를 더 신속하고 정확하게 얻을 수 있도록 돕고, 사용자 경험을 크게 향상시킨다.

또한, AI 챗봇의 사용자 친화적 진화를 위해서는 챗봇이 단순한 정보 제공을 넘어 시민들과의 정서적 연결을 강화할 수 있어야 한다. 챗봇의 언어를 보다 친근하고 인간적인 어조로 조정함으로써, 시민들이 AI 챗봇을 더욱 신뢰하고 편안하게 느낄 수 있도록 해야 한다. 예를 들어, 간단한 인사말이나 격려의 말을 추가해 대화를 보다 인간적으로 만들어 주는 것이 시민들의 경험을 긍정적으로 변화시킬 수 있다.

마지막으로, AI 챗봇의 성능을 지속적으로 개선하기 위해 정기적인 업데이트와 테스트가 필요하다. 시민들의 요구는 시간이 지남에 따라 변화할 수 있기 때문에, AI 챗봇은 이러한 변화에 맞춰 지속적으로 업데이트돼야 한다. 새로운 기능을 추가하거나 기존 기능을 개선함으로써, 시민들이 언제나 최신의 편리한 서비스를 이용할 수 있도록 해야 한다.

시민 의견을 반영한 사용자 친화적 AI 챗봇의 진화는 스마트 행정의 핵심 요소이다. 이를 통해 지자체는 시민들의 요구를 보다 잘 반영하고, 시민들에게 맞춤형으로 최적화된 행정 서비스를 제공할 수 있게 된다. 이러한 진화 과정은 시민들이 AI 챗봇을 신뢰하고 적극적으로 활용하게 만들며, 궁극적으로는 행정 서비스의 효율성을 높이고 시민 만족도를 향상시키는 결과를 가져올 것이다.

Epilogue

AI 챗봇은 우리의 삶을 바꾸고 사회를 더욱 효율적으로 만드는 데 기여하고 있다. 공공 서비스의 혁신을 이끄는 AI 챗봇은 지자체와 시민들 간의 소통을 강화하고, 더 나은 행정 서비스를 제공하기 위한 중요한 수단으로 자리 잡았다. 앞으로 AI 챗봇은 감정 인식, 다국어 지원, 예측 기능 등의 발전을 통해 더욱 인간적이고 지능적인 방향으로 진화할 것이다.

이러한 변화는 시민들이 보다 편리하고 만족스러운 공공행정서비스를 누릴 수 있도록 하고, 지자체가 스마트 행정을 실현하는 데 중요한 역할을 하게 될 것이다. 기술은 도구일 뿐, 그 도구를 통해 진정한 가치를 만들어내는 것은 사람의 몫이다. 따라서 우리는 AI 기술을 올바르게 이해하고, 이를 통해 어떻게 사회적 가치를 창출할 수 있을지에 대해 끊임없이 논의하고 준비해야 한다.

AI 챗봇의 현재와 미래는 시작에 불과하다. 앞으로도 우리는 새로운 도전에 직면할 것이고, AI 기술은 끊임없이 발전할 것이다. 이 과정에서 AI 챗봇은 더욱 진보해 우리의 삶과 행정을 혁신적으로 변화시킬 것이다. 특히 AI 기술의 발전은 공공 서비스의 효율성뿐만 아니라, 개인화된 맞춤형 서비스 제공을 가능하게 함으로써 시민 개개인의 경험을 개선하는 데 기여할 것이다.

이제 우리는 AI 챗봇과 함께하는 스마트한 미래를 향해 나아가야 한다. 공공행정서비스의 질을 높이기 위한 지속적인 노력과 기술 발전에 대한 열린 마음이 필요하다. AI 챗봇의 발전은 단순히 효율성을 높이는 데 그치지 않고, 사람 중심의 서비스로 진화해 시민 만족도를 극대화할 수 있다. 이러한 변화의 주체는 우리 모두이며, 이를 통해 더 나은 사회를 만들어갈 수 있다는 믿음을 갖고 앞으로 나아가야 한다.

미래는 우리 앞에 놓인 도전이지만, 그 도전을 통해 우리는 새로운 기회를 만들어낼 수 있다. AI 챗봇이 우리의 삶을 혁신적으로 변화시킬 수 있는지, 그리고 우리가 이 기술을 통해 어떤 새로운 가치를 창출할 수 있을지를 고민하는 것은 중요한 과제이다. 이 4장을 마무리하며, 독자들이 AI 챗봇이 가져올 미래에 대해 긍정적인 기대감을 갖고, 그 변화에 대한 준비를 함께 해나가기를 바란다. 이러한 준비가 바로 스마트한 행정, 그리고 스마트한 사회를 만들어 가는 첫걸음이 될 것이다.

5

AI 에이전트의 산업별 트렌드

임 현 지

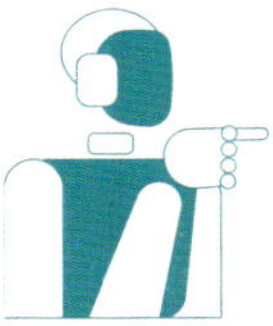

제5장 AI 에이전트의 산업별 트렌드

Prologue

우리는 매일 무언가에 도움을 받고 살아간다. 그 도움은 때로는 눈에 보이는 손길일 수도 있지만 요즘은 보이지 않는 손에 더 많이 의존하게 된다. 바로 AI 에이전트가 그 주인공이다. 스마트폰 속 AI 비서가 우리의 일정을 챙기고, 온라인 쇼핑몰의 알고리즘이 취향에 맞는 상품을 추천하며, 금융 서비스의 AI가 투자 전략을 제안하는 세상. 이 모든 변화는 우리 곁에서 묵묵히 움직이는 AI 에이전트의 힘으로 이뤄진다.

이 책은 이러한 AI 에이전트가 금융, 헬스케어, 교육, 고객 서비스 등 각 산업에서 어떤 방식으로 작동하며, 우리의 일상에 어떤 영향을 미치는지 탐구한다. AI는 단순히 작업을 자동화하거나 효율성을 높이는 데 그치지 않는다. 이제는 사용자를 이해하고, 더 나아가 스스로 판단해 최적의 솔루션을 제시하는 능동적인 동반자가 됐다.

AI 에이전트의 역할은 산업마다 다르다. 금융에서는 복잡한 데이터를 분석해 투자 조언자로 활약하고, 헬스케어에서는 개인 맞춤형 건강 관리의 파트너로 자리 잡았다. 교육에서는 학생 한 명 한 명의 학습 스타일을 이해해 개인화된 학습 여정을 설계하고, 고객 서비스에서는 소비자의 감정을 읽어 최적의 대응을 제안한다. 심지어 예술과 디자인 같은 창의적인 영역에서도 AI는 협업 파트너로 혁신을 이끌고 있다.

물론 AI 기술이 가져오는 변화는 긍정적인 측면만 있는 것은 아니다. 데이터 프라이버시 문제, 기술 의존성, 인간과의 역할 분배 같은 논의는 여전히 풀어야 할 과제다. 하지만 이런 도전 과제는 AI가 아닌, 이 기술을 사용하는 우리의 지혜에 따라 풀릴 수 있다.

AI 에이전트는 이미 보이지 않는 손으로 우리 주변을 움직이고 있다. 그 손길이 이끄는 세상은 어떤 모습일까? 이 책은 AI 에이전트가 만들어가는 변화를 이해하고, 그 안에서 인간과 기술이 어떻게 공존할 수 있는지 함께 고민하는 여정을 담았다. 우리의 삶을 변화시키는 이 보이지 않는 손을 제대로 이해하는 것이야말로, 더 나은 미래를 위한 첫걸음이 될 것이다.

1. 금융(FinTech)에서의 AI 혁신

1) 당신만의 금융 비서를 만나다

AI가 당신의 재정 관리를 도와준다면 얼마나 편리할까? AI 금융 비서는 데이터를 기반으로 개인화된 재정 조언과 서비스를 제공하며 현대 금융 생활의 새로운 표준이 되고 있다. 단순히 사용자의 질문에 답변하는 것을 넘어 지출 패턴 분석, 예산 계획, 장기적인 금융 목표 설정까지 지원한다.

예를 들어, 미국의 뱅크 오브 아메리카는 '에리카(Erica)'라는 AI 금융 비서를 통해 고객이 결제 내역을 실시간으로 확인하고 잔액 부족 시 대안을 제안하거나, 자동 이체 일정 등을 조율할 수 있게 한다. 뿐만 아니라 말 한 마디만으로 신용카드 분실·해제 신청은 물론이고 푸드트럭 음식을 마지막으로 먹은 날이 언제인지까지도 알려준다고 한다. 이러한 시스템은 사용자가 재정을 더 투명하게 관리할 수 있도록 돕는다.

한국에서도 AI 금융 비서는 폭넓게 도입되고 있다. 카카오페이는 AI 기술을 활용해 사용자의 소비 내역을 카테고리별로 정리하고, 통합 내역의 '검색 기능'으로 지출한 내역을 바로 확인 할 수 있다. 또 나의 결제 내역과 연결된 자산의 소비내역을 기반으로 카드를 추천해 현명하고 스마트한 소비를 돕는다. 전체적으로 이러한 서비스는 소비자가 자신의 소비 습관을 객관적으로 평가하고 개선할 수 있도록 지원한다.

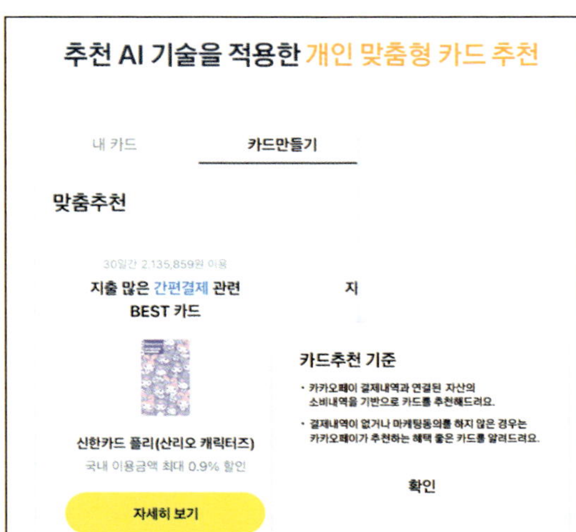

[그림1] 카카오페이 AI 추천 시스템

(출처 : https://www.kakaocorp.com/page/detail/10637)

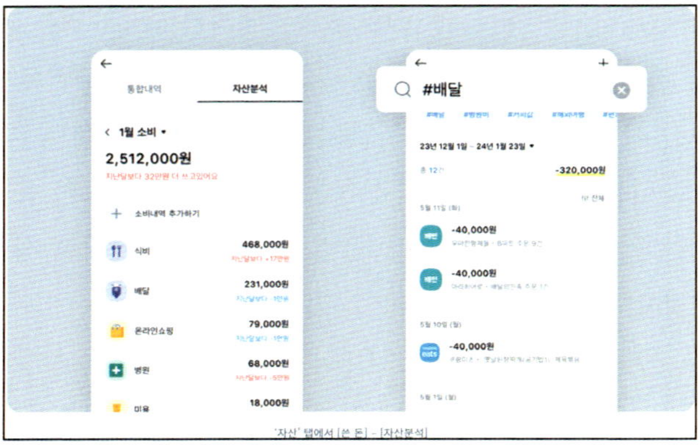

[그림2] 카카오페이 자산분석

(출처 : https://story.kakaopay.com/213-kakaopay-consumption/)

국내 여러 은행들이 사용자 데이터를 기반으로 적금 상품 추천, 대출 조건 비교, 맞춤형 금융 조언 등을 제공한다. 예를 들어, 사용자가 "30만 원을 저축하고 싶은데, 어떤 상품이 좋을까?"라고 질문하면, AI는 "당신의 소비 패턴을 분석한 결과, B 적금 상품이 최적입니다. 이율은 2.5%이고, 매월 자동 납부 옵션이 포함돼 있습니다"라고 구체적으로 안내한다. 이러한 개인화된 금융 조언은 고객이 복잡한 금융 결정을 쉽게 내릴 수 있도록 돕는다.

또한 사용자 신용점수 관리, 투자 상품 추천, 자산 통합 관리를 지원하는 금융 서비스 또한 똑똑한 맞춤 서비스가 제공되고 있는데 "지난달 대비 신용카드 사용 한도가 80% 이상 증가했습니다. 신용점수를 유지하려면 다음 달에 결제 비율을 줄이세요"와 같은 경고 알림을 통해 사용자가 신용점수를 안정적으로 관리할 수 있도록 돕는다.

이처럼 AI 금융 비서는 사용자의 소비 패턴, 소득 수준, 금융 목표 등을 분석해 맞춤형 서비스를 제공한다. 이러한 데이터는 머신러닝 알고리즘에 의해 지속적으로 학습되며, 시간이 지날수록 더 정교한 추천을 할 수 있게 된다. 예를 들어, 사용자가 특정 기간 동안 외식비를 줄이고 싶다는 목표를 설정하면, AI는 이전 외식 기록을 기반으로 "지난달 평균 외식비는 30만 원이었습니다. 이번 달 목표는 25만 원으로 설정하겠습니다"라고 알림을 보낸다. 이러한 세부적인 분석과 조언은 사용자가 자신의 재정 상태를 명확히 이해하도록 돕는다.

AI 비서의 또 다른 중요한 기능은 예산 관리다. 대부분의 사람들은 예산을 설정하는 데 어려움을 겪지만, AI 비서는 사용자가 입력한 목표 금액을 바탕으로 "이번 달의 총 지출 예산은 150만 원입니다. 현재까지 50%를 사용했습니다"와 같은 알림을 제공한다. 이를 통해 사용자는 매일 자신의 소비 한도를 인식하고, 예산 내에서 소비를 관리할 수 있다.

AI 금융 비서는 이러한 기능들을 언제든지 24시간 실시간 대응이 가능하다. 이러한 기능은 고객의 편리성을 극대화한다. 또한 복잡한 금융 용어를 직관적으로 설명해 사용자가 쉽게 이해할 수 있도록 돕는다. 아주 간단한 용어인 '복리'나 '이자율' 같은 용어조차도 시각화된 예시를 통해 쉽게 전달함으로써 사용자 친화적 인터페이스 구현이 가능하다.

그러나 물론 AI 금융 비서의 한계와 개선점도 존재한다. AI 금융 비서는 데이터에 의존하기 때문에 사용자가 데이터를 정확히 입력하지 않으면 추천의 신뢰도가 떨어질 수 있다. 예를 들어, 사용자가 부정확한 소득 정보를 입력한 경우, AI가 생성한 예산 계획도 비현실적일 수 있다. 이를 개선하기 위해 금융 기업은 자동화된 데이터 수집 시스템을 구축하거나, 사용자의 금융 데이터를 연결하는 기능을 강화하고 있다.

또한 AI 금융 비서는 아직 감정적 공감이나 정교한 판단력이 부족하다. 예를 들어, 긴급 상황에서 고객이 "가족 문제로 급히 돈이 필요합니다. 어떤 대출 상품이 좋을까요?"라고 물을 때, AI는 인간 상담원처럼 감정적으로 접근하지 못할 수 있다. 이러한 한계를 극복하기 위해 일부 기업은 AI와 인간 상담원을 결합한 하이브리드 시스템을 도입하고 있다.

AI 금융 비서는 단순히 개인화된 조언을 제공하는 것을 넘어 사용자와 정서적으로 연결될 수 있는 방향으로 발전하고 있다. 예를 들어, "다음 달 해외여행을 준비하고 계시네요. 환율 변화가 예상됩니다. 지금 환전하시겠습니까?"와 같은 컨텍스트 기반 서비스를 제공하며 사용자 경험을 한 단계 끌어올릴 것이다. 또한 AI는 재정 위험 관리와 투자 조언의 정확성을 높여 더 많은 사람들이 금융 자문 서비스를 쉽게 접근할 수 있도록 할 것으로 예상된다.

2) 돈을 지키는 경비견, 사기를 감지하는 AI의 비밀 병기

금융 사기는 매년 새롭고 정교한 방식으로 발전하고 있다. 그러나 당신이 잠든 사이, 누군가 당신의 돈을 지키고 있다고 생각이 들면 얼마나 안심이 될까? 이에 대응하기 위해 금융 기관들은 AI 기술을 적극적으로 도입하고 있으며, AI 기반 사기 방지 시스템은 이제 현대 금융 서비스의 필수 요소가 됐다.

글로벌 결제 회사 MasterCard는 사기 거래 감지 및 방지를 위해 자체 인공지능 시스템을 구축했다. 이 모델을 활용하면 은행이 의심스러운 거래를 실시간으로 평가해 해당 거래가 적합한지 여부를 판단할 수 있다. 매년 약 1,250억 건의 거래 데이터를 통해 학습한다. 그리고 이 학습된 모델은 초당 수백만 건의 거래를 처리한다. 이 시스템은 머신러닝 알고리즘을 통해 정상 거래와 비정상 거래를 구분하며 실시간으로 사기 가능성을 평가한다. 예를 들어, 사용자가 평소 낮 시간대에만 거래를 진행하다가 갑자기 새벽 시간대에 해외에서 고액 결제를 시도하면 AI는 "이 거래는 비정상 패턴입니다. 사기 가능성 85%"라는 결과를 생성한다.

이 과정에서 AI는 고객의 과거 거래 기록, 지리적 위치, 일반적인 소비 패턴 등을 비교 분석한다. 고객이 평소 이용하지 않는 지역이나 플랫폼에서의 거래를 감지할 경우, 거래를 즉각 차단하거나 추가 인증 과정을 요청한다. 이를 통해 잠재적 사기 피해를 최소화 할 수 있는 것이다.

또한 자사 플랫폼의 거래 흐름을 분석해 전 세계적으로 발생하는 패턴 변화를 감지한다. 예를 들어, 특정 국가에서의 거래량이 갑작스럽게 증가할 경우, 이는 조직적인 사기 시도의 초기 신호일 수 있다. MasterCard는 이러한 데이터를 통해 사전 경고를 발송하고, 사기 발생 가능성을 낮춘다.

우리 나라 또한 AI를 활용한 이상거래탐지는, 은행에서 보편적 도구로 자리잡았다. 예를 들어, 고객 계좌에서 갑작스럽게 큰 금액이 이체되거나 해외 IP에서 로그인 시도가 발생하면 즉각 알림을 발송하는 것은 물론이고, 고객 계좌의 모든 거래 데이터를 분석하며 고객의 평소 거래 패턴을 학습한다. 이를 통해 "주말 오후에 항상 10만 원 이하의 금액을 사용하던 고객이 갑자기 200만 원 이상의 거래를 진행했다"라는 이상 행동을 자동으로 인식하고 경고를 생성한다. 특히 이 시스템은 사기 거래로 확인된 사례를 학습해 새로운 유형의 사기 패턴에도 빠르게 대응할 수 있다.

이를 통해 매년 수천 건의 사기 거래를 방지하며, 고객과 금융 기관의 신뢰를 강화하고 있다. 이러한 시스템은 학습 데이터를 지속적으로 업데이트하며, 매년 등장하는 새로운 사기 수법에도 효과적인 대응을 할 수 있도록 돕는다.

AI 기반 사기 방지 시스템은 거래 데이터를 실시간으로 분석하고 의심스러운 거래를 탐지하기 위해 고객의 행동 패턴을 분석한다. 고객의 소비 습관, 주 거래 시간대, 거래 장소 등을 기준으로 정상적인 거래 패턴을 정의한다. 이러한 정의에 벗어나는 거래는 자동으로 의심 거래로 분류된다. 또 머신러닝 알고리즘을 통해 과거의 사기 데이터를 학습해 정상 거래와 사기 거래를 구분한다.

예를 들어, '평소 소액 결제만 하던 계좌에서 갑작스럽게 대규모 이체가 발생한다'라는 패턴을 인식한다. 그리고 거래가 발생하는 즉시 데이터를 처리하고, 정상 여부를 판별한다. 이 과정에서 거래 시간, 지역, 결제 방식 등이 주요 분석 요소로 사용된다. 마지막으로 사기 탐지 신경망 모델은 다차원 데이터를 학습해 복잡한 거래 간의 관계를 분석한다. 이는 단순히 과거 패턴을 넘어서 새로운 패턴까지도 탐지할 수 있는 능력을 제공한다.

2. 헬스케어와 AI의 만남

1) 내 건강을 지켜주는 AI 헬스 매니저

AI 기술이 우리의 일상 속으로 깊이 스며들며, 건강 관리의 패러다임도 빠르게 변화하고 있다. 특히 AI 기반 헬스 매니저는 개인의 건강 데이터를 수집하고 분석해 맞춤형 조언을 제공함으로써 현대인의 건강을 책임지는 핵심 도구로 자리 잡았다. 이제 건강 관리란 단순히 병원을 방문하거나 운동 계획을 세우는 것을 넘어 데이터 기반의 실시간 피드백과 맞춤형 예방 조치를 통해 더 나은 삶의 질을 추구하는 방향으로 발전하고 있다.

헬스 매니저로서의 AI는 각종 웨어러블 기기와 스마트폰을 통해 데이터를 수집한다. 걸음 수, 심박수, 수면 패턴, 혈압, 칼로리 섭취량 등 다양한 데이터를 실시간으로 수집하며, 이를 분석해 사용자의 생활 습관과 현재 상태를 파악한다. 중요한 점은 AI가 단순히 데이터를 기록하는 데 그치지 않고, 이를 기반으로 행동을 유도하거나 건강 목표를 설정하고 관리하는 데 적극적으로 개입한다는 것이다. 예를 들어, 사용자의 심박수가 평소보다 높게 유지되면 '스트레스가 높아졌습니다. 5분간의 심호흡 운동을 권장합니다'라는 알림을 보내고, 스트레스를 줄이는 행동을 실천하도록 돕는다. 이러한 기술은 과거에는 불가능했던 실시간 건강 관리의 새로운 시대를 열었다.

해외에서는 Fitbit과 같은 웨어러블 기기가 AI 헬스 매니저의 대표적인 사례로 주목받고 있다. Fitbit은 사용자의 심박수와 수면 데이터를 분석해 '오늘 목표 걸음 수의 80%를 달성했습니다. 20분만 더 걸어보세요'와 같은 맞춤형 피드백을 제공한다. 이러한 피드백은 단순히 건강 정보를 제공하는 것을 넘어 사용자의 동기를 부여하고 행동을 촉진하는 데 초점을 맞추고 있다. 특히 Fitbit은 활동량과 수면 데이터를 결합해 사용자의 에너지 상태를 점수화하는 'Body Battery' 기능을 제공함으로써 사용자가 스스로 운동량과 휴식을 균형 있게 조절할 수 있도록 돕는다.

한편, 한국에서도 삼성 헬스가 AI 헬스 매니저의 선두 주자로 자리 잡았다. 삼성 헬스는 웨어러블 기기와 스마트폰을 연동해 개인의 건강 데이터를 통합 관리하며, 운동 기록, 심박수, 스트레스 지수 등을 종합적으로 분석한다. 예를 들어, 사용자가 운동 부족 알림을 받으면 '오늘은 30분의 걷기 운동을 추천합니다. 약 200 칼로리를 소모할 수 있습니다'라는 구체적인 제안을 받을 수 있다.

또 복약 기능으로 사용자의 복약을 관리하고 약물의 용법과 부작용, 복용 시 주의사항 등 정보를 제공한다. 그리고 스트레스가 높은 날에는 '심호흡 운동을 통해 스트레스를 완화해 보세요'와 같은 맞춤형 조언이 제공되며, 이러한 접근은 건강 관리의 단순화와 행동 유도를 동시에 실현하고 있다.

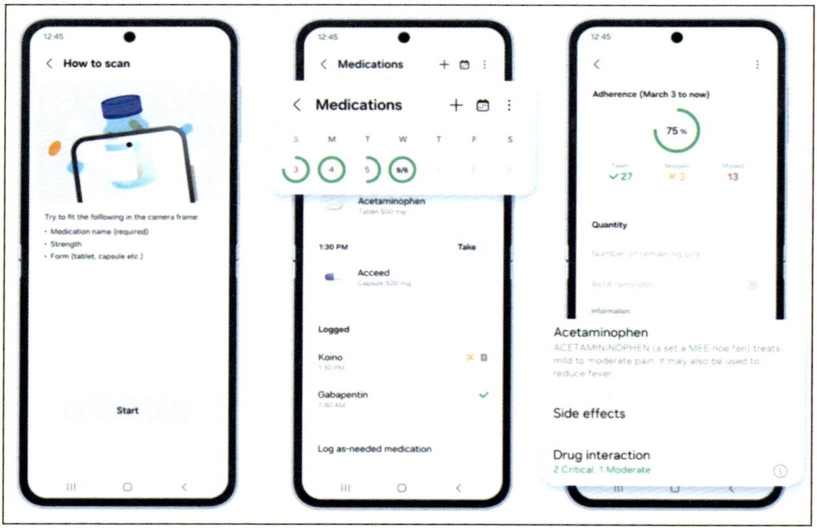

[그림3] 삼성헬스 복약 기능

(출처 : https://news.samsung.com/kr/)

AI 헬스 매니저는 건강 이상 징후를 사전에 감지하는 데에도 탁월한 성능을 발휘한다. 예를 들어, 심박수 데이터를 분석해 불규칙성이 감지되면 '심방세동 가능성이 있습니다. 의료 전문가와 상담하시길 권장합니다'라는 경고를 보내고, 사용자가 즉각적인 조치를 취할 수 있도록 돕는다. 이는 단순히 병원 방문을 늦추지 않는 데 그치지 않고, 조기 진단과 예방적 치료를 가능하게 한다. 이런 점에서 AI 헬스 매니저는 단순한 기록 도구에서 벗어나 사용자의 생명을 구할 수 있는 중요한 의료 파트너로 발전하고 있다.

그러나 AI 헬스 매니저의 작동 방식은 단순히 데이터를 수집하고 경고를 보내는 것을 넘어 정밀한 분석과 맞춤형 솔루션 설계에 기반한다. 이는 머신러닝 알고리즘을 통해 사용자의 건강 상태를 학습하고 시간이 지남에 따라 더 정교한 조언을 제공하는 방식으로 이뤄진다. AI는 사용자의 과거 데이터를 기반으로 현재 상태와 비교 분석을 수행하며 이를 바탕으로 사용자의 건강 목표에 맞는 구체적인 행동 계획을 설계한다. 예를 들어, 사용자가 체중 감량을 목표로 설정하면 AI는 '오늘 섭취한 칼로리가 목표치를 초과했습니다. 내일 아침에는 저칼로리 음식을 선택하세요'라는 구체적인 조언을 제공한다.

또한 AI 헬스 매니저는 외부 환경 요인까지 고려해 조언을 최적화한다. 예를 들어, 기온이 높은 날에는 '현재 기온이 높아 탈수 증상이 우려됩니다. 물을 충분히 섭취하고 운동 강도를 낮추세요'라는 알림을 보낸다. 이러한 환경 요인을 반영한 피드백은 사용자가 건강을 더욱 세심히 관리할 수 있도록 돕는다.

AI 헬스 매니저의 강점은 데이터 기반의 개인화 서비스와 행동 유도 최적화에 있다. AI는 각 사용자의 건강 데이터를 분석해 개인 맞춤형 솔루션을 제공하며, 기존의 일괄적인 건강 관리 방식보다 훨씬 더 효과적이다. 또한 AI는 신경과학적 연구를 바탕으로 작은 목표를 제시해 사용자가 지속 가능한 변화를 이루도록 돕는다. 예를 들어, '오늘은 5분간 명상을 시도해 보세요. 스트레스 관리에 큰 도움이 될 것입니다'라는 작은 제안은 사용자의 행동 변화를 유도하는 데 탁월한 효과를 발휘한다.

물론 AI 헬스 매니저가 모든 문제를 해결할 수 있는 것은 아니다. 데이터의 정확성과 품질이 낮을 경우 잘못된 조언을 제공할 가능성이 있다. 예를 들어, 사용자가 웨어러블 기기를 착용하지 않았거나 데이터를 정확히 입력하지 않았다면, AI가 '칼로리 섭취가 적정합니다'라는 잘못된 결론을 도출할 수 있다. 이를 해결하기 위해 더 정밀한 센서를 개발하고 데이터의 신뢰성을 높이는 기술적 개선이 필요하다.

미래의 AI 헬스 매니저는 유전자 데이터를 분석해 질병 발병 가능성을 예측하고, 예방적 조치를 제안하는 수준으로 발전할 것이다. 또한 증강 현실(AR) 및 가상 현실(VR) 기술과 결합해 사용자가 더욱 몰입감 있는 건강 관리 경험을 누릴 수 있도록 도울 것이다. 예를 들어, AR을 통해 운동 자세를 실시간으로 교정하거나, VR 환경에서 개인 트레이너와 함께 운동 계획을 시뮬레이션할 수 있을 것이다.

AI 헬스 매니저는 더 이상 기술적 도구에 머무르지 않고 인간의 건강을 지키는 믿음직한 동반자로 자리 잡고 있다. 앞으로의 기술 발전은 단순한 건강 관리에서 벗어나 예방적 의료와 지속 가능한 삶의 질 개선으로 이어질 것이다.

2) AI 주치의, 당신의 미래를 예측하다

현대 의료 기술은 예방 중심으로 빠르게 전환되고 있다. 질병을 사후에 치료하는 기존의 방식에서 벗어나 건강 데이터를 기반으로 개인의 미래 건강 상태를 예측하고, 미리 대처할 수 있도록 돕는 것이 새로운 패러다임으로 자리 잡았다. 이 중심에는 AI 주치의가 있다. AI는 과거의 의료 데이터를 분석하고, 현재 상태와 비교해 미래에 발생할 가능성이 있는 질병과 건강 문제를 예측한다. 이를 통해 사용자는 질병을 예방하고, 더 나은 건강 상태를 유지할 수 있는 기회를 얻는다.

AI 주치의의 가장 큰 강점은 방대한 데이터를 처리하고 이를 의미 있는 정보로 전환하는 능력에 있다. 인간 의사는 단기적인 증상을 바탕으로 진단과 치료를 제공하는 데 비해 AI는 사용자의 유전자 정보, 생활 습관, 병력, 환경 데이터를 통합적으로 분석해 장기적인 건강 상태를 예측한다. 이러한 접근은 치료를 넘어 예방이라는 목표를 달성하기 위해 필수적이다.

예를 들어, IBM Watson Health는 유전자 데이터를 분석하고, 특정 유전자의 돌연변이와 질병 간의 연관성을 학습해 사용자에게 '당신의 유전자 패턴은 40대에 심혈관 질환이 발병할 가능성을 25% 높입니다. 매년 심장 검사를 받으세요'라는 구체적인 조언을 제공한다. 이는 단순히 현재의 건강 상태를 유지하는 것을 넘어 장기적인 질병 예방과 관리를 가능하게 한다.

한국에서는 AI 기반 의료 플랫폼을 활용해 암 환자의 데이터를 분석하고 있다. 이 시스템은 환자의 유전자 변이 데이터를 바탕으로 특정 항암제에 대한 반응성을 예측하며, 최적의 치료법을 제안한다. 예를 들어, 환자가 A 항암제에 대한 반응률이 낮을 것으로 예상되면, AI는 '이 환자는 B

항암제 사용 시 치료 성공 확률이 70%입니다'라는 결과를 제공한다. 이는 기존의 의료 방식에서 경험과 시행착오에 의존했던 항암 치료 과정을 혁신적으로 개선한다.

그리고 의료 영상 데이터를 분석해 조기 진단과 예측을 돕는 기술을 또한 선보이고 있다. 이 AI는 뇌졸중, 폐암, 당뇨 합병증과 같은 질병을 조기에 발견하며, 의료진에게 'CT 스캔 결과에서 초기 뇌졸중 가능성이 발견되었습니다. 추가 검사를 권장합니다'라는 경고를 제공한다. 의료진은 이를 바탕으로 빠르고 정확한 결정을 내릴 수 있다.

AI 주치의가 작동하는 방식은 간단하면서도 놀랍도록 정교하다. 먼저, AI는 환자의 과거 데이터를 수집한다. 이 과정에는 병원 기록, 유전자 데이터, 생활 습관 정보 등이 포함된다. 이후 AI는 이 데이터를 분석해 현재 상태를 평가하고, 기존의 의료 데이터와 비교해 미래의 건강 위험 요인을 식별한다. 마지막으로 AI는 위험 요인에 대한 예방 조치를 제안한다. 예를 들어, '혈압 상승 경향이 지속되고 있습니다. 매일 염분 섭취를 30% 줄이고, 유산소 운동을 20분 추가하세요'라는 구체적인 실행 계획을 제공한다.

AI 주치의의 또 다른 주요 강점은 환자별 맞춤형 의료 제공이다. 모든 사람은 유전자, 환경, 생활 습관에서 차이가 있기 때문에 같은 질병이라도 사람마다 치료법이 다를 수 있다. AI는 이를 고려해 환자 개인에게 가장 적합한 예방책과 치료법을 제안한다. 특히 유전자 기반 분석은 특정 약물에 대한 반응을 예측하는 데 중요한 역할을 한다. 환자가 특정 약물에 부작용을 겪을 가능성이 있다면 AI는 이를 미리 알려주어 안전한 대안을 선택할 수 있게 한다.

그러나 우리가 신중하게 고려해야 할 것은 데이터의 품질이 낮거나 누락된 경우 AI가 부정확한 예측을 제공할 가능성이 있다. 또한 AI는 감정적 공감을 제공할 수 없기에 환자가 정서적 지원을 필요로 할 때 충분히 대처하지 못할 수 있다. 이를 보완하기 위해 인간 의사와 AI가 협력하는 모델이 점차 도입되고 있다. AI는 데이터 분석과 예측에 강점을 발휘하고 인간 의사는 환자와의 정서적 상호작용과 치료 계획의 최종 결정을 담당하는 방식이다.

AI 주치의는 단순히 질병을 예방하고 치료하는 데 그치지 않는다. 이 기술은 의료비 절감과 의료 서비스의 접근성 향상에도 크게 기여하고 있다. 예를 들어, 의료 자원이 부족한 지역에서도 AI는 환자의 데이터를 원격으로 분석해 의료진이 신속히 대응할 수 있도록 돕는다. 이는 특히 만성질환 환자들에게 중요한 역할을 한다. 예를 들어, 당뇨병 환자는 혈당 데이터를 AI와 공유함으로써 '혈당 수치가 목표치보다 높습니다. 인슐린 용량을 조정하세요'라는 맞춤형 피드백을 받을 수 있다.

미래의 AI 주치의는 예측 의료의 새로운 기준을 정립할 것이다. 유전자 분석, 환경 데이터, 행동 패턴을 통합적으로 분석해 단순히 질병을 예방하는 것을 넘어 사용자가 더 건강하고 지속 가능한 삶을 살 수 있도록 돕는 방향으로 진화할 것이다. 예를 들어, AI는 사용자의 데이터를 바탕으로 '10년 후, 골다공증 발병 가능성이 있습니다. 지금부터 칼슘 섭취를 늘리고 매주 근력 운동을 시작하세요'라는 장기적인 건강 계획을 제안할 것이다.

AI 주치의는 의료 분야에서 한계를 넘어서는 도구로 자리 잡고 있다. 이는 단순히 기술적인 혁신을 넘어, 인간의 삶을 개선하는 데 있어 가장 중요한 동반자로 발전하고 있다.

3. 교육의 미래, AI가 설계하다

1) AI 튜터로 배우는 더 똑똑한 공부법

교육의 방식은 시대에 따라 변해왔다. 지식을 가진 교사가 수업을 이끌며, 학생들은 수동적으로 배우는 것이 당연했지만 오늘날 AI가 등장하며 교육의 판도를 완전히 바꾸고 있다. 특히 AI 튜터는 학생 개개인에게 맞춤형 학습을 제공하며, 기존의 일괄적이고 획일적인 교육에서 벗어나 새로운 차원의 학습 환경을 만들어 간다.

AI 튜터가 제시하는 가장 큰 변화는 '개인화 학습'이다. 모든 학생은 각자의 학습 속도와 이해 수준, 그리고 학습 스타일이 다르다. 전통적인 교실 환경에서는 교사가 수많은 학생의 필요를 모두 충족시키기 어려웠다. 하지만 AI 튜터는 학생 개개인의 학습 데이터를 분석해 학습자가 필요한 내용만 정확히 전달하고 학습 속도를 조정하며 이해도를 확인한다. 학생이 특정 개념에서 어려움을 겪으면 AI는 즉각적으로 도움을 주며 그 개념을 확실히 이해할 수 있도록 추가 자료나 설명을 제공한다.

예를 들어, AI 튜터가 수학을 가르친다고 가정해 보자. 한 학생이 분수의 덧셈 문제를 반복해서 틀린다면 AI는 문제 풀이 기록을 분석해 학생이 잘못 이해한 부분을 찾아낸다. 이후 반복해서 틀린 문제를 중심으로 오답노트처럼 다시 안내하며 필요한 단계를 천천히 보여준다. 정답을 단순히 알려주는 것이 아니라 학생이 스스로 문제를 해결하도록 유도하는 것이다. 이 과정에서 학생의 이해도가 높아질수록 AI는 난이도를 조정하며 점진적으로 도전 과제를 늘린다.

이러한 개인화 학습은 학습자에게 단순한 지식 전달 이상의 의미를 부여한다. 학생은 자신이 배우는 내용이 자신만을 위해 설계되었다고 느끼며 학습에 더욱 몰입할 수 있다. AI 튜터는 학습을 게임처럼 흥미롭게 만들기도 한다. 학습 목표를 달성할 때마다 '축하합니다! 오늘 10일 연속 학습을 이어가고 있어요. 내일도 도전해 보세요'와 같은 메시지를 보내며 학생들에게 성취감을 느끼게 한다. 이는 인간 교사가 제공하는 격려와 비슷한 효과를 발휘하며 학생들이 꾸준히 학습을 이어가도록 동기를 부여한다.

언어 학습에서도 AI 튜터는 강력한 도구로 자리 잡았다. 대표적인 사례로는 Duolingo를 들 수 있다. Duolingo는 혁신적인 언어 학습 앱으로 전 세계적으로 인기 있는 플랫폼 중 하나이다. AI는 학습자가 특정 문법 구조나 단어 사용에서 반복적으로 실수를 저지를 때 이를 분석해 맞춤형 복습 계획을 제안한다. 예를 들어, '어제 배운 과거형 동사 표현에서 약간 어려움을 겪으셨네요. 오늘은 이 부분을 다시 연습해 볼까요?'라며 학습자가 자연스럽게 자신의 약점을 보완할 수 있도록 돕는다.

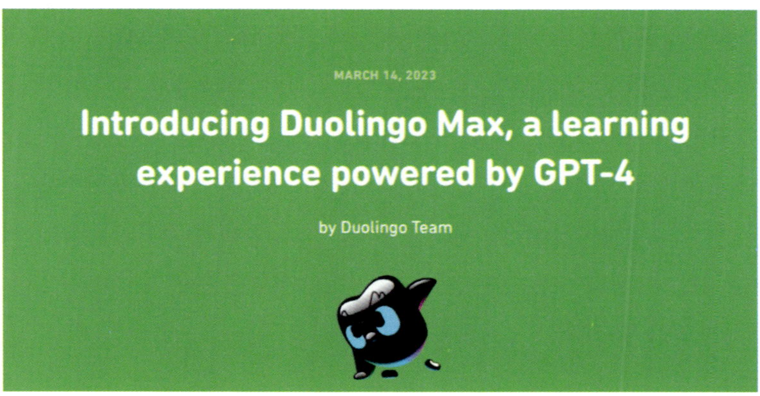

[그림4] GPT-4 알고리즘을 탑재한 Duolingo

(출처 : https://blog.duolingo.com/)

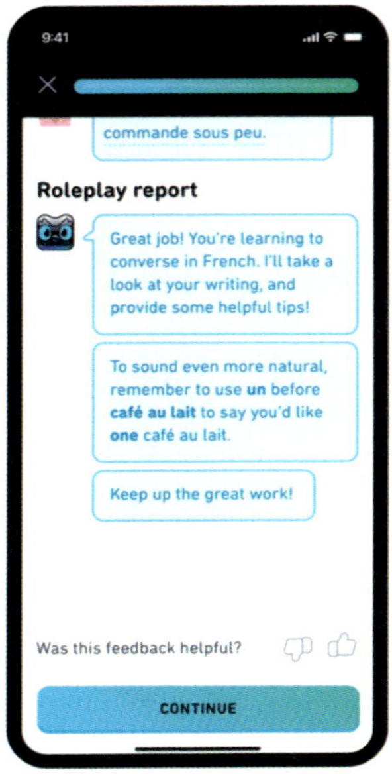

[그림5] Duolingo의 피드백과 복습 기능

(출처 : https://blog.duolingo.com/)

한국에서도 이런 AI 튜터 기술이 빠르게 확산되고 있다. AI 수학 튜터를 통해 학생들의 학습 기록을 분석하고 그 결과에 따라 맞춤형 학습 계획을 제안한다. 학생이 특정 주제를 이해하지 못한 채 넘어가면 AI는 이를 감지하고 '지난주 공부한 소수 곱셈 문제에서 몇 가지 어려움을 보였습니다. 오늘은 이 부분을 집중적으로 복습하는 것이 좋겠습니다'라는 피드백을 준다. AI는 학생의 학습 공백을 최소화하고, 개념을 완전히 이해하도록 돕는 데 초점을 맞춘다.

이 기술은 단순히 초등학교나 중학교 수준의 교육에만 국한되지 않는다. 대학에서도 AI 튜터는 학습 보조 도구로 활용되고 있다. 대규모 온라인 강의(MOOC) 플랫폼인 Coursera는 AI를 사용해 수강생들이 학습 중 자주 어려워하는 부분을 분석하고, 자동으로 맞춤형 강의 자료를 제공한다. 이는 수강생이 특정 강의를 중도에 포기하지 않도록 돕는 데 효과적이다.

AI 튜터가 제공하는 또 다른 중요한 장점은 학습 과정의 '데이터화'이다. 과거에는 학생들이 시험에서 얻은 점수만으로 학업 성취도를 평가했다. 그러나 AI는 학생의 학습 과정, 문제 풀이 시간, 오답 패턴 등 세부적인 데이터를 수집하고 분석한다. 이 데이터는 학생의 학습 스타일을 정확히 파악하고, 장기적인 학습 계획을 세우는 데 활용된다. 예를 들어, 한 학생이 반복적으로 기하학 문제를 어려워한다면, AI는 '이 학생은 도형의 각도 계산에 약한 경향이 있습니다. 이를 보완하기 위해 단계별 연습 문제를 추가로 제공할 것을 권장합니다'라는 구체적인 조언을 교사나 학부모에게 전달할 수 있다.

AI 튜터는 이제 교육의 필수 요소로 자리 잡아가고 있다. 학생들은 더 이상 모두가 같은 방식으로 공부해야 한다는 부담을 느끼지 않는다. 대신 AI가 자신만을 위한 학습 환경을 설계하며, 학생들은 자신의 속도에 맞춰 학습할 수 있다. 이러한 변화는 교육의 접근성을 높이고, 더 많은 학생이 학습에서 성공을 경험할 수 있도록 만든다.

교육의 본질은 단순히 정보를 전달하는 것이 아니라, 배우는 즐거움을 발견하게 하고 스스로 성장하도록 돕는 데 있다. AI 튜터는 이 목표를 실현하는 강력한 도구가 돼, 학생들에게 더 똑똑하고 효과적인 공부법을 제시하고 있다.

2) AI와 VR이 결합한 교실, 꿈꾸던 학습이 현실로 이뤄지다

학생들이 역사책 속 장면을 단순히 읽고 상상하는 것을 넘어, 실제로 고대 이집트의 피라미드 속으로 들어간 듯한 경험을 할 수 있다면 어떨까? 혹은 태양계를 배우며 눈앞에 펼쳐진 행성을 손으로 돌려보고, 그 표면을 탐험하는 기회를 가진다면? 이제 이러한 경험은 더 이상 상상이 아니다. AI와 VR(가상현실)이 결합 된 교실이 바로 이런 꿈을 현실로 만들고 있다.

VR 교실은 기존의 교육 방식을 뒤바꾸며 학생들에게 더 풍부하고 몰입감 있는 학습 환경을 제공한다. 교과서와 칠판 앞에서 이뤄지던 전통적인 수업은 AI와 VR의 결합을 통해 새롭게 진화하고 있다. 예를 들어, 학생이 VR 기기를 착용하면 눈앞에 펼쳐지는 3D 가상 세계 속에서 역사를 체험하거나 과학 실험을 진행할 수 있다. 단순히 시각 자료를 보는 것이 아니라 그 속에서 움직이며 배우는 것이다. AI는 학생의 학습 진행 상황을 실시간으로 분석하며 '지금 바라보는 이 건축물은 고대 로마의 원형 극장입니다. 클릭하면 더 많은 정보를 볼 수 있어요'와 같은 맞춤형 안내를 제공한다.

이처럼 AI와 VR의 결합은 단순히 재미를 넘어, 학습의 몰입도를 높이는데 기여한다. VR 교실은 특히 STEM(과학, 기술, 공학, 수학) 교육에서 혁신적인 도구로 자리 잡고 있다. 전통적인 과학 수업에서는 실험 장비나 공간 부족으로 인해 학생들이 실제 실험을 경험하기 어려운 경우가 많았다. 하지만 VR 환경에서는 이러한 제약을 완전히 없앨 수 있다.

특히 화학이나 물리처럼 위험 요소가 큰 분야에서는 학생들이 안전하게 실험에 참여할 수 있는 기회를 가질 수 있다. 예를 들어, 학생들은 가상 공간에서 화학 물질을 혼합하고 그 반응을 실시간으로 관찰하며, 실험 결과를 직접 분석할 수 있다. '이 물질과 저 물질을 혼합하면 어떤 반응이 일어날까요? 예측해 보고 실험을 진행해 보세요'라는 AI의 안내는 학생의 호기심을 자극하며, 실험의 원리를 깊이 이해하도록 돕는다.

이뿐만 아니라 화학 사고에 대한 대응 교육에도 탁월하다. LG전자의 경우 VR 기기를 활용해 실험실 사고 등 산업 현장에서 일어날 수 있는 안전사고 상황의 모의 훈련을 진행하며 실전 경험을 통한 대처 방법을 배울 수 있다.

[그림6] LG전자 VR을 활용한 화학사고 예방 대응 훈련
(출처 : https://www.anjunj.com/news/articleView.html?idxno=39853)

VR 교실은 학문적 개념을 넘어 현실 세계의 기술을 체험할 수 있도록 한다. 예를 들어, 학생들은 VR 속에서 엔지니어가 돼 기계 부품을 조립하거나, 항공기 조종사가 돼 가상의 비행을 체험할 수 있다. 이러한 학습 방식은 단순히 이론을 배우는 것에 그치지 않고 학생들이 실질적인 기술과 문제 해결 능력을 기를 수 있는 환경을 만들어 준다.

실제로 공군 훈련에서도 VR을 쓰고 전투기를 조종해 가상으로 실제 임무 수행을 해볼 수 있는 시뮬레이터를 개발했다. 이것을 활용해 실제 조종석과 동일 환경에서 장비 조작은 물론 가상의 적기에 미사일을 쏘고 작전지역을 탐색하는 등 임무 수행을 위한 최적의 시험 비행을 하고 있다. 정비를 위해 엔진을 불필요하게 가동할 필요도 없고 실제 상황에서 잘 발생하지 않는 작업을 언제든 해볼 수 있는 장점이 있다.

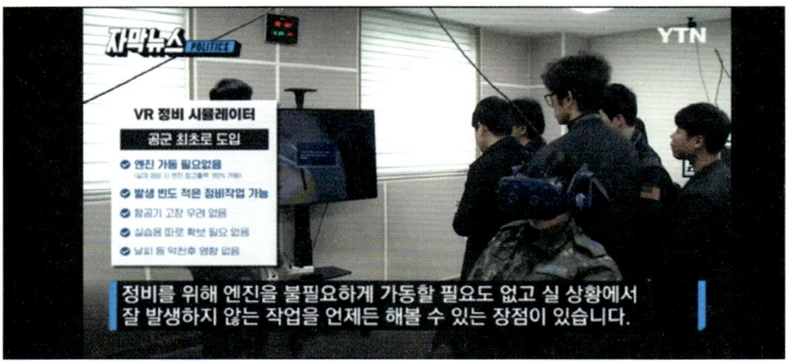

[그림7] VR을 활용한 정비 시뮬레이터로 공군 훈련

(출처 : https://www.ytn.co.kr/_ln/0134_202404020943582543)

AI는 VR 학습 환경에서 학생의 학습 데이터를 지속적으로 분석하며 각 학생의 학습 속도와 이해도를 파악한다. 어떤 학생이 특정 단계에서 어려움을 겪고 있다면, AI는 즉각적으로 해당 학생에게 맞춤형 도움을 제공한다. 예를 들어, 한 학생이 VR에서 진행되는 건축 설계 시뮬레이션에서 특정 도구를 사용하는 데 어려움을 느낀다면, AI는 '이 도구를 이렇게 사용하면 더 정확한 결과를 얻을 수 있습니다'라고 설명하며 실시간으로 문제를 해결할 수 있도록 돕는다.

AI와 VR 교실의 가장 큰 장점 중 하나는 학생들에게 창의적인 자유를 제공한다는 점이다. 학생들은 현실에서 불가능하거나 비용이 많이 드는 상황을 VR 속에서 자유롭게 탐험하고 실험할 수 있다. 가상 세계에서는 실패가 두려움의 대상이 아니다. 학생들이 새로운 방법을 시도하고, 실수를 통해 배우며, 창의적인 해결책을 찾는 데 초점을 맞출 수 있다.

VR 교실은 단순히 개인적인 학습을 넘어 협업 학습에서도 큰 가능성을 열어준다. 서로 다른 지역에 있는 학생들이 가상 공간에서 함께 프로젝트를 진행할 수 있다. 예를 들어, 한 학생은 가상 환경에서 우주 탐사선을 설계하고, 다른 학생은 이를 시뮬레이션해 우주의 조건에서 제대로 작동하는지 실험해 볼 수 있다. 이러한 협력은 단순한 학습을 넘어 글로벌한 관점에서 문제를 해결하는 능력을 키워준다.

물론 AI와 VR이 결합된 교실에도 몇 가지 도전 과제가 있다. VR 기기의 비용과 유지 보수는 여전히 높은 편이며, 일부 학생은 VR 기기를 사용하면서 어지럼증이나 피로감을 느끼기도 한다. 또한 AI와 VR 기술을 도입하기 위해서는 교사들이 이 기술을 충분히 이해하고 효과적으로 활용할 수 있는 교육을 받아야 한다. 하지만 이러한 문제들은 기술 발전과 교육 시스템의 적응 과정을 통해 점차 해결되고 있다.

AI와 VR이 결합된 교실은 단순히 기존의 학습 방식을 대체하는 것을 넘어 교육의 새로운 가능성을 열고 있다. 학생들은 배우는 즐거움을 되찾으며 책 속의 세계를 탐험하고 자신만의 학습 여정을 설계할 수 있다. AI와 VR이 만들어 가는 교실은 교육의 경계를 허물고 배움의 본질을 재정의하는 중요한 전환점이 되고 있다.

3) AI가 설계하는 나만의 학습 여정, 더 효율적이고 더 빠르게

배움은 모두에게 똑같은 길로 제공될 수 없다. 사람마다 이해 속도와 학습 스타일, 흥미를 느끼는 주제가 다르기 때문이다. 과거의 교육 방식은 이런 다양성을 충분히 반영하지 못했다. 하지만 AI는 각자의 학습 여정을 새롭게 설계함으로써 학생 개개인이 가장 효율적이고 효과적으로 학습할 수 있는 길을 제시하고 있다.

AI가 설계하는 학습 여정은 단순히 개인화된 커리큘럼을 제공하는 수준을 넘어 학생이 학습 목표를 달성하기 위해 어떤 과정이 필요한지를 정밀히 분석하고 구체적인 단계를 제시한다. 예를 들어, 한 학생이 '다음 달까지 영어 단어 500개를 외우고 싶다'라고 목표를 설정하면, AI는 이 목표를 달성하기 위해 매일 몇 단어를 공부해야 하는지, 어떤 학습 방식을 사용하는 것이 효과적인지 계산한다. 이 과정에서 학생의 기존 학습 패턴과 집중력, 선호 학습 시간대 등을 고려해 학습 계획을 세운다.

AI가 설계하는 학습 여정의 가장 큰 장점은 바로 실시간 피드백이다. 전통적인 방식에서는 학생이 학습 도중 문제를 해결하지 못하거나, 특정 개념에서 혼란을 느껴도 즉각적인 도움을 받기 어렵다. 하지만 AI는 학생의 학습 과정을 실시간으로 모니터링하고, 필요할 때 바로 개입한다. 예를 들어, 학생이 수학 문제를 반복해서 틀리면 AI는 '이 문제를 해결하려면 먼저 이 공식의 개념을 복습해야 합니다'라며 맞춤형 피드백을 제공한다. 학생은 이 과정에서 자신의 약점을 빠르게 보완할 수 있다.

AI는 또한 학습 데이터를 통해 학생의 성향과 강점을 분석한다. 특정 학생이 시각적인 자료에 더 반응하는 학습 스타일을 갖고 있다면 AI는 그림이나 다이어그램을 활용해 설명을 강화한다. 반면, 청각적인 학습에 익숙한 학생에게는 오디오 자료를 제공하거나, 강의 내용을 음성으로 요약해 준다. 이처럼 AI는 각자의 학습 스타일에 따라 맞춤형 자료를 제시하며 모든 학생이 자신에게 가장 적합한 방식으로 학습할 수 있도록 돕는다.

언어 학습에서도 AI는 학습 여정을 혁신하고 있다. 예를 들어, 한 학생이 영어 회화를 배우고자 한다면 AI는 먼저 학생의 현재 수준을 평가한다. 간단한 단어와 문장을 익혀야 하는 초급 학습자에게는 '오늘의 목표는 기본적인 인사 표현 배우기입니다'라는 계획을 제시한다. 반면, 중급 학습자에게는 '이번 주는 시제에 따른 문법 변화를 복습하고, 다음 단계를 준비하세요'라는 권고를 하며 학습 속도를 조절한다. 이런 맞춤형 접근은 학생이 학습 목표를 더 빠르게 달성할 수 있도록 돕는다.

또 학생의 대화 기록을 분석해 학습자가 자주 틀리는 표현이나 부족한 영역을 파악한다. 그리고 이를 기반으로 '이번 주 학습의 초점은 관용적 표현 활용입니다. 예시 문장을 연습해 보세요'라는 계획을 제안한다. 이 AI는 실시간으로 발음과 문법을 교정하며 학습자가 실수에서 배우고 성장할 수 있도록 돕는다.

그리고 AI는 학습자가 스스로 공부하는 방식을 이해하도록 돕는다. 학생이 과목별로 얼마나 많은 시간을 투자하는지, 어떤 방식에서 가장 효과적인 결과를 얻었는지 데이터를 기반으로 보여준다. 이 과정은 학습자가 자신의 강점과 약점을 객관적으로 파악하게 하며 더 나은 학습 습관을 형성하는 데 도움을 준다. 예를 들어, '지난주 수학 공부에 40%의 시간을 투자했지만, 실제 성과는 계획 대비 70%에 그쳤습니다. 더 짧고 집중적인 공부 세션으로 조정해 보세요'라는 분석은 학생이 스스로 학습 방법을 개선할 수 있게 한다.

AI는 학습 목표를 달성한 후에도 학생의 성장을 지원한다. 목표가 달성되면 '다음 단계로 넘어가볼까요?'라는 안내와 함께 새로운 도전을 제시한다. 이 과정에서 AI는 학생이 성취감을 느끼며 지속적으로 학습에 참여할 수 있도록 유도한다. 학습이 단순한 의무가 아니라, 개인적인 성장과 연결된 즐거운 여정이 되도록 만드는 것이다.

물론 AI가 설계하는 학습 여정에도 한계는 있다. 특히 정서적 지지와 공감의 부족은 AI가 인간 교사를 완전히 대체할 수 없는 이유 중 하나다. 학생이 학습 의욕을 잃었을 때, '너라면 할 수 있어!' 혹은 '잠시 쉬었다 할까?'라는 때에 맞는 적절하고 따뜻한 격려가 주는 힘은 AI가 제공하기 어렵다. 따라서 AI는 데이터를 분석하고 학습 계획을 설계하는 데 집중하고, 교사는 학생과 정서적으로 연결되며 그들을 지원하는 역할을 맡는 협업 모델이 가장 효과적이다.

AI가 설계하는 학습 여정은 단순히 기술적 도구를 넘어 학생들에게 맞춤형 학습 경험을 제공하고, 자신만의 속도로 목표를 달성할 수 있도록 돕는다. 이 과정은 학습자의 자신감을 높이고, 교육의 효율성과 효과를 극대화하며, 모든 학생이 학습에서 성공을 경험할 수 있는 환경을 조성한다.

4) AI가 함께하는 '실시간 글로벌 협업 프로젝트' 전 세계 학생과 연결하다

언젠가 전 세계의 학생들이 한 팀이 돼, 우주로의 인류 이주 계획을 세우고, 대양의 쓰레기 문제를 해결하거나, 새로운 에너지원 개발을 위한 연구에 참여하게 될 것이라고 상상해 본 적이 있는가? 이러한 상상은 이제 AI와 함께 현실이 되고 있다. 언어와 시간대, 문화의 장벽이 허물어지고 전 세계의 학생들이 한 공간에 모여 공동의 목표를 향해 협력할 수 있는 시대가 열렸다.

이제 교실은 지역적 경계를 넘어 글로벌 무대로 확장되고 있다. 한때 단순히 지역적인 문제를 해결하기 위해 협력하던 학생들은 이제 AI와 함께 지구적 차원의 문제를 논의하고 해결책을 모색하고 있다. 환경 문제부터 우주 개발, 지역사회 개선 프로젝트까지 AI는 단순히 기술적 지원을 제공하는 도구를 넘어 학생들이 효과적으로 협력하고 배우는 과정을 지원하는 핵심 동반자로 자리 잡았다.

AI는 이 과정에서 학생들의 소통을 돕는 중요한 역할을 한다. 다양한 언어를 사용하는 팀원들 간의 실시간 번역은 물론, 각자의 생각을 명확히 표현하도록 도와주는 기능까지 갖추고 있다. 예를 들어, 한국의 한 학생이 제안한 아이디어가 캐나다 팀원에게 전달될 때, AI는 이를 단순히 영어로 번역하는 것에 그치지 않고, 문화적 뉘앙스를 고려해 적합한 방식으로 전달한다. '이 아이디어는 프로젝트의 핵심을 명확히 할 수 있을 것 같아요. 함께 세부 사항을 더 논의해 보세요'라는 메시지는 단순히 언어를 초월해 팀 간의 협업을 부드럽게 만드는 역할을 한다.

글로벌 협업 프로젝트는 단순히 기술 도구의 활용에 그치지 않는다. AI는 학생들이 서로 다른 배경을 이해하고, 각자의 강점을 활용해 공동의 목표를 이루도록 설계된 학습 환경을 제공한다. 예를 들어, 환경 보호 프로젝트를 진행하는 팀에서는 AI가 각 지역의 환경 데이터를 제공하며, 학생들이 데이터 기반의 논의를 이어갈 수 있도록 돕는다. 캐나다 팀원이 "우리 지역에서는 재활용율이 높지만, 여전히 플라스틱 소비가 많습니다"라고 말하면, AI는 '한국에서는 재활용 분리배출이 의무화돼 있습니다. 이 데이터를 참고해 새로운 아이디어를 도출해 보세요'라는 제안을 추가한다. 학생들은 이렇게 서로 다른 지역의 경험을 공유하며, 새로운 관점을 얻는다.

또한 AI는 프로젝트의 진행 상황을 실시간으로 모니터링하며 각 팀원의 역할을 명확히 한다. 학생들이 자신이 맡은 역할에서 어려움을 겪을 때 AI는 '이 단계에서 필요한 자료를 추가로 제공할까요?'라고 물으며 문제를 해결하는 데 도움을 준다. AI는 학생들의 학습 데이터를 바탕으로, 각자의 강점에 따라 역할을 조정하기도 한다. 데이터 분석에 능한 학생에게는 실험 결과를 정리하는 역할을, 창의적 아이디어를 제안하는 데 강점을 보이는 학생에게는 프레젠테이션 디자인을 맡기도록 제안하는 것이다.

글로벌 협업 프로젝트는 학생들이 단순히 배우는 것을 넘어 자신이 배운 지식을 실질적으로 활용하는 경험을 제공한다. 학생들은 AI가 제공하는 데이터를 바탕으로 문제를 정의하고 해결책을 설계하며 결과를 공유한다. 이러한 과정은 단순한 지식 전달에서 끝나는 것이 아니라 학생들이 실제로 문제를 해결할 수 있는 능력을 기르도록 돕는다.

AI와 글로벌 협업의 가장 큰 장점 중 하나는 학습 격차를 줄이는 데 기여한다는 점이다. 과거에는 경제적 자원이나 지리적 조건에 따라 고급 교육 콘텐츠에 접근하기 어려웠던 학생들도 이제 AI와 인터넷만 있으면 동일한 수준의 프로젝트에 참여할 수 있다. AI는 전 세계에서 연결된 학생들이 동등한 기회를 누릴 수 있도록 지원하며 협업의 장벽을 없앤다.

이 과정에서 학생들은 기술적인 능력뿐만 아니라 글로벌 시민으로서의 책임감을 배운다. 예를 들어, 기후 변화에 대한 프로젝트에 참여한 학생들은 '우리가 만든 해결책이 다른 지역에서 어떤 영향을 미칠 수 있을까?'를 고민하게 된다. AI는 다양한 지역의 데이터를 분석해 '이 해결책은 북미에서는 효과적일 수 있지만 동남아 지역에서는 자원의 부족으로 실현 가능성이 낮습니다'라는 정보를 제공하며 더 포괄적인 접근 방식을 제안한다. 이는 학생들이 단순히 문제를 해결하는 것을 넘어 전 세계적인 맥락에서 생각하도록 돕는다.

이와 같은 글로벌 협업 프로젝트는 단순히 기술의 혁신을 넘어 교육의 본질을 다시금 재정의하고 있다. 학생들은 자신만의 배움을 넘어 서로의 경험과 지식을 공유하며 진정한 글로벌 공동체의 일원이 되는 경험을 한다. AI는 단순한 도구가 아니라, 학생들이 세계와 연결되고 더 나은 미래를 설계할 수 있도록 돕는 동반자가 되고 있다.

4. 고객 경험을 새로 쓰는 AI

1) AI 감정 분석 전문가, 고객의 마음을 읽고 대응하다

고객을 대하는 일은 늘 어렵다. 매뉴얼에 맞게 업무 프로세스를 진행하고 고객 응대를 해도 고객 만족이라는 벽은 쉽게 넘을 수 없다. 고객이 어떤 기분인지 정확히 알아낸다면 그들의 기대를 뛰어넘는 서비스를 제공할 수 있지 않을까? 더 나아가 고객이 불만을 표현하기도 전에 그들의 감정을 읽어내고 문제를 해결할 수 있다면 어떨까? 이는 단순히 이상적인 상상이 아니다. AI 감정 분석 기술은 이제 고객의 언어, 음성톤, 표정 그리고 그 이면의 감정까지 파악하며 고객 서비스의 새로운 지평을 열고 있다.

AI 감정 분석 기술은 단순히 고객이 한 말을 텍스트로 변환하거나, 그 내용의 긍정·부정을 판단하는 데 그치지 않는다. 고객의 대화 속 미묘한 뉘앙스, 목소리의 떨림, 단어 선택 그리고 속도까지 분석해 고객이 느끼는 감정을 실시간으로 파악한다.

아마존의 AI 기반 고객 서비스는 이러한 감정 분석 기술을 적극적으로 활용하고 있다. 고객이 채팅이나 음성 통화를 통해 문제를 제기하면, AI는 즉각 대화를 분석해 고객의 감정 상태를 파악한다. 고객의 말 속도가 빨라지거나 음성의 톤이 높아질 경우 AI는 '이 고객은 현재 스트레스를 받고 있으며, 빠른 해결책을 기대합니다'라는 분석 결과를 상담사에게 전달한다. 이는 고객 응대 속도를 높이고 문제를 해결하는 데 최적의 방안을 제공하도록 돕는다.

한국의 상담 서비스도 비슷한 기능을 제공한다. 고객이 '왜 아직도 답이 없죠? 너무 불편하네요'라는 메시지를 보낼 경우 AI는 부정적인 단어와 문맥을 분석해 '이 고객은 불만족 상태이며, 빠른 응답과 적절한 사과가 필요합니다'라는 피드백을 상담사에게 전달한다. 이처럼 AI는 단순히 대화 내용을 전달하는 역할을 넘어 상담사가 상황에 맞는 적절한 응대를 할 수 있도록 구체적인 가이드를 제공한다.

흥미로운 점은 AI 감정 분석이 채팅이나 음성 대화에서만 머무르지 않는다는 것이다. 오프라인 매장에서도 고객의 표정과 행동을 분석하는 시스템이 점차 도입되고 있다. 예를 들어, 한 미국 대형 쇼핑몰에서는 매장에 설치된 카메라와 연결된 AI가 고객의 표정을 실시간으로 분석한다. 고객이 상품을 살펴보다 미소를 짓거나, 고민스러운 표정을 짓는 등의 행동을 하면 AI는 이를 바탕으로 매장 직원에게 '이 고객은 특정 상품에 관심을 보이고 있습니다. 추가 정보를 제공해 보세요'라는 제안을 한다.

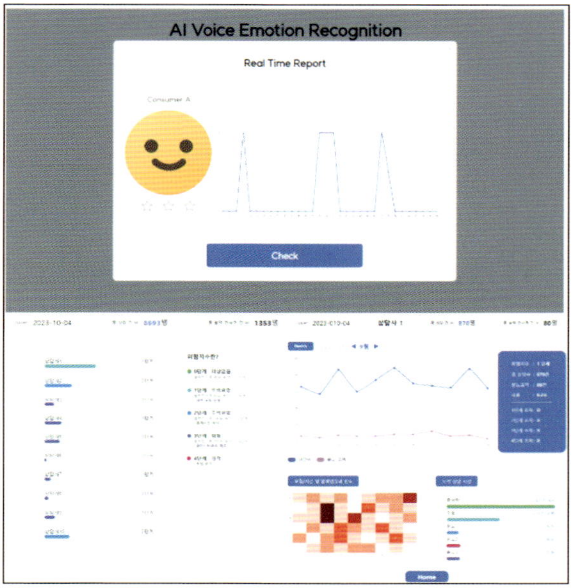

[그림8] 인디제이의 'AI 음성 감정인식 솔루션'
(출처 : https://www.donga.com/news/Economy/article/all/20231115/122194558/1)

AI 감정 분석 기술의 가장 큰 강점은 데이터 기반의 객관성을 유지하면서도 인간적인 접근 방식을 결합한다는 점이다. 사람은 때로 자신의 감정을 정확히 표현하지 못하거나, 자신의 진짜 감정을 숨길 때가 있다. 하지만 AI는 텍스트와 음성의 뉘앙스, 심지어는 고객이 사용하는 단어의 빈도와 패턴까지 분석해 그 이면의 진짜 감정을 파악한다. 이는 고객의 불만을 사전에 해결하는 데 결정적인 역할을 한다.

이러한 기술은 단순히 불만 해결에만 국한되지 않는다. 고객이 긍정적인 감정을 느낄 때 이를 강화해 브랜드 충성도를 높이는 데도 활용된다. 고객이 '이 서비스가 정말 만족스러웠어요'라고 말한다면, AI는 이 긍정적인 경험을 더욱 확대할 방법을 추천할 수 있다. '이 고객에게 추가 할인을 제공하거나, 재구매를 유도할 수 있는 감사 메시지를 보내는 것이 좋습니다'와 같은 제안은 고객과 브랜드 간의 관계를 더욱 돈독히 만든다.

또한 AI 감정 분석은 고객 서비스와 마케팅을 연결하는 데도 유용하다. 한 번의 상담에서 끝나는 것이 아니라 고객의 감정 데이터를 분석해 장기적인 고객 경험 전략을 세울 수 있다. 예를 들어, 특정 제품에 대한 불만이 지속적으로 발생한다면 AI는 '이 제품군에 대한 고객의 부정적인 피드백이 증가하고 있습니다. 제품 개선이나 리콜을 검토해야 할 수도 있습니다'라는 경고를 제공할 수 있다.

물론 AI 감정 분석 기술에도 과제는 있다. 감정은 복잡하고 주관적이며 문화적 배경과 개인적인 성향에 따라 다르게 표현될 수 있다. 예를 들어, 같은 상황에서도 어떤 고객은 부드러운 어조로 불만을 표현하는 반면, 다른 고객은 강한 어조로 표현할 수 있다. AI는 이러한 다양한 표현 방식을 학습하고, 각각에 적절히 대응할 수 있어야 한다.

하지만 이러한 한계에도 불구하고 AI 감정 분석 기술은 고객 서비스의 미래를 이끌고 있다. 고객이 자신이 단순히 데이터로 취급되는 것이 아니라 자신의 감정과 요구가 존중받고 있다고 느낄 때 서비스에 대한 만족도는 극적으로 높아진다. AI는 이 과정을 가능하게 하며 고객과 기업 간의 신뢰를 구축하는 데 핵심 역할을 하고 있다.

AI 감정 분석은 기술 그 자체를 넘어 사람과 사람 간의 연결을 강화하고 고객 경험을 혁신하는 데 기여하고 있다. 이 기술은 고객의 목소리 속에 숨겨진 진짜 감정을 읽어내고 그에 적합한 해결책을 제시하며 궁극적으로 더 나은 서비스와 경험을 창출한다.

2) 필요를 예측하는 AI, 고객의 질문을 기다리지 않는 서비스

내가 필요한 서비스인걸 어떻게 알았지? AI 기반 서비스는 놀라운 수준으로 진화하고 있다. 과거의 고객 서비스는 기본적으로 고객이 먼저 질문하거나 문제를 제기해야 반응하는 구조였다. 그러나 AI는 이 공식을 깨뜨리고 있다. 이제 AI는 고객이 무엇을 필요로 하는지 사전에 예측하고 그들이 요구하기도 전에 솔루션을 제시한다.

이 변화의 핵심은 데이터다. AI는 고객의 행동 패턴, 구매 이력, 검색 기록 그리고 심지어 사용 중인 제품의 상태까지 분석해 그들이 필요로 할 것을 미리 예측한다. 예를 들어, 한 고객이 온라인으로 특정 제품을 구매하고 반복적으로 비슷한 카테고리를 검색한다면 AI는 '이 고객이 구매한 제품에 필요한 액세서리를 추천하거나, 제품 관련 문제를 사전에 안내하는 것이 적절합니다'라는 전략을 제안한다.

쉽게 이해할 수 있는 사례 중 하나로 여러 쇼핑몰에서는 고객의 쇼핑 기록을 분석해 '이 제품을 구매한 다른 고객들은 이런 제품도 좋아했습니다'라는 추천을 통해 구매 가능성을 높인다. 여기서 놀라운 점은 단순히 제품 추천에 그치지 않고 고객의 현재 필요를 예측해 선제적으로 정보를 제공한다는 것이다. 예를 들어, 고객이 프린터를 구매했다면, AI는 곧바로 '잉크 카트리지가 부족해질 때 알림을 받을 수 있습니다. 자동 주문 서비스를 설정해 보세요'라고 제안한다. 이는 고객의 잠재적인 문제를 미리 해결해 주는 방식으로 고객의 편의성을 극대화한다.

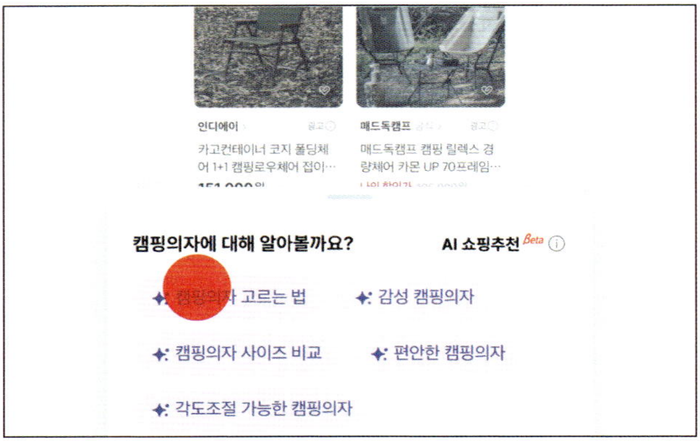

[그림9] 네이버 플러스 스토어 AI 쇼핑 추천

(출처 : https://www.aitimes.kr/news/articleView.html?idxno=32755)

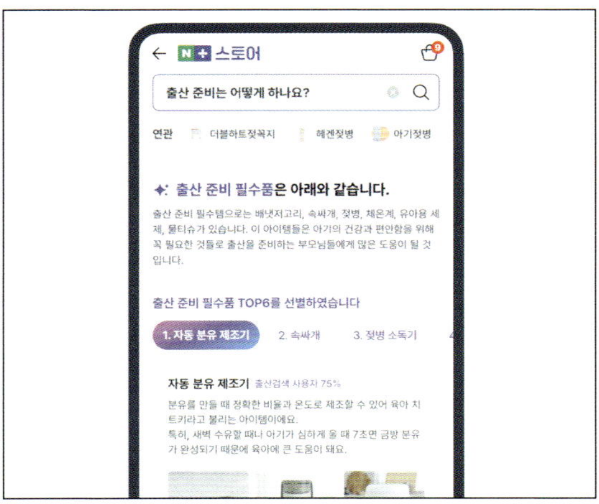

[그림10] 네이버 플러스 스토어 AI 쇼핑 추천 '출산'이라는 일반 질의어 검색 기능 예시

(출처 : https://www.aitimes.kr/news/articleView.html?idxno=32755)

이뿐만 아니라 고객이 자주 주문하는 음식이나 상품의 패턴을 분석해 예상되는 주문 시점에 미리 알림을 보낸다. 고객이 특정 카페에서 주말마다 음료를 주문한다면 AI는 '이번 주말에도 같은 음료를 주문하시겠습니까? 클릭 한 번으로 주문을 완료할 수 있습니다'라는 제안을 한다. 이처럼 고객의 필요를 예상하고 즉각적인 행동을 유도하는 기능은 반복 구매율을 높이고 고객 경험을 개선하는 데 기여한다.

필요를 예측하는 AI는 고객 지원에서도 강력한 도구로 자리 잡았다. 예를 들어, 고객이 스마트 기기를 사용하다가 특정 오류를 반복적으로 경험하는 경우 AI는 이를 감지하고 '현재 사용 중인 기기에서 업데이트가 필요합니다. 지금 설치하시겠습니까?'라는 알림을 보낸다. 이는 고객이 문제를 느끼기 전에 해결 방안을 제시함으로써, 불만을 사전에 차단하는 역할을 한다.

AI의 이러한 예측 능력은 고객의 신뢰를 구축하는 데도 큰 역할을 한다. 고객은 자신이 요구하기도 전에 필요한 정보를 받음으로써 기업이 자신의 필요를 잘 이해하고 있다는 느낌을 받는다. 이는 고객 만족도를 높이는 데 결정적인 요소로 작용한다. 특히 고객이 문제를 제기하기 전에 먼저 응답하는 서비스는 브랜드의 신뢰도를 강화하고 경쟁사와의 차별화를 가능하게 한다.

AI는 필요 예측 기능을 통해 단순히 현재의 문제를 해결하는 것을 넘어 고객 경험의 미래를 설계한다. 예를 들어, AI는 고객이 과거에 취소했던 예약 기록을 분석해 '작년 이맘때 이 여행 패키지를 검색했었습니다. 올해는 할인된 가격으로 예약하실 수 있습니다'라는 알림을 보낸다. 이는 고객이 잊고 있던 필요를 상기시키고 구매로 이어지도록 유도하는 방식이다.

필요를 예측하는 AI는 단순히 효율성을 추구하는 기술이 아니다. 이는 고객의 시간과 노력을 절약하고 그들이 기대하지 못한 순간에 편리함과 만족을 제공하는 기술이다. AI는 고객의 마음을 읽고, 그들의 필요를 한발 앞서 예측하며 고객 경험을 새로운 차원으로 끌어올리고 있다.

3) 모든 것을 연결하다, 멀티채널 AI의 통합 서비스

고객은 이제 더 이상 한가지 채널에만 의존하지 않는다. 하루에도 여러 채널을 넘나들며 브랜드와 상호작용한다. 웹사이트에서 상품을 검색하고 모바일 앱에서 장바구니에 담은 뒤 소셜미디어에서 후기를 읽고 매장에서 직접 제품을 확인한 후에야 구매를 결정하기도 한다. 그러나 이러한 여정을 가로막는 가장 큰 문제는 바로 채널 간 단절이다. 온라인에서 찾은 정보를 매장에서 공유할 수 없다면? 혹은 콜센터에 반복해서 설명해야 한다면? 고객은 금방 피로감을 느끼고, 브랜드에 대한 신뢰를 잃을지도 모른다.

이러한 문제를 해결하는 열쇠가 바로 AI 기반 멀티채널 통합 서비스다. 이 기술은 고객의 여정을 하나로 연결한다. 고객이 웹사이트, 앱, 매장, 콜센터, 소셜미디어를 오가며 남긴 흔적을 모두 통합해 하나의 완결된 경험으로 만들어 준다. 고객은 어떤 채널을 이용하든 자신이 필요한 정보를 쉽게 찾고 브랜드와의 상호작용이 끊김 없이 이어지는 것을 경험할 수 있다.

이 시스템의 핵심은 데이터 연결성이다. 예를 들어 한 고객이 모바일 앱에서 스니커즈를 검색했다고 가정해 보자. AI는 이 정보를 저장한 뒤 같은 고객이 매장을 방문하면 직원에게 알림을 보낸다. '고객님께서 앱에서 확인하신 제품이 매장에 준비돼 있습니다. 바로 착용해 보실 수 있도록 도와드리겠습니다'라는 안내는 고객이 자신의 요구가 이미 이해되고 있다는 신뢰를 갖게 한다.

이러한 기술은 단순히 데이터 통합에서 끝나지 않는다. AI는 각 채널의 특성을 이해하고 이를 활용해 고객 경험을 최적화한다. 웹사이트나 앱에서는 개인화된 추천과 편리한 검색 기능이 중요하다면 매장에서는 직원들이 AI 데이터를 활용해 고객과의 대면 서비스를 강화한다. 예를 들어, 여러 쇼핑 채널에서는 고객이 앱에 담아둔 장바구니 상품을 매장에서 바로 확인할 수 있도록 안내한다. '고객님, 관심 상품이 매장에 준비돼 있습니다. 픽업 서비스를 도와드릴까요?'라는 메시지는 고객에게 온라인과 오프라인의 경계를 잊게 한다.

글로벌 시장에서도 이러한 기술은 큰 성과를 내고 있다. 아디다스는 앱에서 신발을 검색한 고객이 매장을 방문했을 때 매장 직원이 즉시 데이터를 확인해 해당 상품을 추천할 수 있도록 했다. 매장에서는 고객의 이전 구매 이력을 참고해 '이 신발에 어울리는 양말 세트를 함께 구매하시면, 적립금 혜택을 드릴 수 있습니다'라는 맞춤형 제안을 한다. 고객은 자신의 필요가 이미 파악되었음을 느끼며, 이로 인해 구매 결정이 더욱 빨라진다.

특히 AI는 고객이 어떤 채널에서든 동일한 경험을 하도록 돕는다. 고객이 콜센터에 전화를 걸어 문제를 설명하면 AI는 이미 웹사이트에서 해당 고객이 남긴 문의나 행동 기록을 참조한다. '고객님께서 최근 배송 문제를 문의하셨네요. 현재 상황을 확인해드리겠습니다'라는 상담사의 응답은 고객의 시간을 절약하고 서비스 품질을 높인다.

또한 멀티채널 AI는 고객의 행동을 단순히 기록하는 것을 넘어 이를 바탕으로 예측적인 서비스를 제공한다. 예를 들어, 고객이 겨울마다 동일한 브랜드의 코트를 구매하는 패턴이 있다면, AI는 고객이 잊고 있던 필요를 상기시키는 메시지를 보낸다. '올겨울 신상품 코트가 출시되었습니다. 지금 예약하시면 할인 혜택을 받으실 수 있습니다'. 이는 고객에게 실질적인 가치를 제공하는 동시에 브랜드와의 관계를 더욱 견고히 만든다.

소셜미디어에서도 AI는 실시간 상호작용을 통해 고객 경험을 강화한다. 트위터나 인스타그램에서 특정 브랜드를 언급하면 AI는 이를 감지해 신속히 응답한다. '이 신제품 정말 마음에 드네요'라는 고객의 댓글에는 AI가 관련 정보를 추가로 제공하거나, 구매 혜택을 안내한다. 이런 실시간 대응은 고객과 브랜드 간의 신뢰를 높이고, 충성도를 강화하는 데 크게 기여한다.

하지만 멀티채널 AI 서비스에도 도전 과제가 없는 것은 아니다. 데이터의 일관성과 보안은 여전히 주요 이슈로 남아 있다. 다양한 채널에서 발생하는 데이터를 통합 관리하려면 데이터의 정확성과 동기화가 필수적이다. 또한 고객 데이터는 매우 민감한 정보를 포함하기 때문에 이를 안전하게 저장하고 보호하는 것이 최우선 과제가 된다. AI 시스템은 데이터를 암호화하고 최소한의 정보만 사용하도록 설계돼야 하며 고객에게 데이터 사용의 목적을 명확히 알림으로써 신뢰를 구축해야 한다.

이러한 과제에도 불구하고 멀티채널 AI 통합 서비스는 고객 경험의 새로운 표준을 만들어 가고 있다. 고객은 더 이상 여러 번 나의 생각과 요구사항을 설명하지 않아도 된다. 어떤 채널을 이용하든 동일한 경험을 누리고 자신의 니즈가 이미 파악되었음을 느낀다. 이는 단순한 기술적 진보가 아니라 고객과 브랜드 간의 관계를 재정의함으로써 나타나는 변화다.

결국 멀티채널 AI 서비스는 고객에게 일관되고 개인화된 경험을 제공하는 것을 넘어 브랜드에 대한 신뢰와 만족을 강화하는 데 핵심적인 역할을 하고 있다. 앞으로 이 기술이 더욱 발전한다면 고객 경험은 더욱 매끄럽고 자연스러워질 것이다. AI는 단순히 데이터를 연결하는 도구를 넘어 고객이 브랜드와 소통하는 방식을 혁신하는 파트너가 되고 있다.

5. AI와 창의적 산업

1) AI 작곡가와 예술가, 창작의 경계를 넘어서다

예술은 인간의 고유한 영역으로 여겨져 왔다. 하지만 AI가 창작의 세계로 들어오면서 그 경계가 빠르게 흐려지고 있다. 음악을 작곡하고, 그림을 그리고, 이야기를 만들어내는 AI는 단순한 기술적 도구를 넘어 인간과 협력해 새로운 창작 방식을 제안하고 있다. 그 결과 인간과 AI가 함께 만들어내는 창작물이 예술의 본질에 대한 질문을 던지며 우리의 상상력을 자극하고 있다.

AI 작곡가는 클래식부터 현대 대중음악까지 다양한 장르를 학습해 특정 스타일에 기반한 음악을 생성한다. 흥미로운 점은 AI가 기존 곡을 단순히 복제하거나 모방하는 것이 아니라, 인간이 상상하지 못했던 방식으로 음악 요소를 결합한다는 것이다. 예를 들어, '베토벤의 교향곡을 재즈 스타일로 작곡해 달라'는 요청을 받으면, AI는 두 장르의 특징을 조화롭게 섞어 독창적인 결과물을 만들어낸다. 이는 단순한 알고리즘의 반복이 아니라 인간과 AI가 새로운 예술적 가능성을 탐구하는 과정이라고 할 수 있다.

국내 최초의 AI 작곡가 '이봄(EvoM)'은 단순 딥러닝을 활용한 작곡이 아니라 인간 작곡가의 작업 절차를 그대로 구현해내 예술성까지 갖춘 것이 특징이다. 인간 작곡가는 어떤 곡이 음악 지식, 이론에 더욱 부합하는

지 평가하는 절차를 반복하면서 좋은 음악을 만드는데, 이봄은 이 절차를 구현할 수 있다고 한다.

[그림11] AI작곡가 '이봄'(출처 : https://biz.heraldcorp.com/article/3489572)

미술 분야에서도 AI는 혁신을 이끌고 있다. 사진을 기하학적 패턴이나 초현실적인 이미지로 변환하며 예술가들에게 새로운 시각적 영감을 제공한다. 또한 화가의 특정 스타일을 학습해 그 스타일을 바탕으로 완전히 새로운 그림을 창작한다. 크리스티 경매에서는 AI가 제작한 초상화가 약 45만 달러에 판매되며 AI 작품도 인간 작품과 동등하게 평가받을 수 있다는 가능성을 열었다.

[그림12] 인공지능이 그린 그림 '에드먼드 데 벨라미(Edmond De Belamy)'
(출처 : https://www.hani.co.kr/arti/science/technology/867532.html)

문학에서도 AI의 활약은 두드러진다. GPT 계열의 언어 모델은 방대한 텍스트 데이터를 학습해, 사용자 입력에 따라 단편 소설이나 시를 작성할 수 있다. 예를 들어, '우주를 배경으로 한 고독한 탐험자의 이야기'라는 간단한 주제를 입력하면 AI는 이를 바탕으로 정교한 서사와 감정을 담은 이야기를 만들어낸다. 이런 작업은 작가들에게 새로운 아이디어를 제공하거나 창작 과정에서의 부담을 줄여주는 역할을 한다.

이처럼 AI는 예술의 다양한 영역에서 새로운 가능성을 열어가고 있지만, 동시에 몇 가지 논쟁도 불러일으킨다. 'AI가 만들어낸 작품은 진정한 창작물인가?'라는 질문은 그중 하나다. 많은 사람은 창작이란 인간의 감정, 경험, 상상력에서 비롯된다고 믿는다. 그러나 AI는 데이터와 알고리즘에 기반해 작품을 생성하기 때문에 그 결과물을 창작으로 간주해야 하는지에 대해 여전히 의견이 분분하다.

AI와 인간의 협업도 또 다른 논의의 대상이다. 예를 들어, AI가 작곡한 곡을 인간이 편집하고 마무리했다면 이 작품의 저자는 누구로 간주해야 할까? AI가 단순한 도구인지, 아니면 창작 과정의 공동 창작자로 인정받아야 하는지는 앞으로 예술의 경계를 논의하는 중요한 쟁점이 될 것이다.

하지만 논쟁과 별개로 AI는 예술의 가능성을 확장하는 강력한 도구로 자리 잡고 있다. 인간은 AI가 제안하는 새로운 스타일과 조합을 통해 기존에 없던 형식의 예술 작품을 만들어낼 수 있다. 이는 단순히 인간의 일을 대체하는 것이 아니라 인간과 AI가 서로의 강점을 결합해 더욱 독창적이고 혁신적인 결과를 만들어내는 과정이다.

미래에는 인간과 AI가 더 깊이 협력해 지금까지 상상하지 못했던 방식으로 창작의 영역을 넓혀갈 것이다. AI는 단순히 자동화된 생산 도구가 아니라 예술가들에게 새로운 영감을 제공하고 상상력을 확장하는 동반자로 자리 잡을 것이다. 이러한 변화는 창작의 의미를 다시 정의하며 예술의 새로운 시대를 열어갈 중요한 전환점이 될 것이다.

2) AI가 디자인하는 세상, 맞춤형 제품과 공간의 탄생

디자인은 사람의 창의력과 감각이 중심이 되는 영역이었다. 그러나 AI가 이 과정에 참여하면서 디자인의 패러다임이 변화하고 있다. AI는 방대한 데이터를 분석해 개인의 취향과 요구를 정확히 이해하고 이를 바탕으로 맞춤형 제품과 공간을 설계한다. 이 혁신은 디자인을 단순한 창작 행위를 넘어 고객 중심의 실용적이고 효율적인 경험으로 확장하고 있다.

패션 산업에서 AI는 이미 중요한 역할을 하고 있다. 온라인 쇼핑몰에서 AI는 고객의 체형, 선호 스타일, 과거 구매 이력을 분석해 적합한 의상을 추천하거나 디자인한다. 한 예로, 글로벌 패션 브랜드 H&M은 AI를 통해 매장에서 수집한 데이터를 분석해, 특정 지역 고객의 선호도를 반영한 컬렉션을 기획한다. 예를 들어, 서울에서는 밝고 경쾌한 색감의 옷이, 런던에서는 단정하고 모던한 디자인이 더 잘 팔린다는 통찰은 AI의 데이터 분석 덕분에 가능했다. 또한 고객 맞춤형 의류 제작 서비스를 제공하는 AI는 고객의 신체 치수를 3D로 스캔해 완벽히 맞는 옷을 설계하는 데 활용되고 있다.

건축과 인테리어 분야에서도 AI는 중요한 도구가 되고 있다. AI는 공간 데이터를 분석해 효율적이고 창의적인 설계를 제안한다. 예를 들어, 토지 조건, 주변 환경, 채광 등을 분석해 최적의 건축 설계를 제안한다. 건축가가 특정 건물 형태를 입력하면 AI는 그 형태가 환경에 미치는 영향을 분석해 수정안을 제안한다. 이 기술은 특히 도시의 밀집된 공간에서 최적의 디자인 솔루션을 찾는 데 유용하다.

가정용 인테리어에서도 AI는 개인 맞춤형 공간 설계를 지원한다. IKEA는 이케아 크레아티브 (IKEA Kreativ)라는 AI를 기반으로 한 디지털 플래닝도구를 통해 고객이 자신의 집에 어울리는 홈퍼니싱을 쉽고 편하게 계획할 수 있게 해준다. 예를 들어, 고객이 자신의 집에 가구를 배치했을 때의 모습을 미리 확인할 수 있도록 돕는다. 고객이 방의 크기와 레이아웃을 입력하면 AI는 가장 적합한 가구 배치와 색상 조합을 제안한다. 이는 고객의 구매 결정을 도울 뿐만 아니라 공간 활용도를 극대화한다.

[그림13] 이케아 앱을 이용해 사진을 3D로 구현
(출처 : https://www.ikea.com/kr/ko/newsroom/corporate-news/ikea-kreativ-pubfe339080/)

제품 디자인에서도 AI의 역할은 갈수록 중요해지고 있다. 예를 들어, 자동차 산업에서 AI는 소비자의 요구를 반영한 맞춤형 차량 설계에 활용되고 있다. AI를 통해 고객 설문 데이터와 트렌드를 분석해 사용자 친화적인 대시보드 디자인과 내장재를 개발한다. 또한 3D 프린팅 기술과 결합된 AI는 소규모 맞춤형 제품 제작에도 활용되며 고객 개개인의 요구를 충족시키고 있다.

이러한 맞춤형 디자인의 중심에는 AI의 학습 능력이 있다. AI는 고객 데이터를 단순히 수집하는 것을 넘어 이를 학습해 점점 더 정교하고 개인화된 제안을 한다. AI가 특정 조건과 목표를 바탕으로 수천 개의 디자인을 자동으로 생성하고 그중 최적의 디자인을 제안하는 것이다. 이는 전통적인 디자인 방식보다 빠르고 다양한 옵션을 탐구할 수 있는 장점이 있다.

이뿐만 아니라 이것을 넘어서 AI는 디자인에 참여하면서 윤리적이고 환경친화적인 요소도 고려되고 있다. 예를 들어, AI는 지속 가능한 소재를 분석하고 환경 영향을 최소화하는 디자인을 제안한다. 패션 브랜드 스텔라 맥카트니(Stella McCartney)는 AI를 활용해 재활용 가능한 소재로 만든 의류 디자인을 개발하고 있다. 이는 AI가 디자인의 미적 가치뿐만 아니라 사회적 책임을 다하는 도구로 활용될 수 있음을 보여준다.

[그림14] AI 기술을 활용해 최초의 '생물학적 재활용 옷'을 개발한 스텔라 맥카트니
(출처 : https://www.tinnews.co.kr/25939)

AI는 디자인의 한계를 확장하며 새로운 가능성을 제시하고 있다. 인간의 창의력과 AI의 계산 능력이 결합된 디자인은 더욱 독창적이고 실용적인 결과물을 만들어낼 수 있다. AI는 단순히 디자이너를 대체하는 것이 아니라 디자이너가 더 창의적인 작업에 집중할 수 있도록 돕는다.

미래에는 AI가 더욱 정교한 데이터를 활용해 디자인 전 과정을 혁신할 것이다. 고객이 단순히 상품을 소비하는 것을 넘어 자신의 개성과 요구를 반영한 제품과 공간을 설계하는 데 AI가 필수적인 도구가 될 것이다. 이는 디자인을 더 이상 특정 전문가의 영역이 아닌 누구나 접근 가능한 창의적 활동으로 전환시키는 계기가 될 것이다.

3) 가상 세계와 AI, 엔터테인먼트의 새로운 지평

가상 세계의 등장으로 언제나 현실 너머의 세계를 꿈꿔온 인류에게는 인간이 가진 상상력과 동경을 마음껏 펼칠 수 있게 되었다. 게임과 영화부터 메타버스와 몰입형 스토리텔링까지 AI는 가상 세계의 창조자이자 조력자로서 엔터테인먼트의 새로운 장을 열고 있다.

가상 세계에서 AI의 역할은 크게 두 가지로 나눌 수 있다. 하나는 가상 세계를 설계하고 운영하는 기술적 기반으로서의 역할이고, 다른 하나는 그 안에서 사용자 경험을 풍부하게 만드는 창의적 파트너로서의 역할이다.

게임 분야에서 AI는 이미 중요한 창조자로 자리 잡고 있다. 오픈월드 게임에서는 플레이어의 행동에 따라 스토리가 변화하는 동적 서사를 구현하기 위해 AI가 활용된다. AI가 게임 캐릭터들의 행동을 제어하며 플레이어의 선택에 따라 다양한 결과를 만들어낸다. 이는 AI가 단순히 고정된 코드에 따라 작동하는 것이 아니라 플레이어의 행동을 학습하고 반응하며 보다 자연스러운 게임 환경을 조성한다는 것을 보여준다.

또한 AI는 게임 속 세계를 자동으로 생성하는 데도 사용된다. Minecraft와 같은 샌드박스 게임에서는 AI 알고리즘이 무작위로 지형을 생성하고 플레이어가 탐험할 수 있는 독특한 환경을 제공한다. 이는 인간 디자이너가 모든 요소를 설계하지 않아도 AI가 무한한 창의력을 발휘해 새로운 콘텐츠를 만들어낸다는 점에서 흥미롭다.

영화와 애니메이션에서도 AI의 활용은 점차 확대되고 있다. AI는 시나리오 작성부터 영상 편집, 시각효과 제작에 이르기까지 다양한 분야에 참여하고 있다. 디즈니는 디지털 휴먼(Digital Human) 기술을 활용해 배우의 표정과 움직임을 캡처한 뒤 이를 바탕으로 더욱 정교한 애니메이션 캐릭터를 생성한다. AI는 배우의 세세한 표정을 분석해 감정이 풍부하게 표현된 디지털 캐릭터를 만들어내며 관객의 몰입감을 극대화한다.

[그림15] AI 디지털 휴먼 얼굴 생성, 디즈니 리서치(Disney Research)
(출처 : https://www.tinnews.co.kr/25939)

AI는 메타버스에서도 중요한 역할을 한다. 메타버스는 가상 세계와 현실 세계가 융합된 디지털 공간으로 AI는 이 공간을 설계하고 관리하는데 필수적이다. AI가 사용자 생성 콘텐츠(UGC)를 분석하고 최적화해 보다 매끄럽고 몰입감 있는 환경을 제공한다. 또한 AI 기반 가상 캐릭터는 메타버스 안에서 사용자와 상호작용하며 단순한 NPC(Non-Player Character)를 넘어선 인공지능 동반자로 기능한다.

VR(가상현실)과 AR(증강현실) 기술에서도 AI는 새로운 가능성을 열어가고 있다. AI는 사용자의 움직임과 행동을 실시간으로 분석하고 이에 적합한 환경을 생성하며 몰입감을 높인다. 예를 들어, 교육용 VR 콘텐츠에서는 AI가 학습자의 반응을 분석해 개인화된 학습 환경을 제공한다. 이는 단순히 시청하는 경험을 넘어 사용자가 적극적으로 참여하는 경험을 가능하게 한다.

스토리텔링에서도 AI는 혁신을 주도하고 있다. 과거에는 작가가 미리 정해놓은 서사를 따라가야 했다면 이제 AI는 사용자의 선택과 행동에 따라 스토리를 실시간으로 생성한다. 넷플릭스의 인터랙티브 콘텐츠 '밴더스내치(Bandersnatch)'는 이런 AI 기반 스토리텔링의 초기 사례 중 하나다. 사용자가 특정 선택을 하면 AI는 그 선택에 맞는 스토리라인을 생성해 몰입감 있는 경험을 제공한다.

물론 AI와 가상 세계의 결합은 단순히 엔터테인먼트의 발전에만 국한되지 않는다. 의료 훈련, 군사 시뮬레이션, 도시 설계 등 다양한 산업에서도 가상 세계는 현실 문제를 해결하기 위한 실험의 장으로 활용된다. AI는 이러한 가상 공간에서 복잡한 데이터를 시각화하고 현실 세계에서 적용 가능한 해결책을 모색하는 데 큰 역할을 한다.

AI와 가상 세계의 결합은 엔터테인먼트의 지평을 확장하며 사용자들에게 전에 없던 경험을 제공하고 있다. 미래에는 AI가 단순히 가상 세계의 창조자로 머무르지 않고 사용자의 창작을 돕고 현실과 가상의 경계를 넘나드는 협력자로 자리 잡을 것이다. 이는 단순한 기술적 진보를 넘어 인간의 상상력을 구현하는 도구로써 AI의 가능성을 보여주는 중요한 전환점이 될 것이다.

Epilogue

AI 에이전트는 마치 든든한 동반자처럼 우리 곁에서 여러 산업을 혁신하며 인간과 함께 미래를 그려가고 있다. 금융에서는 더 똑똑한 조언자로, 헬스케어에서는 믿음직한 건강 관리자로, 교육에서는 학생의 개성을 이해하는 맞춤형 교사로, 창의적 산업에서는 독창적인 아이디어를 제안하는 파트너로 자리 잡았다.

이 책에서 다룬 AI 에이전트의 사례들은 단순히 기술의 발전을 이야기하는 것이 아니다. AI는 인간의 일을 대신하는 도구가 아니라 인간의 상상력과 창의력을 확장하는 조력자로 자리 잡고 있다. 무엇보다 AI는 인간이 스스로 해결하지 못했던 문제를 함께 해결하고 우리가 기존에 생각하지 못했던 새로운 가능성을 제시한다.

그러나 AI와 인간이 함께 그려가는 풍경은 완벽하지 않을 수도 있다. AI가 가져올 긍정적인 변화만큼 그 과정에서 발생할 윤리적 문제와 사회적 도전도 분명히 존재한다. 데이터가 어떻게 사용되는지 그리고 AI가 어떤 기준으로 결정을 내리는지에 대한 논의는 앞으로도 중요하게 다뤄져야 한다.

그럼에도 불구하고 AI와 인간이 함께 만들어 가는 세상은 분명 밝은 가능성을 품고 있다. 인간은 AI의 빠른 계산과 분석 능력을 활용하고 AI는 인간의 창의력과 감정적 통찰력을 바탕으로 새로운 결과를 만들어 간다. 이 상호작용은 기술이 발전할수록 더 큰 시너지를 발휘할 것이다.

이 5장을 마무리하며 AI 에이전트와 함께 만들어 가는 세상에 대한 희망과 책임을 함께 떠올리게 된다. 기술이 중심이 되는 것이 아니라 인간의 삶을 풍요롭게 하고 사회를 더 나은 방향으로 이끄는 도구로 자리 잡을 때 AI는 진정한 가치를 발휘할 것이다.

AI는 이제 인간의 곁에 서 있다. 함께 만들어 갈 새로운 풍경은 단순히 기술의 손길로 그려지는 것이 아니라 인간과 AI가 손을 맞잡고 빚어내는 결과물일 것이다. 그 풍경 속에서 인간다움과 기술이 조화를 이루는 미래를 상상하며, 우리는 또 한 걸음 나아갈 준비를 마쳤다.

6

챗봇 기업에서는 이렇게 활용한다!

이 도 혜

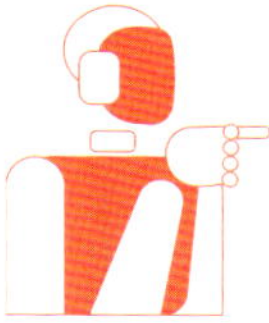

제6장
챗봇 기업에서는 이렇게 활용한다!

Prologue

챗봇은 단순한 기술적 혁신을 넘어 기업의 비즈니스 모델을 변화시키는 핵심 도구로 자리 잡고 있다. 오늘날 우리는 디지털 전환의 시대를 살아가고 있으며 챗봇은 그 최전선에서 고객과 기업 간의 소통 방식을 혁신하고 있다. 이 책은 다양한 산업과 사례를 통해 챗봇이 어떻게 활용되고 있는지 그리고 그로 인해 기업과 고객이 얻는 가치를 심도 있게 탐구한다.

이 책에서 다루는 챗봇 사례는 단순한 기술 활용을 넘어 고객 만족도를 높이고 비용을 절감하며 업무 효율성을 극대화하는 등 기업의 경쟁력을 강화하는 방안을 제시한다. 금융, 이커머스, 헬스케어, 공공 서비스 등 다양한 분야에서 챗봇은 새로운 가능성을 열고 있다. 현대카드의 'Buddy'부터 대구시의 '뚜봇'까지 각 사례는 챗봇의 잠재력을 보여주는 생생한 증거이다.

챗봇은 이제 단순한 고객 응대 도구에서 벗어나 기업의 전략적 파트너로 성장하고 있다. 디지털 시대의 핵심 자산인 데이터를 기반으로 고객의 니즈를 분석하고 이를 토대로 맞춤형 서비스를 제공하며 새로운 비즈니스 모델을 창출하고 있다. 이 책을 통해 독자 여러분은 챗봇이 어떻게 기업의 성장을 이끌고 고객 경험을 혁신하며 새로운 가치를 창출하는지에 대한 통찰을 얻을 수 있을 것이다.

디지털 기술의 진화는 멈추지 않는다. 챗봇도 마찬가지이다. 우리는 챗봇이 단순한 자동화 도구를 넘어 인간과 협력하는 지능적 파트너로 변모하는 과정을 목도하고 있다. 이 책은 그 변화를 이해하고 이를 통해 자신의 조직과 업무에 적합한 챗봇 활용 방안을 모색하고자 하는 이들에게 유익한 가이드가 될 것이다.

1. 챗봇의 도입 배경과 필요성

1) 디지털 전환과 AI 기술의 발전

챗봇의 도입 배경과 필요성을 이해하려면 디지털 전환과 AI 기술의 발전이라는 두 가지 주요 요소를 살펴보아야 한다. 디지털 전환과 AI 기술은 오늘날 전 세계 모든 산업과 일상생활에 큰 변화를 가져오고 있다. 이 과정에서 챗봇은 디지털 전환의 대표적인 산물로, 고객 경험을 개선하고 업무 효율성을 높이는 데 중요한 역할을 한다.

디지털 전환은 단순히 기술의 사용을 의미하지 않는다. 이는 기술을 활용해 기존의 업무방식을 근본적으로 변화시키고 새로운 가치를 창출하는 과정을 포함한다. 기업들은 디지털 전환을 통해 데이터를 더 효과적으로 분석하고 활용하며 고객에게 개인화된 경험을 제공하려고 노력한다. 이 과정에서 AI 기술은 핵심적인 도구로 자리 잡고 있다. 특히 챗봇은 이러한 디지털 전환을 현실화하는 데 있어 중요한 역할을 한다.

AI 기술의 발전은 챗봇의 가능성을 획기적으로 확장시키고 있다. 초기의 챗봇은 단순한 규칙 기반 프로그램에 불과했지만, 오늘날의 챗봇은 자연어 처리(NLP) 기술과 기계 학습(ML)을 바탕으로 인간과 비슷한 대화 능력을 보여준다. 예를 들어, AI 챗봇은 사용자의 질문을 이해하고 관련 있는 답변을 제공할 뿐만 아니라 맥락을 파악하고 대화를 이어나갈 수 있다. 이는 고객 서비스, 마케팅, 교육, 헬스케어 등 다양한 분야에서 활용 가능성을 열어준다.

또한 AI 기술의 발전은 데이터 처리 속도와 효율성을 크게 향상시켰다. 챗봇은 방대한 양의 데이터를 실시간으로 처리하고 분석할 수 있어 기업이 고객의 요구를 빠르게 파악하고 대응할 수 있도록 돕는다. 예를 들어, 한 금융회사의 챗봇은 고객의 계좌 정보를 확인하거나 대출 상담을 즉시 제공할 수 있다. 이러한 실시간 응답 능력은 고객 만족도를 높이는 데 크게 기여한다.

챗봇은 단순한 고객 응대 도구에서 벗어나 비즈니스 전략의 핵심 요소로 발전하고 있다. 이를 가능하게 한 배경에는 클라우드 컴퓨팅, 빅데이터 분석, AI 모델의 정교화 등이 있다. 기업은 이러한 기술을 활용해 챗봇을 더욱 지능적으로 설계하고 고객의 요구에 맞춘 서비스를 제공할 수 있다. 예를 들어, 이커머스 플랫폼에서는 챗봇을 통해 사용자가 원하는 상품을 추천받거나 구매를 도울 수 있다. 이는 단순히 편리함을 넘어 기업의 매출 증대와 직접적으로 연결된다.

결론적으로, 디지털 전환과 AI 기술의 발전은 챗봇의 도입과 확산을 가속화하고 있다. 이 과정에서 챗봇은 고객과 기업 간의 상호작용을 혁신하고 업무 효율성을 극대화하는 중요한 도구로 자리 잡고 있다. 앞으로도 AI

기술이 더욱 발전함에 따라, 챗봇은 더욱 지능적이고 다양한 기능을 갖추게 될 것이다. 이는 단순히 기술적 혁신에 머무르지 않고 전반적인 산업 구조와 소비자 경험을 재정의하는 데 기여할 것이다.

2) 고객 서비스와 업무 자동화의 필요성

고객 서비스와 업무 자동화는 현대 비즈니스 환경에서 필수적인 요소로 자리 잡고 있다. 특히 디지털 기술의 발전과 고객 기대 수준의 변화는 기업에게 새로운 도전 과제를 안겨주었다. 이러한 상황에서 챗봇은 고객 서비스와 업무 자동화를 실현하는 강력한 도구로 각광 받고 있다. 그 이유와 필요성을 자세히 살펴보자.

우선, 고객 서비스의 중요성을 이해하는 것이 필요하다. 오늘날 고객들은 빠르고 개인화된 응답을 기대한다. 예를 들어, 고객이 온라인 쇼핑몰에서 상품 문제로 인해 문의할 경우 그들은 긴 대기 시간 없이 즉각적인 해결책을 원한다. 그러나 많은 기업은 고객의 문의를 신속하게 처리하기 어렵다. 이 과정에서 직원의 과도한 업무 부담과 제한된 리소스가 문제로 작용한다. 챗봇은 이러한 문제를 해결하기 위한 효과적인 솔루션이다. 챗봇은 24시간 내내 고객의 질문에 실시간으로 답변할 수 있어 고객 만족도를 크게 향상시킨다. 또한 반복적이고 단순한 문의에 대해 자동으로 응답함으로써 직원들이 보다 중요한 업무에 집중할 수 있도록 돕는다.

업무 자동화의 필요성은 고객 서비스뿐만 아니라 내부 프로세스 개선에서도 두드러진다. 기업은 효율성을 높이고 운영 비용을 절감하기 위해 자동화를 도입하고 있다. 예를 들어, 기업은 챗봇을 활용해 회의 일정 예약, 문서 검색, 이메일 발송 등과 같은 반복적인 업무를 처리할 수 있다. 이러한 자동화는 직원들의 생산성을 높이고 불필요한 시간 낭비를 줄이는 데 도움을 준다. 특히 대규모 조직에서는 이러한 자동화가 업무 흐름을 원활하게 하고 전체적인 운영 효율성을 향상시키는 데 중요한 역할을 한다.

챗봇을 통한 업무 자동화는 고객 서비스 부서에도 큰 영향을 미친다. 기존에는 고객 서비스 직원들이 반복적인 질문에 답하거나 단순한 요청을 처리하는 데 많은 시간을 소요했다. 하지만 챗봇이 도입되면서 직원들은 이러한 단순 업무에서 벗어나 더 복잡하고 창의적인 업무를 수행할 수 있게 됐다. 이는 직원의 직무 만족도를 높이는 동시에 고객에게 더 질 높은 서비스를 제공할 수 있는 기반을 마련한다.

고객 서비스와 업무 자동화의 필요성은 비용 절감 측면에서도 명확하게 드러난다. 기업은 고객 응대를 위해 많은 인력을 고용해야 하고 이는 상당한 인건비를 발생시킨다. 하지만 챗봇을 도입하면 이러한 비용을 크게 줄일 수 있다. 특히 챗봇은 한 번 개발되면 지속적으로 작동하며 많은 양의 고객 요청을 동시에 처리할 수 있는 장점이 있다. 이는 인건비를 줄이는 것뿐만 아니라, 고객 응대 과정에서 발생하는 실수를 최소화해 운영 효율성을 높이는 데 기여한다.

또한 챗봇은 고객 데이터를 수집하고 분석하는 데에도 유용하다. 고객들이 챗봇과의 대화를 통해 남긴 데이터는 기업에게 중요한 통찰력을 제공한다. 이를 통해 기업은 고객의 선호도와 문제점을 파악하고 서비스 품질을 개선하거나 새로운 제품을 개발할 수 있다. 예를 들어, 한 이커머스 회사는 챗봇 데이터를 분석해 고객들 질문을 확인하고 이를 바탕으로 새로운 기능을 추가하거나 기존 서비스를 개선할 수 있다.

결론적으로 고객 서비스와 업무 자동화는 기업의 생존과 경쟁력을 확보하기 위해 필수적이다. 챗봇은 이러한 요구를 충족시키는 데 있어 강력한 도구로 고객 만족도 향상, 운영 효율성 증대, 비용 절감, 데이터 활용 등의 다양한 이점을 제공한다. 앞으로 챗봇 기술이 더욱 발전함에 따라, 고객 서비스와 업무 자동화의 영역은 더욱 확장될 것이며 이를 통해 기업은 더 나은 성과를 달성할 수 있을 것이다.

3) 챗봇 도입으로 기대할 수 있는 효과

챗봇을 도입함으로써 기업이 기대할 수 있는 효과는 매우 다양하다. 고객 서비스 개선부터 비용 절감, 데이터 활용 그리고 내부 업무 효율성 증대까지, 챗봇은 기업의 운영 전반에 걸쳐 긍정적인 변화를 가져올 수 있다. 이를 구체적으로 살펴보자.

(1) 고객 만족도 향상

챗봇은 24시간 언제든지 고객과 상호작용할 수 있다는 점에서 큰 강점을 갖는다. 고객은 시간과 장소에 구애받지 않고 문의를 해결할 수 있다. 예를 들어, 한밤중에 고객이 상품 교환 방법에 대해 궁금해하거나, 여행 중 비행기 티켓을 변경하려고 할 때 챗봇은 빠르고 정확하게 도움을 줄 수 있다. 이는 고객이 긴 대기 시간 없이 원하는 답변을 받을 수 있음을 의미하며 자연스럽게 고객 만족도가 높아진다. 특히 고객의 질문이 단순하거나 반복적인 경우 챗봇은 실수를 줄이고 일관성 있는 답변을 제공한다.

(2) 비용 절감과 효율성 증대

챗봇을 활용하면 인건비를 크게 줄일 수 있다. 기존에는 고객 문의를 처리하기 위해 대규모의 콜센터 인력이 필요했지만, 챗봇은 이러한 인력을 대체하거나 보완할 수 있다. 예를 들어, 반복적이고 단순한 질문은 챗봇이 처리하고 복잡한 문의는 직원에게 연결하는 방식으로 운영하면 고객 서비스 부서의 효율성이 높아진다. 또한 챗봇은 동시에 수백 명의 고객과 상호작용할 수 있어 특정 시간대에 고객 요청이 몰리더라도 원활한 응대가 가능하다. 이는 운영 비용 절감과 더불어 서비스 품질 향상을 가져온다.

(3) 내부 업무 간소화

챗봇은 고객 서비스 외에도 내부 업무 자동화를 통해 직원들의 생산성을 높이는 데 기여한다. 예를 들어, 사내 챗봇은 회의 일정을 예약하거나, 사내 지침을 검색하거나, IT 문제를 해결하는 데 도움을 줄 수 있다. 이러한 자동화는 직원들이 반복적이고 시간이 많이 걸리는 업무에서 벗어나 보다 창의적이고 고부가가치의 업무에 집중할 수 있도록 돕는다. 실제로 많은 기업이 챗봇을 통해 내부 커뮤니케이션을 간소화하고 불필요한 시간을 절약하고 있다.

(4) 데이터 수집 및 분석

챗봇은 고객과의 대화를 통해 방대한 양의 데이터를 수집할 수 있다. 고객이 자주 묻는 질문, 선호하는 제품, 서비스에 대한 불만 사항 등은 기업에게 귀중한 정보를 제공한다. 이러한 데이터를 기반으로 기업은 고객의 니즈를 더 잘 이해하고 개인화된 서비스를 제공할 수 있다. 예를 들어, 한 온라인 쇼핑몰은 챗봇 대화를 통해 고객이 특정 상품군에 대해 반복적으로 문의하고 있음을 발견하고 이를 바탕으로 새로운 상품을 출시하거나, 기존 상품을 개선할 수 있다.

(5) 개인화된 서비스 제공

챗봇은 고객의 데이터를 분석해 개인화된 경험을 제공할 수 있다. 예를 들어, 고객의 과거 구매 기록이나 대화 내용을 바탕으로 특정 상품을 추천하거나, 적절한 할인 코드를 제공할 수 있다. 이는 단순히 고객의 편의를 돕는 것을 넘어, 기업의 매출 증가와 직결된다. 개인화된 서비스는 고객 충성도를 높이는 중요한 요소로 작용하며 챗봇은 이를 실현하는 데 매우 효과적이다.

(6) 브랜드 이미지 강화

챗봇은 기업의 브랜드 이미지를 강화하는 데도 기여할 수 있다. 고객이 기업과의 상호작용에서 편리함과 전문성을 느끼게 되면 그 기업에 대한 긍정적인 인식이 강화된다. 예를 들어, 고급스러운 이미지를 추구하는 브랜드는 세련된 사용자 인터페이스와 자연스러운 대화 흐름을 갖춘 챗봇을 통해 고객에게 일관된 이미지를 전달할 수 있다. 반대로 친근하고 유머 있는 브랜드는 유쾌한 대화 스타일의 챗봇을 통해 고객과의 친밀감을 높일 수 있다.

(7) 위기 상황에서의 신속한 대응

챗봇은 위기 상황에서도 신속하게 대응할 수 있는 강점을 갖는다. 예를 들어, 항공사에서 갑작스러운 항공편 취소가 발생했을 때 챗봇은 고객들에게 즉각적으로 대체 항공편 정보를 제공하거나 환불 절차를 안내할 수 있다. 이는 고객의 불만을 최소화하고 위기 상황에서 기업의 신뢰를 유지하는 데 도움이 된다.

(8) 미래 기술과의 연계 가능성

챗봇은 AI, 클라우드, 빅데이터 등 최신 기술과 연계해 더욱 강력한 기능을 제공할 수 있다. 예를 들어, 음성 인식 기술을 통합한 챗봇은 텍스트 입력뿐만 아니라 음성으로도 대화할 수 있어 접근성을 높인다. 또한 챗봇은 사물인터넷(IoT)과 결합해 스마트홈 장치 제어 등 새로운 서비스를 제공할 수 있는 가능성을 열어준다.

챗봇을 도입함으로써 기업은 고객 만족도 향상, 비용 절감, 데이터 활용, 개인화된 서비스 제공, 브랜드 이미지 강화 등 다양한 효과를 기대할 수 있다. 또한 내부 업무를 간소화하고 위기 상황에서 신속히 대응하며 최신 기술과 연계된 새로운 기회를 창출할 수 있다. 앞으로도 챗봇 기술이 발전함에 따라 그 효과는 더욱 확장될 것이며 이는 기업과 고객 모두에게 큰 이점을 제공할 것이다.

2. 산업별 챗봇 활용 사례

1) 금융(현대카드 Buddy, Capital One의 Eno)

챗봇은 금융 산업에서 고객 서비스 혁신과 업무 효율성 향상을 위한 핵심 도구로 자리 잡고 있다. 특히 현대카드의 'Buddy'와 Capital One의 'Eno'는 이러한 변화를 선도하는 대표적인 사례로 꼽힌다.

(1) 현대카드 Buddy

현대카드는 2017년 금융권 최초로 자연어 처리 기술(NLP)을 기반으로 한 인공지능 챗봇 서비스 'Buddy'를 출시했다. Buddy는 고객의 다양한 질문에 실시간으로 답변하며 카드 혜택 안내, 맞춤형 카드 추천, 금융 서비스 정보 제공 등 폭넓은 기능을 수행한다. 특히 2020년에는 100만 건 이상의 고객 상담 데이터를 분석해 상담 키워드를 기존 11개에서 58개로 확대하는 등 개인 맞춤형 상담 기능을 강화했다.

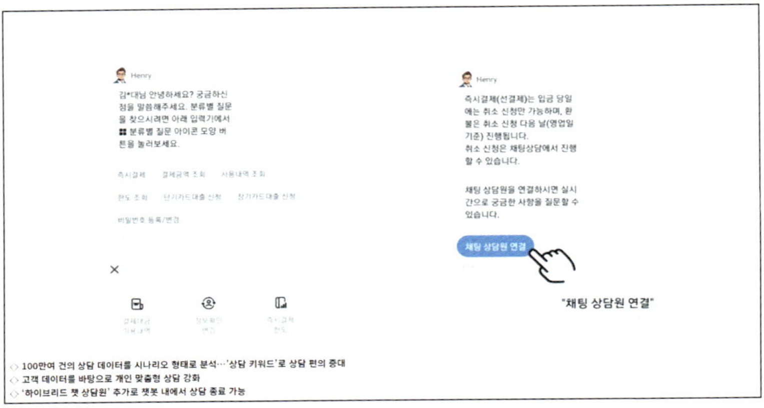

[그림1] 현대카드 버디(Buddy)(출처 : 현대카드·현대커머셜 뉴스룸)

Buddy는 또한 위치 기반 서비스를 통해 사용자가 현재 위치한 곳 주변이나 특정 지역에서 현대카드로 누릴 수 있는 혜택을 안내한다. 날씨 안내 서비스도 제공해 특정 지역의 날씨와 미세먼지 수준 등을 사용자에게 알려준다.

더 똑똑해진 현대카드 챗봇 '버디'

정책 기자 policy@bizwatch.co.kr
2018.05.30(수) 17:42

날씨·카드혜택 등 정보 제공
'피오나'·'헨리' 등 캐릭터 선택 가능

[그림2] 현대카드 챗봇 '버디' 관련 기사(출처 : BIZWATCH)

이러한 기능들은 고객의 일상생활에 밀접하게 연관돼 있어 고객 경험을 더욱 풍부하게 만든다.

(2) Capital One의 Eno

미국의 금융기관 Capital One은 2017년 인공지능 기반의 가상 어시스턴트 'Eno'를 도입했다. Eno는 고객의 계좌 활동을 모니터링하고 의심스러운 거래나 중복 청구 등을 감지해 즉시 알림을 제공한다.

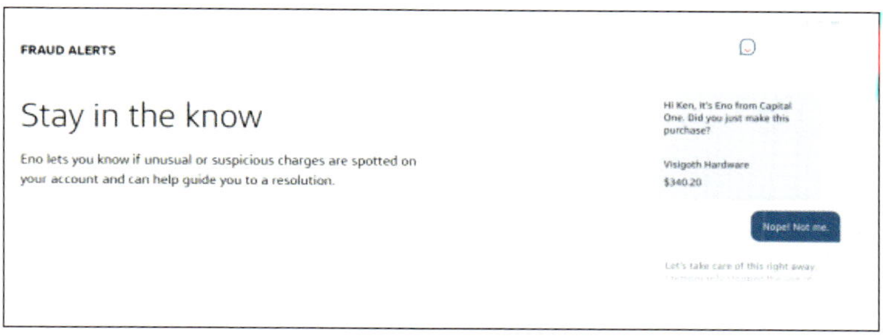

[그림3] Capital One의 Eno(출처 : Capital One)

또한 Eno는 온라인 쇼핑 시 가상 카드 번호를 생성해 실제 카드 정보를 보호하는 기능도 제공한다. Eno는 다양한 채널을 통해 고객과 소통한다. 모바일 앱, 웹 브라우저 확장 프로그램, 문자 메시지 등을 통해 고객은 Eno와 상호작용할 수 있으며 계좌 잔액 확인, 거래 내역 조회, 카드 활성화 등 다양한 서비스를 이용할 수 있다.

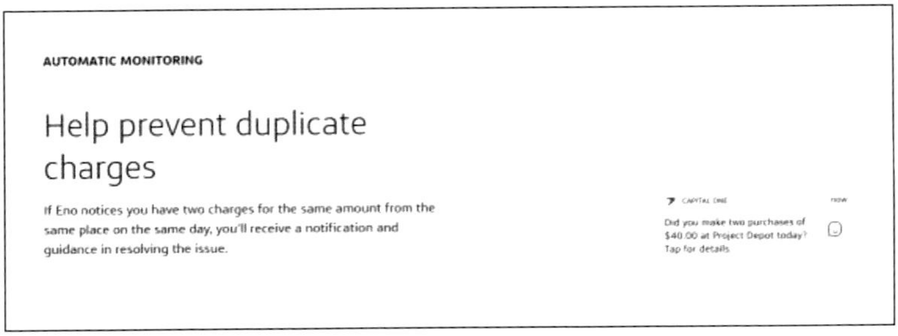

[그림4] 다양한 채널을 통해 고객과 소통하는 Eno(출처 : Capital One)

이러한 다채널 접근은 고객 편의성을 높이고 금융 서비스 접근성을 향상시키는 데 기여한다.

(3) 두 챗봇의 공통점과 차이점

현대카드의 Buddy와 Capital One의 Eno는 모두 고객 서비스 향상과 업무 효율성 증대를 목표로 도입됐다. 두 챗봇 모두 자연어 처리 기술을 활용해 고객의 질문에 실시간으로 답변하고 개인 맞춤형 서비스를 제공한다. 또한 고객의 금융 활동을 모니터링해 이상 거래를 감지하고 알림을 제공하는 등 보안 측면에서도 중요한 역할을 한다.

그러나 두 챗봇은 각기 다른 특징을 지닌다. Buddy는 위치 기반 서비스와 날씨 안내 등 일상생활과 밀접한 정보를 제공해 고객의 편의성을 높인다. 반면, Eno는 가상 카드 번호 생성 기능을 통해 온라인 거래의 보안성을 강화하고 다양한 채널을 통해 고객과 소통해 접근성을 높인다.

현대카드의 Buddy와 Capital One의 Eno는 금융 산업에서 챗봇이 어떻게 활용될 수 있는지를 보여주는 대표적인 사례이다. 이들은 고객 서비스의 질을 높이고 업무 효율성을 향상시키며 보안성을 강화하는 등 다양한 측면에서 긍정적인 효과를 나타내고 있다. 앞으로도 이러한 챗봇 기술은 더욱 발전해 금융 산업 전반에 걸쳐 혁신을 가져올 것으로 기대된다.

2) 이커머스(SSG닷컴, 발란, Sephora의 개인화 추천서비스)

(1) SSG닷컴의 AI 기반 개인화 추천서비스

SSG닷컴은 지난 2024년 3월 27일부터 인공지능(AI)을 활용한 개인 맞춤형 상품 추천 서비스인 'AI PICK'을 도입했다. 이 서비스는 고객의 구매 이력, 검색 내역, 클릭한 상품 등의 데이터를 딥러닝 기술로 분석해 각 개인의 취향에 맞는 상품을 추천한다. 이를 통해 고객은 별도의 검색 없이도 자신에게 적합한 상품을 쉽게 발견할 수 있으며 쇼핑 편의성이 크게 향상됐다.

[그림5] "당신이 뭘 살지 안다"…SSG닷컴, 초정교 AI 추천서비스(출처 : 한경닷컴)

SSG닷컴은 이러한 개인화 추천서비스를 통해 고객의 구매 전환율을 높이고 고객 만족도를 향상시키는 데 주력하고 있다. 또한 AI PICK 서비스는 모바일 앱 메인 화면과 검색창에서 활용 가능해 고객이 더욱 편리하게 이용할 수 있도록 설계됐다. 이러한 노력은 고객이 원하는 상품을 빠르게 찾을 수 있게 해 쇼핑 경험을 개선하고 기업의 경쟁력을 강화하는 데 기여하고 있다.

(2) 발란의 개인화된 쇼핑 도우미 챗봇 '루시'

발란의 챗봇은 유럽의 명품 제품을 한국에 판매하는 온라인 명품 편집숍인 발란에서 도입한 인공지능 챗봇이다. 이 챗봇의 이름은 '루시'로 퍼스널 쇼퍼의 역할을 수행하며 고객과 소통하는 데 중점을 둔다.

루시는 고객과의 대화에서 매우 친근하고 인간적인 느낌을 주도록 설계됐다. 마치 실제 사람과 대화하는 듯한 자연스러운 대화 방식으로 고객들에게 쇼핑 상담 서비스를 제공한다. 이는 단순한 기계적인 대화가 아니라 고객의 감정과 니즈를 이해하려 노력하는 섬세한 접근 방식이다.

챗봇의 주요 기능은 고객의 문의에 신속하게 응답하고 개인의 취향과 선호도에 맞는 상품을 추천하는 것이다. 반복적인 문의를 자동화함으로써 상담 효율을 높이고 고객 경험을 크게 개선하고 있다. 이러한 개인화된 서비스는 고객의 재방문율을 높이고 브랜드 충성도를 강화하는 데 중요한 역할을 한다.

발란은 2020년 기준으로 월매출 약 50억 원, 월 방문자 수 200만 명을 달성하며 빠르게 성장하고 있는 기업이다. 챗봇 루시는 이러한 성장에 크게 기여하고 있으며 고객들에게 마치 실제 사람과 대화하는 듯한 경험을 제공한다.

챗봇을 설계할 때 특별한 캐릭터를 부여함으로써, 고객들은 진짜 사람과 대화하는 것 같은 부드럽고 따뜻한 느낌을 받을 수 있다. 이는 발란 챗봇 루시의 가장 큰 차별점이자 강점이다.

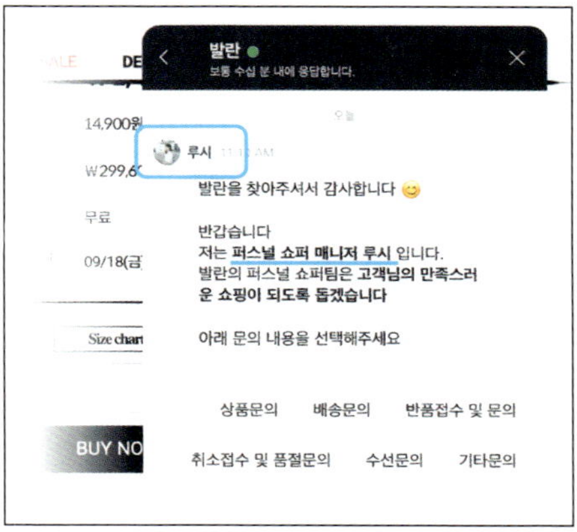

[그림6] 발란 챗봇(출처 : 채널톡)

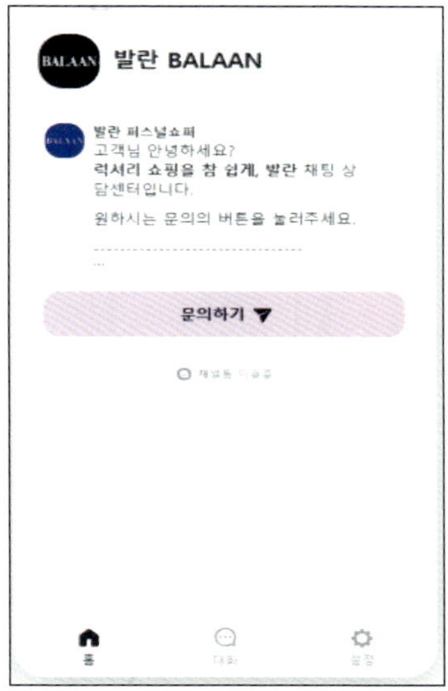

[그림7] 발란 챗봇

(3) 퍼플독(Purpledog)의 '와인 추천' 챗봇

퍼플독은 와인 구독 서비스를 제공하는 기업으로, 고객에게 맞춤형 '와인 추천'을 위해 챗봇을 도입했다. 이 챗봇은 고객의 취향과 선호도를 파악해 개인화된 와인 추천을 제공한다. 이를 통해 고객은 자신의 입맛에 맞는 와인을 손쉽게 발견할 수 있으며 와인 선택에 대한 만족도가 높아진다.

퍼플독의 챗봇은 고객과의 대화에서 친근하고 자연스러운 응대를 통해 마치 실제 소믈리에와 상담하는 듯한 경험을 제공한다. 이를 통해 고객은 와인에 대한 전문적인 조언을 얻을 수 있으며 와인 선택 과정에서의 불편함을 해소할 수 있다.

이러한 개인화된 추천서비스는 고객 만족도를 높이고 재구매율을 향상시키는 데 큰 역할을 하고 있다. 또한 챗봇을 통한 고객 응대 자동화로 운영 효율성을 높이고 고객 서비스 품질을 향상시키는 데 기여하고 있다.

퍼플독의 사례는 챗봇을 활용해 고객에게 개인화된 추천서비스를 제공하고 이를 통해 고객 경험을 향상시키는 국내 기업의 성공적인 예시로 볼 수 있다.

[그림8] 퍼플독 와인 추천 챗봇

3) 여행 및 항공(KLM의 'BlueBot', 미스터멘션의 '예약 지원' 챗봇)

(1) KLM의 'BlueBot'의 예약 지원 챗봇

KLM은 2017년 9월 인공지능 기반의 서비스 봇인 'BlueBot(BB)'을 도입했다. BB는 페이스북 메신저를 통해 고객이 항공권을 예약할 수 있도록 지원하며 자연스러운 대화를 통해 고객의 요구를 파악하고 최적의 항공편을 추천한다. 이를 통해 고객은 복잡한 예약 과정을 간소화할 수 있게 됐다.

BB는 자기 학습 기능을 갖추고 있어, 상호작용을 통해 지속적으로 지능과 응답 정확도를 향상시킨다. 또한 BB는 KLM의 250여 명의 서비스팀과 협업해, 복잡한 문의나 추가 지원이 필요한 경우 인간 상담원에게 연결한다. 이러한 협업을 통해 고객은 원활하고 신속한 서비스를 받을 수 있다.

KLM은 BB를 통해 고객 서비스의 효율성을 높이고 24시간 내내 고객 지원이 가능하게 됐다. 또한 BB는 구글 홈과도 연동돼, 고객이 음성 명령을 통해 항공편 정보를 조회하거나 예약할 수 있도록 지원한다. 이러한 멀티플랫폼 지원은 고객 편의성을 한층 강화했다. BB의 도입으로 KLM은 고객 만족도를 높이고 브랜드 이미지 향상에 기여했다. 또한 인공지능 기술을 활용한 고객 서비스 혁신의 모범 사례로 평가받고 있다.

(2) 미스터멘션의 예약 지원 챗봇

미스터멘션은 한 달 살기 등 중장기 숙박을 원하는 고객을 위한 플랫폼으로 고객과 호스트를 연결하는 서비스를 제공한다. 이 과정에서 고객 지원의 효율성을 높이기 위해 챗봇을 도입했다.

미스터멘션의 챗봇은 고객이 원하는 지역, 기간, 예산 등을 입력하면 이에 맞는 숙소를 추천해준다. 또한 예약 과정에서 발생할 수 있는 다양한 문의에 신속하게 응답해 고객의 불편을 최소화한다. 이를 통해 고객은 원하는 숙소를 빠르고 편리하게 찾을 수 있게 됐다.

특히 미스터멘션의 챗봇은 고객과 호스트라는 양면 시장을 대상으로 각각의 요구에 맞는 시나리오를 제공한다. 예를 들어, 호스트가 문의하면 숙소 등록 안내를, 게스트가 문의하면 숙소 예약 방법 등을 안내하는 식이다. 이러한 맞춤형 응대는 고객 만족도를 높이는 데 큰 역할을 하고 있다.

챗봇 도입 이후 미스터멘션은 고객 문의 대응 속도가 빨라졌으며 이를 통해 고객 만족도가 향상됐다. 또한 반복적인 문의에 대한 자동 응대로 운영 효율성이 높아졌다. 이러한 변화는 미스터멘션의 성장과 서비스 품질 향상에 기여하고 있다.

미스터멘션의 챗봇 도입 사례는 중소기업이 챗봇을 활용해 고객 서비스 효율성을 높이고 고객 만족도를 향상시킨 성공적인 예로 평가받고 있다.

이처럼 KLM의 BlueBot과 미스터멘션의 예약 지원 챗봇은 각각의 산업 분야에서 고객 서비스 혁신을 이끌며 기업의 경쟁력 강화에 기여하고 있다. 이들의 사례는 챗봇 기술이 기업 운영에 있어 중요한 도구로 자리매김하고 있음을 보여준다.

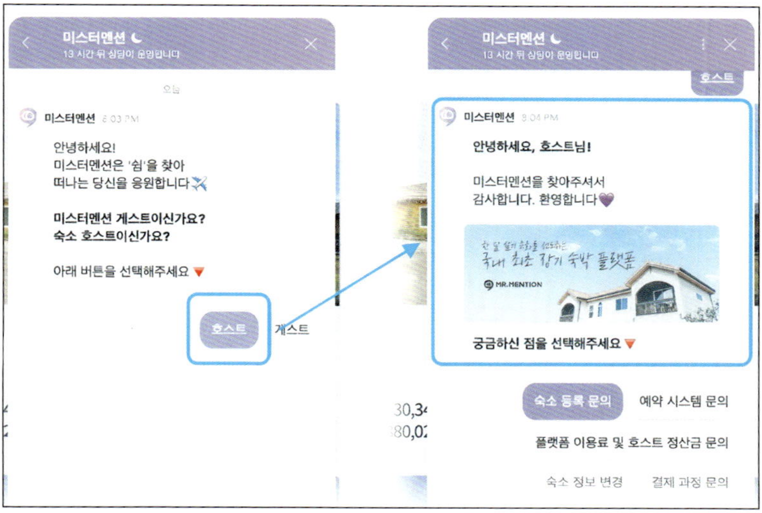

[그림9] 미스터멘션 챗봇

4) 헬스케어(초기 진단 및 환자 관리 챗봇 사례)

챗봇 기술은 '헬스케어' 분야에서 초기 진단과 환자 관리에 혁신적인 변화를 가져오고 있다. 다양한 기업들이 이러한 기술을 활용해 의료 서비스의 효율성과 접근성을 높이고 있다. 아래에 몇 가지 사례를 소개한다.

(1) 미국의 Prognos

Prognos는 인공지능(AI)을 활용해 질병의 초기 진단 정확성을 높이고 건강 유지를 위한 환경을 조성하는 것을 목표로 하는 기업이다. 이 회사는 2,300만 달러의 펀드를 투입해 'Prognos Registry'를 개발했다. 이 레지스트리는 30종류 이상의 질병에 걸린 1억 명 이상의 임상 데이터를 학습해 약 5억 건의 패턴을 기억하고 있다. 이를 통해 의료진은 환자의 상태를 보다 정확하게 진단하고 적절한 치료 방안을 제시할 수 있다. 또한 Prognos

는 HEDIS라는 83종류의 측정기준을 적용해 진료나 검사 등에 관한 유익한 정보를 제공하고 있다.

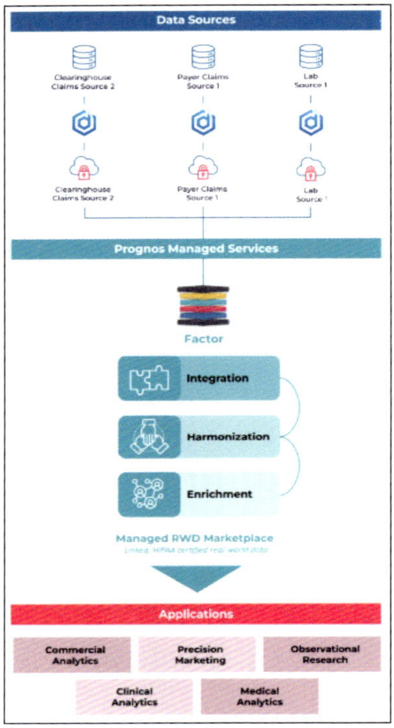

[그림10] Prognos Health가 데이터 소스에서 최종 분석과 응용까지 의료 데이터의 전 과정을 효율적으로 관리하고 있음을 시각적으로 보여준다 (출처 : https://prognoshealth.com/)

(2) 영국의 Babylon Health

Babylon Health는 AI 기반의 챗봇을 통해 환자들에게 초기 진단과 건강 상담 서비스를 제공하는 기업이다. 이 챗봇은 환자의 증상과 병력을 수집하고 이를 분석해 잠재적인 질병을 예측한다. 이를 통해 환자들은 병원 방문 전에 자신의 건강 상태에 대한 정보를 얻을 수 있으며 필요 시 적절한 의료 조치를 취할 수 있다. Babylon Health의 챗봇은 영국의 국민보건서비스(NHS)와 협업해 더 많은 환자에게 서비스를 제공하고 있다.

(3) 국내의 트로스트(Trost)

트로스트는 비대면 심리상담 서비스를 제공하는 국내 스타트업으로 챗봇을 통해 환자의 기초적인 정신 건강 분석 서비스를 제공하고 있다. 이 챗봇은 사용자의 감정 상태와 스트레스 수준을 파악해 적절한 상담 프로그램을 추천한다. 이를 통해 사용자들은 자신의 정신 건강 상태를 쉽게 점검하고 필요 시 전문 상담을 받을 수 있다.

(4) 미국의 AiCure

AiCure는 AI를 활용해 환자의 복약 관리와 치료 준수도를 높이는 솔루션을 제공하는 기업이다. 이 회사의 앱은 환자가 약을 복용하는 모습을 촬영해 AI가 이를 분석하고 올바르게 복용했는지 확인한다. 이를 통해 의료진은 환자의 복약 상태를 모니터링하고 치료 효과를 높일 수 있다.

(5) 국내의 믹스뮤니티(Mixmunity)

믹스뮤니티는 인공지능(AI) 기반의 종합 간호사 업무 지원 솔루션 앱 '파트널스'를 개발한 스타트업이다. 이 앱은 간호사들의 반복적인 업무와 잡무를 줄여주고 본 업무에 집중할 수 있도록 돕는다. 또한 챗봇 기능을 통해 간호사들이 업무 중 궁금한 점을 즉각적으로 물어보고 답변을 얻을 수 있도록 지원한다.

(6) 뷰노의 AI 활용 사례

① 골연령 평가

'뷰노메드 본에이지™'는 수골(손뼈) 엑스레이 영상을 AI로 분석해 높은 정확도의 골연령 판독 결과를 제공한다. 이를 통해 의료진의 판독 효율을 향상시키고 일관성 있는 결과를 제공한다.

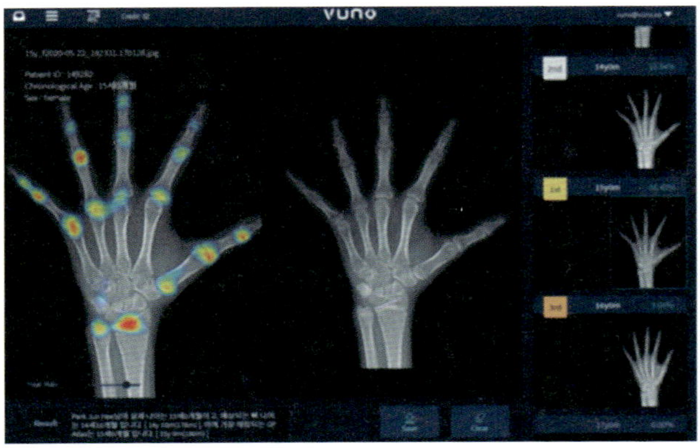

[그림11] 뷰노메드 본에이지™ 스크린샷

② 심정지 예측

'뷰노메드 딥카스™'는 일반병동 입원 환자의 활력징후 데이터를 기반으로 향후 24시간 내 심정지 발생 위험을 예측합니다. 이를 통해 의료진이 사전에 적절한 조치를 취할 수 있도록 지원합니다.

[그림12] 지난 9월 30일 인공지능(AI) 기반 심정지 예측 의료기기 '뷰노메드 딥카스' 임상 적용 사례를 소개 심포지엄(출처 : 뉴시스)

③ 흉부 CT 판독 보조

'뷰노메드 흉부 CT AI™'는 흉부 CT 영상을 AI로 분석해 폐 결절 등의 이상 소견을 신속하고 정확하게 검출한다. 이 솔루션은 일본에서 보험급여 대상으로 인정받아 그 효용성을 입증했다.

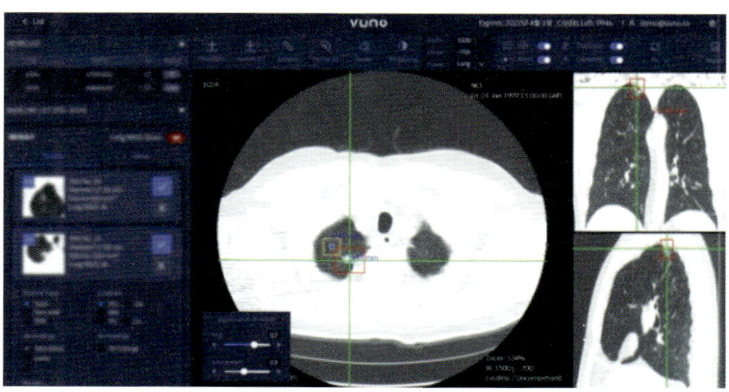

[그림13] '뷰노메드 흉부 CT AI'(출처 : 한경닷컴)

④ 뇌 정량화

'뷰노메드 딥브레인®'은 뇌 MRI 영상을 AI로 분석해 뇌의 부피와 구조를 정량화한다. 이를 통해 신경퇴행성 질환의 조기 진단과 진행 추적에 활용할 수 있다.

이러한 사례들은 챗봇이 헬스케어 분야에서 조기 진단과 환자 관리에 어떻게 활용되고 있는지를 보여준다. AI 기반의 챗봇은 의료 서비스의 효율성을 높이고 환자들에게 더 나은 경험을 제공하는 데 중요한 역할을 하고 있다.

3. 사내 업무 지원 챗봇 사례

1) 현대모비스 Maibot: 문서 검색 및 업무 지원

현대모비스는 2019년 5월 인공지능(AI) 기반의 대화형 챗봇 '마이봇(MAIBOT)'을 도입해 사내 업무 효율성을 높이고 있다. '마이봇'은 '모비스 인공지능 로봇(Mobis AI Robot)'의 약자로, 딥러닝 기반의 자연어 처리와 추론 능력을 통해 사용자의 의도를 분석하고 맞춤형 답변을 제공한다.

[그림14] 마이봇과 채팅하면서 사내 문서, 출장 지원 등 정보들을 빠르고 간편하게 확인
(출처 : 현대모비스 공식 블로그)

'마이봇'의 주요 기능 중 하나는 방대한 사내 문서의 효율적인 검색이다. 약 1,000만 건에 달하는 사내 문서가 등록돼 있으며 직원들은 메신저 형태로 마이봇과 자연스럽게 대화하면서 필요한 정보를 얻을 수 있다. 예를 들어, '전기차'나 '수소차'와 같은 키워드를 입력하면 관련된 수만 건의 문서를 신속하게 찾아준다.

또한 마이봇은 문서 내 특정 콘텐츠를 추출해 제공하는 기능도 갖추고 있다. 예를 들어, '인공지능 의미가 뭐야?'라고 질문하면 관련 문서뿐만 아니라 인공지능의 정의를 포함한 텍스트를 추출해 알려준다.

이외에도 마이봇은 회의실 예약, 총무 지원, 담당자 연락처 조회 등 다양한 업무 지원 기능을 제공한다. 예를 들어, 특정 시간대에 빈 회의실을 찾고자 할 때, '오늘 1시~3시 사이 7층 회의실 어딨어'라고 입력하면 해당 시간에 이용 가능한 회의실 정보를 제공한다.

마이봇의 도입은 현대모비스의 사무환경 혁신과 업무 효율성 향상에 크게 기여하고 있다. 이를 통해 직원들은 필요한 정보를 신속하게 얻고 반복적인 문의 대응에 소요되는 시간을 절감해 핵심 업무에 집중할 수 있게 됐다.

2) 삼성중공업 SBOT(설계 지식과 규정 검색 지원)

삼성중공업은 2023년 3월 인공지능(AI) 기반 챗봇인 'SBOT'을 개발해 선박 설계 업무에 적용하고 있다. 'SBOT'은 'Samsung'과 'Chatbot'의 합성어로, 사용자가 자연어로 질문하면 AI가 그 의미를 분석해 사내 여러 시스템에 축적된 설계 노하우(Lessons Learned), 각종 규정 및 계약 정보 등을 찾아 최적의 답변을 제공한다.

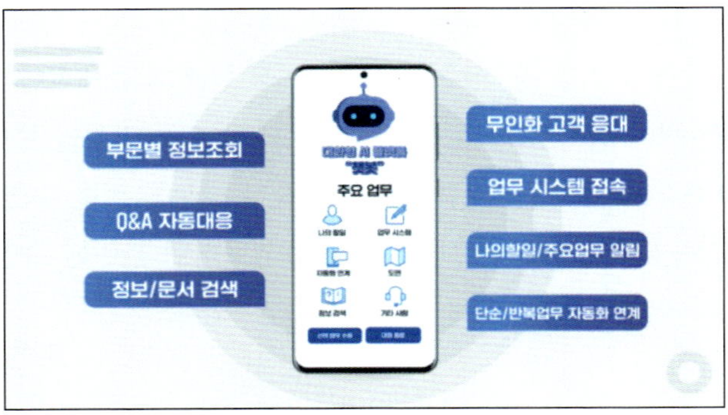

[그림15] 삼성중공업, AI 기반 챗봇 'SBOT'개발(출처 : 연합뉴스)

이러한 기능을 통해 신입사원이나 초임자도 SBOT을 활용해 업무를 빠르고 정확하게 수행할 수 있으며 지식 검색 기능을 통해 설계 정보 활용을 극대화할 수 있다. 또한 SBOT은 로봇 프로세스 자동화(RPA)와 연동해 반복 업무를 간단한 명령어로 손쉽게 처리할 수 있는 자동화 기능도 포함하고 있다. 예를 들어, 설계 담당자는 도면 검색, 일정 관리, 출도 등 단순 반복 업무를 줄이고 중요 업무에 집중함으로써 리드타임 단축 및 품질 향상에 기여할 수 있다.

삼성중공업은 생산 현장 업무 지원을 강화하기 위해 모바일 사용 환경과 음성 인식 기능을 갖춘 SBOT으로 업그레이드하고 경영지원, 구매 등으로 활용 분야를 확대해 나갈 예정이다. 특히 챗GPT와 SBOT을 연계해 챗봇 서비스의 고도화를 추진할 계획이다.

이러한 노력은 삼성중공업의 스마트 혁신 목표인 인공지능·빅데이터 기반의 지능형 스마트 조선소 완성에 한 걸음 더 다가가는 계기가 될 것이다.

3) 포스코(전화번호 안내, 메일 발송 등 일상 업무 간소화)

포스코는 2018년 6월 직원들의 업무 효율성을 높이기 위해 인공지능(AI) 기반의 챗봇 서비스를 도입했다. 이 챗봇은 음성이나 텍스트로 사람과 대화를 나누며 질문에 답하거나 일정 등록을 수행하는 대화형 시스템으로, 다양한 일상 업무를 간소화하는 데 활용되고 있다.

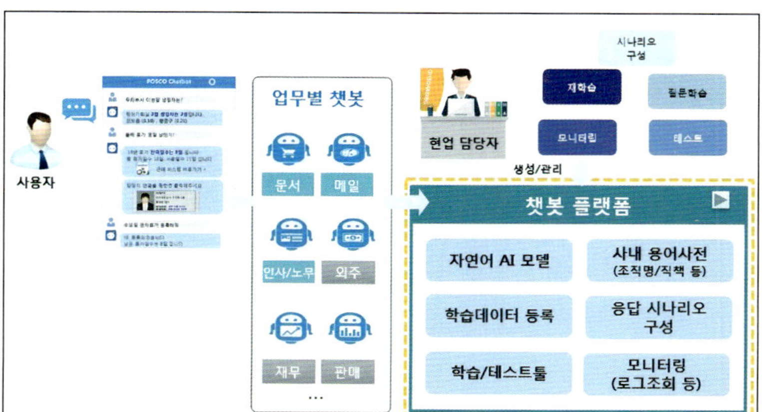

[그림16] 업무별 필요 챗봇(출처 : 포스코 뉴스룸)

초기에는 '사람찾기AI'라는 이름으로 시범 운영됐으며 자동 전화 걸기 기능을 제공했다. 이후 업그레이드를 통해 문자, 메일, 문서 보내기 등의 기능이 추가됐고 사내 공공장소의 전화번호를 스스로 학습해 안내할 수 있게 됐다.

특히 포스코는 챗봇 표준환경(플랫폼)을 자체적으로 개발해 사용함으로써 스마트팩토리 플랫폼인 포스프레임(PosFrame)과 더불어 인공지능 기술을 보유한 기업으로 업무의 스마트화를 주도하고 있다. 이를 통해 업무별로 필요한 챗봇을 담당자가 직접 구축하고 운영할 수 있는 표준 개발환경 및 관리 도구를 제공하고 있다.

이러한 챗봇 플랫폼은 직원들이 업무용 챗봇을 스스로 만들 수 있도록 설계됐으며 담당자가 챗봇을 학습시킬 수 있는 관리 도구를 제공해 본인이 직접 운영하고 관리할 수 있게 한다. 이를 통해 자신의 업무 지식을 챗봇에 축적시켜 스스로 학습하도록 유도하며 신규 시나리오를 추가로 개발할 수 있게 됐다.

또한 사내에서 발생하는 단순하고 반복적인 문의를 챗봇에 학습시키면 담당 직원들의 업무 부담이 경감될 뿐만 아니라, 부재 시에도 24시간 내에 빠른 답변을 받을 수 있어 업무 효율성을 높이는 데 도움이 되고 있다.

포스코는 이러한 챗봇 서비스를 통해 전화번호 안내, 메일 발송 등 일상적인 업무를 간소화해 직원들의 업무 효율성을 높이고 있으며 지속적으로 챗봇 서비스를 확대해 나갈 계획이다.

4. 고객 서비스 혁신 사례

1) Hermès의 Bo(배송 추적 및 고객 문의 처리)

Hermès는 고객 서비스 혁신의 일환으로 'Bo'라는 시스템을 도입해 배송 추적 및 고객 문의 처리를 개선했다. 이 시스템은 고객이 주문한 상품의 배송 상태를 실시간으로 추적할 수 있도록 하며 고객이 필요할 때 쉽게 문의할 수 있는 창구를 제공한다.

(1) 배송 추적 기능

Hermès의 Bo 시스템은 고객이 자신의 계정에 로그인해 주문 상태를 확인할 수 있는 기능을 제공한다. 고객은 웹사이트 상단의 'your account' 링크를 클릭해 로그인한 후, 메뉴를 통해 주문을 추적할 수 있다. 이 기능은 고객이 자신의 주문이 어디에 있는지, 언제 도착할지를 명확하게 알 수 있도록 해 고객 만족도를 높인다.

(2) 고객 문의 처리

Bo 시스템은 또한 고객이 Hermès의 고객 서비스 팀에 쉽게 연락할 수 있도록 지원한다. 고객은 이메일이나 전화로 문의할 수 있으며 전화는 월요일부터 금요일까지 오전 9시부터 오후 6시까지, 토요일에는 오전 10시부터 오후 6시까지 가능하다. 이러한 접근성은 고객이 문제를 신속하게 해결할 수 있도록 돕는다.

(3) 배송 옵션 및 제한 사항

Hermès는 다양한 배송 옵션을 제공해 고객의 필요에 맞춘 서비스를 제공한다. 예를 들어, Express 2일 서비스, Standard Overnight 서비스,

Priority Overnight 서비스 등이 있으며 각기 다른 요금이 부과된다. 또한 모든 패키지는 안전을 위해 개인 서명이 필요하며 호텔로도 배송이 가능하다. 호텔 배송 시에는 호텔의 이름과 주소, 체류 기간을 명시해야 한다.

Hermès의 Bo 시스템은 이러한 기능들을 통해 고객에게 보다 나은 서비스 경험을 제공하며 고객과의 소통을 원활하게 하고 있다. 이러한 혁신적인 접근 방식은 Hermès가 글로벌 시장에서 경쟁력을 유지하는 데 중요한 역할을 하고 있다.

[그림17] 헤르메스 배송(출처 : sendcloud)

2) 현대카드 'Buddy'(실시간 금융 상담 및 카드 신청 지원)

현대카드는 고객 서비스 혁신의 일환으로 'Buddy'라는 시스템을 도입해 실시간 금융 상담 및 카드 신청 지원을 제공하고 있다. 이 시스템은 고객이 금융 관련 문의를 신속하고 효율적으로 해결할 수 있도록 설계됐다.

(1) 실시간 금융 상담

'Buddy'는 인공지능 기반의 챗봇 서비스로, 고객이 금융 관련 질문을 하면 즉각적인 답변을 제공한다. 고객은 현대카드의 모바일 애플리케이션이나 웹사이트를 통해 Buddy와 대화할 수 있으며 24시간 언제든지 사용이 가능하다. 이 시스템은 고객의 질문에 대한 답변을 자동으로 제공함으로써 고객 서비스의 효율성을 높이고 고객이 필요로 하는 정보를 신속하게 얻을 수 있도록 돕는다.

(2) 카드 신청 지원

'Buddy'는 또한 카드 신청 과정을 지원한다. 고객이 새로운 카드를 신청하고자 할 때, Buddy는 필요한 정보를 안내하고 신청 절차를 단계별로 설명한다. 이를 통해 고객은 복잡한 절차 없이 손쉽게 카드를 신청할 수 있으며 필요한 서류나 정보를 빠짐없이 준비할 수 있다. 이러한 기능은 카드 발급 과정을 간소화하고 고객의 편의를 극대화하는 데 기여한다.

(3) 개인화된 서비스 제공

'Buddy'는 고객의 이전 대화 기록과 금융 활동을 바탕으로 개인화된 서비스를 제공한다. 이를 통해 고객은 자신에게 가장 적합한 금융 상품이나 혜택에 대한 정보를 받을 수 있으며 맞춤형 상담을 통해 최적의 금융 결정을 내릴 수 있다. 이러한 개인화된 접근 방식은 고객 만족도를 높이고 현대카드의 차별화된 서비스를 경험하게 한다.

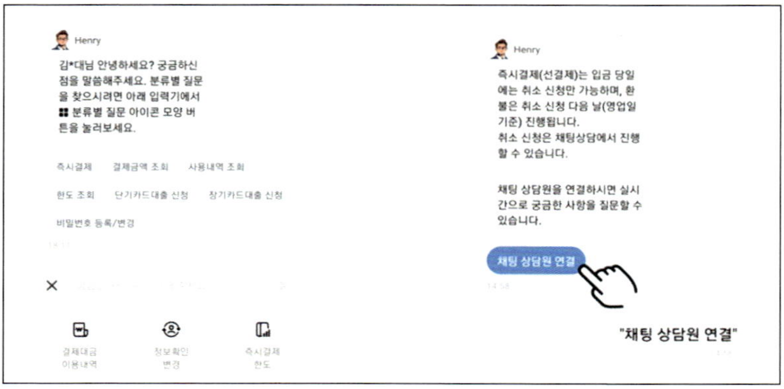

[그림18] 인공지능 챗봇 서비스인 '현대카드 버디(Buddy)'

(출처 : 현대카드·현대커머셜 뉴스룸)

현대카드의 Buddy 시스템은 이러한 기능들을 통해 고객에게 보다 나은 금융 서비스를 제공하며 실시간 상담과 지원을 통해 고객과의 소통을 강화하고 있다. 이러한 혁신적인 서비스는 현대카드가 금융 시장에서 경쟁력을 유지하는 데 중요한 역할을 하고 있다.

3) NGO 및 공공기관(법무부 '버비'와 대구시 '뚜봇')

법무부와 대구시는 각각 '버비'와 '뚜봇'이라는 인공지능 기반의 챗봇 서비스를 통해 공공 서비스를 혁신하고 있다. 이들 시스템은 법률 상담과 민원 서비스 분야에서 큰 변화를 가져왔다.

(1) 법무부의 '버비'

법무부는 인공지능 기반의 대화형 생활법률 서비스인 '버비(Bubbi)'를 개발해 국민들에게 제공하고 있다. 버비는 벨기에 작가 마테를링크의 동화 '파랑새'를 형상화한 캐릭터로, 행복의 파랑새를 찾아주는 법률비서라는 의미를 담고 있다. 이 서비스는 웹사이트와 카카오톡을 통해 접근할 수 있으며 부동산 임대차, 임금, 해고 등 노동 분야의 법률 지식과 판례를 제공한다. 또한 상속 분야를 포함해 총 4가지 분야의 법률 서비스를 24시간 제공하며 범죄 피해 예방 콘텐츠도 포함돼 있어 실생활에서 발생할 수 있는 법적 문제를 미연에 방지할 수 있도록 돕는다.

[그림19] 내 손안의 인공지능 법률비서 '버비'(출처 : 법무부 버비 홍보영상)

버비는 인공지능을 활용해 자체 학습 기능을 탑재하고 있으며 어려운 질문에도 답변할 수 있는 성능 개선 작업이 지속적으로 이뤄지고 있다. 이러한 기능을 통해 국민들이 쉽게 법률 지식에 접근할 수 있도록 하고 있으며 공공데이터 포털을 통해 민간의 인공지능 응용 서비스 활성화를 위한 자료도 제공하고 있다.

[그림20] 버비 서비스(출처 : 법무부 버비 홍보영상)

(2) 대구시의 '뚜봇'

대구시는 4차 산업혁명 시대에 부응해 인공지능 챗봇 '뚜봇'을 구축했다. 뚜봇은 여권 민원 상담뿐만 아니라 차량 등록, 대구 주요 시정 안내, 지역 축제 등 다양한 분야의 민원 상담 서비스를 제공한다. 이 시스템은 5만 7,000여 건의 학습 데이터를 기반으로 해 시민들의 질문에 대해 스스로 학습하고 추론해 답변할 수 있는 능력을 갖추고 있다.

[그림21] AI챗봇 '뚜봇'(출처 : 인공지능신문)

뚜봇은 단순 Q/A 수준을 넘어 AI 기반으로 보다 정확한 상담을 위해 쌍방향 대화처리를 위한 시나리오 구성과 딥러닝을 적용했다. 이를 통해 시민들은 24시간 365일 다양한 채널을 통해 쉽고 편리하게 민원 상담을 받을 수 있으며 상담 시간제한 및 인력 부족 문제를 극복할 수 있게 됐다.

이러한 혁신적인 서비스들은 법무부와 대구시가 각각 법률 및 행정 서비스 분야에서 국민과 시민들에게 보다 나은 서비스를 제공하기 위해 노력하고 있음을 보여준다. 이러한 시스템들은 공공 서비스의 접근성을 높이고 사용자 경험을 향상시키며 다른 자치단체에도 모범 사례가 될 것으로 기대된다.

Epilogue

챗봇은 더 이상 선택이 아닌 필수가 됐다. 이 책에서 다룬 다양한 사례들은 챗봇이 단순히 기업의 운영 효율성을 높이는 도구를 넘어 고객과의 신뢰를 구축하고 더 나아가 새로운 시장 기회를 창출하는 데 필수적인 요소임을 보여준다. 특히 챗봇을 통한 데이터 분석과 고객 경험 최적화는 기업이 경쟁력을 유지하고 지속 가능한 성장을 이룩하는 데 있어 핵심적인 역할을 한다.

책을 집필하며 가장 인상 깊었던 점은 산업별로 챗봇이 얼마나 창의적으로 활용되고 있는지였다. 금융권의 'Buddy'와 'Eno'는 고객의 금융 생활을 혁신했으며, '이커머스'와 '헬스케어'에서는 개인화된 추천과 초기 진단처럼 고객 맞춤형 서비스 제공으로 만족도를 높였다. 또한 공공 서비스에서 챗봇은 국민과 시민들에게 쉽고 빠르게 도움을 주는 혁신적인 도구로 자리 잡고 있다.

이 모든 사례가 보여주는 공통점은 명확하다. 챗봇은 단순한 기술이 아니다. 그것은 기업의 미래를 설계하는 데 필요한 강력한 전략적 도구이다. 챗봇을 통해 기업은 더욱 스마트해지고 고객과의 관계를 강화하며 시장 변화에 신속히 대응할 수 있다. 이러한 변화는 단순히 기업의 성과 향상에 그치지 않고 사회 전반에 걸쳐 긍정적인 영향을 미치고 있다.

챗봇 기술의 진화는 끝이 없다. 앞으로 음성 인식, 감정 분석, 개인화 서비스 등의 기술과 결합해 더욱 인간적이고 혁신적인 방식으로 발전할 것이다. 이는 우리에게 더 많은 가능성과 도전을 안겨줄 것이다.

이 책이 챗봇 도입을 고려하는 이들에게 유익한 지침이 되고 챗봇을 통해 기업의 미래를 설계하고자 하는 이들에게 통찰을 제공하길 바란다. 여러분의 비즈니스에 챗봇이라는 날개를 더해 더 높은 비상을 이루기를 진심으로 응원한다.

7

AI 챗봇의 유형

전 세 연

제7장
AI 챗봇의 유형

Prologue

인공지능(AI)이 단순한 기술을 넘어 우리의 일상에 깊이 스며들면서, 챗봇은 더 이상 낯선 존재가 아니다. 고객 서비스 창구에서 스마트폰의 음성 비서로, 심지어는 심리 상담사로도 활용되는 챗봇은 우리가 대화하고 정보를 얻는 방식을 바꾸고 있다.

챗봇은 단순히 질문에 답을 제공하는 기계를 넘어 대화를 통해 가치를 창출하고 인간과 상호작용하는 AI 에이전트로 진화하고 있다. 기술의 발전과 함께 다양한 챗봇 유형이 등장했고 각 유형은 특정한 필요와 환경에 맞게 설계됐다. 어떤 챗봇은 간단한 규칙 기반 알고리즘으로 작동하고 또 어떤 챗봇은 방대한 데이터를 학습하며 인간처럼 자연스러운 대화를 생성한다.

이 책의 'AI 챗봇의 유형'에서는 이러한 다양한 챗봇 유형의 세계를 탐구한다. 규칙 기반부터 생성형 AI까지 각 유형이 어떻게 설계되고 어떤 문제를 해결하며 어디에서 활용되는지 명확히 설명할 것이다. 또한 각 유형의 강점과 한계를 파악하며 미래의 챗봇 기술이 나아갈 방향에 대해서도 살펴볼 예정이다.

챗봇은 단순히 기술의 산물이 아니라 인간의 삶을 더 편리하고 풍요롭게 만들기 위한 도구이다. 이 섹션을 통해 독자 여러분은 챗봇의 다채로운 유형과 가능성을 이해하고 AI 챗봇 시대를 준비하는 데 도움을 받을 수 있을 것이다.

1. 챗봇의 개요

1) 챗봇이란 무엇인가?

'챗봇(Chatbot)'은 인간과 컴퓨터 간의 자연어 대화를 가능하게 하는 인공지능 소프트웨어 프로그램이다. '채팅(Chatting)'과 '로봇(Robot)'의 합성어로, 사용자의 질문이나 요청에 대해 적절한 응답을 제공하는 대화형 인터페이스를 의미한다.

챗봇은 1966년 MIT의 조셉 바이젠바움 교수가 개발한 ELIZA로부터 시작된다. 정신과 의사의 상담을 모방한 이 초기 챗봇은 단순한 패턴 매칭 방식을 사용했지만 인간과 기계의 대화 가능성을 보여준 혁신적인 시도였다. 이후 반세기가 넘는 시간 동안 챗봇 기술은 인공지능과 자연어 처리 기술의 발전과 함께 비약적인 성장을 이루었다.

현대의 챗봇은 인간의 언어를 이해하고 적절한 응답을 생성할 수 있는 지능형 소프트웨어를 의미한다. 단순한 명령어 처리를 넘어 문맥을 이해하고 감정을 인식하며 때로는 창의적인 콘텐츠까지 생성할 수 있는 수준에 이르렀다. 특히 최근의 챗봇들은 딥러닝과 자연어 처리 기술의 발전에 힘입어, 더욱 자연스럽고 지능적인 대화가 가능해졌다.

2) 챗봇의 역할과 필요성

오늘날 챗봇은 단순한 대화 도구를 넘어 우리 사회의 필수적인 디지털 조력자로 자리잡고 있다. 24시간 쉬지 않고 운영되는 고객 서비스 센터에서 챗봇은 수많은 문의사항을 처리하며 기업의 운영 효율성을 높이는 데 크게 기여하고 있다. 사용자들은 언제 어디서나 챗봇을 통해 필요한 정보를 얻거나 서비스를 이용할 수 있게 됐고 이는 디지털 경험의 새로운 표준이 돼가고 있다.

기업의 관점에서 챗봇은 운영 비용을 절감하면서도 서비스 품질을 향상시킬 수 있는 효과적인 솔루션이다. 반복적인 문의에 대한 자동화된 응답은 인적 자원을 더 가치 있는 업무에 집중할 수 있게 해주며 데이터 기반의 개인화된 서비스는 고객 만족도를 높이는 데 기여한다.

더불어 챗봇은 교육, 의료, 금융 등 다양한 전문 분야에서도 활약하고 있다. 학습자들에게 맞춤형 교육 콘텐츠를 제공하고 환자들의 초기 증상을 상담하며 금융 거래를 안전하게 지원하는 등 전문화된 서비스를 제공한다. 이러한 다양한 역할은 챗봇이 우리 사회의 디지털 혁신을 이끄는 핵심 동력임을 보여준다.

디지털 전환(Digital Transformation)이 가속화되면서 각 산업 분야는 저마다의 특성에 맞는 챗봇 솔루션을 필요로 하고 있다. 금융 산업에서는 보안과 규정 준수를 최우선으로 하는 챗봇이 요구됐고 의료 분야에서는 환자의 프라이버시를 보호하면서도 정확한 의료 정보를 제공할 수 있는 특화된 챗봇이 필요했다.

전자상거래의 발전은 쇼핑 경험을 향상시키기 위해 챗봇 기술의 도입을 가속화하고 있다. 제품 추천부터 주문 처리, 배송 조회까지 전체 쇼핑 여정을 지원하는 챗봇은 이제 온라인 쇼핑의 필수 요소가 됐다. 교육 분야에서도 개인화된 학습 경험을 제공하는 챗봇이 등장하며 원격 교육의 새로운 가능성을 열어가고 있다.

특히 코로나19 팬데믹 이후 비대면 서비스에 대한 수요가 급증하면서 챗봇의 역할은 더욱 중요해졌다. 물리적 접촉을 최소화하면서도 높은 수준의 서비스를 제공해야 하는 상황에서 챗봇은 효과적인 해결책으로 자리잡았다. 이는 챗봇이 단순한 보조 도구를 넘어 핵심적인 서비스 채널로 발전하게 된 계기가 됐다.

2. 기술 기반으로 본 챗봇 유형

1) 규칙 기반 챗봇 (Rule-based Chatbot)

규칙 기반 챗봇은 가장 기본적인 형태의 챗봇으로 미리 정의된 규칙과 패턴에 따라 동작한다. 마치 큰 결정 트리와 같이 특정 입력에 대해 정해진 경로를 따라 응답을 제공한다.

[그림1] 규칙 기반 챗봇(출처 : 마이크로소프트 디자이너)

(1) 작동 원리와 특징

규칙 기반 챗봇의 핵심은 'if-then' 구조의 규칙들이다. 예를 들어, 사용자가 '안녕하세요?'라고 입력하면 챗봇은 미리 정의된 인사말 목록에서 적절한 응답을 선택한다. 이러한 규칙은 매우 구체적이고 명확해 예측 가능한 상황에서는 매우 정확한 응답을 제공할 수 있다.

더 복잡한 규칙도 설정할 수 있다. 예를 들어, 은행 챗봇의 경우 : 잔액 조회 요청 → 본인 인증 절차 → 계좌 선택 → 잔액 표시 / 이체 요청 → 본인 인증 → 계좌 선택 → 금액 입력 → 확인 절차

이와 같은 명확한 프로세스를 따르는 업무에 특히 효과적이다.

(2) 장점과 한계

규칙 기반 챗봇의 가장 큰 장점은 '안정성'과 '예측 가능성'이다. 정해진 규칙 내에서는 100% 정확한 응답을 보장한다. 또한 구현이 비교적 간단하고 유지 보수가 쉬우며 특정 도메인에서는 매우 효율적으로 작동한다.

그러나 이러한 접근 방식은 명확한 한계도 갖고 있다. 예상치 못한 입력이나 복잡한 대화 맥락을 처리하는 데 어려움을 겪는다. 사용자가 "기분이 별로야"라고 말했을 때, 단순히 '죄송합니다'라는 정해진 응답만을 할 수 있을 뿐, 진정한 의미의 공감이나 상황에 맞는 적절한 대응은 어렵다.

2) 머신 러닝 챗봇(Machine Learning Chatbot)

기계학습 기반 챗봇은 규칙 기반 챗봇의 한계를 극복하기 위해 등장했다. 이 챗봇은 데이터로부터 학습해 더 자연스럽고 유연한 대화가 가능하며 시간이 지날수록 성능이 향상되는 특징을 갖고 있다.

[그림2] 머신러닝 챗봇(출처 : 마이크로소프트 디자이너)

(1) 학습 방식과 작동 원리

기계학습 기반 챗봇의 핵심은 '학습' 능력이다. 대량의 대화 데이터를 통해 패턴을 학습하고 이를 바탕으로 적절한 응답을 생성한다. 이 과정은 크게 세 단계로 이뤄진다.

① 데이터 학습 단계에서는 수많은 실제 대화 기록을 분석하고 문맥과 의도의 패턴을 파악하며 적절한 응답 방식을 학습한다. 이 과정에서 챗봇은 다양한 상황에서의 자연스러운 대화 방식을 이해하게 된다.

② 이해 및 분석 단계에서는 사용자 입력의 의미를 파악하고 감정과 맥락을 분석하며 이전 대화 내용을 참조한다. 이를 통해 사용자의 현재 상태와 의도를 정확하게 이해할 수 있다.

③ 답 생성 단계에서는 학습된 패턴을 기반으로 최적의 응답을 선택하고 맥락에 맞는 자연스러운 답변을 구성하며 지속적인 대화 흐름을 유지한다. 이 과정에서 챗봇은 상황에 가장 적합한 응답을 제공하려 노력한다.

(2) 감정인식과 맥락 이해

기계학습 기반 챗봇의 중요한 특징 중 하나는 감정 인식 능력이다. 텍스트에서 감정을 분석하는 방법에는 여러 가지가 있다.

① 언어적 분석에서는 감정을 나타내는 키워드를 인식하고 문장 구조와 어조를 분석하며 이모티콘과 특수 기호의 의미를 파악한다. 이를 통해 사용자의 감정 상태를 보다 정확하게 이해할 수 있다.

② 맥락적 분석에서는 대화의 전후 관계를 고려하고 사용자의 이전 반응 패턴을 참조하며 상황에 따른 적절한 공감 표현을 선택한다. 이를 통해 단순한 감정인식을 넘어 깊이 있는 대화 맥락을 이해할 수 있다.

③ 행동 패턴 분석에서는 사용자의 응답 속도와 메시지 길이의 변화 그리고 대화 스타일의 변화를 종합적으로 관찰한다. 이러한 분석을 통해 사용자의 현재 상태와 감정 변화를 더욱 정확하게 파악할 수 있다.

(3) 지속적 학습과 개선

기계학습 기반 챗봇의 가장 큰 강점은 지속적인 성능 향상이다. 이는 다음과 같은 방식으로 이뤄진다.

① 실시간 피드백 학습에서는 사용자 반응을 지속적으로 모니터링하고 성공적인 대화 패턴을 강화하며 실패 케이스를 분석해 개선한다. 이러한 과정을 통해 챗봇은 더 나은 대화 능력을 개발할 수 있다.

② 데이터 품질 관리 과정에서는 새로운 학습 데이터를 검증하고 편향성을 검사해 보정하며 최신 트렌드를 반영한다. 이를 통해 챗봇은 항상 최신 그리고 편향되지 않은 응답을 제공할 수 있다.

③ 모델의 최적화 단계에서는 성능 매트릭스를 모니터링하고, 알고리즘을 지속적으로 조정하며 새로운 기술을 적용한다. 성능 매트릭스란 모델의 성능을 평가하는 데 사용되는 수치적 지표이다. 이러한 매트릭스를 통해 모델의 강점과 약점을 분석하고, 개선해야 할 부분을 식별할 수 있다. 이러한 과정을 통해 챗봇의 전반적인 성능이 꾸준히 향상된다.

3) 딥러닝 및 생성형 챗봇(Generative AI Chatbot)

생성형 챗봇은 인공지능 기술의 최전선에 있는 가장 발전된 형태의 챗봇이다. GPT(Generative Pre-trained Transformer)와 같은 대규모 언어 모델을 기반으로 하여, 미리 정의된 응답이 아닌 상황에 맞는 새로운 텍스트를 실시간으로 생성할 수 있다.

[그림3] 딥러닝 생성형 챗봇(출처 : 마이크로소프트 디자이너)

(1) 생성형 챗봇의 기술적 특징

생성형 챗봇의 핵심에는 트랜스포머(Transformer) 아키텍처가 있다. 이 아키텍처는 대량의 텍스트 데이터에서 언어의 패턴을 학습하고 이를 바탕으로 문맥에 맞는 자연스러운 응답을 생성한다. 특히 어텐션(Attention) 메커니즘을 통해 입력된 텍스트의 각 부분이 서로 어떻게 관련돼 있는지를 이해하고 이를 바탕으로 더 정확하고 관련성 높은 응답을 만들어 낸다.

① 고급 대화 처리 능력

생성형 챗봇은 단순한 응답 생성을 넘어 복잡한 대화 처리가 가능하다. 장문의 대화 기록을 유지하면서 일관된 맥락을 유지할 수 있으며 이전 대화 내용을 참조해 더 깊이 있는 대화를 이어갈 수 있다. 예를 들어, 사용자가 이전 대화에서 언급한 세부 사항을 기억하고 이를 새로운 맥락에서 적절히 활용할 수 있다.

② 창의적 콘텐츠 생성

생성형 챗봇의 가장 큰 특징은 창의적인 콘텐츠 생성 능력이다. 시나리오 작성, 스토리텔링, 시 창작, 광고 문구 제작 등 창의적인 글쓰기 작업을 수행할 수 있다. 또한 주어진 주제나 키워드를 바탕으로 새로운 아이디어를 제시하거나 기존 내용을 다른 스타일로 재구성하는 것도 가능하다.

③ 전문 분야에서의 활용

생성형 챗봇은 전문적인 영역에서도 뛰어난 성과를 보이다. 법률 문서 분석, 의학 논문 요약, 기술 문서 작성 등 전문성이 요구되는 작업에서도 높은 수준의 결과물을 제공할 수 있다. 이는 방대한 양의 전문 자료를 학습하고 이를 실제 상황에 적용할 수 있는 능력 덕분이다.

(2) 생성형 챗봇의 한계와 도전 과제

생성형 챗봇의 혁신적인 능력에도 불구하고 여러 가지 중요한 한계와 해결 해야 할 과제들이 존재한다. 정확성, 윤리성, 보안 이러한 도전 과제들은 기술의 발전과 함께 지속적으로 개선되고 있지만, 신중한 접근이 필요한 부분이다.

① 윤리적 고려사항

생성형 챗봇의 가장 큰 도전 과제 중 하나는 윤리적 문제이다. 강력한 텍스트 생성 능력은 잘못 사용될 경우 허위 정보 생성이나 사회적 편견을 강화할 수 있다. 특히 챗봇이 학습한 데이터에 내재된 편견이 그대로 출력될 수 있어 이를 감지하고 수정하는 것이 중요한 과제이다. 예를 들어, 성별이나 인종에 대한 고정관념이 응답에 반영될 수 있으며 이는 사회적 문제로 이어질 수 있다.

② 정확성과 신뢰성

생성형 챗봇은 때때로 매우 설득력 있게 들리지만 사실과 다른 정보를 생성할 수 있다. 이는 '환각(Hallucination)'이라고 불리는 현상으로, 챗봇이 실제로 존재하지 않는 정보를 그럴듯하게 만들어내는 것을 의미한다. 의료 상담이나 법률 자문과 같은 중요한 분야에서는 이러한 문제가 심각한 결과를 초래할 수 있으므로 정보의 검증과 신뢰성 확보가 매우 중요하다.

③ 리소스 요구사항

대규모 언어 모델을 기반으로 하는 생성형 챗봇은 상당한 컴퓨팅 리소스를 필요로 한다. 이는 높은 운영 비용으로 이어지며 실시간 응답 생성에도 영향을 미칠 수 있다. 또한 모델의 크기가 커질수록 더 많은 에너지를 소비하게 돼 환경적 영향도 고려해야 할 중요한 요소가 된다.

④ 맥락 유지의 어려움

긴 대화를 진행할 때 일관된 맥락을 유지하는 것도 중요한 과제이다. 현재의 생성형 챗봇은 대화가 길어질수록 초기 맥락을 잃어버리거나, 이전 대화와 모순되는 응답을 생성할 수 있다. 이는 특히 복잡한 문제 해결이나 장기적인 상담 상황에서 중요한 제약 사항이 될 수 있다.

(3) 생성형 챗봇의 미래 전망과 발전 방향

생성형 챗봇 기술은 빠른 속도로 진화하고 있으며 앞으로 더욱 혁신적인 발전이 예상된다. 현재의 한계점들을 극복하고 더욱 진보된 형태로 발전해 나갈 것으로 전망된다.

① 멀티모달 통합

현재 텍스트 중심의 상호작용에서 벗어나 이미지, 음성, 영상 등 다양한 형태의 데이터를 통합적으로 처리할 수 있는 방향으로 발전하고 있다. 예를 들어, 사용자가 보여주는 이미지를 분석해 이에 대해 자연스럽게 대화를 나누거나 음성으로 대화하면서 관련된 시각 자료를 함께 제시할 수 있게 될 것이다. 이러한 멀티모달 능력은 교육, 의료, 상담 등 다양한 분야에서 더욱 풍부한 상호작용을 가능하게 할 것이다.

② 개인화와 적응형 학습

미래의 생성형 챗봇은 각 사용자의 특성과 선호도를 더욱 깊이 이해하고 학습할 수 있게 될 것이다. 사용자의 대화 스타일, 전문 분야, 관심사 등을 지속적으로 학습해 더욱 개인화된 경험을 제공할 수 있다. 또한 사용자와의 상호작용을 통해 실시간으로 자신의 응답을 조정하고 개선하는 적응형 학습 능력도 강화될 것이다.

③ 윤리적 AI와 안전성 강화

향후 발전 과정에서 가장 중요하게 다뤄질 부분은 윤리적 측면과 안전성이다. 편향성을 줄이고 공정성을 강화하는 알고리즘이 개발될 것이며 허위 정보 생성을 방지하고 신뢰성을 높이기 위한 다양한 기술적 장치가 도입될 것이다. 특히 민감한 정보를 다룰 때 프라이버시를 보호하고 악의적인 사용을 방지하는 보안 기능이 더욱 강화될 것으로 예상된다.

④ 지역화와 문화적 이해

전 세계적으로 활용되는 생성형 챗봇은 각 지역의 언어와 문화적 특성을 더욱 깊이 이해하고 반영할 수 있게 될 것이다. 단순한 언어 번역을 넘어 각 문화권의 특수한 관습, 예절, 유머 등을 이해하고 적절하게 반영할 수 있는 능력이 발전할 것이다. 이는 글로벌 비즈니스와 문화 교류에 있어 매우 중요한 역할을 하게 될 것이다.

4) 하이브리드 챗봇 (Hybrid Chatbot)

'하이브리드 챗봇'은 규칙 기반, 검색 기반, 생성형 등 다양한 챗봇 기술의 장점을 결합한 진보된 형태의 시스템이다. 각각의 접근 방식이 가진 강점을 상황에 따라 적절히 활용함으로써 더욱 안정적이고 효과적인 대화 서비스를 제공한다.

[그림4] 하이브리트 챗봇(출처 : 마이크로소프트 디자이너)

(1) 맥락 기반 엔진 선택

하이브리드 챗봇은 고도화된 의사결정 시스템을 통해 가장 적합한 처리 엔진을 선택한다. 이 과정에서 대화의 맥락, 사용자의 의도, 요청의 복잡성 등 다양한 요소를 종합적으로 고려한다. 예를 들어, 금융 거래와 관련된 질문에는 높은 정확성이 요구되므로 규칙 기반 엔진이 활성화되고 상품 추천이나 상담과 같은 상황에서는 기계학습이나 생성형 엔진이 주도적으로 응답을 처리한다.

(2) 통합적 접근 방식의 이점

하이브리드 챗봇의 가장 큰 특징은 상황에 따른 유연한 대응 능력이다. 예를 들어, 계좌 잔액 조회와 같은 정확성이 중요한 업무는 규칙 기반 방식을 사용하고 일상적인 대화나 복잡한 문의 사항에는 생성형 모델을 활용한다. 이러한 유연한 전환은 사용자가 인식하지 못할 만큼 자연스럽게 이뤄지며 이는 전반적인 사용자 경험을 크게 향상시킨다.

(3) 오류 처리와 백업 시스템

하이브리드 시스템의 또 다른 강점은 안정적인 오류 처리 능력이다. 한 엔진이 적절한 응답을 생성하지 못하는 경우 다른 엔진이 자동으로 백업 역할을 수행한다. 또한 응답의 신뢰도가 낮다고 판단될 경우 사용자에게 추가 정보를 요청하거나 다른 접근 방식을 시도할 수 있다. 이러한 다중 안전장치는 서비스의 안정성과 신뢰성을 크게 높인다.

(4) 하이브리드 챗봇의 실제 적용 사례와 구현

금융 산업에서의 하이브리드 챗봇 활용은 매우 좋은 예시가 된다. 고객이 '어제 커피숍에서 사용한 금액이 얼마죠?'라는 질문을 했을 때, 챗봇은 먼저 규칙 기반 엔진을 통해 계좌 거래 내역을 정확하게 조회한다. 이어서 생성형 엔진을 활용해 '어제 스타벅스에서 4,500원을 사용하셨네요. 최근 커피 구매가 늘어난 것 같은데 월간 카페 지출을 확인해 드릴까요?'와 같은 자연스러운 대화와 함께 부가적인 인사이트를 제공할 수 있다.

(5) 산업별 맞춤 구현

의료 분야에서는 더욱 세심한 접근이 필요하다. 초기 증상 상담 시 생성형 엔진을 통해 자연스러운 대화로 증상을 파악하지만 실제 진단과 관련된 정보는 엄격히 검증된 규칙 기반 데이터베이스에서만 제공한다. 응급 상황 감지 시에는 즉시 규칙 기반 프로토콜이 활성화돼 가까운 응급실 안내나 긴급 연락처 제공과 같은 정확한 정보를 신속하게 전달한다.

(6) 지속적인 성능 향상 시스템

하이브리드 챗봇의 강점은 각 엔진의 성능을 독립적으로 개선할 수 있다는 점이다. 예를 들어, 고객 서비스 분야에서 자주 묻는 질문들은 시간이 지남에 따라 규칙 기반 데이터베이스에 추가돼 더 빠르고 정확한 응답이 가능해진다. 동시에 생성형 엔진은 새로운 유형의 문의 사항이나 예상치 못한 상황에 대처하는 능력을 지속적으로 발전시킨다.

(7) 사용자 경험 최적화

하이브리드 챗봇은 사용자의 선호도와 행동 패턴을 학습해 점차 더 개인화된 서비스를 제공한다. 예를 들어, 특정 사용자가 상세한 설명을 선호한다는 것을 학습하면 생성형 엔진을 통해 더 자세한 설명을 제공하고 동시에 규칙 기반 시스템을 통해 정확한 데이터와 링크를 함께 제시한다. 이러한 개인화된 접근은 사용자 만족도를 크게 높이는 요인이 된다.

(8) 하이브리드 챗봇의 미래 발전 방향과 새로운 트렌드

하이브리드 챗봇 기술은 더욱 정교하고 지능적인 방향으로 발전하고 있다. 특히 실시간 상황 인식과 예측적 대응 능력이 크게 강화될 것으로 예상된다. 이러한 발전은 기업과 사용자 모두에게 더 큰 가치를 제공할 것이다.

(9) 상황 인식 지능의 고도화

하이브리드 챗봇은 단순히 사용자의 질문에 답하는 것을 넘어 전체적인 상황을 이해하고 선제적으로 대응하는 방향으로 발전하고 있다. 예를 들어, 온라인 쇼핑몰에서 고객이 특정 제품을 장시간 살펴보고 있다면 챗봇이 먼저 해당 제품에 대한 상세 정보나 관련 추천 상품을 자연스럽게 제시할 수 있다. 이때 규칙 기반 시스템을 통해 정확한 제품 정보를 제공하면서 생성형 엔진으로 개인화된 추천 메시지를 만들어 낸다.

(10) 감정 인텔리전스의 발전

더욱 발전된 감정 인식과 공감 능력은 하이브리드 챗봇의 중요한 발전 방향이다. 사용자의 감정 상태를 텍스트, 음성 톤, 대화 패턴 등 다양한 요소를 통해 종합적으로 분석하고 이에 적절히 대응할 수 있게 된다. 특히 고객 불만 처리나 상담 서비스에서 이러한 능력은 매우 중요하다. 감정적 위기 상황을 감지하면 즉시 인간 상담사에게 전환하는 등의 섬세한 대응도 가능해진다.

(11) 산업 특화 전문성 강화

각 산업 분야의 특수성을 더욱 깊이 이해하고 대응하는 방향으로 발전할 것이다. 법률 분야의 경우 일반적인 법률 상담은 생성형 엔진이 처리하지만 구체적인 법조문이나 판례 인용은 규칙 기반 시스템이 담당하는 식이다. 이러한 전문성은 더욱 심화 돼 각 분야에서 전문가 수준의 상담과 지원이 가능해질 것이다.

(12) 하이브리드 챗봇의 미래 발전 방향과 새로운 트렌드

하이브리드 챗봇 기술은 더욱 정교하고 지능적인 방향으로 발전하고 있다. 특히 실시간 상황 인식과 예측적 대응 능력이 크게 강화될 것으로 예상된다. 이러한 발전은 기업과 사용자 모두에게 더 큰 가치를 제공할 것이다.

3. 기능별 챗봇 유형

1) 고객 서비스 챗봇

기업이 고객과의 소통을 자동화하고 효율적으로 관리하기 위해 사용하는 인공지능 기반 소프트웨어이다. 챗봇은 텍스트나 음성을 통해 사용자의 질문에 답변하거나 요청을 처리하며 고객 서비스의 질을 높이고 비용을 절감하는 데 중요한 역할을 한다. 이를 이해하기 쉽게 몇 가지 예를 들어 설명한다.

(1) 챗봇의 주요 활용 사례

온라인 쇼핑몰에서는 고객이 관심 있는 상품에 대해 판매자와 직접 대화할 수 있도록 설계된 챗봇을 사용한다. 구매 전 궁금한 점을 실시간으로 물어보고 답변을 받을 수 있어 쇼핑 경험이 더욱 편리해진다. 고객은 빠른 답변을 통해 구매 결정을 쉽게 내릴 수 있고 기업은 상담 시간을 줄여 효율성을 높이다.

항공사에서는 보너스 항공권 조회, 운항 현황 확인 등 자주 묻는 질문에 실시간으로 응답하는 챗봇을 사용한다. 복잡한 문의는 상담원에게 연결되도록 설계돼 고객 만족도를 높인다. 고객은 대기 시간 없이 필요한 정보를 얻고 기업은 상담원의 업무 부담을 덜 수 있다.

공공 행정에서는 차량 등록, 여권 업무 등 다양한 민원 처리를 돕는 챗봇으로, 시민들이 24시간 행정 서비스를 받을 수 있도록 지원한다. 시민들은 시간 제약 없이 서비스를 이용할 수 있으며 공공기관은 민원 처리 효율성을 향상시킬 수 있다.

고령자 케어에 사용하는 서비스 챗봇은 고령자 1인 가구를 위한 말동무 역할을 하며약 복용 시간 알림, 건강 상태 분석, 응급 상황 시 보호자 연결 등의 기능을 제공한다. 독거노인의 정서적 안정과 안전을 도모하며 사회적 문제를 완화한다.

(2) 챗봇의 장점

24시간 연중무휴 서비스가 가능하고 반복적인 문의를 자동화해 인건비를 절감하며 상담원이 더 복잡한 문제에 집중할 수 있도록 돕는다. 고객 데이터를 분석해 맞춤형 추천이나 정보를 제공해 사용자 경험을 개선하며 여러 고객의 요청을 동시에 처리할 수 있어 빠르고 효율적인 서비스가 가능하다. 사람의 실수나 감정적 영향을 배제하고 항상 동일한 수준의 서비스를 제공한다.

(3) 쉽게 이해할 수 있는 비유

챗봇은 마치 매장 입구에서 고객을 맞이하는 '스마트 안내원'과 같다. 이 안내원은 제품 위치를 알려주거나 간단한 질문에 답변하며 필요 시 전문 상담사에게 즉시 연결해 준다. 이렇게 하면 고객은 시간을 절약하고 기업은 더 많은 고객을 효율적으로 응대할 수 있다. 결론적으로, 고객 서비스 챗봇은 단순히 자동화된 도구가 아니라 고객 경험을 혁신하고 기업 운영 효율성을 높이는 중요한 기술로 자리 잡고 있다.

2) 개인 비서형 챗봇

사용자의 일상적인 작업을 돕고 생산성을 높이는 인공지능 기반 소프트웨어이다. 이 챗봇은 음성 명령이나 텍스트를 통해 사용자의 요청을 이해하고 다양한 작업을 자동으로 처리하거나 정보를 제공하며 마치 인간 비서처럼 작동한다. 이를 쉽게 이해할 수 있도록 몇 가지 예를 들어 설명한다.

(1) 개인 비서형 챗봇의 활용 사례

스마트폰 기반 개인 비서형 챗봇은 사용자가 "내일 오전 9시에 회의 알람 설정해줘"라고 말하면, Siri나 구글 어시스턴트는 즉시 알람을 설정한다. 또한 날씨를 묻거나, 길 안내를 요청하면 실시간으로 정보를 제공한다. 사용자는 손을 쓰지 않고도 음성 명령만으로 필요한 작업을 처리할 수 있어 편리하다.

스마트 홈 관리 챗봇은 집 안의 스마트 기기를 제어할 수 있다. 예를 들어, "거실 불 꺼줘"라고 말하면 조명을 끄고, "커피 머신 켜줘"라고 하면 커피 머신을 작동시킨다. 집안 환경을 음성 명령으로 간편하게 제어할 수 있어 스마트 홈 경험을 제공한다.

일정 관리 및 업무 지원 챗봇은 회의 일정을 자동으로 잡아주고 이메일과 캘린더를 분석해 우선순위를 정리하며 회의 중에는 메모를 작성해 준다. 업무 효율성이 높아지고 사용자는 중요한 결정에 더 집중할 수 있다.

개인화된 추천 서비스 쇼핑 추천 챗봇은 사용자가 관심 있는 제품이나 과거 구매 기록을 바탕으로 관련 상품을 추천한다. 예를 들어, "다음 주 여행에 필요한 물건 추천해줘"라고 하면 여행 가방, 옷 등 관련 아이템을 제안한다. 사용자의 취향과 필요에 맞춘 경험을 제공해 쇼핑 시간을 절약한다.

(2) 개인 비서형 챗봇의 주요 기능

① 음성 인식 및 자연어 처리(NLP)

사용자의 말을 이해하고 의도를 파악해 적절히 응답한다. 예를 들어 "오늘 우산 가져가야 해?"라는 질문에 날씨 정보를 분석해 '비가 올 예정이니 우산을 챙기세요'라고 답변한다.

② 머신러닝(ML) 기반 학습

과거 데이터를 학습해 사용자 취향에 맞는 맞춤형 서비스를 제공한다. 예를 들어, 자주 마시는 커피 종류를 기억하고 '평소처럼 아메리카노 주문할까요?'라고 제안할 수 있다.

③ 작업 자동화

반복적인 작업(예: 일정 예약, 알림 설정)을 자동으로 처리해 시간을 절약한다.

④ 스마트 기기 통합

사물인터넷(IoT) 기술과 연동돼 집 안의 기기(조명, 냉난방기 등)를 제어하거나 정보를 제공한다.

(3) 쉽게 이해할 수 있는 비유

개인 비서형 챗봇은 마치 당신 곁에서 항상 대기 중인 '디지털 비서'와 같다. 이 비서는 당신이 말하거나 입력하는 내용을 빠르게 이해하고 필요한 정보를 찾아주거나 작업을 대신 처리해준다. 예컨대, 여행 준비 중이라면 숙소 예약부터 짐 꾸리는 체크리스트까지 모두 챗봇과 대화만으로 해결할 수 있다.

결론적으로 개인 비서형 챗봇은 단순한 도구가 아니라 우리의 일상생활과 업무에서 중요한 동반자로 자리 잡고 있으며 점점 더 똑똑하고 인간적인 방식으로 발전하고 있다.

3) 교육 및 학습용 챗봇

학생이나 학습자가 효과적으로 공부할 수 있도록 돕는 인공지능 기반 학습 도우미이다. 이 챗봇은 질문에 답하거나 학습 자료를 제공하며 학습 계획을 세우고 동기를 부여하는 역할을 한다. 이를 쉽게 이해할 수 있도록 몇 가지 예를 들어 설명한다.

(1) 교육 및 학습용 챗봇의 활용 사례

학생의 질문 해결 챗봇은 외국어를 배우는 학생이 "이 문장은 어떻게 번역하나요?"라고 물으면, 챗봇은 정확한 번역과 문법 설명을 제공한다. 또한 대화형 연습을 통해 실시간으로 언어 능력을 키울 수 있다. 학생들은 언제든지 궁금한 점을 해결할 수 있어 학습 속도가 빨라지고 실시간 피드백을 받을 수 있다.

개인 맞춤형 학습 플랜 제공 챗봇은 학생의 학습 수준과 취약점을 분석해 개인화된 학습 계획을 제안한다. 예를 들어, 수학에서 특정 개념(예: 함수)이 약하다고 판단되면 해당 주제에 집중하도록 문제와 자료를 추천한다. 학생은 자신에게 맞는 학습 경로를 따라 효율적으로 공부할 수 있다.

시험 준비 지원 챗봇은 학생이 "다음 주 역사 시험 준비를 도와줘"라고 요청하면, 챗봇은 관련 플래시카드와 퀴즈를 제공해 시험 대비를 돕는다. 중요한 내용을 반복적으로 복습할 수 있어 시험 준비가 체계적이고 효과적으로 이뤄진다.

정서적 지원 및 동기 부여 챗봇은 학업 스트레스를 받는 학생들에게 정서적 지원을 제공한다. 예를 들어, "오늘 너무 힘들어요"라고 말하면 챗봇은 격려의 말을 전하거나 스트레스 관리 팁을 제공한다. 학생들이 학업 중 겪는 심리적 부담을 줄이고 긍정적인 태도를 유지하도록 돕는다.

교사와 학생 간의 소통 보조 챗봇은 교사가 과제를 배포하거나 공지사항을 전달하면 챗봇이 이를 학생들에게 자동으로 전달하고 과제 제출 마감일 알림도 제공한다. 교사와 학생 간 커뮤니케이션이 원활해지고 관리 업무가 간소화된다.

(2) 교육 및 학습용 챗봇의 주요 기능

① 질문 응답

학생들이 공부 중 모르는 내용을 물으면 즉각 답변한다. 예를 들어, "피타고라스 정리를 설명해줘"라고 하면 관련 개념과 예제를 제공한다.

② 개인화된 학습 경험

사용자의 성취도와 취약점을 분석해 맞춤형 콘텐츠와 문제를 추천한다.

③ 24시간 접근성

시간과 장소에 구애받지 않고 언제든지 도움을 받을 수 있어 자기주도 학습에 유리하다.

④ 대화형 학습 환경

게임처럼 재미있고 대화형으로 설계돼 학습 동기를 높인다.

⑤ 정서적 지원 및 코칭

단순히 지식을 전달하는 것을 넘어 학생들의 정서적 상태를 파악하고 격려하거나 스트레스 관리 방법을 제안한다.

(3) 쉽게 이해할 수 있는 비유

교육 및 학습용 챗봇은 마치 당신 곁에 있는 '24시간 공부 친구'와 같다. 이 친구는 당신이 모르는 것을 바로 알려주고 시험 준비를 도와주며 공부 계획까지 짜준다. 게다가 힘들 때는 격려해주는 역할도 하니 혼자 공부하는 외로움을 덜어준다.

결론적으로 교육 및 학습용 챗봇은 단순한 도구가 아니라 학생들이 더 효과적이고 즐겁게 공부할 수 있도록 돕는 강력한 조력자이다. 특히 자기주도 학습과 개인화된 교육이 중요해지는 시대에 점점 더 중요한 역할을 하고 있다.

4) 소셜 대화형 챗봇

사람들과 자연스럽게 대화하며 소통을 돕거나 즐거움을 제공하는 인공지능 기반 대화 프로그램이다. 이 챗봇은 친구처럼 대화를 나누거나 특정 주제에 대해 이야기하며 때로는 정서적 위로를 제공하기도 한다. 이를 쉽게 이해할 수 있도록 몇 가지 예를 제시한다.

(1) 소셜 대화형 챗봇의 활용 사례

친구처럼 대화하기 챗봇은 사용자가 외로움을 느낄 때 친구처럼 대화를 나눌 수 있는 챗봇이다. 예를 들어, "오늘 기분이 별로야"라고 말하면, 챗봇은 '무슨 일이 있었어? 얘기해볼래?'라고 응답하며 정서적 위로를 제공한다. 이로써 사용자는 감정적인 지지를 받으며 외로움을 덜 수 있다.

취미나 관심사에 대한 대화 챗봇은 사용자가 선택한 캐릭터(예: 역사적 인물, 영화 캐릭터)와 대화할 수 있다. 예를 들어, 아인슈타인과 물리학에 대해 이야기하거나 영화 캐릭터와 가상 시나리오를 연출할 수 있다. 사용자는 흥미로운 대화를 통해 즐거움을 느끼고 새로운 아이디어를 얻을 수 있다.

심리 상담 및 정서적 지원 챗봇은 사용자의 감정을 분석하고 스트레스 관리 방법을 제안한다. 예를 들어, "요즘 너무 스트레스를 받아"라고 말하면 챗봇은 '심호흡을 해보는 건 어때?'와 같은 조언을 제공한다. 사용자는 자신의 감정을 표현하고 관리하는 데 도움을 받을 수 있다.

엔터테인먼트 및 게임 챗봇은 유머러스하고 재미있는 대화를 제공하는 챗봇이다. 사용자가 "재밌는 농담 하나 해줘"라고 요청하면 챗봇은 유머러스한 답변을 제공한다. 사용자에게 웃음을 주고 스트레스를 해소하는 데 도움을 준다.

소셜 미디어 상호작용 챗봇은 브랜드가 고객과의 친밀한 소통을 통해 브랜드 이미지를 강화하고, 고객 경험을 향상시키기 위해 사용된다. 예를 들어, 외식 업계의 햄버거 체인의 챗봇이 페이스북 메신저를 통해 '지금 기프티콘을 구매하면, 추가 음료를 무료로 드려요!'라는 프로모션 메시지를 보내 고객의 구매를 유도한다. 고객이 챗봇과 대화하며 선호하는 메뉴와 가까운 매장을 선택할 수 있다. 이와 같이 소셜 미디어 상호작용 챗봇은 고객과의 실시간 소통과 문제 해결, 그리고 브랜드 친밀도를 높이는 데 중요한 역할을 한다.

(2) 소셜 대화형 챗봇의 주요 기능

① 자연스러운 대화 능력

사람처럼 자연스럽게 대화를 이어가며 유머나 감정을 표현할 수도 있다.

② 감정 분석 및 공감

사용자의 감정을 파악하고 적절한 반응(위로, 격려 등)을 제공한다.

③ 개인화된 경험

사용자의 관심사와 취향에 맞춘 대화를 통해 더 친근하게 느껴지도록 설계된다.

④ 엔터테인먼트 제공

농담이나 퀴즈 등 재미 요소를 제공해 사용자에게 즐거움을 준다.

⑤ 24시간 접근 가능성

언제든지 소통할 수 있어 외로움을 느끼는 사람들에게 특히 유용하다.

(4) 쉽게 이해할 수 있는 비유

소셜 대화형 챗봇은 마치 당신 곁에 항상 있는 '디지털 친구'와 같다. 이 친구는 당신이 기분이 좋지 않을 때 위로해주고 심심할 때는 농담을 하며 시간을 보내준다. 또한 당신의 관심사를 기억해 다음 대화에서 더 흥미로운 주제를 꺼내기도 한다.

결론적으로 소셜 대화형 챗봇은 단순히 정보를 제공하는 도구가 아니라 사람들과 정서적으로 연결되고 즐거움을 주는 동반자로 자리 잡고 있다.

특히 외로움이나 스트레스를 느끼는 현대인들에게 점점 더 중요한 역할을 하고 있다.

5) 산업 특화 챗봇

특정 산업의 요구와 특성에 맞게 설계된 인공지능 기반 대화형 소프트웨어로 다양한 분야에서 업무 효율성을 높이고 고객 경험을 개선하는 데 활용된다. 위에서 언급한 고객 서비스 챗봇과 교육 및 학습용 챗봇 등 특정 산업에 특화된 챗봇이며 마치 특정 분야에서 일하는 '전문 비서'와 같다. 예를 들어, 유통 업계에서는 고객이 원하는 제품을 빠르게 찾아주고 주문까지 도와주는 쇼핑 도우미 역할을 하고 병원에서는 예약과 상담을 대신 처리하는 접수 담당자처럼 작동한다.

결론적으로 산업 특화 챗봇은 각 산업의 고유한 문제를 해결하고 새로운 가치를 창출하는 데 중요한 역할을 하며 기업과 고객 모두에게 큰 이점을 제공한다.

4. 상호작용 방식에 따른 챗봇 유형

1) 텍스트 기반 챗봇

사용자가 입력한 텍스트를 기반으로 대화하는 챗봇 유형으로 가장 일반적이고 널리 사용되는 형태이다. 이 챗봇은 사용자의 텍스트 입력을 분석하고 미리 정의된 규칙이나 인공지능 기술을 활용해 적절한 답변을 제공한다.

(1) 텍스트 기반 챗봇의 주요 특징

① 텍스트 입력을 통한 상호작용

사용자는 질문이나 요청을 텍스트로 입력하며 챗봇은 이에 맞는 답변을 텍스트로 제공한다. '오늘 날씨 어때?'라고 물으면 '서울은 현재 맑고 25도입니다'와 같은 답변을 반환한다.

② 규칙 기반 작동

규칙 기반 챗봇: 미리 정의된 키워드와 응답 규칙에 따라 작동하며 간단한 질문에 효과적이다. 예를 들어, '비밀번호를 재설정하고 싶어요'라고 입력하면, '비밀번호 재설정을 위해 이메일 주소를 입력해주세요'와 같은 고정된 응답을 제공한다.

③ AI 기반 챗봇

자연어 처리(NLP)와 머신 러닝을 활용해 문맥과 의도를 이해하고 더 유연한 응답을 생성한다. 예를 들어, '비밀번호가 기억나지 않아요'라고 입력해도 비슷한 의미를 파악해 적절히 대응한다.

④ 다양한 플랫폼에서 사용 가능

웹사이트, 모바일 앱, 메신저(예: 카카오톡, 페이스북 메신저) 등 다양한 채널에서 구현된다.

(2) 텍스트 기반 챗봇의 활용 사례

① 고객 서비스 챗봇에서 항공사 FAQ 챗봇은 고객이 '내 비행기 출발 시간은 언제인가요?'라고 입력하면, 실시간으로 항공편 정보를 제공한다. 고객 대기 시간을 줄이고 간단한 문의를 빠르게 해결한다.

② 전자상거래 챗봇 중 주문 및 추천 서비스 챗봇은 고객이 '아이스 아메리카노 한 잔 주문할게요'라고 입력하면 주문을 처리하고 픽업 시간을 안내한다. 주문 과정을 간소화하고 고객 경험을 개선한다.

③ 기술 지원 챗봇은 사용자가 '내 이메일이 작동하지 않아요'라고 입력하면 문제 해결 절차를 안내하거나 기술 지원 팀에 연결한다. 반복적인 문제 해결 요청을 자동화해 효율성을 높인다.

④ 교육 및 학습 챗봇은 학생이 '이 단어의 뜻이 뭐야?'라고 물으면 즉각적으로 번역과 예문을 제공한다. 학습자가 실시간으로 피드백을 받아 언어 학습 속도를 높일 수 있다.

(3) 텍스트 기반 챗봇의 장점

① 24/7 가용성

언제 어디서나 사용자가 질문할 수 있으며 즉각적인 응답이 가능하다.

② 비용 효율성

다수의 사용자 요청을 동시에 처리할 수 있어 인건비를 절감한다.

③ 일관된 응답 제공

사람이 아닌 프로그램이 답변하므로 항상 동일한 품질의 서비스를 제공한다.

④ 확장성 및 통합성

다양한 플랫폼에 쉽게 통합되며 데이터 분석 기능을 통해 사용자 행동 데이터를 수집하고 활용할 수 있다.

(4) 텍스트 기반 챗봇의 한계

① 복잡한 질문 처리의 어려움

규칙 기반 챗봇은 예측하지 못한 질문이나 문맥적 변화를 이해하지 못할 수 있다.

② 감정적 공감 부족

텍스트만으로는 사용자의 감정을 완전히 이해하거나 공감하기 어렵다.

③ 초기 설정 및 유지보수 비용

고급 AI 기반 챗봇은 초기 개발 및 데이터 학습 과정에서 많은 시간과 비용이 필요하다.

(5) 쉽게 이해할 수 있는 비유

텍스트 기반 챗봇은 마치 매장에 있는 '디지털 안내 데스크 직원'과 같다. 이 직원은 고객의 질문에 빠르게 답변하며 단순한 문제는 직접 해결하지만 복잡한 문제는 전문가(사람 상담원)에게 연결해 준다.

결론적으로, 텍스트 기반 챗봇은 간단하면서도 강력한 도구로 다양한 산업에서 활용되고 있다. 특히 반복적인 작업 자동화와 사용자 편의성 향상에서 큰 장점을 제공하며 기술 발전에 따라 점점 더 똑똑해지고 있다.

2) 음성 인식 챗봇

사용자의 음성을 인식하고 이해해 대화를 진행하는 인공지능 기반 소프트웨어이다. 사용자가 텍스트를 입력하지 않고 음성으로 질문하거나 명령을 내리면 이를 분석해 적절한 답변이나 작업을 수행한다. 이는 자연어 처리(NLP)와 음성 인식 기술(ASR, Automatic Speech Recognition)을 결합한 시스템으로 사용자의 편의성을 극대화한다. 독자의 입장에서 쉽게 이해할 수 있도록 자세히 알아본다.

(1) 음성 인식 챗봇의 주요 특징

① 음성을 텍스트로 변환

사용자가 말한 내용을 실시간으로 텍스트로 변환(ASR 기술)해 챗봇이 이를 이해하고 처리한다. "내일 날씨 알려줘"라고 말하면, 이를 텍스트로 변환한 뒤 날씨 정보를 제공한다.

② 자연어 처리(NLP)

음성에서 추출된 텍스트를 분석하고 사용자의 의도를 파악해 적절한 응답을 생성한다. "근처에 맛집 추천해줘"라는 요청의 의도를 이해하고 위치 기반으로 맛집 정보를 제공한다.

③ 음성 출력(TTS, Text-to-Speech)

챗봇의 응답을 다시 음성으로 변환해 사용자에게 들려준다. "서울은 현재 맑고 25도입니다"라는 답변을 음성으로 전달한다.

④ 핸즈프리 상호작용

사용자가 손을 쓰지 않고도 음성만으로 대화와 작업이 가능해 편리하다.

(2) 음성 인식 챗봇의 활용 사례

① 스마트 홈

사용자가 "거실 불 켜줘"라고 말하면 즉시 조명을 켜거나, "오늘 일정 알려줘"라고 하면 캘린더 정보를 제공한다. 집안의 스마트 기기를 음성으로 제어할 수 있어 편리함과 효율성을 제공한다.

② 자동차 내비게이션

현대자동차의 음성 비서는 운전 중에 "가까운 주유소 찾아줘"라고 말하면, 내비게이션이 주유소를 검색하고 경로를 안내한다. 운전 중 손을 쓰지 않고도 안전하게 필요한 정보를 얻을 수 있다.

③ 고객 서비스

은행 상담 챗봇은 고객이 "내 계좌 잔액 얼마야?"라고 물으면 계좌 정보를 확인 후 응답한다. 고객은 간단한 금융 업무를 빠르게 처리할 수 있다.

④ 헬스케어

병원 예약 및 건강 상담 챗봇은 사용자가 "다음 주 화요일 오후에 예약 잡아줘"라고 요청하면 병원 예약 시스템과 연동해 일정을 잡아 준다. 환자가 병원을 방문하지 않고도 간단히 예약 및 상담을 받을 수 있다.

⑤ 엔터테인먼트

음악 스트리밍 서비스는 "최신 팝송 틀어줘"라고 말하면 즉시 음악을 재생한다. 사용자는 원하는 콘텐츠를 빠르게 즐길 수 있다.

(3) 음성 인식 챗봇의 장점

① 편리함과 접근성

손을 사용할 필요 없이 음성만으로 대화가 가능하므로 운전 중이나 요리 중에도 활용할 수 있다.

② 빠른 응답 속도

타이핑보다 빠르게 요청을 전달하고 결과를 받을 수 있다.

③ 자연스러운 상호작용

사람 간 대화처럼 자연스럽게 소통할 수 있어 사용자 경험이 향상된다.

④ 다양한 언어 지원

다국어 음성을 인식하고 번역하거나 응답할 수 있어 글로벌 환경에서도 유용하다.

⑤ 장애인 친화적 기술

손이나 시각을 사용하는 데 어려움이 있는 사용자들에게 큰 도움을 준다.

(4) 음성 인식 챗봇의 한계

① 정확도 문제

주변 소음이나 발음 차이에 따라 음성을 정확히 인식하지 못할 수 있다.

② 복잡한 요청 처리의 어려움

긴 문장이나 복잡한 문맥을 완벽히 이해하는 데 한계가 있을 수 있다.

③ 개인정보 보호 우려

음성 데이터가 저장되거나 분석되는 과정에서 개인정보 유출 위험이 존재한다.

④ 언어 및 억양 제한

특정 억양이나 방언은 제대로 인식되지 않을 가능성이 있다.

(5) 쉽게 이해할 수 있는 비유

음성 인식 챗봇은 마치 당신 곁에 있는 '디지털 비서'와 같다. 이 비서는 당신이 말만 하면 알아듣고 필요한 일을 대신 처리해준다. 예를 들어, "내일 아침 7시에 알람 맞춰줘"라고 하면 즉시 알람을 설정해주고 날씨나 일정 같은 추가 정보도 알려준다.

결론적으로, 음성 인식 챗봇은 사용자와 기기 간의 상호작용 방식을 혁신적으로 변화시키고 있다. 특히 스마트홈, 자동차, 헬스케어 등 다양한 분야에서 편리함과 효율성을 제공하며 점점 더 중요한 기술로 자리 잡고 있다.

3) 멀티모달 챗봇 (Multimodal Chatbot)

텍스트, 음성, 이미지, 영상 등 다양한 입력 방식과 출력을 결합해 사용자와 상호작용하는 인공지능 기반 대화형 시스템이다. 사용자는 단순히 텍스트나 음성뿐만 아니라 이미지를 업로드하거나 화면을 터치하거나 영상을 통해 정보를 제공 받는 등 다양한 채널로 챗봇과 소통할 수 있다. 이는 단일 모드(텍스트나 음성만 사용) 보다 더 풍부하고 직관적인 사용자 경험을 제공한다. 독자의 입장에서 쉽게 이해할 수 있도록 자세히 설명한다.

(1) 멀티모달 챗봇의 주요 특징

① 다양한 입력 방식 지원

텍스트, 음성, 이미지, 영상 등 여러 형태의 입력을 인식하고 처리한다. 사용자가 "이 옷과 어울리는 신발을 추천해줘"라고 말하면서 사진을 업로드하면, 챗봇이 사진을 분석해 어울리는 신발을 추천한다.

② 다양한 출력 방식 제공

텍스트 응답뿐만 아니라 음성으로 답변하거나, 이미지나 동영상을 통해 정보를 제공한다. "파리 여행지 추천해줘"라고 요청하면 텍스트로 설명하면서 파리의 명소 사진도 함께 보여준다.

③ 멀티태스크 처리

여러 입력 모드를 동시에 처리할 수 있어 복잡한 요청도 효율적으로 대응한다. 사용자가 음성으로 "이 상품의 리뷰를 보여줘"라고 말하면, 챗봇이 텍스트와 함께 리뷰 이미지를 화면에 표시한다.

④ 인공지능 기술 활용

자연어 처리(NLP), 컴퓨터 비전(CV), 음성 인식(ASR), 텍스트-음성 변환(TTS) 등의 기술을 결합해 작동한다.

(2) 멀티모달 챗봇의 활용 사례

① 전자상거래에서 쇼핑 도우미 챗봇은 사용자가 특정 상품의 사진을 업로드하며 "이 제품과 비슷한 상품 찾아줘"라고 요청하면, 챗봇이 이미지를 분석해 유사한 상품을 추천한다. 고객은 원하는 상품을 더 쉽게 찾을 수 있으며 쇼핑 경험이 향상된다.

② 헬스케어에서 건강 진단 챗봇은 환자가 피부 상태 사진을 업로드하며 "이게 무슨 증상인지 알려줘"라고 요청하면, 챗봇이 이미지를 분석해 초기 진단 정보를 제공한다. 환자는 병원을 방문하기 전에 기본적인 정보를 얻고 적절한 조치를 취할 수 있다.

③ 교육 학습 보조 챗봇은 학생이 수학 문제를 사진으로 찍어 보내며 "이 문제를 풀어줘"라고 요청하면 챗봇이 풀이 과정을 텍스트와 영상으로 제공하며 설명한다. 학생은 시각적 자료와 함께 학습 내용을 이해할 수 있어 학습 효과가 높아진다.

④ 여행 가이드 챗봇은 사용자가 "이 장소가 어디야?"라며 사진을 업로드하면 챗봇이 해당 장소를 인식하고 관련 정보를 제공한다. 여행 중 실시간으로 정보를 얻고 효율적으로 계획을 세울 수 있다.

⑤ 고객 서비스 중 제품 지원 챗봇은 고객이 고장 난 제품의 사진이나 영상을 업로드하며 문제를 설명하면 챗봇이 이를 분석해 해결 방법이나 AS 센터 정보를 제공한다. 문제 해결 시간이 단축되고 고객 만족도가 향상된다.

(3) 멀티모달 챗봇의 장점

① 직관적이고 풍부한 사용자 경험 제공

여러 감각(시각, 청각)을 활용하므로 사용자와의 상호작용이 더 자연스럽고 몰입감 있게 느껴진다.

② 복잡한 요청 처리 가능

텍스트나 음성만으로는 전달하기 어려운 정보를 이미지나 영상으로 보완해 더 정확하게 의도를 파악한다.

③ 다양한 상황에서 활용 가능

텍스트 입력이 어려운 상황(운전 중 음성 명령)이나 시각적 정보가 필요한 상황(상품 비교)에서도 유용하다.

④ 높은 접근성과 편리함

다양한 입력 방식을 지원하므로 연령대나 디지털 환경에 관계없이 누구나 쉽게 사용할 수 있다.

⑤ 데이터 통합 및 분석 강화

텍스트, 음성, 이미지 데이터를 통합적으로 분석해 개인화된 서비스를 제공한다.

(5) 멀티모달 챗봇의 한계

① 복잡한 기술 요구 사항

NLP, 컴퓨터 비전(CV), 음성 인식 등 다양한 기술을 통합해야 하므로 개발 비용과 시간이 많이 든다.

② 정확도 문제

다양한 입력 모드를 동시에 처리하면서 발생하는 오류(예: 이미지 분석 실패)가 있을 수 있다.

③ 개인정보 보호 우려

음성과 이미지 데이터를 다루기 때문에 개인정보 보호 및 보안 문제가 중요하다.

④ 하드웨어 의존성

고화질 카메라나 마이크 등 특정 하드웨어가 필요할 수 있어 모든 환경에서 최적화되기 어렵다.

(6) 쉽게 이해할 수 있는 비유

멀티모달 챗봇은 마치 당신 곁에 있는 '올인원 디지털 비서'와 같다. 이 비서는 당신이 말로 지시하거나 사진을 보여주면 이를 이해하고 적절히 대응한다. 예를 들어, 요리 중에 "냉장고 안에 있는 재료로 요리 추천해줘"라고 말하며 냉장고 사진을 찍어 보내면, 이 비서는 재료를 분석해 요리법과 영상을 함께 제공하는 식이다.

결론적으로 멀티모달 챗봇은 단순한 대화를 넘어 시각적·청각적 상호작용까지 가능하게 해 사용자 경험의 폭을 넓혀준다. 특히 전자상거래, 헬스케어, 교육 등 다양한 분야에서 혁신적인 변화를 가져오며 점점 더 중요한 기술로 자리 잡고 있다.

5. 챗봇 유형별 성공 사례

1) 규칙 기반 챗봇, 전통적 고객 지원의 사례

규칙 기반 챗봇은 미리 정의된 키워드와 규칙에 따라 작동하는 챗봇으로 사용자가 입력한 텍스트를 사전에 설정된 흐름과 매칭해 적절한 응답을 제공한다. 이는 복잡한 인공지능 기술이 아닌 간단한 로직과 데이터베이스를 활용해 특정 목적에 맞게 설계된 전통적인 형태의 챗봇이다. 특히 고객 지원 분야에서 초기 자동화 도구로 널리 사용됐다. 독자의 입장에서 이해하기 쉽게 규칙 기반 챗봇의 성공 사례를 자세히 알아본다.

[그림5] 피자헛(출처 : 피자헛)

(1) 성공 사례(Pizza Hut의 주문 지원 챗봇)

① 배경

Pizza Hut은 고객이 전화나 웹사이트를 통해 피자를 주문하던 기존 방식을 개선하고 더 빠르고 편리한 주문 경험을 제공하기 위해 규칙 기반 챗봇을 도입했다. 이 챗봇은 페이스북 메신저와 트위터 DM(다이렉트 메시지) 같은 소셜미디어 플랫폼에서 작동하며 간단한 키워드와 선택지를 통해 고객이 원하는 피자를 빠르게 주문할 수 있도록 설계됐다.

② 작동 방식

ㄱ. 미리 정의된 키워드와 선택지 제공 : 사용자가 '피자 주문'이라고 입력하면, 챗봇은 '어떤 종류의 피자를 원하시나요?'라는 질문과 함께 메뉴 옵션(예: 페퍼로니, 하와이안, 치즈 등)을 제공한다. 사용자는 메뉴 옵션 중 하나를 선택하거나 키워드를 입력해 원하는 피자를 고른다.

ㄴ. 단계별 대화 흐름 : 피자 종류를 선택한 후, 크기(예: 라지, 미디엄), 추가 토핑(예: 올리브, 베이컨), 음료 추가 여부 등을 묻는 단계별 대

화가 진행된다. 모든 질문과 답변은 사전에 설정된 규칙에 따라 이뤄진다.

ㄷ. 주문 확인 및 결제 안내 : 고객이 모든 옵션을 선택하면 챗봇은 최종 주문 내용을 요약해 보여주고 결제 방법(카드 또는 현금)을 안내한다. 사용자가 '확인'이라고 입력하면 주문이 완료된다.

ㄹ. 배송 상태 알림 : 주문 후에는 '주문이 접수됐습니다. 예상 도착시간은 30분입니다'와 같은 메시지를 통해 배송 상태를 실시간으로 업데이트한다.

③ 성공 요인

간단하고 직관적인 인터페이스로 복잡한 입력 없이 키워드와 선택지만으로 대화를 진행할 수 있어 누구나 쉽게 사용할 수 있었고 전화 대기 시간이 줄어들고 고객은 소셜 미디어 플랫폼에서 바로 주문할 수 있어 편리함을 느꼈다. 챗봇은 사람이 필요하지 않아 24시간 주문 접수가 가능했고 이는 야간 시간대의 매출 증가로 이어졌다. 단순하고 반복적인 작업(주문 접수)을 자동화함으로써 직원들의 업무 부담을 줄이고 운영 비용을 절감했다. 고객들이 자주 사용하는 플랫폼(페이스북 메신저, 트위터 DM)에서 바로 접근이 가능하도록 설계돼 사용자 접근성이 높아졌다.

④ 고객 경험 개선 효과

ㄱ. 빠른 응답 속도 : 전화나 웹사이트보다 빠르게 피자 주문을 완료할 수 있었다.

ㄴ. 사용자 친화적 디자인 : 간단한 대화 흐름과 명확한 선택지가 제공돼 기술에 익숙하지 않은 사용자도 쉽게 사용할 수 있었다.

ㄷ. 개인화된 경험 제공 : 과거 주문 기록을 바탕으로 '지난번에 주문하신 페퍼로니 피자를 다시 드시겠어요?'와 같은 맞춤형 추천도 가능했다.

⑤ 한계와 보완점

ㄱ. 복잡한 요청 처리 한계 : "피자 반반으로 나눠서 토핑을 다르게 해주세요"와 같은 복잡한 요청은 처리하지 못하고 상담원 연결이 필요했다.

ㄴ. 유연성 부족 : 사전에 설정되지 않은 질문이나 예상치 못한 키워드(예: 오늘 할인 있나요?)는 제대로 응답하지 못했다.

ㄷ. 감정적 공감 부족 : 고객 불만이나 특별 요청에 대해 공감하거나 창의적으로 대응하는 데 한계가 있었다.

(2) 쉽게 이해할 수 있는 비유

규칙 기반 챗봇은 마치 패스트푸드 매장에서 일하는 '자동화된 키오스크'와 같다. 메뉴를 단계별로 선택하며 주문을 진행할 수 있어 빠르고 편리하지만 메뉴에 없는 특별 요청에는 대응하지 못하고 직원의 도움이 필요하다.

(3) 결론

Pizza Hut의 규칙 기반 챗봇은 단순하면서도 효과적으로 고객 경험을 개선하고 운영 효율성을 높인 성공 사례이다. 특히 반복적인 작업을 자동화해 비용을 절감하고 고객에게는 빠르고 간편한 서비스를 제공했다. 이러한 규칙 기반 챗봇은 복잡한 AI 기술 없이도 특정 목적(예: 주문 접수)에서 여전히 강력한 도구로 활용될 수 있다.

2) 생성형 AI 챗봇, 챗GPT의 혁신

생성형 AI 챗봇: 챗GPT의 혁신은 인공지능 기술의 진보를 대표하는 사례로 기존의 규칙 기반 챗봇과는 달리 자연어 처리(NLP)와 딥러닝 기술을 활용해 사람과 유사한 대화를 생성한다. OpenAI에서 개발한 챗GPT는 다양한 산업과 일상에서 활용되며 특히 콘텐츠 생성, 고객 지원, 교육, 정신 건강 지원 등에서 혁신적인 변화를 이끌어냈다. 독자의 입장에서 챗GPT의 성공 사례와 혁신을 자세히 알아본다.

[그림6] 챗GPT(출처 : 챗GPT)

(1) 챗GPT의 주요 특징

① 맥락 이해와 자연스러운 대화

단순히 키워드에 반응하는 것이 아니라, 사용자의 질문과 대화 맥락을 이해하고 적절한 답변을 생성한다. 사용자가 “오늘 날씨 어때?”라고 물으면 지역을 물어보거나 이전 대화에서 언급된 위치를 기억해 답변한다.

② 다양한 작업 수행 능력

텍스트 생성, 번역, 문법 교정, 코딩 지원, 문서 요약 등 여러 작업을 수행할 수 있다. 이메일 초안 작성 요청 시 비즈니스 톤이나 친근한 톤 등 원하는 스타일로 작성이 가능하다.

③ 학습 데이터 기반 지식 활용

광범위한 텍스트 데이터를 학습해 다양한 주제에 대해 깊이 있는 응답을 제공한다. 역사적 사건에 대한 설명부터 복잡한 기술적 질문까지 대응이 가능하다.

④ 사용자 맞춤화

사용자의 요청에 따라 답변 스타일이나 정보를 조정할 수 있어 개인화된 경험을 제공한다.

(2) 챗GPT가 가져온 혁신

① 대화 품질의 향상

기존 챗봇이 한정된 키워드와 규칙으로 작동하던 것과 달리 챗GPT는 맥락을 이해하고 유연하게 대응해 사람과 유사한 대화를 제공한다.

② 다양한 산업에서의 활용성

교육, 의료, 금융, 전자상거래 등 여러 분야에서 맞춤형 솔루션 제공으로 생산성과 효율성을 높였다.

③ 사용자 경험 개선

직관적이고 자연스러운 상호작용으로 사용자 만족도를 극대화하고 있다.

④ 비용 절감 및 효율성 증대

반복적인 작업 자동화를 통해 기업 운영 비용을 절감하고 직원들이 더 중요한 업무에 집중할 수 있도록 했다.

(3) 쉽게 이해할 수 있는 비유

챗GPT는 마치 다재다능한 '디지털 동료'와 같다. 이 동료는 질문에 답하고 문서를 작성하며 감정적으로도 공감해주는 등 다양한 역할을 수행한다. 예를 들어, 직장에서 복잡한 보고서를 작성해야 할 때 챗GPT에게 초안을 부탁하면 빠르게 결과물을 제공하며 시간을 절약해준다.

(4) 결론

챗GPT는 생성형 AI 기술의 대표적인 성공 사례로 다양한 산업에서 혁신적인 변화를 이끌고 있다. 특히 자연스러운 대화 능력과 다목적 활용성 덕분에 고객 지원부터 교육, 정신 건강 관리까지 폭넓은 분야에서 큰 가치를 창출하고 있다. 앞으로도 챗GPT와 같은 생성형 AI 모델은 더욱 발전하며 우리의 일상과 업무방식을 계속해서 변화시킬 것이다.

3) 도메인 특화 챗봇, 의료와 금융의 성공 사례

의료와 금융의 성공 사례는 특정 산업의 요구에 맞게 설계된 챗봇이 어떻게 효율성과 사용자 경험을 극대화 했는지를 보여주는 대표적인 사례이다. 의료와 금융은 복잡한 정보 처리와 높은 정확도가 요구되는 분야로 도메인 특화 챗봇은 이 두 산업에서 혁신적인 변화를 이끌어냈다. 독자의 입장에서 이해하기 쉽게 의료와 금융 분야의 성공 사례를 자세히 알아본다.

[그림7] 세브란스 챗봇(출처 : 세브란스병원)

(1) 의료 분야, 강남세브란스병원의 헬스케어 챗봇

① 배경

ㄱ. 의료 서비스 수요 증가와 비대면 진료 확산으로 인해 병원들은 환자 경험을 개선하고 의료진의 업무 부담을 줄이는 솔루션이 필요했다.

ㄴ. 강남세브란스병원은 메이크봇과 협력해 헬스케어 특화 챗봇을 도입, 진료 예약부터 증상 확인까지 다양한 기능을 제공하고 있다.

② 챗봇의 주요 기능

ㄱ. 진료 예약 및 변경 : 환자가 "다음 주 화요일 오후에 예약 가능한 의사가 있나요?"라고 물으면 챗봇이 실시간으로 예약 가능 일정을 확인하고 안내한다.

ㄴ. 증상 확인 및 건강 상담 : 사용자가 "두통이 심한데 어떤 진료를 받아야 할까요?"라고 입력하면 챗봇이 증상에 맞는 진료과를 추천한다.

ㄷ. 검사 결과 조회 : 환자가 "내 혈액 검사 결과를 알려줘"라고 요청하면 병원 시스템과 연동된 데이터를 통해 결과를 제공한다.

ㄹ. 민원 처리 및 정보 제공 : 병원 위치, 주차 정보 등 자주 묻는 질문에 자동으로 응답한다.

③ 성과

환자의 대기 시간이 줄고 24시간 서비스를 통해 언제든지 필요한 정보를 얻을 수 있다. 단순 반복적인 문의 처리와 예약 업무가 자동화돼 의료진과 행정 직원의 부담이 크게 감소했고 국내 주요 병원(순천향대학교 병원, 서울대학교 병원 등)에서도 유사한 헬스케어 챗봇이 도입되며 성공적으로 활용되고 있다.

(2) 금융 분야, 뱅크 오브 아메리카의 AI 비서 '에리카(Erica)'

① 배경

뱅크 오브 아메리카는 방대한 고객 기반을 대상으로 개인화된 금융 서비스를 제공하면서도 운영 효율성을 유지할 필요가 있었다. 이를 해결하기 위해 AI 기반 가상 금융 비서 '에리카'를 도입했다.

[그림8] 뱅크오브아메리카의 에리카 챗봇(출처 : 인공지능신문)

② 챗봇의 주요 기능

ㄱ. 금융 정보 제공 : 고객이 “내 계좌 잔액은 얼마인가요?”라고 물으면 즉각적으로 답변한다.

ㄴ. 거래 및 결제 지원 : “이번 달 신용카드 결제 금액을 알려줘”라는 요청에 대해 정확한 정보를 제공하고 결제 실행도 지원한다.

ㄷ. 고객의 지출 습관을 분석해 ‘구독 중인 서비스 비용을 줄이는 방법’과 같은 맞춤형 조언을 제공한다.

ㄹ. 사기 탐지 및 보안 강화 : 비정상적인 거래 활동을 감지해 고객에게 알림을 보내고 추가 조치를 안내한다.

③ 성과

에리카는 출시 이후 15억 건 이상의 고객 상호작용을 기록하며 큰 성공을 거두었다. 단순 문의를 자동화해 상담원의 업무 부담을 줄이고 복잡한 문제 해결에 집중할 수 있도록 했고, 고객들이 3,700만 건 이상의 개인화된 재무 인사이트를 확인하며 더 나은 재정 결정을 내릴 수 있다. 언제 어디서나 접근 가능한 서비스로 고객 만족도를 높였다.

(3) 도메인 특화 챗봇의 공통적 장점

① 높은 정확도와 신뢰성

의료와 금융 모두 민감한 데이터를 다루는 만큼, 특화된 알고리즘과 도메인 지식을 활용해 신뢰할 수 있는 서비스를 제공한다.

② 24시간 접근 가능성

시간 제약 없이 서비스를 이용할 수 있어 사용자 편의를 극대화한다.

③ 운영 비용 절감

반복적인 작업 자동화를 통해 인건비를 절감하고 효율성을 높인다.

④ 개인화된 경험 제공

사용자 데이터를 분석해 맞춤형 서비스를 제공하며 만족도를 높인다.

⑤ 확장 가능성

기존 시스템(병원 정보 시스템, 은행 계좌 관리 시스템 등)과 통합돼 지속적으로 기능을 확장할 수 있다.

(4) 쉽게 이해할 수 있는 비유

도메인 특화 챗봇은 마치 병원 접수 데스크나 은행 창구에서 일하는 '전문가 비서'와 같다. 이 비서는 환자나 고객의 요청을 빠르게 처리하고 필요한 정보를 정확히 제공하며 복잡한 문제는 전문가에게 연결해주는 역할을 수행한다.

(5) 결론

강남세브란스병원의 헬스케어 챗봇과 뱅크 오브 아메리카의 에리카는 도메인 특화 챗봇의 성공 사례로 각각 의료와 금융 분야에서 혁신적인 변화를 이끌었다. 이러한 챗봇은 사용자 경험을 개선하고 운영 효율성을 높이며 해당 산업에서 필수적인 도구로 자리 잡고 있다. 앞으로도 도메인 특화 챗봇은 더욱 정교해져 다양한 산업에서 중요한 역할을 할 것으로 기대된다.

6. 챗봇 유형 선택 가이드

1) 사용 목적에 따른 챗봇 유형 선택법

(1) 고객 지원 및 서비스

① 목적 : 고객의 질문에 신속하게 답변하거나 문제를 해결한다.

② 추천 유형

ㄱ. 규칙 기반 챗봇 (Rule-based Chatbot) : 자주 묻는 질문(FAQ)을 처리하거나 간단한 업무를 자동화하는 데 적합하다.

ㄴ. 하이브리드 챗봇 (Hybrid Chatbot) : 고객 서비스가 다양하고 복잡한 경우 기본적인 문제는 규칙 기반으로 처리하고 복잡한 문제는 머신러닝을 활용한다.

(2) 판매 및 마케팅

① 목적 : 제품 추천, 리드 생성, 구매 프로세스를 지원한다.

② 추천 유형

ㄱ. 머신러닝 챗봇(Machine Learning Chatbot) : 사용자 데이터를 기반으로 맞춤형 제품 추천한다.

ㄴ. 생성형 챗봇(Generative Chatbot) : 개인화된 마케팅 메시지 생성한다.

ㄷ. 소셜 대화형 챗봇(Social Conversational Chatbot) : 사용자의 관심을 끌고 대화를 통해 브랜드 이미지를 강화한다.

(3) 교육 및 학습

① 목적 : 학습 자료 제공, 퀴즈 생성, 사용자 질문에 응답한다.

② 추천 유형

ㄱ. 규칙 기반 챗봇(Rule-based Chatbot) : 정해진 학습 경로를 따라가는 간단한 학습 시스템이다.

ㄴ. 머신러닝 챗봇(Machine Learning Chatbot) : 사용자의 학습 수준에 따라 동적으로 학습 자료를 추천한다.

ㄷ. 생성형 챗봇 (Generative Chatbot) : 사용자 질문에 대한 심층적이고 창의적인 답변을 제공한다.

(4) 의료 및 상담

① 목적 : 건강 관리, 간단한 진단, 정서적 지원을 제공한다.

② 추천 유형

ㄱ. 규칙 기반 챗봇(Rule-based Chatbot) : 의료 지침이나 약물 정보를 제공한다.

ㄴ. 머신러닝 챗봇(Machine Learning Chatbot) : 증상 기반의 진단 보조한다.

ㄷ. 감정 인식 챗봇(Emotion-aware Chatbot) : 심리 상담 및 감정적인 지원 제공한다.

(5) 기업 내부 업무 자동화

① 목적 : 직원 지원, IT 서비스 요청 처리, 데이터를 관리한다.

② 추천 유형

ㄱ. 규칙 기반 챗봇(Rule-based Chatbot) : 특정 규칙에 따라 요청 처리한다.(예: IT 요청, 비밀번호 재설정)

ㄴ. 하이브리드 챗봇(Hybrid Chatbot) : 간단한 요청은 자동 처리하고 복잡한 요청은 인간 지원으로 연결한다.

(6) 소셜 미디어 관리

① 목적: 사용자와의 인터랙션, 질문 답변, 콘텐츠를 추천한다.

② 추천 유형

ㄱ. 소셜 대화형 챗봇(Social Conversational Chatbot) : 사용자의 관심을 끌고 지속적인 대화를 유도한다.

ㄴ. 생성형 챗봇(Generative Chatbot) : 동적이고 창의적인 응답을 생성한다.

<선택 시 고려할 요소>

- 예산 : 간단한 규칙 기반 챗봇이 비용 효율적
- 복잡성 : 사용자가 요구하는 응답의 복잡도
- 확장성 : 초기 구축 후 확장이 필요한 경우 하이브리드 또는 머신러닝 챗봇 추천
- 데이터 : 머신 러닝과 생성형 챗봇은 데이터 양과 품질이 중요

2) 기업과 개인을 위한 챗봇 도입 체크리스트

챗봇 도입 전, 목적과 요구사항을 명확히 정의하고 성공적인 구현을 위해 주요 요소를 점검하는 것이 중요하다. 아래는 기업과 개인이 챗봇 도입 시 확인해야 할 핵심 체크리스트이다.

[챗봇 도입 체크리스트] - Blog.naver.com/findmyai

1. 도입 목적 정의

- 챗봇 도입의 주요 목적은 무엇인가요? (예: 고객 지원, 마케팅, 학습 지원, 내부 업무 자동화 등)
- 챗봇이 해결해야 할 주요 문제는 무엇인가요? (예: 반복적인 고객 문의 감소, 서비스 접근성 향상)

2. 대상 사용자 분석

- 챗봇의 주요 대상은 누구인가요? (예: 고객, 직원, 학생 등)
- 대상 사용자의 기술 수준은 어떠한가요? (예: 기술 친화적인 사용자인가요, 아니면 간단한 UI가 필요한가요?)
- 사용자가 어떤 플랫폼(웹, 모바일, SNS 등)에서 챗봇과 상호작용할 가능성이 높은가요?

3. 기능 및 유형 결정

- 필요한 챗봇 유형은 무엇인가요? (규칙 기반, 머신러닝, 하이브리드, 생성형 챗봇 등)
- 챗봇이 제공할 주요 기능은 무엇인가요? (예: FAQ, 대화형 추천, 예약 시스템, 분석 및 보고서 생성)

4. 데이터 준비

- 챗봇이 학습해야 할 데이터가 충분한가요? (예: 자주 묻는 질문, 대화 로그, 사용자 프로필)
- 데이터의 품질과 정확성은 적절한가요?
- 데이터 보안 및 프라이버시를 위한 정책이 마련됐나요?

5. 플랫폼 및 기술 선택

- 챗봇을 운영할 플랫폼은 무엇인가요? (예: 웹사이트, 카카오톡, 페이스북 메신저, 인앱 등)
- 챗봇 개발에 사용할 기술 스택은 무엇인가요? (예: Dialogflow, Rasa, Microsoft Bot Framework, 챗GPT API)
- 오픈소스 또는 상용 솔루션 중 어느 것을 사용할 것인가요?

6. 예산 및 리소스 점검

- 챗봇 개발 및 운영을 위한 예산이 충분한가요?
- 챗봇 유지보수와 업데이트를 담당할 팀이 있는가요? (예: 개발자, 데이터 분석가, UX 디자이너)
- 비용 대비 효과(ROI)를 어떻게 평가할 것인가요?

7. 성능 및 품질 관리

- 챗봇의 응답 정확성과 품질은 어떻게 측정할 것인가요? (예: 사용자 만족도, 응답 시간, 성공적인 작업 완료율)
- 테스트 환경에서 충분히 검증했나요? (예: 다양한 시나리오 및 사용자 질문 테스트)
- 성능 문제 발생 시 대처 방안은 마련됐나요?

8. 사용자 경험 (UX) 설계

- 챗봇의 대화 흐름과 인터페이스는 사용자 친화적인가요?
- 사용자가 필요한 정보를 빠르게 찾을 수 있는가요?
- 오류 또는 예상치 못한 입력에 대한 대처 방안이 마련됐나요?

9. 통합 및 확장성

- 기존 시스템(예: CRM, ERP, 데이터베이스)과 통합이 가능한가요?
- 챗봇 확장이 가능한 구조로 설계됐나요? (예: 언어 추가, 새로운 기능 개발)

10. 법적 및 윤리적 고려
- 사용자 데이터 수집 및 저장이 개인정보보호법을 준수하는가요? (예: GDPR, CCPA, PIPA)
- 챗봇이 윤리적으로 설계됐는가요? (예: 편향된 응답 방지, 사용자 데이터 오용 방지)

11. 운영 및 유지보수
- 챗봇의 성능을 지속적으로 모니터링할 계획이 있는가요?
- 정기적으로 업데이트 및 학습 데이터를 제공할 계획이 있는가요?
- 기술적 문제가 발생했을 때 지원할 팀이나 프로세스가 마련됐는가요?

12. 피드백 및 개선
- 사용자 피드백을 수집하고 분석할 수 있는 기능이 있는가요?
- 피드백을 기반으로 챗봇을 개선할 계획이 있는가요?
- 성능 향상을 위한 AI 모델 재학습이나 규칙 업데이트가 가능한가요? 자 경험 (UX) 설계
- 챗봇의 대화 흐름과 인터페이스는 사용자 친화적인가요?
- 사용자가 필요한 정보를 빠르게 찾을 수 있는가요?
- 오류 또는 예상치 못한 입력에 대한 대처 방안이 마련됐나요?

Epilogue

챗봇은 그 유형에 따라 다양한 역할을 수행하며 인간과 기술의 조화로운 협력을 이끌어내고 있다. 규칙 기반 챗봇은 명확하고 단순한 문제를 해결하는 데 적합하고 머신러닝 기반 챗봇은 점점 더 복잡하고 유연한 대화를 가능하게 한다. 생성형 AI 챗봇은 창의적이고 인간적인 소통의 가능성

을 열었으며 멀티모달 및 하이브리드 챗봇은 이러한 기술들을 결합해 다양한 입력과 상황을 처리하는 고도화된 경험을 제공한다.

이 모든 유형은 각각의 강점과 한계를 지니고 있지만 중요한 것은 그들이 상호 보완적으로 작동할 때 만들어지는 시너지이다. 미래의 챗봇은 이러한 조화 속에서 인간의 삶에 깊이 스며들어, 더욱 혁신적이고 효율적인 서비스를 제공할 것이다.

챗봇은 기술의 진보와 함께 진화하고 있다. 과거의 단순한 응답 시스템에서 벗어나 오늘날의 챗봇은 사용자의 의도와 감정을 이해하며 개인화된 맞춤형 서비스를 제공한다. 미래의 챗봇은 한 단계 더 나아가 인간의 일상과 정서적 연결을 강화하며 교육, 의료, 비즈니스 등 다양한 산업에서 더 깊이 활용될 것이다.

그러나 이러한 진화와 가능성 속에서도 윤리적 고민은 중요하다. 프라이버시 보호, 데이터의 공정한 사용, AI의 투명성과 신뢰성 확보는 챗봇이 나아갈 길에서 반드시 해결해야 할 과제이다. 이러한 문제를 해결한다면 AI 챗봇은 단순한 도구를 넘어 진정한 동반자로 자리 잡을 것이다.

챗봇의 유형은 다양하지만 그 핵심은 인간과의 상호작용을 통해 더 나은 세상을 만드는 데 있다. AI 챗봇의 진화와 가능성은 무궁무진하며 그것을 어떻게 활용하느냐는 우리의 몫이다. 이 책이 챗봇의 현재와 미래를 이해하는 데 도움이 됐기를 바라며 독자 여러분이 AI 에이전트 챗봇 시대를 준비하고 선도할 수 있기를 응원한다.

AI 에이전트 챗봇의 미래는 여러분과 함께 완성될 것이다.

8

챗GPT로 만드는 실용 'GPTs 챗봇', 코딩 없이 시작하기

최재향

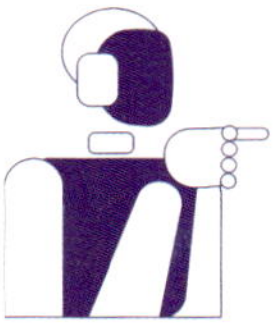

제8장
챗GPT로 만드는 실용 'GPTs 챗봇', 코딩 없이 시작하기

Prologue

우리는 매일 질문을 던지고 답을 찾으며 살아간다. 아침에 '오늘 날씨가 어때?'라고 묻거나, '내일 회의를 어떻게 준비해야 할까?'를 고민하며 시작하는 하루. 이제 이러한 질문들에 정확하고 창의적인 답을 제시할 똑똑한 도우미가 여러분 곁에 있다. 바로 'GPTs 기반 챗봇'이다.

챗봇은 더 이상 기술 전문가만의 도구가 아니다. 불과 몇 년 전만 해도 챗봇은 코딩 기술을 갖춘 개발자들만 다룰 수 있는 고난도의 도구로 여겨졌다. 그러나 기술은 놀라운 속도로 발전했고 이제는 코딩 경험이 없는 사람도 손쉽게 자신만의 챗봇을 설계하고 활용할 수 있는 시대가 열렸다.

GPTs 챗봇은 단순히 질문에 답하는 데 그치지 않는다. 이 도구는 사용자의 대화를 이해하고 창의적인 아이디어를 제시하며 심지어 유머로 즐거움을 주기도 한다. 이제 챗봇은 우리의 삶과 업무를 지원하는 강력한 파트너가 됐다.

왜 GPTs 챗봇인가? GPTs 챗봇은 그저 또 하나의 기술적 도구가 아니다. 이 챗봇은 우리 삶을 더 편리하고 풍요롭게 만들어주는 디지털 파트너다.

여행 계획을 도울 때 '이번 주말, 추천할 만한 여행지는 어디인가요?', 일상의 스트레스를 덜어줄 때 '기분 전환할 수 있는 농담 하나 해줄래요?', 비즈니스 아이디어가 필요할 때 '새로운 창업 아이디어를 추천해줘'라고 요청할 수 있다. 이처럼 GPTs 챗봇은 단순히 정보를 제공하는 것을 넘어 우리의 고민을 덜어주고 창의적인 해결책을 제안한다.

이 책은 코딩 지식이 없는 초보자도 GPTs 챗봇을 설계하고 활용할 수 있도록 구성됐다. 실생활에서 유용하게 활용할 수 있는 다양한 챗봇 제작 방법을 배우며 블로그 콘텐츠를 손쉽게 작성하도록 도와주는 글쓰기 도우미, 건강 관리 팁을 제공하는 상담 챗봇, 맞춤형 여행 정보를 추천하는 여행 플래너, 영어 문법과 작문을 교정해주는 학습 보조 챗봇 등으로 활용할 수 있다.

GPTs 챗봇 제작은 생각보다 쉽다. 몇 가지 기본 원리만 익히면 여러분도 멋진 챗봇 제작자가 될 수 있다. 이 과정에서, '내가 이런 도구를 만들 수 있다니!'라는 감탄과 함께 새로운 성취감을 경험하게 될 것이다.

이 책은 단순히 GPTs 챗봇 제작 방법을 소개하는 가이드를 넘어 여러분의 창의적인 아이디어를 실현할 도구를 제공한다. 여러분이 만든 챗봇은 일상과 업무에서 유용하게 활용될 뿐 아니라, 더 나아가 새로운 프로젝트와 도전에 영감을 줄 것이다.

지금, 챗봇과 함께 새로운 세상을 창조해 보자. 이 책의 첫 장을 넘기는 순간, 여러분의 새로운 이야기가 시작된다.

1. 챗GPT와 GPTs 챗봇의 기본 이해

챗봇을 처음 들어본 독자들에게 가장 먼저 하고 싶은 말이 있다. "생각보다 정말 쉽다!" 코딩도, 복잡한 설정도 필요 없다. 챗GPT와 GPTs 기능만 있으면 여러분도 바로 AI 챗봇을 만들 수 있다. 이 장에서는 GPTs와 챗봇의 기본 개념을 소개하며, 왜 이것이 특별한 도구인지 알려주겠다.

1) GPTs란 무엇인가?

'GPTs'는 'Generative Pretrained Transformer'의 약자로, 사람들이 일상적으로 사용하는 언어를 이해하고 생성할 수 있는 AI 모델이다.

다음과 같은 특징이 있다.

(1) 사람처럼 대화 가능

질문에 대한 답변뿐 아니라 상황에 맞는 적절한 문장을 생성한다.

(2) 창의적이고 유연함

유머를 던지거나 새로운 아이디어를 제안할 수도 있다.

(3) 다양한 분야 활용 가능

글쓰기, 디자인, 데이터 분석, 여행 추천 등 무궁무진한 가능성을 갖고 있다.

2) GPTs 챗봇의 기본 개념

챗봇은 무엇인가? 간단히 말해 챗봇은 사람의 질문에 자동으로 응답하는 프로그램이다. 하지만 GPTs 기반 챗봇은 기존의 챗봇과 몇 가지 중요한 차이점이 있다.

(1) 기존 챗봇

미리 정해진 답변만 제공한다. 복잡한 질문을 이해하지 못한다.

(2) GPTs 챗봇

사람이 입력한 문장을 자연스럽게 이해하고 새로운 답변을 생성한다. 질문이 조금 복잡해도 맥락을 파악한다. 지속적인 학습과 발전이 가능해 더 똑똑하다.

3) 왜 GPTs 챗봇을 배워야 할까?

(1) 현실 속에서 만나는 GPTs 챗봇

① 예시 1) '오늘 비 올 확률은 얼마나 되나요?'

- 기존 챗봇 : '비 올 확률은 40%입니다.'
- GPTs 챗봇 : '오늘은 비 올 확률이 40%예요. 우산 챙기는 게 좋겠네요!'

② 예시 2) '서울에서 가볼 만한 곳을 추천해 주세요.'

- 기존 챗봇 : '서울 관광 정보를 보세요'
- GPTs 챗봇 : '경복궁, 남산타워, 북촌 한옥마을을 추천합니다. 사진 찍기 좋은 곳이에요!'

(2) GPTs 챗봇의 3가지 매력

① 누구나 만들 수 있다.

코딩이 필요 없다. 역할을 정하고 질문과 답변만 설계하면 끝!

② 즉시 사용할 수 있다.

여행, 공부, 비즈니스 등 다양한 상황에서 바로 활용이 가능하다.

③ 무한한 가능성

여러분의 창의력에 따라 무궁무진한 새로운 아이디어를 구현할 수 있다.

4) GPTs 챗봇이 바꿀 세상

GPTs 챗봇은 단순히 질문에 답하는 도구가 아니다. 상담사로서 스트레스를 줄여줄 수 있고 창작 도우미로서 작가의 글쓰기를 도울 수 있으며, 여행 플래너로서 완벽한 일정을 짜줄 수도 있다.

가장 중요한 점은 이 모든 걸 여러분도 직접 만들 수 있다. 단 몇 시간만 배우면 여러분은 자신만의 AI 비서를 만들고 그 비서가 여러분의 일상을 훨씬 더 편리하게 바꿔줄 것이다.

5) 코딩 없는 GPTs 챗봇 제작의 가능성

많은 분이 AI나 챗봇에 대해 '너무 어렵지 않을까?'라는 선입견을 갖고 있다. 하지만 실제로 GPTs 챗봇 제작 과정은 놀라울 만큼 간단하다.

GPTs 챗봇은 세 가지 단계로 누구나 쉽게 만들 수 있다.

(1) 역할과 지침 설정

챗봇의 성격과 목표를 정한다.

예) '친절한 여행가이드가 돼 주세요.'

(2) 프롬프트 설계

질문과 답변을 정한다.

예) '제주도에서 추천할 만한 관광지는 어디인가요?' → '한라산, 섭지코지, 성산일출봉을 추천합니다.'

(3) 테스트와 개선

질문을 테스트하며 프롬프트를 수정하고 개선한다.

6) 이 장에서 얻을 수 있는 것

이 장을 통해 여러분은 다음과 같은 능력을 얻게 된다.

(1) GPTs에 대한 이해

GPTs가 무엇이고 왜 중요한지 이해할 수 있다.

(2) 기존 챗봇과 차별점

GPTs 챗봇이 기존 챗봇과 다른 점을 알게 된다.

(3) 제작의 편리성과 유용성

GPTs 챗봇 제작이 얼마나 쉽고 유용한지 깨닫게 된다.

이제 여러분은 챗봇 제작의 첫걸음을 떼었다. 다음 장에서 본격적으로 챗봇 설계를 시작해 보세요. 여러분의 아이디어를 실현할 차례다!

2. GPTs 챗봇 설계를 위한 핵심 요소

챗봇 제작은 막연한 일이 아니다. 세 가지 핵심 단계를 차근차근 따라가면 누구나 자신만의 똑똑한 AI 도우미를 만들 수 있다. 이 장에서는 GPTs 챗봇 설계를 위해 꼭 필요한 필수 요소와 실질적인 팁을 소개한다.

1) 역할과 지침 설정(챗봇의 목표와 주제 정하기)

챗봇 설계의 첫걸음은 역할과 목표를 명확히 정의하는 것이다. 챗봇이 무엇을 할지, 누구를 도울지, 어떤 방식으로 소통할지를 정해야 한다. 생각해보자. 챗봇이 친절한 여행가이드일 수도 있고, 유머를 던지는 친구일 수도 있다. 역할에 따라 대화 스타일이 완전히 달라진다.

(1) 예시 1, 여행 가이드 챗봇

① 목표 : 여행지 추천 및 일정 제공.

② 역할과 지침 설정 : 이 챗봇은 사용자가 원하는 여행지에 대한 정보를 제공하고 추천 일정을 설계해주는 친절한 여행가이드이다.

③ 대화 톤 : 따뜻하고 유쾌하게

④ 질문 : '2박 3일 동안 제주도 여행을 계획 중입니다. 어디를 가면 좋을까요?'

⑤ 응답 : '제주도에서는 한라산, 성산일출봉, 섭지코지를 추천합니다. 첫째 날에는 한라산 등반, 둘째 날에는 성산일출봉 일출을 즐기는 일정을 권해드려요!'

(2) 예시 2, 스트레스 해소 챗봇

① 목표 : 유머와 격려를 통해 스트레스를 완화.

② 역할과 지침 설정 : 이 챗봇은 사용자가 피곤할 때 유머를 제공하고 기분을 나아지게 도와주는 친구입니다.

③ 대화 톤 : 가볍고 즐겁게

④ 질문 : '오늘 너무 힘들어요. 기분 전환이 필요해요.'

⑤ 응답 : '이런 날에는 쉬는 게 최고죠! 혹시 농담 하나 들으실래요? 왜 컴퓨터는 바다에 가지 않을까요? 인터넷이 끊길까 봐!'

2) 프롬프트 작성(질문과 답변 설계)

챗봇이 똑똑하게 보이려면 '프롬프트'가 좋아야 한다. 프롬프트는 GPTs에게 주는 명령어다. 챗봇이 어떤 식으로 대답해야 할지 명확히 알려주는 것이 중요하다.

(1) 프롬프트 작성법

① 명확하게 지시하기 : '배송비 안내를 부탁드립니다.'

② 응답 : '배송비는 3,000원이며, 50,000원 이상 구매 시 무료입니다.'

③ 구체적인 정보 포함 : '반품 절차를 안내해 주세요. 고객센터 이메일도 추가해 주세요.'

④ 응답 : '반품은 7일 이내 가능합니다. 자세한 문의는 support@company.com으로 해주세요.'

⑤ 다양한 질문을 고려하기 : '배송비는? → 배송비는 3,000원입니다.' / '반품 가능해요? → 구매 후 7일 이내에 반품 가능합니다.'

- 예시 1) 데이터 분석 챗봇
- 프롬프트 : '지난달 판매 데이터를 요약하고 가장 인기 있는 상품을 알려 주세요.'

- GPTs 응답 : '지난달 판매 데이터 분석 결과, A 상품이 가장 많이 팔렸습니다. 총판매량은 500개입니다.'

- 예시 2) 글쓰기 보조 챗봇
- 프롬프트 : '이 문장을 더 설득력 있게 고쳐 주세요. – 이 제품은 품질이 좋습니다.'
- GPTs 응답 : '이 제품은 탁월한 품질과 성능으로 높은 만족도를 제공합니다.'

3) 테스트와 개선(응답 품질 확인 및 최적화)

챗봇 설계가 끝났다면 이제 실제로 작동하는지 테스트해야 한다. 테스트 과정에서 발견한 부족한 점을 보완하며 챗봇의 품질을 계속 개선해야 한다.

(1) 테스트 방법

① 실제 사용자 질문 입력 : 사용자 입장에서 자연스럽게 질문을 던져보세요.
② 예 : '배송비는 얼마인가요?'
③ 응답 확인 : '응답이 명확하고 사용자 의도에 맞는지 확인합니다.'

(2) 개선 과정

응답이 불충분하면 프롬프트를 수정한다. 중복 질문에 대한 다양한 답변을 추가한다.

① 예시) 여행 정보 챗봇의 테스트
② 테스트 질문 : '제주도에서 가볼 만한 곳이 어디인가요?'

③ 초기 응답 : '한라산이 좋아요.'

④ 개선 후 응답 : '한라산, 성산일출봉, 섭지코지를 추천합니다. 첫째 날에는 한라산 등반, 둘째 날에는 섭지코지 방문을 추천합니다.'

4) 성공적인 챗봇 제작을 위한 팁

(1) 사용자 관점에서 생각하기

사용자가 어떤 질문을 할지 미리 상상해 보라.

(2) 테스트와 피드백을 반복하기

주변 사람들에게 테스트를 부탁하고 피드백을 받아 개선하자.

(3) 명확하고 간단한 설계

과도하게 복잡한 역할이나 프롬프트는 피하고 기본부터 시작하자.

- 흥미를 더하기 위한 대화 예시
- 상담 챗봇) 사용자 : '반품은 어떻게 하나요?'
- 챗봇 : '구매 후 7일 이내에 가능합니다. 고객센터 이메일 support@company.com으로 문의하세요.'

- 스트레스 해소 챗봇) 사용자: '오늘 너무 힘들어요. 위로가 필요해요.'
- 챗봇 : '오늘 정말 고생 많으셨어요. 스트레스를 덜 수 있는 농담 하나 들어볼래요? 왜 토마토는 절대 빨리 걷지 않을까요? 케첩이 되고 싶으니까요!'

3. GPTs 챗봇의 다양한 활용 사례

GPTs 챗봇은 단순한 대화 도구를 넘어 디자인, 상담, 학습, 여행, 의료 정보, 비즈니스 지원 등 다양한 분야에서 실질적인 도움을 제공한다. 이 장에서는 GPTs 챗봇의 활용 목적과 대상 독자, 예시, 설계 아이디어, 실제 활용 사례를 구체적으로 살펴보겠다.

1) 이미지 생성 및 로고 제작 챗봇

- 활용 목적 : 디자인 아이디어 제공, 로고 제작 지원
- 대상 독자 : 창업자, 콘텐츠 제작자, 디자이너

(1) 예시

① 사용자 질문 : '우리 가게 로고를 디자인해 주세요.'

② 챗봇 응답 : '커피잔과 잎사귀가 어우러진 친환경 느낌의 로고를 추천합니다. 색상은 초록색과 갈색 조합이 좋을 것 같아요.'

(2) 설계 아이디어

① 역할과 지침 설정 : 디자인 전문가 역할을 수행하며 창의적인 아이디어를 제공.

② 프롬프트 작성 : '고객이 로고 디자인을 요청하면 업종과 분위기에 맞는 아이디어를 제공하세요.'

③ 활용 사례 : 블로그용 이미지 제작과 창업 초기 로고 제작 컨설팅한다.

2) 상담 및 스트레스 해소 챗봇

① 활용 목적 : 고객 상담, 스트레스 완화

② 대상 독자 : 고객 서비스 담당자, 심리적 위로가 필요한 사람

(1) 상담 챗봇 예시

① 사용자 질문 : '반품 절차를 알려 주세요.'

② 챗봇 응답 : '반품은 구매 후 7일 이내에 가능합니다. 고객센터 이메일support@company.com으로 문의해 주세요.'

(2) 스트레스 해소 챗봇 예시

① 사용자 질문 : 오늘 기분이 별로예요. 유머로 기분을 풀어 주세요.

② 챗봇 응답 : 오늘 힘든 일이 있으셨군요. 이런 농담은 어때요? 왜 농부는 농담을 잘할까요? 농담을 키우니까요!

(3) 설계 아이디어

① 역할과 지침 설정 : 친절한 상담사 또는 유머를 제공하는 친구 역할.

② 프롬프트 작성 : '반품이나 환불 관련 절차를 안내하는 답변을 준비하세요. 사용자가 스트레스 해소를 원할 때 가벼운 농담을 제시하세요.'

③ 활용 사례 : 고객 문의 자동 응답하고 스트레스 완화를 위한 AI 친구 역할을 한다.

3) 글쓰기 및 데이터 분석 챗봇

- 활용 목적 : 글쓰기 지원, 데이터 요약 및 분석
- 대상 독자 : 작가, 블로거, 데이터 분석 초보자

(1) 글쓰기 보조 예시

① 사용자 질문 : '이 문장을 더 설득력 있게 고쳐 주세요.' – '이 제품은 좋습니다.'

② 챗봇 응답 : '이 제품은 탁월한 품질과 높은 만족도를 자랑합니다.'

(2) 데이터 분석 예시

① 사용자 질문 : '지난달 판매 데이터를 요약해 주세요.'

② 챗봇 응답 : '지난달 가장 인기 있었던 상품은 A 제품이며, 총판매량은 500개입니다.'

(3) 설계 아이디어

- **역할과 지침 설정**

① 글쓰기 챗봇 : 전문 작가처럼 문장을 다듬고 아이디어를 제공한다.

② 데이터 분석 챗봇 : 엑셀 데이터를 요약하고 인사이트를 제공한다.

③ 프롬프트 작성 : '사용자가 입력한 문장을 고급스럽게 다듬어 주세요.' '데이터에서 유용한 정보를 요약해 주세요.'

④ 활용 사례 : 블로그 글쓰기를 보조하고 마케팅 데이터 분석 지원한다.

4) 교육 분야 챗봇(수학, 영어, 역사 등)

- 활용 목적: 학습 보조, 개념 설명, 문제 풀이
- 대상 독자: 학생, 교사 등

(1) 수학 학습 챗봇 예시

① 사용자 질문 : 'x^2 – 4x + 4 = 0의 해를 구해 주세요.'

② 챗봇 응답 : '이 방정식의 해는 x = 2입니다.'

(2) 영어 학습 챗봇 예시

① 사용자 질문 : '영어 문장을 교정해 주세요' – 'He go to school every day.'

② 챗봇 응답 : 'He goes to school every day.'

(3) 역사 학습 챗봇 예시

① 사용자 질문 : '프랑스 혁명의 주요 원인을 설명해 주세요.'

② 챗봇 응답 : '프랑스 혁명은 불평등한 세금 제도와 정치적 불만이 주요 원인이었습니다.'

(4) 설계 아이디어

① 역할과 지침 설정 : '친절하고 쉬운 설명을 제공하는 학습 도우미 역할.'

② 프롬프트 작성 : '수학 문제를 푸는 과정을 단계별로 설명해 주세요.' / '영어 문법 오류를 교정하고 올바른 문장을 제시해 주세요.'

③ 활용 사례 : 학생의 과제 해결하고 교사의 수업 준비를 지원한다.

5) 여행 정보 제공 챗봇

- 활용 목적: 여행지 추천, 일정 설계
- 대상 독자: 여행자, 여행 가이드

(1) 예시

① 사용자 질문 : '서울에서 당일치기 여행 추천해 주세요.'

② 챗봇 응답 : '서울 북촌 한옥마을, 경복궁, 인사동을 추천합니다. 북촌에서 사진을 찍고 전통 한옥 카페를 즐기세요.'

(2) 설계 아이디어

① 역할과 지침 설정 : '사용자의 요구에 맞는 여행 일정을 추천하는 가이드 역할.'

② 프롬프트 작성 : '사용자가 입력한 여행 지역에 따라 관광지를 추천하세요.'

③ 활용 사례 : 여행 일정 자동 설계하고 여행사 웹사이트에 적용한다.

6) 의료 정보 상담 챗봇

- 활용 목적 : 간단한 건강 정보 제공
- 대상 독자 : 일반 사용자

(1) 예시

① 사용자 질문 : '감기 초기 증상을 완화하려면 어떻게 해야 하나요?'

② 챗봇 응답 : '따뜻한 물을 많이 마시고 충분히 쉬세요. 증상이 계속되면 병원을 방문하세요.'

(2) 설계 아이디어

① 역할과 지침 설정 : '기본적인 건강 정보를 제공하는 역할.'

② 프롬프트 작성 : '사용자 질문에 맞는 건강 관리 팁을 제공하세요.'

③ 활용 사례 : 건강 관리 조언 제공하고 병원 예약 전 기본 정보 제공한다.

7) 비즈니스 아이디어 및 개인 비서 챗봇

- 활용 목적 : 창업 아이디어 제공, 일정 관리
- 대상 독자 : 사업가, 개인 사용자

(1) 비즈니스 아이디어 예시

① 사용자 질문: "새로운 창업 아이디어를 추천해 주세요."

② 챗봇 응답: "지역 특산물을 활용한 온라인 스토어를 제안합니다."

(2) 개인 비서 예시

① 사용자 질문 : '오늘의 할 일을 정리해 주세요.'

② 챗봇 응답 : '1. 이메일 확인, 2. 회의 준비, 3. 운동 30분.'

(3) 설계 아이디어

- 역할과 지침 설정

① 비즈니스 아이디어 챗봇 : '창의적인 사업 아이디어를 제안.'

② 개인 비서 챗봇 : '일정 관리와 생산성 향상을 지원.'

③ 프롬프트 작성 : '사용자의 요구에 따라 구체적인 아이디어를 제공하세요.'

④ 활용 사례 : 창업 컨설팅을 지원하고 일상 관리를 보조한다.

4. 직접 실습(GPTs 챗봇 제작의 첫걸음)

이제 본격적으로 GPTs 챗봇을 직접 만들어보는 실습에 들어간다. 이 장에서는 챗봇 설계의 기초부터 테스트와 최적화까지 단계별로 안내하며, 초보자도 따라 할 수 있는 재미있고 유용한 실습을 제공한다. 특히 여행 추천, 건강 관리, 글쓰기 보조라는 실생활에서 활용도가 높은 주제를 중심으로 구성했다.

1) 실습 목표

챗봇 제작은 어렵지 않다! GPTs 챗봇 제작의 핵심은 간단하고 명확한 목표를 설정하는 것이다. 이 장의 목표는 다음과 같다.

- 독자가 코딩 없이 자신만의 챗봇을 설계하도록 돕는 것
- 실질적으로 사용 가능한 챗봇을 만들어 보는 경험을 제공
- 재미와 실용성을 모두 갖춘 실습 과정을 통해 챗봇 설계의 자신감을 심어주는 것

2) 실습 주제 추천

(1) 개인화된 여행 추천 챗봇

① 역할 : 여행가이드 역할을 하며, 사용자에게 적합한 여행지를 추천하고 일정을 설계한다.

② 상황 : 주말에 시간을 내어 서울로 여행을 가고 싶은 사용자가 챗봇을 통해 정보를 얻는다.

③ 사용자 질문 : '서울에서 1박 2일 동안 가볼 만한 곳을 추천해 주세요.'

④ 챗봇 응답 : '서울 북촌 한옥마을, 경복궁, 인사동을 추천합니다. 첫째 날에는 경복궁과 북촌 한옥마을을 둘러보고 둘째 날에는 인사동에서 전통 차를 즐기는 것을 추천합니다!'

• 설계 과정

① 역할과 지침 설정 : 여행가이드 역할을 수행하며, 지역 정보와 일정을 제공

② 프롬프트 작성

질문 : '서울에서 1박 2일 여행지를 추천해 주세요.'

응답 : '경복궁, 북촌 한옥마을, 인사동을 추천합니다. 1일 차와 2일

차 일정을 나눠서 제안하세요.'

③ 활용 예시 : 여행사 웹사이트에서 여행지 추천 챗봇으로 활용한다. 개인 여행 계획 시 AI 여행 가이드봇을 사용한다.

(2) 건강 관리 팁 챗봇

① 역할 : 간단한 건강 정보를 제공하고 사용자의 질문에 맞는 관리 팁을 제안한다.

② 상황 : 사용자가 감기 초기 증상에 대한 도움을 요청한다.

③ 사용자 질문 : '감기 초기 증상을 완화하려면 어떻게 해야 하나요?'

④ 챗봇 응답 : '감기 초기에는 따뜻한 물을 많이 마시고 충분히 쉬는 것이 중요합니다. 증상이 지속되면 병원을 방문하세요.'

• 설계 과정

① 역할과 지침 설정: "건강 관리 전문가로서 간단하고 유용한 정보를 제공."

② 프롬프트 작성

질문 : '감기 증상을 완화하려면 어떻게 해야 하나요?'

응답 : '따뜻한 물을 마시고 충분히 쉬세요. 증상이 심하면 의사와 상담하세요.'

③ 활용 예시 : 병원이나 건강 관련 웹사이트에서 기본 상담용 챗봇으로 활용한다. 개인 건강 관리를 위한 AI 도우미로 사용한다.

(3) 글쓰기 보조 챗봇

① 역할 : 사용자 문장을 개선하고 글쓰기 아이디어를 제공하는 역할이다.

② 상황 : 사용자가 제품 홍보 문구를 더 설득력 있게 고쳐달라고 요청한다.

③ 사용자 질문 : '이 문장을 더 설득력 있게 고쳐 주세요' – '이 제품은 품질이 좋습니다.'

④ 챗봇 응답 : '이 제품은 탁월한 품질과 높은 고객 만족도를 보장합니다.'

• **설계 과정**

① 역할과 지침 설정 : 전문적인 작가 역할을 수행하며 문장을 개선한다.

② 프롬프트 작성

질문 : '문장을 더 설득력 있게 고쳐 주세요.' – '이 제품은 품질이 좋습니다.'

응답 : '이 제품은 탁월한 품질과 뛰어난 성능으로 고객의 신뢰를 얻고 있습니다.'

③ 활용 예시 : 블로그 글쓰기를 보조하고 마케팅 문구 제작을 지원한다.

3) 실습 과정

(1) 역할과 지침 설정 및 프롬프트 작성

역할과 지침 설정 : 챗봇의 성격과 목표를 정의한다.

예) '이 챗봇은 여행가이드로서, 사용자가 원하는 여행지를 추천합니다.'

프롬프트 작성 : 질문과 응답의 흐름을 설계한다.

예) 사용자가 특정 지역을 입력하면, 관련된 관광지와 추천 일정을 제공한다.

(2) 챗GPT를 활용한 챗봇 설계 : 직접 실습 따라해 보기

챗GPT에서 여행 가이드봇이라는 챗봇을 만들어보자. 우선 챗GPT를 켠다.

① 챗GPT 열고 챗GPT 인터페이스에서 새로운 대화를 시작한다. 왼쪽에서 'GPT 탐색'을 클릭한다.

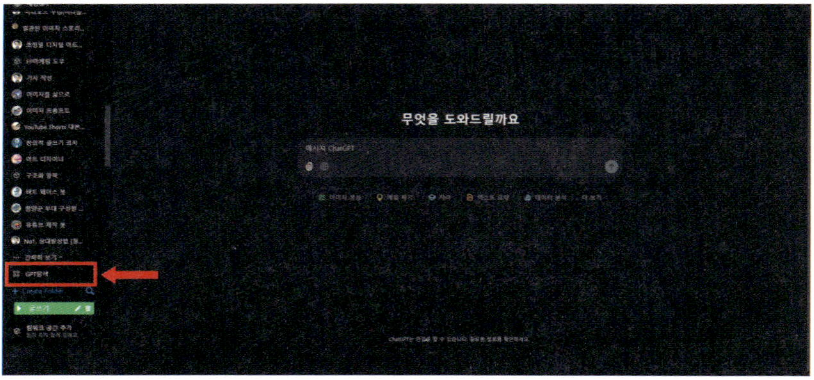

[그림1] 챗GPT 열어서 GPTs 클릭

② 그다음엔 챗봇을 제작하기 위해서는 오른쪽 상단의 '내 GPT' 또는 '+만들기(생성)'을 클릭한다. 영어로 된 화면이라면 'Making'을 클릭한다.

[그림2] 챗봇 만들기 생성

③ 그다음 내 GPT 만들기에서 왼쪽 상단의 '생성(create)'을 클릭한다.

[그림3] 챗봇 만들기 생성(Making) 클릭

④ 역할과 지침 프롬프트 입력하기 : 역할과 프롬프트를 입력해 GPTs 챗봇을 설정한다. 어떤 종류의 챗봇을 만들고 싶은지 입력을 한다.

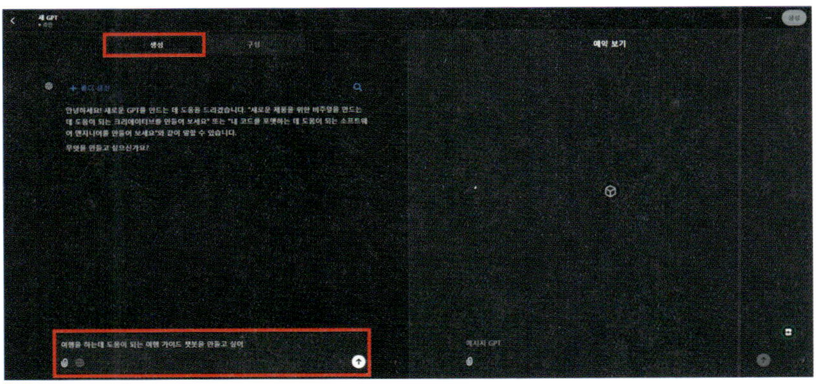

[그림4] 만들고 싶은 챗봇 프롬프트 입력

⑤ 그러면 챗봇의 이름을 자동으로 만들어준다. 마음에 안 들면 내가 정한 챗봇으로 이름을 정할 수 있다.

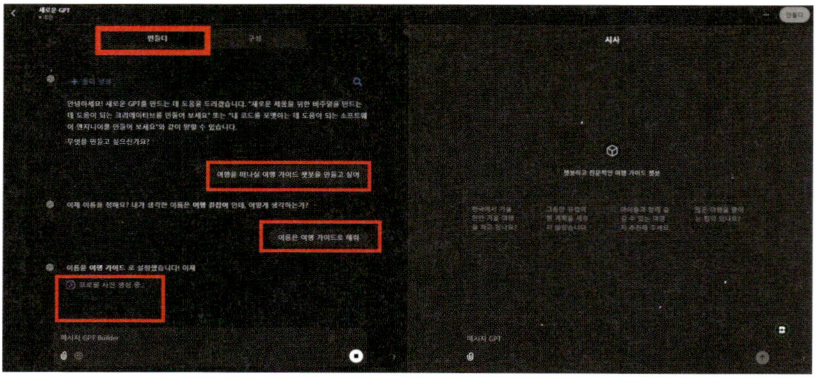

[그림5] 챗봇 이름 생성

⑥ 이름을 정하고 나면 '프로필 사진(로고)'을 자동으로 만들어준다. 직접 왼쪽의 구성(Configuration) 화면에서 달리로 만들 수 있다. 생성된 로고가 마음에 들지 않는다면 다시 만들어 달라고 하면 된다.

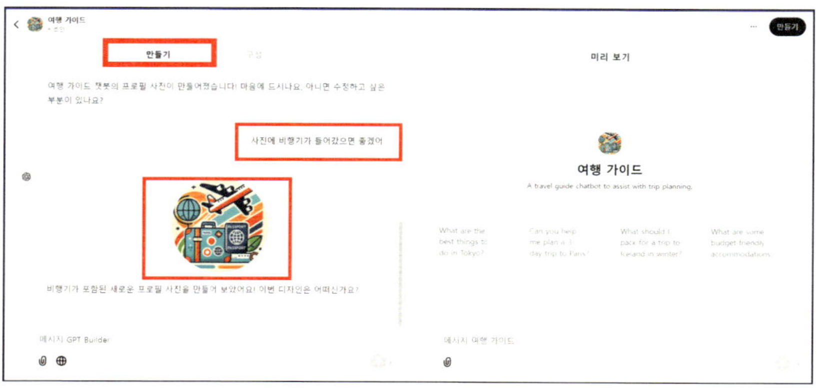

[그림6] 챗봇 로고 생성

⑦ 챗봇의 이름과 로고가 생성됐으면 '구성(Configuration)'을 클릭해 지침과 대화 스타터를 생성한다. 챗GPT에서 목적하는 챗봇의 역할을 주어 여행가이드 챗봇의 지침을 작성해달라고 요청하면 유용하게 잘 작성해 준다. 챗봇의 이름과 무엇을 하는지 설명을 입력하고 지침을 넣는다. 챗봇의 성공 여부는 지침에 달려있다.

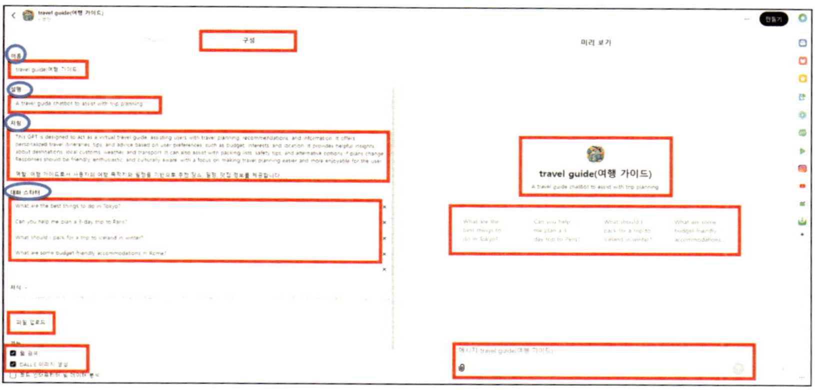

[그림7] 챗봇 지침 입력

⑧ 그리고 대화 스타터도 챗GPT에게 질문해 4가지 유용한 대화 스타터를 생성한다.

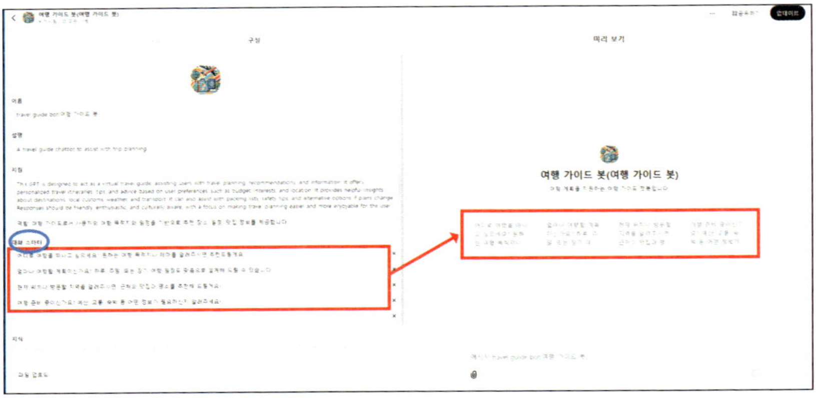

[그림8] 챗봇 대화 스타터 생성

⑨ 이제 챗봇의 이름과 로고 지침, 대화 스타터가 모두 완료됐다.

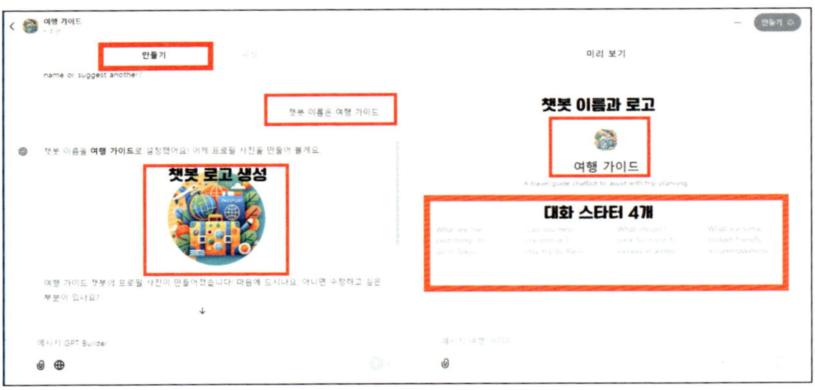

[그림9] 챗봇 만들기

⑩ 챗봇이 잘 만들어졌는지 테스트를 해본다.

(예시 질문 4개 입력)

'어디로 여행을 떠나고 싶으세요? 원하는 여행 목적지나 테마를 알려주시면 추천 드릴게요!'

'얼마나 여행할 계획이신가요? 하루, 주말, 또는 장기 여행 일정도 맞춤으로 설계해 드릴 수 있다.'

'현재 위치나 방문할 지역을 알려주시면, 근처의 맛집과 명소를 추천해 드릴게요!'

'여행 준비 중이신가요? 예산, 교통, 숙박 등 어떤 정보가 필요하신지 알려주세요!'

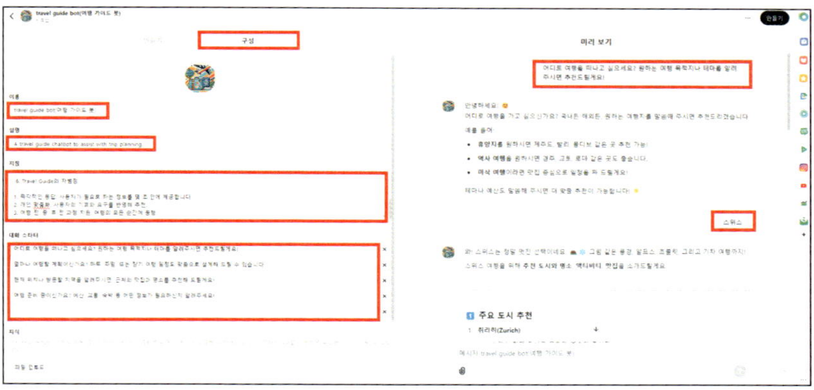

[그림10] 챗봇 만들기 미리보기

(3) 테스트와 결과 확인

- 테스트 질문 : '서울에서 당일치기로 여행을 가고 싶은데, 어디를 추천하나요?'
- 결과 확인 : 서울 당일치기 추천 코스

① 아침 : 고궁과 전통문화

• 경복궁

아침 일찍 고궁에서 한국의 전통 건축과 역사를 느껴보세요.

볼거리 : 근정전, 경회루, 향원정

팁 : 오전 10시 경복궁 수문장 교대식도 놓치지 마세요!

• 북촌 한옥마을

경복궁에서 걸어서 이동 가능한 전통 한옥마을. 골목길을 걸으며 옛 서울의 모습을 즐길 수 있어요.

추천 카페 : 전통 찻집 '차마시는 뜰'

② 점심 : 현지 맛집 탐방

• 삼청동 맛집

메뉴 : 전통 한식이나 아기자기한 브런치 카페

추천 식당 : 한정식 도반 - 깔끔하고 맛있는 한정식
삼청동 수제비 - 든든하고 저렴한 수제비 맛집

③ 오후: 자연과 도심 뷰

• 남산 서울타워

남산 공원을 산책하며 서울의 탁 트인 풍경을 즐겨보세요. 케이블카를 이용하면 편리합니다.

볼거리 : 전망대, 사랑의 자물쇠 존

• 한강공원 (이촌지구)

여유롭게 자전거를 타거나 한강 뷰를 즐기며 쉬기 좋은 곳

③ 저녁 : 핫 플레이스 탐방

• 홍대 거리

저녁엔 홍대의 활기찬 거리를 산책하며 스트릿 공연과 개성 넘치는 샵을 구경하세요.

맛집 : 사울즈 치킨 - 트렌디한 치킨 레스토랑
카페 언타이틀드 - 분위기 좋은 디저트 카페

• 추가 팁

이동 방법 : 지하철과 버스를 적극 활용하거나, 걷기 좋은 코스를 선택하세요.

예산 : 하루 5~7만 원 내외로 충분히 즐길 수 있습니다.

준비물 : 편한 신발, 물병, 가벼운 가방

서울에서 하루 동안 다양한 매력을 경험해 보세요!

여행가이드 봇이 답변을 잘 하고 있다. 챗봇 만들기 성공이다.

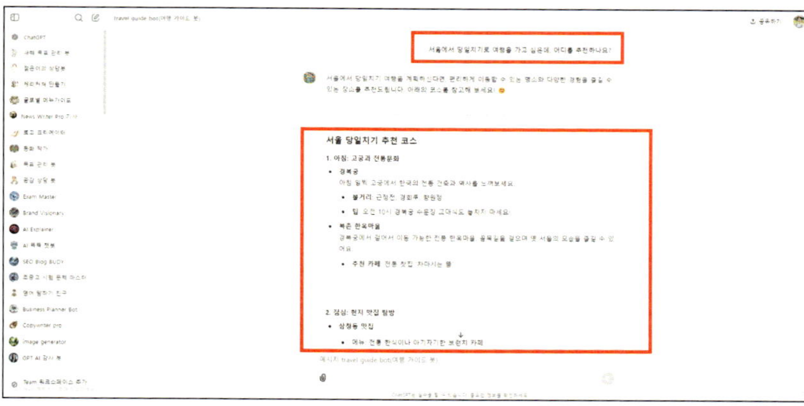

[그림11] GPT 챗봇 테스트 결과 확인

챗봇 테스트가 성공적으로 완료되면 오른쪽 상단의 만들기를 클릭해 챗봇 제작을 완료한 것이다.

[그림12] 챗봇 만들기 클릭

챗봇 만들기를 클릭하면 'GPT 공유하기'가 나온다. 나만 보기, 링크가 있는 모든 사람, GPT스토어 중에서 선택하고 카테고리를 설정하고 저장을 클릭한다.

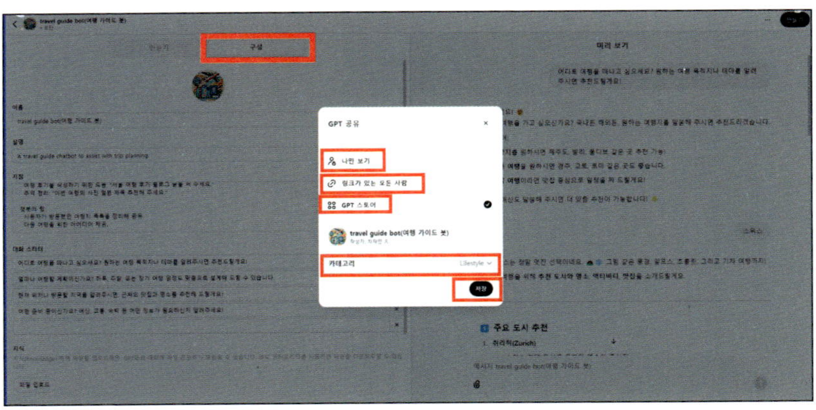

[그림13] 챗GPT 챗봇 공유

그 다음 설정 저장됨 링크 복사와 GPT 보기를 하면 내가 만든 GPT 챗봇을 볼 수 있다.

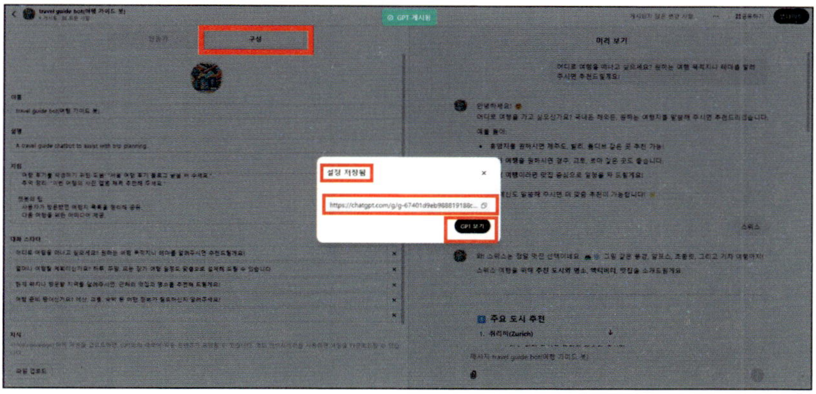

[그림14] GPT 챗봇 설정 저장

챗GPT의 여행가이드 챗봇이 완성됐다. travel guide bot(여행 가이드 봇)이 여행가이드로 역할을 잘 할 것이다.

- 필요 시 개선 : 응답이 명확하지 않거나 부족하다면 프롬프트를 수정해 업데이트를 하면 된다.

(4) 개선과 최적화

① 피드백 수집 : 주변 지인이나 동료에게 테스트를 요청한다.

② 프롬프트 수정 : 더 구체적이고 명확한 지시를 추가한다.

③ 최종 검토 : 챗봇의 응답이 일관성 있고 사용자 요구를 충족하는지 확인한다.

[그림15]는 직접 제작한 travel guide(여행 가이드 봇)이라는 완성된 챗봇이다.

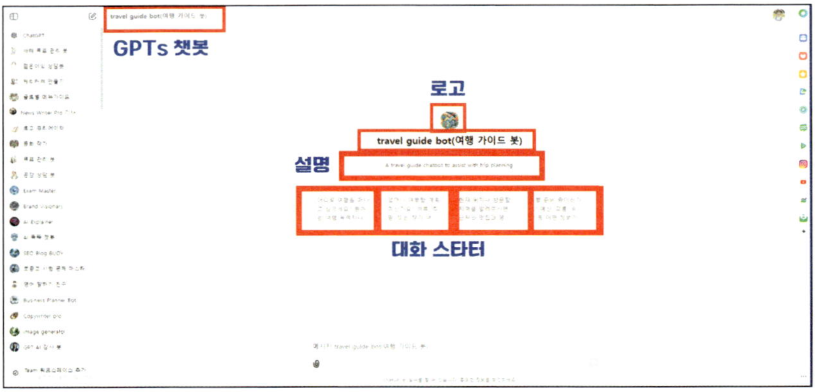

[그림15] 챗GPT의 travel guide(여행가이드 봇)

4) 독자 참여 유도

실습 과정에서 독자가 챗봇 설계에 재미를 느끼도록 간단한 도전 과제를 제안한다.

- 도전 과제 : 자신만의 여행가이드 챗봇을 설계하고 가족이나 친구와 테스트해 보자!
- 공유 : 챗봇이 어떤 대답을 했는지 SNS에 공유하거나, 책 커뮤니티에 의견을 나눠 보자.

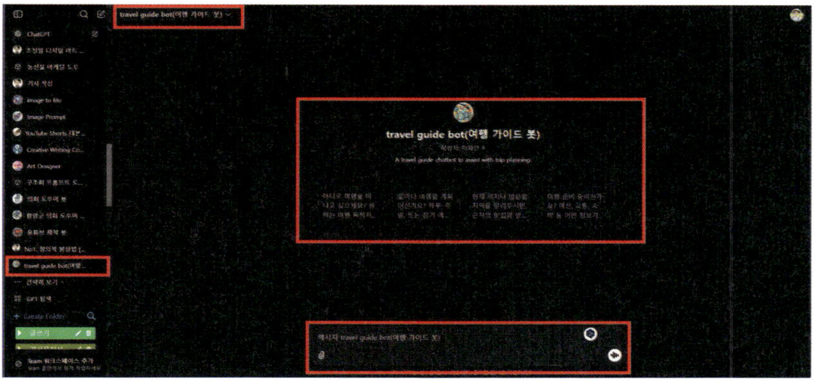

[그림16] 완성된 GPTs 챗봇 travel guide(여행가이드 봇) 테스트

5. GPTs 챗봇을 실생활에 활용하기

GPTs 챗봇을 설계하는 과정도 흥미롭지만, 이를 실제 상황에서 활용하는 단계는 더욱 실질적이고 재미있다. 블로그 SEO 자동화부터 고객 서비스, SNS 댓글 응답까지, GPTs 챗봇은 다양한 플랫폼에서 여러분의 시간과 노력을 줄여준다. 이 장에서는 GPTs 챗봇을 실생활에 활용하는 방법과 구체적인 예시를 통해 독자의 흥미를 이끌어 낸다.

1) 챗봇 활용의 가능성

'이 챗봇, 어떻게 쓰면 좋을까요?'

GPTs 챗봇은 단순히 질문에 답변하는 도구를 넘어 다양한 일상과 업무를 돕는 만능 도우미로 자리 잡을 수 있다.

다음과 같은 상황을 떠올려 보자. 블로그에서 댓글 응답을 자동화, 고객 서비스에서 자주 묻는 질문(FAQ) 처리, SNS에서 빠르고 유쾌한 댓글 작성 등 이제 각 사례를 하나씩 살펴보겠다.

2) 블로그 SEO 자동화

블로그를 운영하는 사람이라면, 독자의 질문에 신속하고 정확히 답변하는 것이 매우 중요하다. GPTs 챗봇은 자동으로 댓글에 응답하거나, SEO 친화적인 콘텐츠 작성을 도와준다.

(1) 활용 사례(블로그 댓글 응답 챗봇)

① 상황 : 블로그 방문자가 '이 글 정말 유용해요! 그런데 이 제품 배송비는 얼마인가요?'라고 질문한다.

② 챗봇 응답 : '배송비는 3,000원이며, 50,000원 이상 구매 시 무료입니다. 더 궁금한 점이 있다면 말씀해 주세요!'

(2) 설계 아이디어

① 역할과 지침 설정 : 블로그 댓글에 즉시 응답하는 도우미.

② 프롬프트 작성 : '사용자가 배송비나 반품 절차를 물으면 자동으로 응답하세요.'

③ 추가 활용 : GPTs를 활용해 SEO 최적화 키워드를 포함한 블로그 글을 작성한다.

3) 고객 서비스 자동화

24시간 고객 서비스를 운영하기란 쉽지 않다. GPTs 챗봇은 자주 묻는 질문(FAQ)을 처리하고 고객의 문제를 빠르게 해결하는 데 도움을 줄 수 있다.

(1) 활용 사례(FAQ 챗봇)

① 상황 : 고객이 '반품은 어떻게 하나요?'라고 묻습니다.

② 챗봇 응답 : '반품은 구매 후 7일 이내에 가능합니다. 반품 신청은 이메일 support@company.com으로 해주세요.'

(2) 설계 아이디어

① 역할과 지침 설정 : 고객의 질문에 빠르고 친절히 답변하는 AI.

② 프롬프트 작성 : '사용자의 반품, 환불, 배송 문의를 해결하는 간단한 답변을 제공하세요.'

③ 추가 활용 : 전화 상담이 어려운 시간대에 자동 응답 서비스로 활용한다.

4) SNS 댓글 응답 챗봇

SNS에서 고객과의 소통은 비즈니스 성공의 중요한 요소이다. GPTs 챗봇은 SNS 댓글 응답을 자동화해 빠르고 유쾌한 소통을 가능하게 한다.

(1) 활용 사례(SNS 댓글 챗봇)

① 상황 : 고객이 '이 제품 정말 좋아 보이네요! 지금 구매할 수 있나요?'라고 묻는다.

② 챗봇 응답 : '감사합니다! 이 제품은 현재 구매 가능합니다. 링크를 클릭해 보세요 : www.example.com.'

(2) 설계 아이디어

① 역할과 지침 설정 : SNS에서 고객과 소통하는 친근한 챗봇

② 프롬프트 작성 : 'SNS 댓글에 맞춤형 응답을 작성해 주세요. 유쾌하고 간단한 답변을 선호합니다.'

③ 추가 활용 : 신제품 출시나 이벤트 알림에 사용한다.

5) 다양한 플랫폼에서 GPTs 챗봇 활용하기

GPTs 챗봇은 단순한 텍스트 응답을 넘어 여러 플랫폼에서 다채롭게 활용될 수 있다.

(1) 이메일 자동 응답

① 상황 : 고객이 이메일로 '제품 상세 정보를 보내 주세요'라고 요청한다.
② 챗봇 응답: '안녕하세요! 요청하신 제품 상세 정보는 다음 링크에서 확인 가능합니다. www.example.com.'

(2) 메신저 챗봇

카카오톡, 페이스북 메신저와 연동해 빠른 상담 제공.
예) '영업시간은 오전 9시부터 오후 6시까지입니다. 더 궁금한 사항은 언제든 물어보세요!'

(3) 웹사이트 실시간 상담

사용자가 웹사이트에서 '이 제품에 대해 더 알고 싶어요'라고 질문하면, GPTs 챗봇이 즉각적으로 답변한다.

6) 독자가 직접 활용할 수 있는 아이디어

독자들이 GPTs 챗봇을 직접 활용해 볼 수 있도록 간단한 실습 아이디어를 제안한다.

① 블로그 댓글 챗봇 만들기 : 독자의 질문을 예측하고 자동으로 응답하는 프롬프트를 설계한다.
② SNS 이벤트 챗봇 운영 : '좋아요를 눌러주시면 챗봇이 자동으로 쿠폰을 발송합니다!'와 같은 이벤트 설계한다.
③ 고객 서비스 개선 : 자주 묻는 질문을 수집해서 챗봇으로 자동화한다.

7) 이 장의 핵심 요약

블로그, 고객 서비스, SNS 등 다양한 플랫폼에서 GPTs 챗봇 활용이 가능하고 자동화로 시간을 절약하고 사용자와의 소통을 개선하며 실생활에 적용 가능한 아이디어와 설계 방법 제공한다.

다음 장에서는 GPTs 챗봇의 한계와 이를 극복하기 위한 팁을 다룬다. 여러분이 만든 봇을 더욱 완벽하게 만들어 보자!

6. GPTs 챗봇 제작의 한계와 해결 방법

GPTs 챗봇은 강력한 도구지만, 완벽하지는 않다. 특히 복잡한 대화 맥락 이해 부족이나 정확도의 한계 같은 문제는 사용자들에게 불편을 줄 수 있다. 하지만 걱정하지 마라! 이러한 한계를 극복할 수 있는 간단한 해결 방법이 있다. 이 장에서는 GPTs 챗봇의 한계를 살펴보고 실제 사례와 함께 이를 극복하는 전략을 단계별로 알아보자.

1) GPTs 챗봇의 주요 한계

(1) 복잡한 대화 맥락 이해 부족

GPTs는 질문 하나에 대한 답변을 잘 생성하지만, 복잡한 맥락이 포함된 대화에서는 혼란스러운 답변을 할 수 있다.

예시 문제 상황)

① 사용자 : '오늘 제주도에서 맛집 추천해 주세요.'
사용자 : '그리고 근처에 가볼 만한 곳도 알려 주세요.'

② GPTs 응답 : '제주도 맛집은 XXX입니다.'(근처 관광지에 대한 답이 누락됨.)

(2) 특정 분야에서의 정확도 문제

GPTs는 데이터 기반으로 학습되기 때문에, 전문적인 분야에서는 잘못된 정보를 제공할 가능성이 있다.

예시 문제 상황)

① 사용자 : '감기약을 먹고 운동해도 괜찮을까요?'

② GPTs 응답 : '운동해도 괜찮습니다.'(잘못된 조언으로 사용자가 불편을 겪을 수 있음.)

2) 한계를 극복하는 방법

(1) 프롬프트를 개선하기

프롬프트는 챗봇의 성능을 좌우하는 핵심 요소다. 더 구체적이고 명확한 프롬프트를 작성하면 응답 품질을 크게 개선할 수 있다.

문제 해결 예시 1) 복잡한 대화 맥락 처리

① 기존 프롬프트 : '사용자가 제주도 맛집과 관광지를 물으면 답변하세요.'

② 개선된 프롬프트 : '사용자가 제주도 맛집을 묻고 추가로 관광지를 물으면, 맛집을 먼저 소개한 뒤 근처 관광지를 순서대로 추천하세요.'

③ 개선된 응답 : '제주도 맛집은 XX 흑돼지입니다. 근처 관광지로는 한라산과 섭지코지를 추천합니다.'

문제 해결 예시 2) 정확도 향상

① 기존 프롬프트 : '건강 관련 질문에 답변하세요.'

② 개선된 프롬프트 : '건강 관련 질문에 답변할 때는, 일반적인 조언만 제공하고 필요시 의사를 방문하라고 안내하세요.'

③ 개선된 응답 : '감기약을 먹고 운동하는 것은 피하는 것이 좋습니다. 더 자세한 사항은 의사와 상담하세요.'

(2) 챗봇의 구조 단순화

복잡한 대화를 처리할 때 챗봇이 혼란을 겪는다면 구조를 단순화해 성능을 개선할 수 있다.

단순화 전략 : 한 번에 한 가지 질문에만 답하도록 챗봇을 설계.
'사용자가 복잡한 요청을 하면, 개별 질문으로 나눠 답변하세요.'

예시) 여행 정보 챗봇

① 복잡한 요청

사용자 : '서울에서 가볼 만한 곳과 근처 맛집을 추천해 주세요.'

② 단순화된 응답

'서울에서 가볼 만한 곳은 경복궁과 북촌 한옥마을입니다. 맛집은 한옥카페 XX를 추천합니다.'

구조 단순화 팁은 질문이 복잡하면 첫 번째 질문에만 답변하도록 유도한다.

예) '먼저 서울에서 가볼 만한 곳을 추천해 드리겠습니다. 이후 맛집 정보를 안내하겠습니다.'

단계별 응답 제공으로 사용자의 혼란 최소화한다.

예) '먼저 여행지 정보를 안내하고 이후 맛집 정보를 추가로 안내해 드리겠습니다.'

3) 프롬프트 개선을 위한 추가 팁

사용자 의도를 명확히 파악하도록 유도 : '사용자의 질문에 대해 대답하기 전, 질문의 주요 의도를 파악하세요.'

- 다양한 상황을 포함 : '반품 절차를 안내할 때, 필요한 서류나 방법을 함께 안내하세요.'
- 테스트와 피드백 반복 : '실제 사용자 질문에 대한 응답을 검토하고 개선할 부분을 수정하세요.'

4) 실제 활용에서 발생한 문제와 해결 사례

사례 1) 고객 서비스 챗봇

① 문제 : 고객이 '배송비가 얼마인가요? 그리고 결제 방법도 알려 주세요'라고 묻자, 챗봇이 '배송비는 3,000원입니다'라고만 응답.

② 해결 방법 : 프롬프트에 다중 질문 처리를 추가

③ 개선된 프롬프트 : '사용자가 다중 질문을 하면, 각 질문에 순서대로 답변하세요.'
④ 개선된 응답 : '배송비는 3,000원이며, 결제는 신용카드와 계좌이체를 지원합니다.'

사례 2) SNS 댓글 챗봇
① 문제 : '이 제품 좋아 보이네요!'라는 댓글에 챗봇이 '감사합니다'라고만 응답.
② 해결 방법 : 프롬프트에 추가 정보 제공을 포함.
③ 개선된 프롬프트 : '사용자가 제품에 긍정적인 댓글을 달면, 상세 구매 링크를 안내하세요.'
④ 개선된 응답 : '감사합니다! 이 제품은 지금 구매 가능합니다. 자세한 정보는 www.example.com을 확인하세요.'

5) 한계를 극복하며 GPTs 챗봇을 완성하기

GPTs 챗봇은 처음부터 완벽하지 않지만 꾸준한 테스트와 개선을 통해 사용자 경험을 점점 더 향상시킬 수 있다.

- 반복 테스트 : 다양한 질문을 던져 응답의 품질을 확인한다.
- 사용자 피드백 반영 : 실제 사용자들이 경험한 문제를 기반으로 수정한다.
- 프롬프트 최적화 : 불필요한 정보를 제거하고 핵심만 전달한다.

6) 이 장의 핵심 요약

- GPTs 챗봇의 한계 : 복잡한 대화 맥락을 처리하는 데 어려움이 있고 전문 분야에서의 응답 정확도가 부족하다.

• 해결 방법 : 명확하고 구체적인 프롬프트를 작성하고 챗봇 구조를 단순화시킵니다. 지속적인 테스트를 하고 개선한다.

이제 여러분은 GPTs 챗봇의 한계를 이해하고 이를 극복할 방법을 배웠다. 다음 장에서는 GPTs 챗봇의 미래 가능성과 더 나아갈 방향을 탐구한다.

7. GPTs의 미래와 챗봇의 발전 가능성

챗봇은 이제 단순한 질문과 답변의 도구를 넘어 우리의 삶을 변화시키는 중요한 기술로 자리 잡고 있다. 앞으로의 GPTs와 챗봇 기술은 어떤 방향으로 발전할까? 이 장에서는 더 정교하고 자연스러운 대화가 가능한 GPTs 기술의 미래와 다양한 산업에서 챗봇이 미칠 영향을 예시와 함께 탐구한다.

1) GPT 기술의 향후 발전 방향

(1) 더 정교하고 자연스러운 대화 가능성

미래의 GPTs는 인간처럼 대화할 수 있을까? 현재의 GPTs 챗봇은 놀라운 수준의 언어 처리 능력을 보여주지만 여전히 한계가 존재한다. 그러나 다음과 같은 방향으로 발전할 가능성이 크다.

맥락 이해 능력 강화 : 현재 챗봇은 한 번에 하나의 질문에 답하는 데 익숙하다. 미래의 GPTs는 대화의 맥락을 깊이 이해하고 긴 대화를 자연스럽게 이어갈 수 있을 것이다.

예시 1) 사용자 : '지난주에 추천받은 영화 제목이 뭐였죠?'

① GPTs 미래 버전 : '지난주에 제가 추천한 영화는 인셉션입니다. 혹시 비슷한 장르의 다른 영화도 추천해 드릴까요?'

② 감정 인식 및 대응 : 사용자의 감정을 이해하고 그에 맞는 응답을 제공할 수 있는 챗봇으로 발전할 것이다.

예시 2) 사용자 : '오늘 너무 지쳤어요.'

GPTs 미래 버전: "오늘 정말 고생하셨네요. 따뜻한 차 한 잔과 함께 쉬어보는 건 어떨까요?"

(2) 맞춤형 대화의 가능성

GPTs는 더 정교한 개인화된 서비스를 제공할 수 있을 것이다. 사용자의 취향, 과거 대화 기록, 관심사를 바탕으로 맞춤형 정보를 제안한다.

예시) 현재 GPTs : '서울에서 맛집을 추천해 주세요.'

미래 GPTs : '지난번 한식당을 추천받으셨는데, 이번에는 중식을 드셔보는 건 어떠세요? 홍대에 있는 XX 중식당을 추천합니다.'

2) 다양한 산업에서 챗봇이 미칠 영향

GPTs 기술의 발전은 다양한 산업에서 획기적인 변화를 가져올 것이다. 몇 가지 주요 산업에서 GPTs 챗봇이 미칠 영향을 구체적으로 살펴보겠다.

(1) 헬스케어

챗봇은 헬스케어 분야에서 환자와 의료진을 연결하는 중요한 역할을 할 수 있다.

① 현재 : 간단한 증상에 대한 기본 정보를 제공

예시 : '감기 초기 증상은 따뜻한 물을 마시고 충분히 쉬는 것이 좋습니다.'

② 미래 : 개인 건강 데이터를 분석하고 맞춤형 건강 관리 계획을 제안합니다.

예시 : 사용자 – '제 최근 건강 데이터를 바탕으로 피로를 줄이는 방법을 추천해 주세요.'

③ GPTs 미래 버전 : '최근 수면 시간이 부족하셨네요. 매일 밤 같은 시간에 잠들고 낮에는 20분 정도의 산책을 추천합니다.'

(2) 교육

GPTs 챗봇은 학생들의 학습을 지원하고 교사들의 업무를 줄이는 데 기여할 것이다.

① 현재 : 문제 풀이 및 간단한 개념 설명

예시 : 'x^2 – 4x + 4 = 0의 해를 구해 주세요.' → 'x = 2입니다.'

② 미래 : 학생의 학습 스타일에 맞춘 개인화된 교육

예시: 사용자 – '삼각형의 내각을 배우고 싶은데, 쉽게 설명해 주세요.'

③ GPTs 미래 버전 : '삼각형의 세 각의 합은 항상 180도입니다. 재미있는 퀴즈를 통해 배워볼까요?'

(3) 여행

여행 분야에서는 GPTs 챗봇이 여행자를 위한 완벽한 비서로 자리 잡을 수 있다.

① 현재 : 단순한 여행지 추천

예시 : '제주도에서 추천할 만한 관광지는 한라산과 성산일출봉입니다.'

② 미래 : 실시간 일정 변경, 예약 관리, 개인화된 추천 제공

예시 : 사용자 – '제 비행기가 2시간 연착됐어요. 어떻게 하면 좋을까요?'

③ GPTs 미래 버전 : '비행기 도착시간에 맞춰 렌터카 예약 시간을 변경했습니다. 추가로 공항 근처 카페를 추천드립니다.'

(4) 비즈니스

GPTs 챗봇은 고객 서비스뿐만 아니라, 비즈니스 의사결정을 지원하는 도구로 발전할 것이다.

① 현재 : 자주 묻는 질문(FAQ) 응답

예시 : '배송비는 3,000원입니다.'

② 미래 : 시장 분석 및 전략 추천

예시 : 사용자 – '다음 분기 마케팅 전략 아이디어를 제시해 주세요.'

③ GPTs 미래 버전 : '데이터 분석 결과, 20대 타겟의 소셜 미디어 캠페인이 효과적일 것이다. 다음과 같은 콘텐츠 전략을 제안합니다.'

3) GPTs 챗봇의 미래 활용 사례

(1) 감정 동반자 챗봇

외로움을 느끼는 사람들에게 대화 상대가 돼주는 챗봇이다.

예 : '오늘 정말 우울해요.' → '무슨 일이 있으셨나요? 제가 들어드릴게요.'

(2) 전문 분야 상담 챗봇

금융, 법률, 의료 등 전문 분야에서 맞춤형 정보 제공한다.

예 : '이 투자 상품의 리스크는 무엇인가요?' → '고위험-고수익 상품으로, 다음과 같은 리스크가 있습니다.'

(3) 지속 가능한 환경 지원 챗봇

환경 보호를 위한 실천 방안을 제안하는 챗봇이다.

예 : '일회용품을 줄이는 방법을 알려 주세요.' → '다회용 컵을 사용하거나, 시장에서 에코백을 사용해 보세요.'

4) 이 장의 핵심 요약

(1) GPTs 기술의 발전 방향

더 정교하고 자연스러운 대화와 사용자 맞춤형 대화 및 서비스 제공한다.

(2) 다양한 산업에서의 역할

헬스케어, 교육, 여행, 비즈니스 등에서 혁신적인 변화 유도한다.

(3) 미래 활용 사례

감정 동반자, 전문 상담, 환경 보호 챗봇 등 실질적이고 창의적인 응용 가능하다. GPTs와 챗봇 기술의 발전은 이제 막 시작됐다. 여러분이 설계한 챗봇도 미래의 발전 가능성을 품고 있다. 이 책을 마무리하며 GPTs 기술과 함께 만들어갈 미래를 상상해 보길 바란다.

Epilogue

책을 마무리하며 한 가지 질문을 던지고 싶다. '이제 여러분은 어떤 챗봇을 만들고 싶은가?' 지금까지 우리는 GPTs 챗봇의 기본 원리부터 실습, 활용 방법, 미래 가능성까지 함께 살펴봤다. 이 책이 여러분에게 작은 영감과 새로운 기술의 가능성을 보여줄 수 있었다면 그것만으로도 큰 보람이다.

GPTs 챗봇은 단순한 기술이 아니다. 이 도구는 우리 삶의 일부가 돼, 일을 더 빠르고 쉽게 처리하게 하고 새로운 창의적인 기회를 제공한다. 예를 들어 고객 서비스 담당자가 챗봇을 도입해 업무 시간을 절약하고 더 중요한 일에 집중할 수 있다.

블로거가 글쓰기 보조 챗봇을 통해 SEO 최적화된 콘텐츠를 빠르게 작성할 수 있다. 여행객이 여행 계획 챗봇으로 스트레스를 줄이고 더 편리한 여행을 즐길 수 있다. 이처럼 GPTs 챗봇은 단순한 시간 절약 도구를 넘어, 삶의 질을 높이는 도구가 될 수 있다.

이 책은 여러분에게 챗봇 제작의 첫걸음을 안내했다. 여기서 멈추지 말자. 여러분이 만든 챗봇은 단순한 시작일 뿐이다. 이제, 여러분의 상상력과 창의력을 더해 더 많은 가능성을 실현해 보자.

여러분만의 챗봇을 제작해 보자! 작가라면? 글쓰기 보조 챗봇으로 창작의 동반자를 만들어보자. 창업가라면 고객 서비스를 자동화하고 고객과의 소통을 혁신할 GPTs 챗봇을 설계해 보자. 학생이라면 공부를 도와줄 개인 학습 챗봇으로 학습의 효율을 높여보자.

작은 시작이라도 괜찮다. 여러분이 원하는 역할과 목표를 설정하고 GPTs와 함께 새로운 챗봇을 만들어보자.

챗봇 제작은 단순한 도구 활용을 넘어, 미래를 설계하는 기술이다. 여러분이 만든 챗봇은 업무와 일상에 실질적인 도움을 줄 수 있고 새로운 비즈니스와 프로젝트로 확장될 가능성을 열어준다.

실제 사례를 떠올려 보자. 작은 농장에서 시작한 농부가 챗봇을 통해 온라인 판매를 활성화하고 전국 고객과 소통하는 성공적인 비즈니스를 만들었다. 여행을 좋아하던 한 사용자가 자신의 여행 경험을 바탕으로 GPTs 챗봇을 설계해, 전 세계 여행자들에게 도움을 주는 플랫폼을 만들었다. 여러분도 이 여정의 주인공이 될 수 있다.

이 책은 끝이 아니다. 여러분의 여정이 이제 시작된다. 이제 여러분은 GPTs 챗봇의 기본을 이해하고 직접 설계하고 실생활에 적용할 준비가 돼 있다. 앞으로도 AI 기술은 더욱 발전할 것이며, 여러분의 창의력과 함께라면 새로운 가능성은 무한하다.

"지금 바로 시작해 보자!" GPTs와 함께 만들어 갈 여러분의 새로운 이야기를 응원한다. 앞으로 펼쳐질 놀라운 변화를 기대하며, 이 책을 덮고 새로운 도전을 시작하는 여러분께 진심으로 응원의 메시지를 전한다.

이 책이 독자들에게 줄 수 있는 변화와 영감은 작은 아이디어로도 시작할 수 있다는 자신감을 줄 수 있다. GPTs 챗봇을 통해 만들어갈 새로운 여정은 일상과 업무를 더 효율적으로 만들 수 있는 미래의 가능성을 열어준다. 더 큰 프로젝트로 도전할 용기 부여해 여러분의 첫 챗봇이 새로운 사업, 창작, 또는 학습의 도구로 확장될 수 있다.

9

'AI Talker' 실용적인 AI 에이전트의 구현과 활용

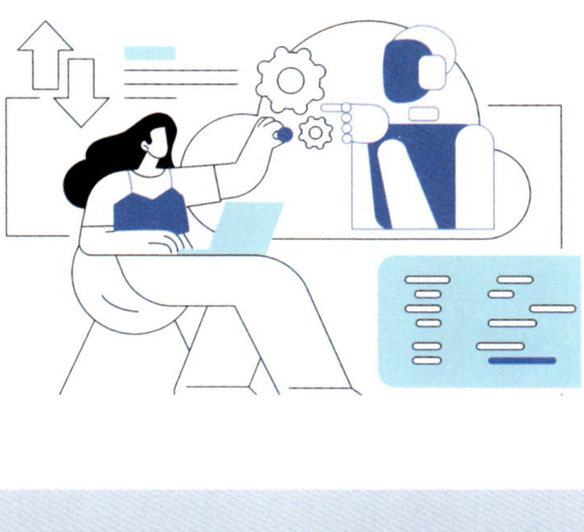

이 세 제

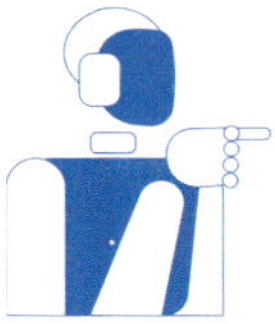

제9장
'AI Talker' 실용적인 AI 에이전트의 구현과 활용

Prologue

검색창에 키워드를 입력하던 시대는 끝났다. 이제는 대화로 필요한 정보를 찾고, 문제를 해결하는 시대이다. 'AI Talker'는 최신 대규모 언어 모델(LLM)과 검색 증강 생성 기술(RAG)을 결합해 사용자와 자연스럽게 소통하며 필요한 정보를 신속하게 제공하는 혁신적인 AI 에이전트이다.

AI Talker는 단순히 정보를 전달하는 것을 넘어 공공기관, 기업, 학교, 개인에 이르기까지 다양한 분야에서 실질적인 변화를 만들어간다. 텍스트와 음성을 모두 지원하는 멀티모달 인터페이스는 더욱 직관적이고 편리한 사용자 경험을 제공한다. 다국어 지원 기능 덕분에 글로벌 비즈니스 환경에서도 그 강력함을 입증하며, 고객의 구체적인 필요에 맞춘 맞춤형 솔루션으로 차별화된 가치를 제공한다.

특히 AI Talker의 온프레미스(On-premise) 및 SaaS 솔루션은 데이터 보안과 유연성을 동시에 충족하며, 기업과 조직의 고유한 요구를 반영해 실질적인 생산성과 효율성을 극대화한다. 공공기관의 디지털 혁신, 고객 서비스의 자동화, 교육 환경의 스마트화 등 다양한 성공 사례는 AI Talker가 단순한 기술을 넘어선 비즈니스 파트너임을 보여준다.

지금 AI Talker와 함께 대화형 AI의 새로운 가능성을 경험해 보자. 기술과 사람, 그리고 혁신의 연결 고리가 된 AI Talker가 여러분의 비즈니스를 변화시키는 이야기가 이곳에서 시작된다.

1. 검색 대신 대화하세요!

1) AI Talker 개요

'AI Talker'는 최신 인공지능 기술을 활용해 사용자와 자연스러운 대화를 통해 필요한 정보를 제공하는 혁신적인 AI 에이전트 서비스이다. 대규모 언어 모델(Large Language Model, LLM)과 검색 증강 생성(Retrieval Augmented Generation, RAG) 기술을 결합해 사용자의 질문을 이해하고, 정확하고 신뢰할 수 있는 답변을 제공한다. 단순한 정보 제공을 넘어 문제 해결 능력을 갖춘 대화형 AI 서비스이다.

AI Talker는 공공기관, 기업, 학교, 개인 등 다양한 사용자층을 대상으로 설계됐다. 한국어, 영어, 일본어 등 다국어 지원기능을 통해 글로벌 시장에서도 높은 적응력을 자랑하며, 고객 서비스, 기관/기업 업무 지원, 대학교 연구 및 학습 플랫폼, 개인 홍보와 같은 여러 산업 및 교육 분야에서 폭넓게 활용하고 있다.

AI Talker는 공식 웹사이트와 데모 플랫폼을 통해 사용자가 직접 서비스를 체험할 수 있는 기회를 제공한다. 이를 통해 AI Talker의 실제 기능과 성능을 확인할 수 있으며, 다양한 산업과 사용자 요구에 맞춰 커스터마이징이 가능한 솔루션을 제공한다. 특히고객의 구체적인 필요와 목표에 최적화된 맞춤형 기능을 설계할 수 있어, 단순한 체험을 넘어 실제로 비즈니스와 업무 환경에 즉시 적용할 수 있는 강력한 도구로 자리 잡고 있다.

(1) 웹사이트

https://www.aitalker.co.kr, marketing@salin.co.kr

[그림1] AI Talker(출처 : ㈜살린)

AI Talker는 일본 시장에서 현지 기업들과의 파트너십을 통해 적극적으로 진출하고 있다. 특히 일본 TAI Inc.와 Solve AI와의 협력을 통해 일본 고객 맞춤형 솔루션을 제공하며, 교육, 공공기관, 고객 서비스 등 다양한 분야에서 활용 가능성을 입증하고 있다.

TAI Inc.는 일본, 네팔, 인도에 거점을 두고 AI 컨설팅, 클라우드 솔루션, 소프트웨어 개발 등 다양한 IT 서비스를 제공하는 기업이다. 특히

OCR(광학 문자 인식) 및 데이터 라벨링, AI를 활용한 데이터 분석과 예측 모델 구축에 다수의 성공 사례를 보유하고 있다(https://https://tai.com.np/).

Solve AI는 글로벌 오픈 이노베이션 프로그램인 'SOLVE AI Challenge'를 통해 기업과 스타트업 간의 협업을 촉진하고, 데이터 기반 사회를 구축하는 데 기여하고 있다. 이를 통해 AI/ML 기술에 대한 전문 컨설팅과 지원을 제공해 스타트업의 비즈니스 모델 검증과 시장 확대를 돕고 있다(https://solvelabs.ai). 이러한 파트너십을 통해 AI Talker는 일본 시장에서의 입지를 강화하고, 글로벌 고객층을 확보하며, 범용성을 높이고 있다.

(2) 일본 웹사이트

https://www.ai-talker.jp

AI Talker는 단순한 대화형 AI를 넘어, 공공기관의 디지털 혁신, 중견기업의 성장, 대학교의 학습 환경 개선, 개인화된 사용자 경험 제공 등 다양한 방면에서 가치를 창출하고 있다. AI Talker는 사용자의 성공을 지원하는 미래 지향적 도구로, 더 나은 세상을 위한 기술 혁신을 선도한다.

2) AI Talker의 주요 기능

(1) 자연어 처리(NLP) 기반 대화 이해

AI Talker는 최신 자연어 처리(NLP) 기술을 활용해 사용자의 질문 의도를 정확히 파악하고, 문맥에 맞는 답변을 제공한다. 이를 통해 사람처럼 자연스러운 대화가 가능하며, 사용자가 원하는 정보를 신속하고 정확하게 전달한다. 예를 들어, "이 제품의 환불 정책이 어떻게 되나요?"라는 질문에는 즉시 회사의 환불 정책을 안내하고, "신규 채용 정책의 주요 내용을 요약해줘"라는 요청에는 인사 규정을 분석해 핵심 정보를 제공한다. 또한 "이번 분기 연구보고서에서 주요 내용을 요약해줘"라는 질문에 대해 중요한 데이터를 추출해 간결하게 요약한 결과를 제공한다.

(2) 데이터 검색 및 통합(RAG) 기술 적용

AI Talker는 '검색 증강 생성(Retrieval-Augmented Generation, RAG)'기술을 활용해 마치 오픈 북(open book) 시험처럼 파일, 데이터베이스, API 등과 연동해 필요한 정보를 실시간으로 찾아 제공하는 방식으로 작동한다. 이 기술은 AI가 자체적으로 학습한 정보에만 의존하지 않고, 외부 데이터에서 최신 정보를 검색해 문맥에 맞는 정확한 답변을 생성하는 데 초점을 둔다.

예를 들어, 사용자가 "2023년 글로벌 산업 동향 보고서를 요약해줘"라고 요청하면 AI는 외부 데이터베이스에서 관련 보고서를 검색한 뒤 핵심 내용을 요약해 제공한다.

(3) 파인튜닝을 통한 강화 학습 지원

AI Talker는 '파인 튜닝(Fine-Tuning)' 기술을 활용해 특정 산업, 조직, 또는 사용자의 요구에 맞춰 AI 모델을 세부적으로 조정함으로써 더 정확하고 맥락에 맞는 답변을 제공한다. 이는 마치 표준 교과서를 기반으로 한 학습에 특정 주제에 대한 심화 자료를 추가해 전문성을 강화하는 과정과 비슷하다.

예를 들어, 법률 분야에서 파인 튜닝된 AI Talker는 "최근 개정된 노동법에 따라 우리 회사가 준수해야 할 사항은?"이라는 질문에 최신 법률 데이터를 참고해 맞춤형 정보를 제공하며, 금융 분야에서는 "올해 금융 시장의 주요 트렌드와 우리 투자 전략에 미치는 영향을 분석해줘"라는 요청에 금융 데이터를 기반으로 심층적인 분석을 제공한다. 파인 튜닝은 단순히 모델을 개선하는 것을 넘어, 사용자의 특정 요구와 데이터에 맞게 AI 모델을 최적화해 더 높은 전문성과 정확도를 구현한다.

(4) 음성 채팅 등 멀티모달 입력 및 출력 지원

AI Talker는 텍스트와 음성 입력을 모두 지원하며, 출력도 음성을 중심으로 제공해 사용자가 더욱 자연스럽고 편리하게 대화할 수 있도록 한다. 사용자는 키보드 입력 없이도 질문이나 요청을 음성으로 전달할 수 있으며, AI Talker는 이에 대한 답변을 명확한 음성으로 제공해 빠르고 직관적인 상호작용을 제공한다.

예를 들어, 사용자가 "오늘 회의 일정 알려줘"라고 음성으로 질문하면 AI Talker는 즉시 음성으로 회의 시간을 안내한다. "다음 주 주요 업무를 요약해줘"라는 요청에도 AI Talker는 필요한 데이터를 검색해 음성으로 결과를 요약해준다.

또한 고객 서비스환경에서는, 고객이 "이 제품의 사용 방법을 설명해줘"라고 음성으로 문의할 경우 AI Talker는 상세한 사용 방법을 음성으로 안내해 고객의 이해를 돕는다. AI Talker의 음성 중심 멀티모달 기능은 특히 운전 중이거나 손이 자유롭지 않은 작업 환경, 또는 화면을 볼 수 없는 상황에서 탁월한 활용성을 제공한다.

(5) 맞춤 커스터마이징 제공

AI Talker는 기업이 필요로 하는 다양한 시나리오에 맞춰 AI 에이전트의 시나리오, 사용자 인터페이스(UI), 그리고 다른 시스템과의 연동을 맞춤형으로 최적화할 수 있도록 지원한다. 이를 통해 기업은 AI Talker를 각자의 비즈니스 환경과 프로세스에 완벽히 통합해 운영 효율성과 업무 효과성을 극대화할 수 있다.

예를 들어, AI 에이전트 시나리오를 활용해 "고객 불만 데이터를 분석해 주요 개선점을 추천해줘"와 같은 질문에 대해 맞춤형 분석 결과를 제공할 수 있다. 또한 고객 민원대응 챗봇으로 활용해 "내 민원의 처리 상태를 알려줘" 또는 "해당 민원 처리 절차를 안내해줘"와 같은 질문에 실시간으로 응답하며, 고객 문의와 민원 진행 상황을 효율적으로 관리할 수 있다.

UI 최적화는 사용자가 보다 직관적이고 간편하게 AI와 상호작용할 수 있는 환경을 제공한다. 예를 들어, 고객 지원 대시보드를 통해 고객 문의 내용, 응답 상태, 실시간 진행 상황을 표시한다.

다른 시스템과의 연동은 기업이 이미 사용 중인 도구와의 통합을 통해 업무 효율성을 높이다. AI Talker는 ERP, CRM, 또는 프로젝트 관리 시스템과 연동돼 "지난 분기 매출 데이터를 분석해 주요 지표를 보여줘"와 같은 요청에 빠르고 정확한 답변을 제공한다. 이처럼 AI Talker는 기업의 요구에 따라 시나리오 설계, UI 최적화, 시스템 연동을 유연하게 지원하며, 각 기업의 고유한 업무 환경에 최적화된 솔루션을 제공한다.

(6) 다국어 지원

AI Talker는 한국어, 영어, 일본어, 중국어를 비롯해 아랍어, 인도어, 스페인어, 독일어, 불어 등 다양한 언어를 지원하며, 한국어 자료만으로도 전 세계 사용자와 원활한 소통이 가능한다. 별도의 번역 작업 없이, AI Talker는 한국어로 작성된 자료를 실시간으로 외국어로 변환하거나 외국어 자료를 한국어로 변환해 글로벌 환경에서의 사용 편의성을 극대화 한다.

예를 들어, 기업은 한국어로 작성된 제품 브로셔나 사용 설명서를 AI Talker를 통해 중국어, 스페인어, 아랍어 등으로 자동 변환해 다양한 지역의 고객과 공유할 수 있다. 반대로, 중국어로 작성된 시장 동향 보고서, 독일어로 작성된 기술 문서 또는 스페인어로 작성된 산업 분석 자료도 AI Talker를 활용해 한국어로 즉시 변환해 내부 사용을 위한 번역 작업 없이 활용할 수 있다.

AI Talker는 이러한 다국어 지원을 통해 번역에 소요되는 시간과 비용을 획기적으로 절감하며, 기업이 글로벌 시장에 쉽게 진출할 수 있도록 돕습니다. 또한 다국어 환경에서도 자연스럽고 효율적인 정보 공유를 가능하게 해 글로벌 비즈니스에서 중요한 도구로 자리잡을 수 있다.

(7) SaaS와 온프레미스(On-premise) 지원

AI Talker는 클라우드 기반 SaaS(Software as a Service)와 설치형(On-premise) 솔루션을 모두 지원해 다양한 환경과 요구사항에 맞게 유연하게 사용할 수 있다. 이로써 고객은 비즈니스 특성과 보안 요구에 따라 최적의 배포 방식을 선택할 수 있다.

SaaS는 빠르고 간편하게 도입할 수 있으며, 초기 설정과 유지보수 부담이 적어 중소기업이나 신속한 확장이 필요한 기업에 적합한다. 예를 들어, 글로벌 팀이 실시간으로 협업하거나 다양한 지역의 고객을 대상으로 서비스를 제공할 때, SaaS는 네트워크 기반의 유연성과 확장성을 제공한다.

반면, '온프레미스(On-premise)' 솔루션은 고객의 서버에 직접 설치돼 운영되므로, 민감한 데이터를 보호해야 하는 기업이나 공공기관에서 선호된다. 예를 들어, 금융 기관, 의료 기관, 또는 정부 기관과 같이 높은 보안 기준이 요구되는 환경에서는 온프레미스를 통해 데이터를 외부로 노출하지 않고도 AI Talker의 모든 기능을 활용할 수 있다.

AI Talker는 SaaS와 온프레미스 환경 모두에서 동일한 고성능과 유연성을 제공하며, 고객의 필요에 따라 기능과 설정을 맞춤화할 수 있다. 이를 통해 다양한 산업과 조직은 효율적인 운영은 물론, 데이터 보안과 확장성 요구를 동시에 충족할 수 있다. 이처럼 AI Talker는 클라우드와 설치형 옵션을 모두 지원해 중소기업부터 대기업, 공공기관까지다양한 규모와 요구를 가진 고객들에게 최적의 솔루션을 제공한다.

3) AI Talker의 주요 기술

(1) 다양한 LLM 활용

AI Talker는 다양한 최신 대규모 '언어 모델(LLM)'을 활용해 자연스러운 대화와 정확한 정보 제공을 지원한다. 각 기업이 제공하는 주요 LLM 모델은 다음과 같습니다.

[그림2] AI Talker 지원하는 LLM(출처 : OpenAI, Goolge, Meta, Anthropic)

① OpenAI의 GPT 시리즈

가장 최신의 언어 모델로, 다양한 주제에 대한 심층적인 이해와 높은 응답 품질을 제공한다. 특히GPT-4는 복잡한 문제 해결 능력과 창의적인 응답 생성에서 뛰어난 성능을 보이다.

② Google의 Gemini

다국어 지원 및 추론 능력에서 강점을 보이며, 특히 복잡한 데이터 분석 및 처리에 탁월하다. Gemini는 자연어 처리와 생성에서 높은 성능을 발휘하며, 다양한 응용 분야에 활용되고 있다.

③ Meta의 LLaMA(Large Language Model Meta AI)

고효율의 경량 모델로, 빠른 응답 속도와 유연한 확장성을 제공한다. LLaMA 2는 오픈 소스로 공개돼 연구자와 개발자들이 자유롭게 활용할 수 있다.

④ Anthropic의 Claude

안전성과 윤리적 대응에 초점을 맞춘 모델로, 사용자 질문에 더욱 신뢰할 수 있는 응답을 제공한다. Claude 3는 2024년 3월에 출시돼 자연어 처리와 복잡한 문제 해결에서 향상된 성능을 보이다.

⑤ Hugging Face의 Transformers

다양한 오픈 소스 모델(BERT, RoBERTa, T5 등)을 활용해 구체적인 업무 환경에 맞는 커스터마이징이 가능한다. Hugging Face는 다양한 모델과 라이브러리를 제공해 연구자와 개발자들이 손쉽게 활용할 수 있도록 지원한다.

이 외에도, AI Talker는 특화된 산업별 모델(예: 금융, 의료, 법률 등)을 통합해 특정 도메인 지식이 필요한 응답을 강화할 수 있다. 다양한 LLM 모델의 통합은 AI Talker의 가장 큰 강점 중 하나로, 고객의 비즈니스 요구 사항에 따라 각 모델의 장점을 극대화해 유연하고 강력한 대화형 AI 솔루션을 제공한다.

(2) RAG 지원

AI Talker는 '검색 증강 생성(Retrieval-Augmented Generation, RAG)' 기술을 활용해, 검색과 텍스트 생성을 결합한 방식으로 동작한다. 이 구조는 기업의 내부 데이터(FAQ, 매뉴얼, 제품 설명서 등)와 외부 데이터를 실시간으로 검색하고, 이를 기반으로 정확하고 신뢰성 높은 답변을 제공한다.

RAG의 기술적 구성 요소는 다음과 같다. 먼저, 텍스트 데이터를 고차원 벡터로 변환해 의미적 유사성을 측정한다. 이를 통해 유사한 의미를 가진 문서나 정보를 효과적으로 검색할 수 있다. 이렇게 임베딩된 벡터는 벡터 데이터베이스(Vector Database)에 저장되며, 효율적인 유사성 검색을 지원한다. 대표적인 벡터 데이터베이스로는 Pinecone, Weaviate, Milvus, Qdrant, Chroma, Elasticsearch, PGvector등이 있다.

사용자의 질문은 임베딩 돼 벡터 데이터베이스에서 유사한 문서를 검색하는 데 활용된다. 이를 통해 관련성이 높은 정보를 빠르게 찾아낼 수 있다. 이후, 검색된 문서를 기반으로 대규모 언어 모델(LLM)이 최종 답변을 생성한다. 이 과정에서 문맥과 의미를 고려해 자연스럽고 정확한 응답을 제공한다.

이러한 RAG 구조를 통해 AI Talker는 기업의 다양한 데이터 소스를 효과적으로 활용해, 사용자에게 신뢰성 높은 정보를 실시간으로 제공한다. 특히벡터 데이터베이스의 활용은 대규모 데이터에서의 빠르고 정확한 검색을 가능하게 해 전체 시스템의 효율성을 높이다.

(3) LangChain과 Hugging Face 통합

AI Talker는 'LangChain'과 'Hugging Face'를 통합해 최신 대규모 언어 모델(LLM)의 성능을 극대화하고, 사용자 맞춤형 대화 시스템을 구축한다. LangChain은 LLM을 활용한 애플리케이션 개발을 위한 강력한 프레임워크로, 자연어 처리 파이프라인을 체인 형태로 구성해 텍스트 분석, 정보 검색, 텍스트 생성 등 다양한 과정을 단계적으로 처리한다. 이를 통해 AI Talker는 사용자의 질문을 분석한 뒤 관련 데이터를 검색하고, 최종적으로 답변을 생성하는 과정을 하나의 워크플로로 연결한다.

[그림3] AI Talker 사용 기술(출처 : LangChain, Hugginf Face)

LangChain은 대화의 문맥을 기억하는 메모리 관리 기능을 제공해 대화가 이어질수록 더욱 정교한 응답을 생성하며, OpenAI, Hugging Face Hub, Cohere 등 다양한 LLM 제공자와의 연동을 간단하게 처리한다. 이러한 기능은 AI Talker가 특정 사용 사례에 맞는 모델을 유연하게 선택하고 활용할 수 있도록 지원한다. 또한 LangChain은 외부 도구(검색 엔진, 벡터 데이터베이스, API 등)와의 손쉬운 통합을 통해 RAG 기반 시스템 구현을 용이하게 만든다.

Hugging Face Hub에서 제공되는 수천 개의 사전 학습된 모델을 바로 사용하거나 수정할 수 있는 기능을 통해 AI Talker는 특정 요구사항에 따라 빠르게 모델을 테스트하고 배포할 수 있다. 또한 Hugging Face의 Datasets와 Tokenizers와 같은 라이브러리는 데이터 처리와 모델 학습을 효율적으로 수행할 수 있도록 도와준다.

LangChain과 Hugging Face의 결합은 AI Talker의 핵심 기술로, LLM 모델의 성능을 극대화하고 사용자 맞춤형 대화 흐름을 제공한다. LangChain은 Hugging Face의 다양한 모델을 통합하고 워크플로를 최적화하며, Hugging Face는 고성능 NLP 모델과 커스터마이징 기능을 통해 AI Talker가 특정 비즈니스 환경에 맞는 솔루션을 제공할 수 있도록 지원한다. 이러한 통합은 AI Talker가 복잡한 자연어 처리 작업, 사용자 요구에 맞춘 대화형 시나리오 생성, 그리고 실시간 데이터 기반 응답 생성 등에서 탁월한 성능을 발휘하도록 한다.

(4) 다양한 클라우드 및 개발환경 지원

AI Talker는 다양한 클라우드 플랫폼과 개발환경을 지원해 기업의 기존 인프라와의 호환성을 극대화한다. AWS, Microsoft Azure, NHN Cloud, 네이버 클라우드 플랫폼 등에서 구동되며, 이를 통해 유연성과 안정성을 제공한다. 또한 최신 버전의 React, Node.js, .NET, Java, Phython 등 다양한 개발 프레임워크와 언어를 지원해, 다양한 개발 환경에서도 손쉽게 통합 및 활용할 수 있다. 이러한 광범위한 호환성은 AI Talker를 다양한 비즈니스 환경에 효과적으로 적용할 수 있도록 한다.

[그림4] AI Talker 사용 클라우드(출처 : AWS, MS Azure, NHN Cloud Naver Cloud)

2. AI Talker의 SaaS와 On-premise 솔루션

AI Talker는 고객의 다양한 비즈니스 요구와 환경에 맞춰 클라우드 기반 SaaS와 설치형 On-premise 솔루션을 모두 제공한다. 각 솔루션은 고유한 장점과 특징을 갖추고 있으며, 기업의 규모, 보안 요구, 운영 환경 등에 따라 최적의 선택을 지원한다.

1) SaaS(Software as a Service) 유형과 특징

AI Talker의 SaaS 솔루션은 클라우드 환경에서 운영되며, 사용자는 별도의 설치 없이 인터넷을 통해 서비스에 바로 접근할 수 있다. 이는 초기 설정과 유지보수가 간소화돼 빠르고 효율적인 도입이 가능하며, 비용과 관리 부담을 줄일 수 있다.

(1) SaaS 유형

① 공용 SaaS(Multi-tenant)

다수의 사용자가 동일한 클라우드 인프라를 공유하며, 기본 설정과 데이터 분리가 보장된다. 빠른 도입과 낮은 비용으로 소규모 기업, 스타트업, 일반 고객 지원 시스템 구축에 적합하다.

② SaaS 유형 | 단독 SaaS(Single-tenant)

단독 사용자는 독립된 클라우드 인프라에서 AI Talker를 운영하며, 데이터와 리소스가 완전히 분리된다. 높은 보안성과 맞춤형 기능이 요구되는 기업 또는 공공기관에 적합하다.

(2) SaaS의 주요 장점

① 유지보수와 업데이트의 자동화

AI Talker의 SaaS 솔루션은 서비스 제공자가 정기적으로 시스템을 업데이트하고 보안 패치를 적용하므로, 사용자는 최신 기술과 기능을 항상 활용할 수 있다.

② 비용 효율성과 확장성

초기 투자 비용이 적고, 사용량에 따라 요금을 조정할 수 있어 급변하는 비즈니스 환경에서 유연하게 대응할 수 있다.

③ 글로벌 접근성

다국어 지원과 글로벌 클라우드 배포를 통해 전 세계 고객과의 소통을 강화할 수 있다.

2) On-premise(설치형) 솔루션 특징과 활용

AI Talker의 On-premise 솔루션은 고객의 자체 서버나 데이터센터에 설치돼 운영되며, 데이터 보안과 맞춤형 운영을 중시하는 기업과 공공기관에 최적화된 솔루션이다. 특히맞춤형 커스터마이징 기능을 통해 특정 비즈니스 요구사항에 정밀하게 대응할 수 있다는 점이 큰 강점이다.

(1) 데이터 보안 강화

민감한 데이터를 외부 네트워크로 전송하지 않고, 기업 내부에서만 관리되도록 설계됐다. 자체 관리되는 데이터베이스를 통해 보안성을 극대화해, 금융, 의료, 공공기관 등 보안이 중요한 분야에서 최적의 선택이다.

(2) 시스템 통합

ERP, CRM, HRM 등 기존 기업 시스템과 완벽하게 연동해 데이터를 통합적으로 관리할 수 있다. 통합된 시스템을 기반으로 고객 데이터, 직원 관리 정보, 운영 데이터를 AI Talker와 연결해 효율성을 극대화한다.

(3) 고도로 세밀한 커스터마이징

AI Talker의 On-premise 솔루션은 고객의 고유한 업무 흐름과 비즈니스 목표에 맞춰 완벽히 조정될 수 있다.

① 대화 시나리오 맞춤화

고객의 요구사항에 따라 대화 흐름을 설계해, 특정 고객 그룹이나 산업에 최적화된 응답을 제공한다.

② UI 및 워크플로 조정

기업의 브랜드 가이드라인에 맞춘 사용자 인터페이스를 구성하며, 내부 프로세스와 호환되는 워크플로를 설계한다.

③ 특수 기능 추가

산업별 요구사항(예: 의료 데이터 분석, 고객 맞춤형 응대)을 충족하기 위해 독립적인 기능을 개발 및 적용할 수 있다.

(4) 독립성과 운영 안정성

클라우드 환경의 의존도를 최소화하고, 기업 내부에서 모든 데이터를 관리 및 운영할 수 있어 안정적이고 예측 가능한 운영이 가능하다. 또한 외부 장애나 인터넷 연결 문제로부터 독립적이며, 기업의 데이터 통제권을 완전히 보장한다.

3. 다양한 산업 분야에서의 AI Talker 활용

AI Talker는 다양한 산업과 일상 분야에서 활용 가능한 맞춤형 AI 에이전트를 제공한다. 공공부문에서는 고령층과 외국인을 포함한 시민들이 민원 서비스에 쉽게 접근할 수 있도록 음성 기반 AI 에이전트를 도입해 서비스의 포용성과 효율성을 높인다. 교육 분야에서는 학습 자료 제공, 학습 경로 설정, 질문 응답 등으로 학습자와 교육자 모두를 지원하며, 맞춤형 학습 경험을 제공한다. 기업에서는 고객 응대, 통합 검색, ERP 및 CRM 연동 등을 통해 디지털 전환과 업무 효율성을 강화할 수 있다. 전문 서비스 분야에서는 세무, 노무, 회계 등에서 데이터 관리와 고객 지원을 자동화해 서비스 품질을 개선한다. 일상에서는 디지털 명함, 운동 프로그램, 요리 레시피, 타로 리딩 등 다양한 AI 서비스를 만들어 개인화된 경험을 제공한다. AI Talker는 사용자 중심의 스마트 서비스를 통해 디지털 전환과 일상 혁신을 동시에 이루는 강력한 도구로 자리 잡고 있다.

1) 공공부문 고객 대응을 위한 음성 AI Talker

주민센터와 같은 공공부문에서는 고령화 사회와 외국인 거주자 증가에 따라 민원 서비스의 접근성을 개선할 필요성이 커지고 있다. 이를 해결하기 위한 방안으로 음성 기반 AI 에이전트를 도입하는 시나리오가 제시될 수 있다. 음성 AI 에이전트는 디지털 기기에 익숙하지 않은 고령층과 언어 장벽을 겪는 외국인을 포함한 다양한 시민들이 공공서비스를 손쉽게 이용할 수 있도록 돕는 기술이다.

이 에이전트는 민원 처리 절차를 음성으로 안내하고, 복지 서비스 관련 정보를 실시간으로 제공하며, 대기 시간을 줄이고 서비스의 접근성을 극대화할 수 있다. 특히 음성 응답 기능과 다국어 지원을 통해 민원인의 요구를 빠르게 파악하고 해결 방안을 제시함으로써 공공부문 서비스의 포용성과 효율성을 높이는 데 기여할 수 있다. 이러한 시나리오는 공공부문에서 서비스 품질 향상과 디지털 소외 해소라는 두 가지 과제를 동시에 해결할 수 있는 새로운 접근 방식으로 평가받을 수 있다.

주민센터에서의 음성 기반 AI 에이전트 도입 시나리오는 공공부문의 다양한 서비스 영역에 확대 적용할 수 있는 가능성을 보여준다. 음성 AI 에이전트는 민원 응대, 복지 서비스 안내뿐만 아니라, 다른 공공부문에서도 유사한 방식으로 활용될 수 있다. 이를 통해 디지털 접근성을 높이고, 공공서비스의 품질과 효율성을 개선할 수 있다.

예를 들어, 지방자치단체에서는 주민들의 잦은 질문(FAQ)에 대해 실시간으로 응답하고, 민원 신청 절차를 음성으로 안내해 복잡한 문의를 간소화할 수 있다. 또한 재난 상황에서 재난 대응 센터는 AI 에이전트를 활용해 시민들에게 신속하고 정확한 정보(대피소 위치, 지원 절차 등)를 다국어로 전달할 수 있다. 이는 언어 장벽이 있는 외국인 거주자들에게도 큰 도움이 된다.

교통 서비스 부문에서도 음성 AI 에이전트를 적용할 수 있다. 예를 들어, 대중교통 이용 안내, 실시간 교통 상황, 대중교통 할인 카드 발급 정보 등을 음성으로 안내해 교통 접근성을 향상시킬 수 있다. 이와 같은 서비스는 특히 시각장애인, 노약자, 외국인 관광객에게 큰 혜택을 제공할 수 있다.

또한 교육 부문에서는 학부모와 학생을 대상으로 한 입학 절차 안내, 장학금 신청 방법, 학교 행사 정보 등을 음성으로 안내할 수 있다. 이는 디지털 소외 계층을 포함한 다양한 사용자들이 필요한 정보를 빠르게 얻을 수 있도록 돕는다.

음성 AI 에이전트의 이러한 확대 적용은 단순히 서비스 효율성을 넘어, 포용적이고 접근 가능한 공공서비스를 구현하는 데 기여할 수 있다. 모든 시민이 공공서비스의 혜택을 손쉽게 누릴 수 있도록 돕는 음성 AI 기술은 공공부문의 디지털 전환을 촉진하고, 시민 중심의 스마트 공공서비스를 실현하는 데 중요한 역할을 할 것이다.

(1) 주민센터 민원 시나리오 예시

한 시민이 행복복지센터의 음성 기반 AI 에이전트를 통해 민원 정보를 문의합니다.
시민이 "노인 지원 서비스에는 어떤 것들이 있나요?"라고 묻습니다. 이에 대해 AI 에이전트는 "노인 지원 서비스로는 기초연금과 시니어패스카드가 있습니다. 기초연금은 만 65세 이상이 신청 가능하며, 신청을 위해 주민등록증과 소득 확인 서류가 필요합니다. 시니어패스카드는 대중교통 할인 혜택을 제공하며, 발급받으려면 가까운 복지센터를 방문하셔야 한다. 발급 방법을 자세히 알려드릴까요?"라고 답변합니다.

시민이 "시니어패스를 어떻게 발급받나요?"라고 묻자, AI 에이전트는 상세히 안내합니다. "시니어패스를 발급받으려면 먼저 자격 확인이 필요합니다. 보통 만 65세 이상 어르신에게 제공되며, 주민센터에서 신청할 수 있습니다. 신청 시 작성한 신청서와 함께 신분증, 최근에 촬영한 증명사진을 제출해야 합니다. 일부 지역에서는 소정의 수수료가 부과될 수 있습니다. 신청 후 발급 대기 시간을 거치면, 시니어패스를 수령하실 수 있습니다. 더 구체적인 정보를 원하시면 가까운 복지센터를 안내해드릴까요?"

또 다른 외국인이 영어로 "How can I apply for senior benefits?"라고 묻자, AI 에이전트는 유창한 영어로 답변합니다. "Senior benefits include the Basic Pension and Senior Pass Card. For the Senior Pass, you need to verify your eligibility, which is usually for those aged 65 and older. Visit your local welfare center to fill out an application form, submit your ID and any required documents, and provide a recent photo if needed. Some regions may charge a small fee. After processing, you can collect your Senior Pass. Would you like further assistance or directions to the nearest welfare center?"

이 시나리오는 행복복지센터의 음성 기반 AI 에이전트가 노령층과 외국인을 포함한 다양한 시민들에게 필요한 정보를 신속하고 정확하게 제공하는 과정을 보여준다. 음성 대화와 다국어 지원을 통해 공공서비스의 접근성과 편리함을 크게 향상시킬 수 있다.

(2) 주민센터 민원 음성 AI Talker 화면 예시

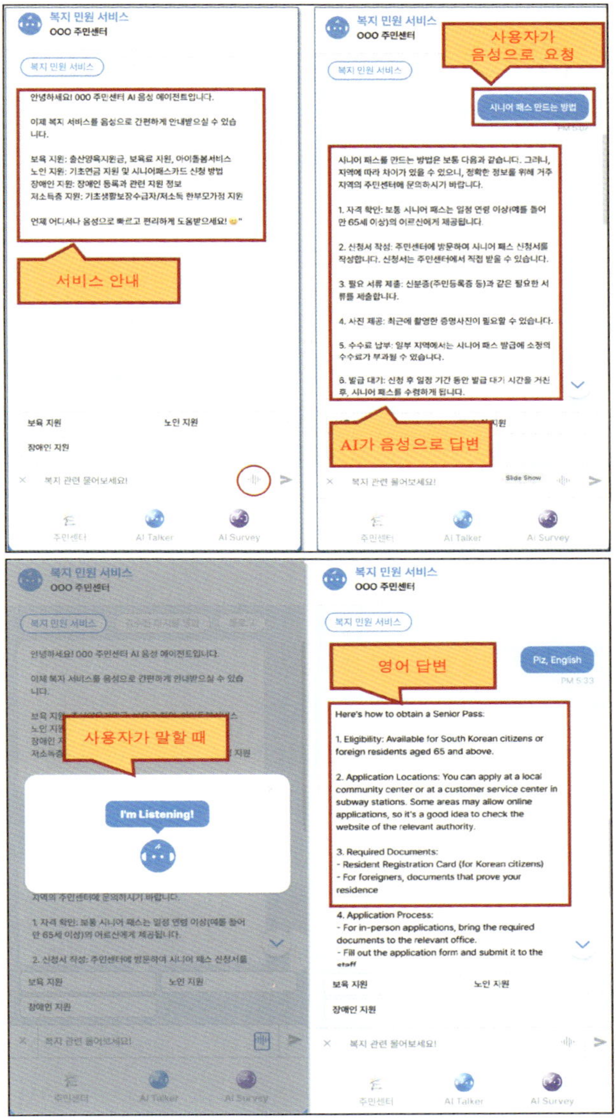

[그림5] 주민센터 AI Talker 음성 화면 예시(출처 : ㈜살린)

2) 교육 및 학습 보조를 위한 AI Talker

AI Talker는 중고등학교부터 대학, 직업교육, 평생교육에 이르기까지 다양한 학습 환경에서 활용 가능한 혁신적인 교육 보조 도구로, 학습자와 교육자 모두에게 새로운 학습 경험을 제공한다. 학생들은 AI Talker를 통해 강의 자료에 쉽게 접근하고, 학습 일정과 과제 정보를 명확히 확인하며 강의 내용을 요약해 학습의 핵심을 빠르게 이해할 수 있다.

중고등학생들은 교과서 기반의 예상 문제를 요청하고 이에 대한 답변을 통해 시험 준비를 체계적으로 진행할 수 있으며 대학생과 성인 학습자들은 자신이 학습한 내용을 기반으로 한 예상 시험 문제와 심화 학습 자료를 AI Talker를 통해 제공 받아 학습의 깊이를 더할 수 있다. 이를 통해 학생들은 자신에게 맞춘 학습 경로를 설정하며, 학습 목표를 효과적으로 달성할 수 있다.

이뿐만 아니라 AI Talker는 교육자들에게도 강력한 지원 도구가 된다. 교육자는 AI Talker를 통해 학생들의 질문과 학습 데이터를 기반으로 토론 주제, 과제, 심화 학습 자료를 설계할 수 있으며, 시험 문제를 보완하거나 강의 내용을 개선할 수 있다. 중고등학교 교사들은 학생들의 주요 질문 데이터를 활용해 학습의 이해도를 점검하고 맞춤형 피드백을 제공해 학생 개개인의 학습 성취를 도울 수 있다. 이러한 기능은 교수자와 교육자가 강의 준비와 학습 관리에서 겪는 반복적인 업무 부담을 줄이는 동시에, 교육의 질을 높이는 데 기여한다.

AI Talker는 단순한 교육 보조 도구에서 나아가, 통합형 AI 학습 플랫폼으로 확장될 수 있는 잠재력을 갖고 있다. 이 플랫폼은 학습자 개개인의 필요를 기반으로 한 맞춤형 학습 경로를 제공하며, 학습 데이터를 분석해 교육자에게 학습 상황에 대한 깊은 인사이트를 제공한다.

AI Talker 기반 학습 플랫폼은 개인화된 학습 프로그램을 제공해 학생들이 각자의 학습 수준과 목표에 따라 최적의 학습 자료를 받을 수 있도록 설계될 수 있다. 대학생에게는 심화 학습과 연구 과제를, 직업교육 학습자에게는 실무 중심의 시뮬레이션 학습을 지원하며, 평생교육 참여자에게는 새로운 지식과 취미 학습을 제공한다. 이러한 개인화된 학습 프로그램은 학습자들의 자신감을 높이고, 자율적인 학습 능력을 향상시킵니다.

교육자는 학생들의 질문과 요청 데이터를 자동으로 취합·분석해 강의 내용 보완, 새로운 토론 주제 및 과제 설계, 시험 문제 출제 등에 활용할 수 있도록 지원한다. 이를 통해 교육자들은 더욱 효율적이고 체계적으르 교육 콘텐츠를 설계할 수 있으며, 학습 과정에서의 학생 참여도를 높일 수 있다.

더 나아가 AI 학습 플랫폼은 학습 커뮤니티와 협업 기능을 통해 학습자 간의 상호작용을 촉진한다. 예를 들어, 그룹별 토론방에서 AI가 제안하는 주제를 바탕으로 토론하거나 프로젝트를 진행하며 자료를 검색하고 보고서를 작성하는 데 AI의 도움을 받을 수 있다. 이러한 기능은 학습자들 간의 협력과 창의성을 증진하며, 실질적인 학습 경험을 제공한다.

(1) 대학교 강의 보조 AI Talker 시나리오

한 학생이 시스템 프로그래밍 강의 후 AI Talker를 통해 강의와 관련된 심화 학습 내용을 확인합니다.
학생이 "캐시 메모리의 효율성을 결정짓는 요소에 대해 설명해주세요"라고 묻자, AI Talker는 "캐시 메모리의 효율성은 캐시 적중률(Cache Hit Rate)과 캐시 크기(Cache Size), 캐시 교체 알고리즘(Cache Replacement Policy)에 따라 결정됩니다. 예를 들어, LRU(Least Recently Used) 알고리즘은 최근에 사용하지 않은 데이터를 교체하는 방식으로 적중률을 높이는 데 효과적입니다. 더 구체적인 설명이 필요하면 관련 자료를 안내해드릴까요?"라고 응답합니다.

다른 학생이 "페이지 교체 알고리즘 중 최적 페이지 교체(Optimal Page Replacement)는 어떻게 작동하나요?"라고 요청합니다. AI Talker는 "최적 페이지 교체 알고리즘은 앞으로 가장 오래 사용되지 않을 페이지를 교체합니다. 이는 이론적으로 가장 적은 페이지 폴트를 발생시키지만, 미래의 메모리 접근을 미리 알아야 한다는 비현실적인 가정을 기반으로 합니다. 대신 FIFO나 LRU와 같은 근사 알고리즘이 실제 시스템에서 사용된다. 관련 시뮬레이션 코드를 확인하시겠습니까?"라고 안내합니다.

또 다른 학생이 "버디 메모리 할당의 장점과 단점은 무엇인가요?"라고 묻자, AI Talker는 "버디 메모리 할당은 동적 메모리 관리에서 사용되며, 블록을 반으로 나누는 이진 트리 구조를 기반으로 합니다. 장점으로는 빠른 메모리 할당과 해제가 있으며, 단점으로는 외부 단편화와 메모리 낭비가 발생할 수 있다는 점이 있습니다. 심화 자료로 관련 예제와 구현 코드를 LMS의 '추가 학습 자료' 메뉴에서 확인할 수 있다"라고 답변합니다.

학생이 "퀴즈를 통해 학습 내용을 점검하고 싶어요"라고 요청하자, AI Talker는 다음과 같은 퀴즈를 제공합니다.

퀴즈: 버디 메모리 할당 방식에서 300KB의 메모리를 요청할 경우, 할당되는 최소 블록 크기는 얼마인가요?
정답: 버디 메모리 할당은 메모리를 2의 제곱 크기로 분할하므로, 300KB를 수용하려면 최소 512KB 블록이 필요합니다. 이는 300KB를 수용할 수 있는 가장 작은 2의 제곱 크기이기 때문입니다.
해설: 버디 메모리 할당 방식은 메모리 요청 크기보다 같거나 큰 2의 제곱 크기를 선택해 메모리를 효율적으로 분할합니다. 요청한 300KB는 256KB를 초과하므로, 그다음 크기인 512KB 블록이 할당된다. 이를 통해 메모리 관리에서 발생할 수 있는 외부 단편화를 최소화할 수 있습니다.

(2) 대학교 강의 보조 AI Talker 화면 예시

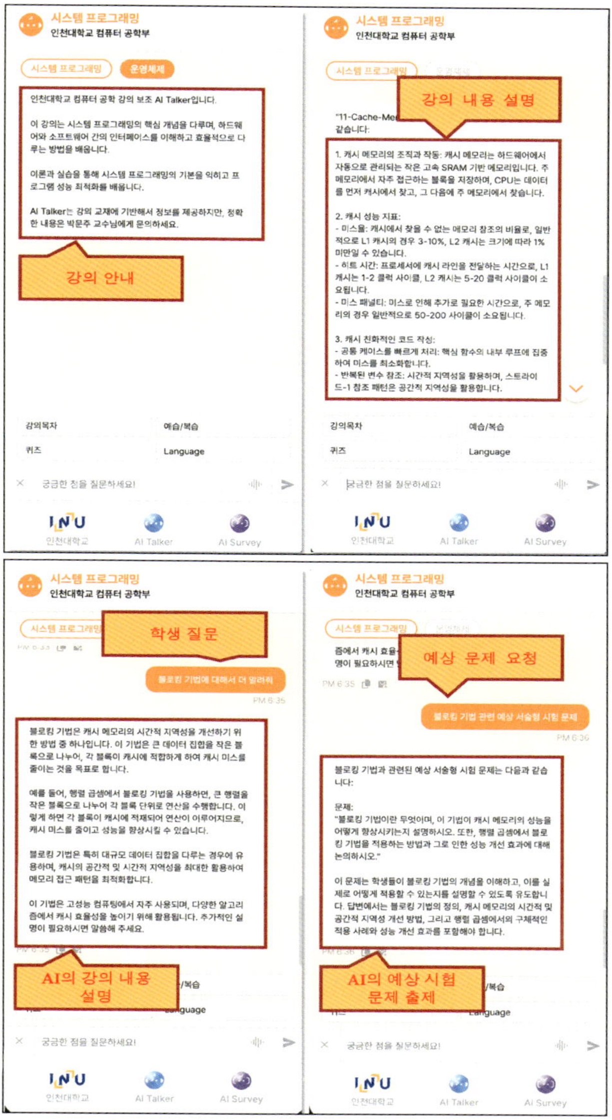

[그림6] 강의보조 AI Talker 화면 예시(출처 : 인천대학교 & 살린)

3) 기업의 디지털 전환을 위한 AI Talker

기업과 기관은 AI 에이전트를 도입해 고객 응대부터 내부 운영까지 다양한 비즈니스 프로세스를 디지털화하며 효율성과 경쟁력을 동시에 강화하고 있다. AI 에이전트는 실시간 응답이 가능한 챗봇으로 홈페이지나 모바일 앱에서 고객의 질문을 처리하고 제품 정보, 구매 기록, 배송 상태와 같은 구체적인 데이터를 빠르게 제공한다. 고객이 특정 제품의 사양을 묻거나 주문 상태를 확인하려고 할 때 AI 에이전트는 정확한 정보를 실시간으로 제공해 고객의 만족도를 높이고 문의 대응 시간을 단축한다.

또한 AI 에이전트는 통합 검색 기능을 통해 고객뿐만 아니라 직원들에게도 필요한 정보를 효율적으로 제공할 수 있다. 대규모 문서나 데이터베이스를 다루는 기업에서 직원이 특정 파일이나 정보를 찾고자 할 때, AI 에이전트는 즉각적인 검색 결과를 제공하고 관련 문서를 추천함으로써 업무 생산성을 향상시킨다.

ERP(전사적 자원 관리)와 CRM(고객 관계 관리) 시스템과 연동된 AI 에이전트는 기업 내부 프로세스의 효율성을 더욱 높일 수 있다. ERP와의 연동을 통해 재고 관리, 주문 처리, 기준 정보 정비 등의 작업을 자동화하고, 데이터를 실시간으로 업데이트해 정확성과 일관성을 유지한다. CRM과 연동된 AI 에이전트는 고객 데이터를 분석해 고객 맞춤형 응대와 마케팅 활동을 지원하며, 고객의 이탈 가능성을 예측하거나 고객 만족도를 높이는 데 활용된다.

R&D 부서에서는 AI 에이전트를 활용해 연구 데이터와 시장 정보를 종합적으로 검색하고 분석해 신제품 개발에 필요한 핵심 인사이트를 제공한다. 연구 보고서와 특허 데이터를 기반으로 유망 기술을 파악하거나 기존

제품의 성능을 개선하는 데 필요한 자료를 빠르게 확보할 수 있다.

마케팅 및 세일즈 부서에서는 AI 에이전트가 고객 데이터를 분석해 맞춤형 추천과 프로모션을 자동화한다. 고객의 구매 이력과 관심사에 따라 적합한 제품이나 서비스를 추천하고 특정 고객에게는 개인화된 할인 혜택을 제공함으로써 마케팅 캠페인의 효과를 극대화한다. 또한 인사 및 교육 부서에서는 AI 에이전트를 통해 직원들의 내부 문의를 처리하거나, 교육 프로그램에 대한 맞춤형 가이드를 제공해 직원들이 디지털 환경에 빠르게 적응할 수 있도록 지원한다.

이처럼 AI 에이전트는 고객 서비스, ERP 및 CRM 연동, 연구개발, 마케팅 및 세일즈 그리고 내부 교육과 지원에 이르기까지 각 산업의 Value Chain 전반에서 핵심적인 역할을 수행하며 기업과 기관의 디지털 전환을 성공적으로 이끄는 강력한 도구로 자리 잡고 있다.

(1) 사업 전략 공유, 회사 규정 안내 및 통합 검색, AI Talker 시나리오

한 직원이 AI 에이전트를 통해 사업 전략에 대한 정보를 확인하고자 합니다.
직원이 "우리 회사에서 리스크가 높은 사업은 어떤 것인가요?"라고 질문하자, AI 에이전트는 "현재 진행 중인 사업 중 리스크가 높은 사업은 해외 신시장 진출 프로젝트입니다. 해당 시장은 경쟁이 치열하고, 초기 투자 비용이 크며 규제 리스크가 존재합니다. 상세 내용은 '사업 리스크 분석 보고서'에서 확인 가능합니다. 보고서를 보시겠습니까?"라고 안내합니다.

또 다른 직원이 "우리 회사에서 시너지 효과가 높은 사업은 무엇인가요?"라고 묻습니다. AI 에이전트는 "시너지 효과가 높은 사업은 기존 IT 솔루션과 결합된 클라우드 서비스입니다. 이 사업은 기존 고객 기반을 활용하며, 연계 제품 판매를 촉진하고 시장 점유율을 높이는 데 기여하고 있습니다. 관련 전략 문서를 확인하시겠습니까?"라고 응답합니다.

이어 다른 직원이 "연차 사용 규정이 어떻게 되나요?"라고 질문합니다. AI 에이전트는 "연차는 근속 연수에 따라 부여됩니다. 1년 차에는 매월 1일씩 최대 11일, 이후 매년 15일이 부여되며, 연차는 해당 연도 말까지 사용 가능합니다. 더 자세한 내용은 '휴가 및 연차 규정' 문서를 확인하시겠습니까?"라고 안내합니다.

또 다른 직원이 "출장비 청구 서류가 뭐가 필요한가요?"라고 묻습니다. AI 에이전트는 "출장비 청구를 위해서는 출장 계획서, 영수증 사본, 그리고 부서장의 승인서가 필요합니다. 청구 방법 안내를 원하시면 자세히 설명드릴 수 있습니다"라고 응답합니다.

마지막으로, 직원이 AI 에이전트를 통해 "AI를 활용한 경영 전략이 무엇인가요?"라고 질문합니다. AI 에이전트는 "우리 회사는 AI를 활용해 고객 데이터를 분석하고 맞춤형 마케팅을 실행하며, ERP와 CRM 데이터를 연계해 운영 효율성을 극대화하는 전략을 채택하고 있습니다. 또한 AI 기반 수요 예측과 재고 관리 시스템을 통해 비용 절감과 생산성 향상을 도모하고 있다. 관련 문서를 확인하시겠습니까?"라고 안내합니다.

이 시나리오는 AI 에이전트가 사업 전략 정보, 회사 규정 안내, AI 경영 전략 관련 질문을 지원하며, 직원들이 필요한 정보를 신속하고 정확하게 얻을 수 있도록 돕는 모습을 보여준다. 이를 통해 직원들의 의사결정 속도를 높이고, 업무 효율성을 극대화할 수 있다.

(2) 사업 전략 공유, 회사 규정 안내 및 정보 통합 검색, AI Talker 화면 예시

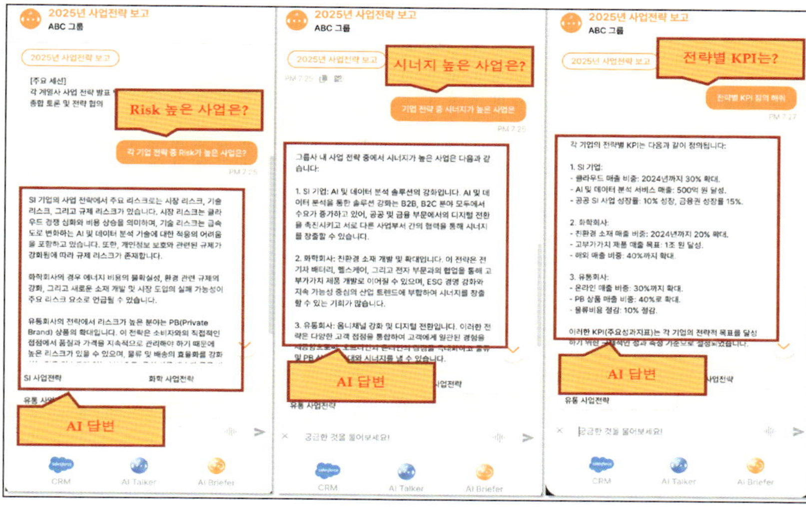

[그림7] 사업전략 AI Talker 화면 예시(출처 : 살린)

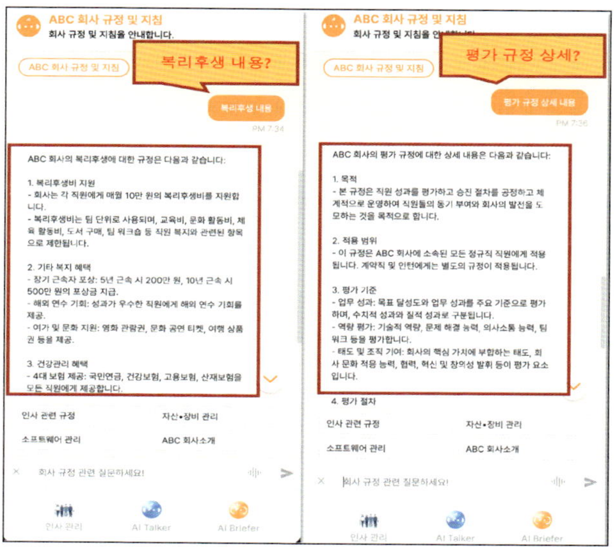

[그림8] 회사규정 및 통합 검색 AI Talker 화면 예시1(출처 : 살린)

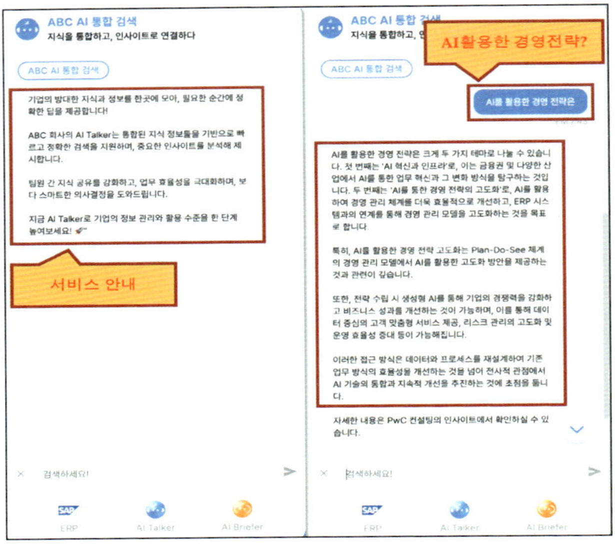

[그림9] 회사규정 및 통합 검색 AI Talker 화면 예시2(출처 : 살린)

4) 전문 서비스 분야에서의 AI 에이전트 활용, AI Talker

AI 에이전트는 회계, 세무, 노무 등 전문 서비스 분야에서 데이터 관리와 고객 서비스의 효율성을 크게 향상시키는 도구로 자리 잡고 있다. 이러한 분야에서는 고객으로부터 반복적으로 발생하는 질문에 답변하거나, 최신 법률과 규정을 숙지하고 이를 고객에게 안내하는 작업이 빈번하게 이뤄진다. AI 에이전트는 실시간으로 고객의 질문에 답변하고 반복적인 질의를 자동화해 전문가들이 보다 복잡한 업무에 집중할 수 있도록 돕는다.

회계 분야에서는 재무 보고서 생성, 데이터 분석, 법적 규정 준수 지원 등을 자동화해 작업 속도를 높이고 오류를 줄인다. 세무 분야에서는 세금 신고 기한 알림, 절세 전략 안내, 관련 규정 검색 등을 통해 정확성과 생산성을 동시에 향상시킬 수 있다. 노무 분야에서는 근로계약 관리, 급여 계산, 노동법 규정 안내 등을 지원하며, 기업의 인사 관리 효율을 극대화한다.

또한 AI 에이전트는 정부에서 발표되는 새로운 법률과 규정 정보를 빠르게 발췌하고 분석해 관련된 고객에게 자동으로 맞춤형 안내를 제공할 수 있다. 이를 통해 고객은 최신 정보를 신속히 확인할 수 있고, 전문가들은 규정 변화에 신속히 대응하며 고객 맞춤형 전략을 제안할 수 있다.

AI 에이전트는 전문 서비스 분야에서 실시간 정보 제공과 통합 검색 기능을 통해 복잡한 업무를 간소화하고 고객과의 소통을 더욱 원활히 하며 서비스 품질을 한층 더 높일 수 있도록 돕는다. 이를 통해 회계, 세무, 노무 등 전문 분야에서의 디지털 전환을 가속화하고, 경쟁력을 강화하는 데 기여한다.

(1) 세무, 노무, 회계 등 전문 분야, AI Talker 시나리오

한 신규 사업자가 AI 에이전트를 통해 세무와 관련된 정보를 문의합니다.
사업자가 “신규 사업자가 받을 수 있는 세금 감면 혜택은 무엇인가요?”라고 질문하자, AI 에이전트는 “신규 사업자는 다음과 같은 세금 감면 및 공제를 받을 수 있습니다. 예를 들어, 부가가치세 면제 혜택, 종합소득세 감면, 현금영수증 발급 비용 공제 등이 포함됩니다. 구체적인 조건은 사업 종류와 매출 규모에 따라 다를 수 있습니다. 더 자세한 정보를 원하시면 ‘세금 감면 및 공제 항목’ 문서를 확인하시겠습니까?”라고 안내합니다.

또 다른 사업자가 “배당 소득에 대해 설명해 주세요”라고 요청합니다. AI 에이전트는 “배당 소득은 법인의 주식이나 지분으로부터 발생하는 수익을 말합니다. 세법에 따라 배당 소득은 금융소득 종합과세 대상이 될 수 있으며, 일정 한도를 초과하는 경우 추가 과세가 적용됩니다. 배당 소득의 구체적인 과세 방식과 관련된 예시는 '배당 소득의 이해' 섹션에서 확인할 수 있습니다. 링크를 보내드릴까요?"라고 답변합니다.

이어 다른 직원이 "중소사업자에게 제공되는 세금 혜택을 알려주세요"라고 요청하자, AI 에이전트는 "중소사업자는 창업 초기 5년간 법인세와 소득세의 50%를 감면받을 수 있으며, 고용 증가 시 추가 감면 혜택도 받을 수 있습니다. 연구 및 인력 개발 지원과 시설 투자에 대한 공제 혜택도 포함된다. 관련 정책 요약을 보시겠습니까?"라고 안내합니다.

이 시나리오는 AI 에이전트가 세금 관련 복잡한 정보를 신속하고 정확하게 제공해 사업자와 전문가 모두가 효율적으로 업무를 진행할 수 있도록 돕는 모습을 보여준다. AI 에이전트를 통해 반복적인 질문을 자동화함으로써 고객의 시간을 절약하고 서비스 품질을 향상시킬 수 있다.

(2) 사업 전략 공유, 회사 규정 안내 및 통합 검색, AI Talker 화면 예시

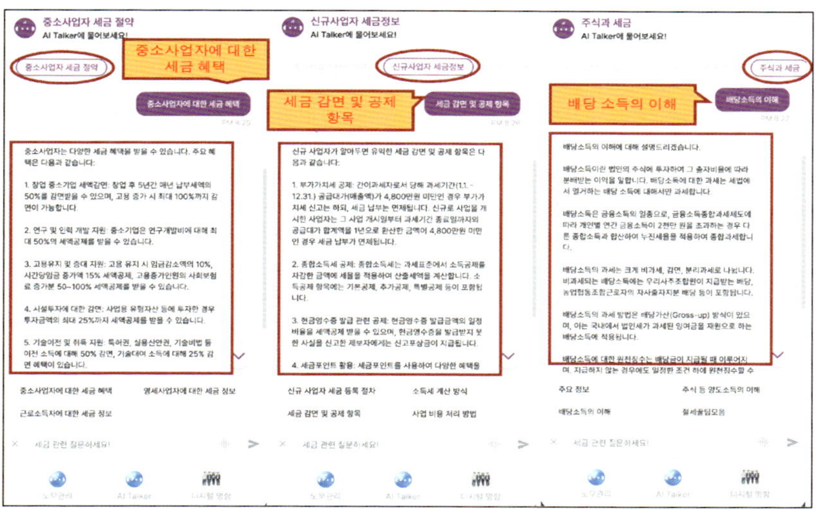

[그림10] 세무 분야 AI Talker 화면 예시(출처 : 살린)

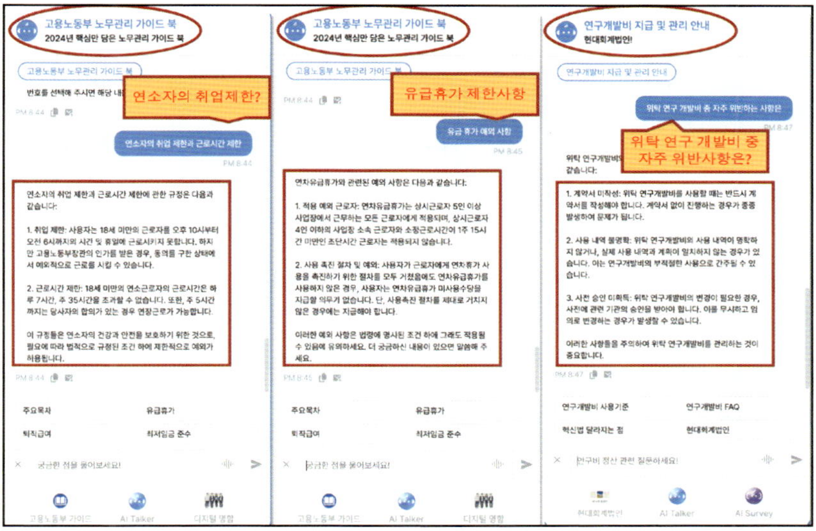

[그림11] 노무·회계 분야 AI Talker 화면 예시(출처 : 살린, 현대회계법인)

5) 관광 가이드와 MICE 분야를 위한 AI 에이전트, AI Talker

AI Talker는 관광과 MICE(Meetings, Incentives, Conferences, Exhibitions) 분야에서 맞춤형 AI 서비스를 제공해 고객의 경험을 향상시키는 도구로 활용된다.

(1) 관광 가이드 AI Talker

AI Talker는 관광객들에게 실시간으로 유익한 정보를 제공하는 디지털 가이드 역할을 한다. 주요 관광지의 역사와 문화 정보, 경로 안내, 음식점 추천 등을 제공하며, 다국어 지원으로 다양한 국가의 관광객과 소통할 수 있다. 예를 들어, 관광객이 "이 지역의 숨겨진 명소를 알려주세요"라고 질문하면, AI Talker는 해당 지역의 독특한 장소를 추천하며 여행을 더욱 풍성하게 만들어준다.

(2) MICE 부문 AI Talker

콘퍼런스, 전시회 등 MICE 행사에서는 AI Talker가 참가자들에게 실시간으로 프로그램 정보, 세션 일정, 연사 소개, 전시장 위치를 안내한다. 또한 네트워킹을 위한 참가자 매칭 서비스나 행사 관련 FAQ를 자동으로 처리해 참가자의 편의성을 높이고, 주최 측의 업무 부담을 줄이다. 예를 들어, 참가자가 "다음 세션은 어디에서 열리나요?"라고 묻는다면, AI Talker는 정확한 장소와 시간을 즉시 안내할 수 있다.

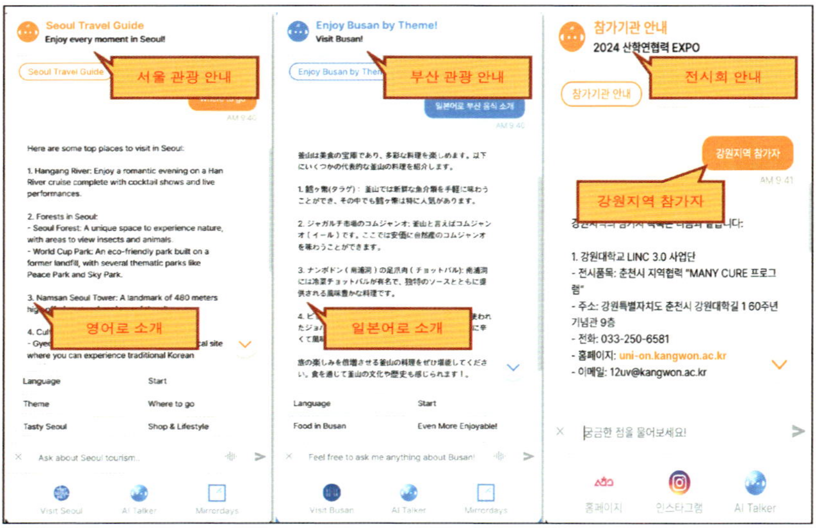

[그림12] 관광 안내 및 전시회 AI Talker 화면 예시

(출처 : 살린, 2024 산학연협력 Expo)

6) 홍보, 운동, 취미 등 생활 AI 에이전트, AI Talker

AI Talker는 디지털 명함 제작부터 운동, 취미, 재미 등 다양한 분야에서 맞춤형 AI 서비스를 손쉽게 만들 수 있는 플랫폼이다. 개인이나 소상공인이 자신을 홍보하고 비즈니스를 소개하는 데 필요한 디지털 명함을 간단히 생성할 수 있다. 독자 여러분도 AI Talker를 활용해 자신만의 디지털 명함을 제작하고, 새로운 방식으로 자신과 서비스를 알릴 수 있다. 또한 디지털 명함을 넘어, 더욱 다양한 맞춤형 AI 서비스를 직접 설계하고 구현할 수 있는 기회를 제공한다. https://www.aitalker.co.kr에서 AI Talker 활용을 신청할 수 있다.

(1) 디지털 명함

AI Talker를 활용하면 누구나 손쉽게 자신만의 디지털 명함을 만들 수 있다. 단순한 연락처 정보 제공을 넘어 자신의 경력, 제품 및 서비스 소개, 주요 성과 등을 체계적으로 정리한 디지털 명함을 생성할 수 있다. 소상공인이라면 매장 정보와 할인 이벤트, 메뉴 소개 등을 담은 명함을 제작해 고객에게 공유할 수 있다. 디지털 명함은 웹 기반으로 동작하며, 링크 하나로 언제 어디서나 손쉽게 전달할 수 있어 홍보와 네트워킹을 더욱 간편하게 만들어준다.

AI Talker는 개인에게 디지털명함을 무료로 제공한다. 다음에서 신청하면 된다. https://team.mirrordays.com

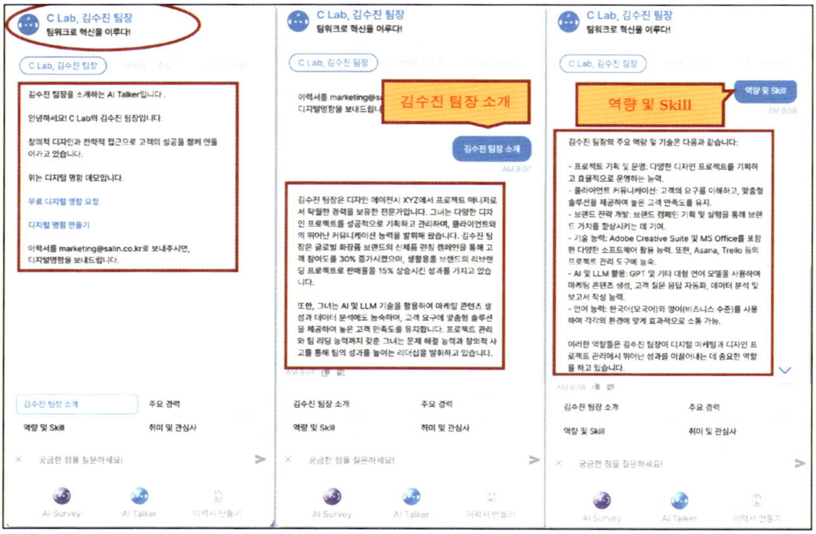

[그림13] 디지털 명함 AI Talker 화면 예시(출처 : ㈜살린)

(2) 운동 분야

운동 프로그램을 설계하고 싶은가? AI Talker를 통해 피트니스, 요가, 필라테스와 같은 운동 분야에 특화된 맞춤형 AI 서비스를 만들어보자. 사용자의 신체 상태와 목표에 맞춘 개인화된 운동 계획을 제공하며, 실시간으로 운동 방법과 자세 교정을 안내할 수 있는 서비스를 구축할 수 있다. 여러분이 만든 AI Talker는 사용자가 꾸준히 동기를 유지하며 건강 목표를 달성하도록 돕는 믿음직한 디지털 운동 코치가 될 것이다.

피트니스 https://fit.mirrordays.com, 요가 https://yoga.mirrordays.com, 필라테스 https://pilates.mirrordays.com

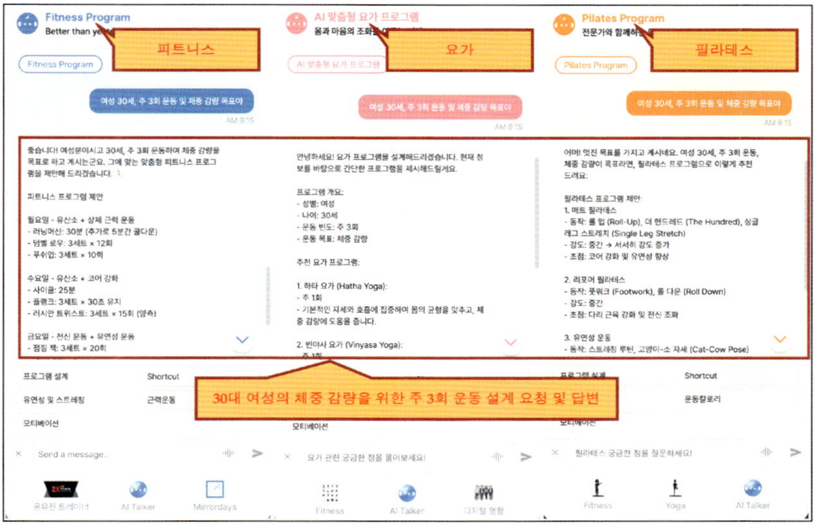

[그림14] 운동용 AI Talker 화면 예시(출처 : ㈜살린)

(3) 취미 및 재미

AI Talker를 활용해 취미, 재미, 요리와 관련된 다양한 맞춤형 AI 서비스를 만들어보라. 냉장고 속 재료를 기반으로 한 레시피 추천부터 건강 식단 설계까지, 요리 초보자부터 전문가까지 누구에게나 유용한 서비스를 설계할 수 있다. 요리 과정에서 발생하는 문제를 해결하거나, 창의적이고 건강한 식사 아이디어를 제공하는 AI 서비스를 구현해 사용자들의 일상을 풍요롭게 만들어 보자.

또한 타로 리딩, 취미 추천, 여가 활동 가이드 등 재미와 흥미를 제공하는 AI 서비스도 설계할 수 있다. AI Talker는 사용자가 선택한 타로 카드를 기반으로 사랑, 커리어, 미래에 대한 통찰력 있는 조언을 제공하며, 새로운 취미를 추천하거나 여가 시간을 알차게 활용할 수 있는 방법을 제안한다. 요리, 취미, 재미를 모두 아우르는 AI 서비스를 통해 사용자들에게 즐거움과 편리함을 선사할 수 있다.

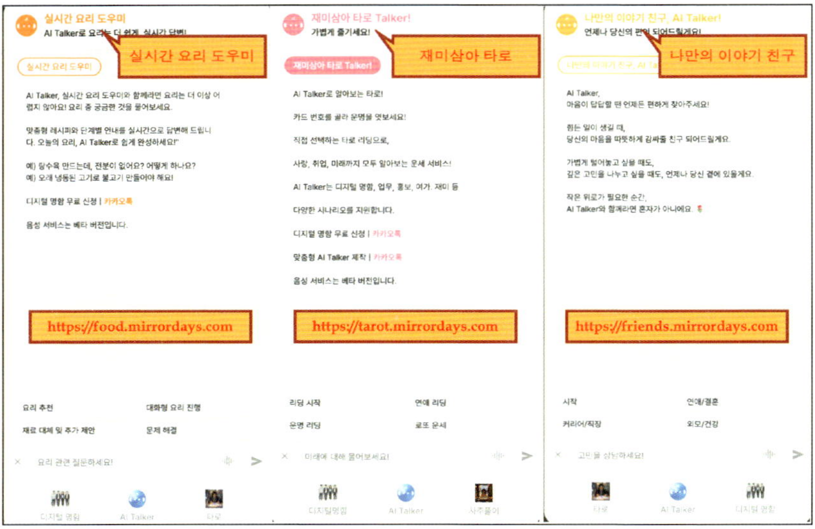

[그림15] 취미 및 재미를 위한 AI Talker 화면 예시(출처 : ㈜살린)

4. AI Form, AI Survey & AI Briefer 소개

1) AI Form 소개 및 예시(대화로 만드는 폼)

AI Form은 대화형 인터페이스를 통해 쉽고 빠르게 데이터 수집 폼을 생성할 수 있는 새로운 서비스이다. 기존의 복잡한 폼 제작 방식과는 달리, AI Form은 간단한 대화만으로 원하는 폼을 자동으로 디자인하고 완성한다. 프로그래밍 지식이 없어도 누구나 손쉽게 폼을 만들 수 있으며, 생성된 폼은 링크를 통해 공유하거나 홈페이지에 삽입해 다양한 방식으로 활용할 수 있다.

* 공식 사이트 https://aiform.mirrordays.com

(1) AI Form은 이렇게 작동한다

① 대화로 시작

대화로 시작 AI가 사용자를 안내하며, 폼 제작 과정에서 필요한 정보를 간단한 질문으로 묻는다. 예를 들어, "폼 제목을 설정해주세요" 또는 "수집하고자 하는 데이터 항목은 무엇인가요?"와 같은 질문에 사용자는 간단히 답변만 하면 된다. 예를 들어, "고객 문의 접수 폼이에요. 이름, 이메일, 문의 내용을 받고 싶어요"라고 답하면, AI가 해당 정보를 기반으로 폼을 자동으로 구성한다.

② 폼 자동 생성

사용자가 입력한 정보를 기반으로 AI가 실시간으로 폼 레이아웃과 항목을 디자인한다. 필요한 데이터 항목이나 구조를 빠르게 구성하며, 폼의 디자인과 기능성을 최적화한다. 예를 들어, 사내 직원 요청 양식으로 휴가 신청서, 교육 신청서를 생성하거나, 고객 피드백 대신 문의 접수 폼을 자동으로 제작할 수 있다.

③ 배포 및 활용

생성된 폼은 간단한 링크로 배포가 가능하며, 이를 통해 데이터를 수집할 수 있다. 또한 폼을 홈페이지에 연동해 기업이나 개인 홈페이지의 기능을 강화할 수도 있다. 설문 조사, 문의 접수, 직원 요청 양식 등 다양한 형태로 폼을 활용할 수 있어 효율성이 뛰어나다.

(2) AI Form 예시

① 시작 화면

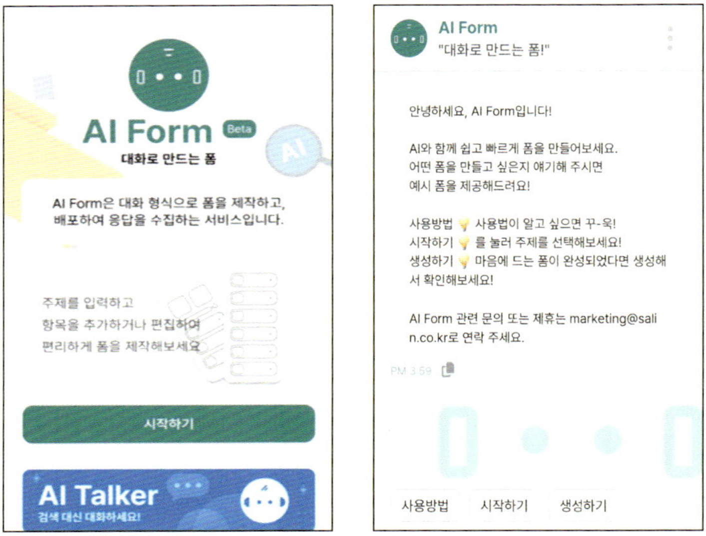

[그림16] AI Form 시작화면(출처 : ㈜살린)

② 폼 생성 방법

사용자가 'AI Talker 데모 신청서를 요청'이라고 입력하면, AI Form이 자동으로 항목을 생성한다. 사용자가 '4. 문의 내용을 입력하세요!' 항목을 'AI Talker 데모 용도'로 변경 요청하면, AI Form이 스스로 폼 내용을 변경한다. 사용자가 폼 내용을 확인하고, '생성하기'를 요청하면 AI Form의 URL 링크가 생성된다. 사용자는 URL 링크를 배포해, 신청서를 접수 받는다.

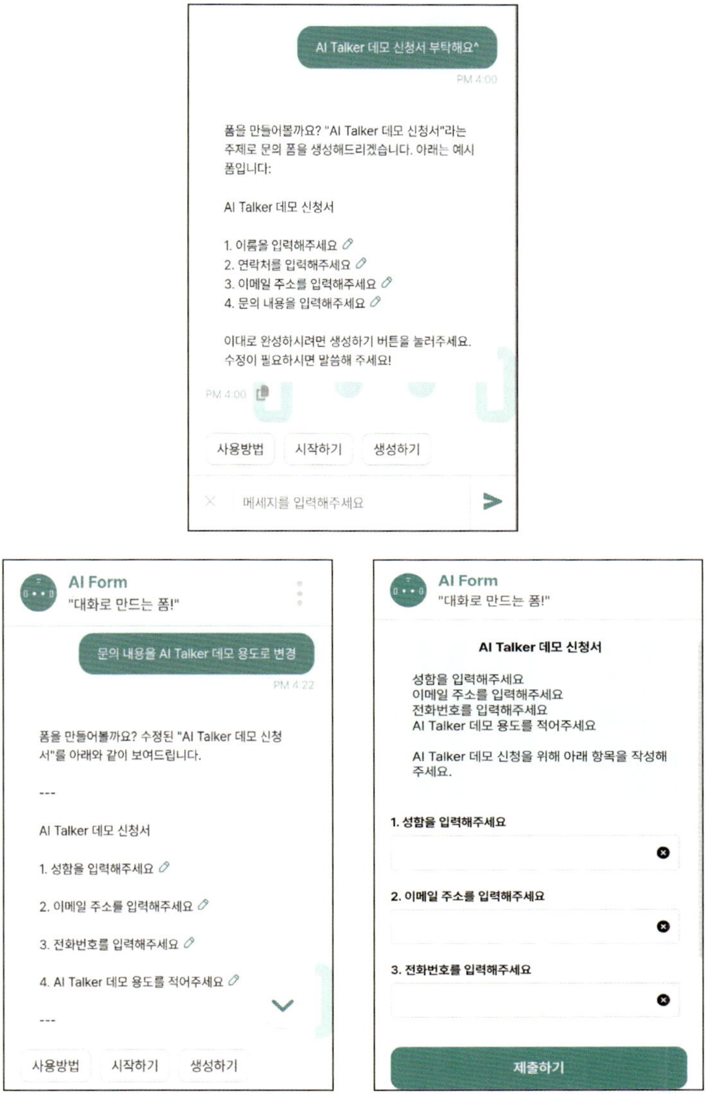

[그림17] AI Form 작성 방법 및 결과 예시(출처 : ㈜살린)

(3) 네이버·구글 폼과의 비교

① 대화형 제작 방식

네이버 폼과 구글 폼은 사용자가 항목을 일일이 추가하고 구성해야 하는 반면, AI Form은 자연어 입력만으로 AI가 폼이나 설문을 자동으로 생성한다. 복잡한 구성도 대화형 인터페이스를 통해 간단히 수정하거나 확장할 수 있어 사용 편의성이 높다.

② 자동화된 질문 추천

AI Form는 주제나 목적을 입력하면 AI가 관련 항목과 질문을 자동으로 추천한다. 네이버 폼이나 구글 폼은 이 기능이 없어 사용자가 직접 모든 항목을 설계해야 한다.

③ 맞춤형 설계 지원

AI Form는 사용자 요구에 맞춰 질문의 내용, 형식, 흐름을 실시간으로 조정하며, 특정 목적에 최적화된 폼과 설문을 생성할 수 있다. 네이버 폼과 구글 폼은 템플릿 중심의 정적인 설계 방식을 채택하고 있다.

④ AI 기반 데이터 분석 확장성

AI Form는 데이터 수집뿐만 아니라, AI를 활용해 수집된 데이터를 분석하거나 요약하는 기능을 확장할 수 있다. 반면, 네이버 폼과 구글 폼은 데이터 수집 후 별도의 분석 툴이나 수작업이 필요하다.

2) AI Survey 소개 및 예시(대화로 만드는 설문)

'AI Survey'는 설문 주제와 목적만 입력하면, AI가 설문 항목을 자동으로 추천하고 구성해주는 새로운 설문 제작 서비스이다. 설문 제작의 복잡한 과정을 간소화하며, 사용자와 AI 간의 대화를 통해 설문을 완성할 수 있어, 프로그래밍 지식이 전혀 필요하지 않다. 설문이 완성되면 간단한 링크를 통해 배포하거나 웹사이트에 삽입해 손쉽게 활용할 수 있다. 또한 설문 결과는 AI가 자동으로 분석해 의미 있는 인사이트(Insight)를 도출해 설문 활용도를 제고 한다.

* 공식 사이트 https://aisurvey.mirrordays.com

(1) AI Survey는 이렇게 작동한다

① 설문 주제와 목적 입력

AI가 "설문 제목은 무엇인가요?", "이 설문의 주요 목적은 무엇인가요?", "설문 대상은 누구인가요?"와 같은 질문을 통해 설문 제작 과정을 시작한다. 사용자가 주제를 간단히 입력하면, AI가 주제에 적합한 항목을 구성한다. 예를 들어, "직원 만족도 조사를 만들고 싶어요"라고 입력하면 업무 환경, 팀 협력, 복지에 대한 질문을 자동으로 추천한다.

② AI의 질문 추천

AI는 입력된 설문 주제를 기반으로 적합한 질문을 설계하고 추천한다. 예를 들어, '고객 만족도 조사'를 설정하면 다음과 같은 항목을 생성한다.

"우리 제품이 기대에 얼마나 부합했나요?"(1~5점 척도)
"가장 만족한 서비스는 무엇인가요?"(주관식)
"추가로 개선이 필요한 점을 말씀해주세요."(주관식)

사용자는 필요에 따라 항목을 수정하거나 추가할 수 있으며, 모든 과정은 대화형 인터페이스로 진행된다.

③ 설문 배포 및 응답 수집

완성된 설문은 간단한 링크로 배포하거나 웹사이트에 삽입해 응답 데이터를 실시간으로 수집할 수 있다.

④ AI 기반 결과 분석

설문 데이터가 수집되면, AI가 응답 내용을 자동으로 분석해 유의미한 인사이트를 도출한다.

예를 들어, '고객 만족도 조사'의 결과에서 가장 높은 점수를 받은 서비스와 개선이 필요한 부분을 요약하고, 주요 패턴과 트렌드를 제시한다.

AI는 주관식 응답에서 핵심 키워드를 추출하거나, 응답 분포를 시각적으로 요약해 의사결정에 활용할 수 있도록 지원한다.

(2) AI Survey의 주요 활용 사례와 특징

AI Survey는 설문 조사 제작과 데이터 분석이 필요한 다양한 상황에서 유용하게 활용될 수 있다.

- 직원 만족도 조사 : 업무 환경, 복지, 팀워크에 대한 의견을 수집하고, AI 분석으로 주요 개선점을 도출한다.
- 고객 만족도 조사 : 제품, 서비스, 브랜드 경험에 대한 고객 피드백을 수집하고, 응답 내용을 요약해 개선 방향 제안한다.
- 교육 프로그램 평가 : 교육 내용, 강사 전문성, 만족도를 평가하고, 응답 패턴을 분석해 교육 품질 개선에 활용한다.
- 신제품 설문조사 : 신제품에 대한 첫인상, 개선점, 추천 의사 등을 조사해 제품 개발 전략에 반영한다.

(3) AI Survey 예시

① 시작 화면

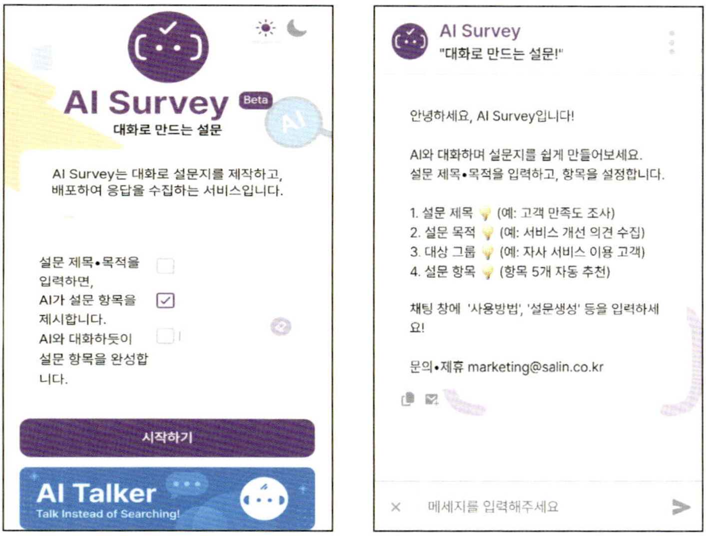

[그림18] AI Survey 시작화면(출처 : ㈜살린)

② 설문 생성 방법

사용자가 'OO 피자 조사'라고 입력하면, AI Survey가 사용자에게 설문 주최자와 설문주제를 질문한다. 사용자가 답변을 입력하면, AI Survery가 설문 항목을 자동으로 생성한다.

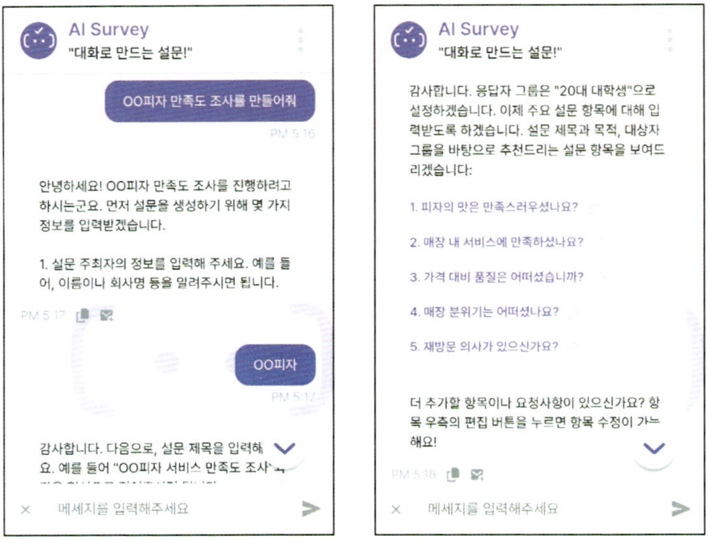

[그림19] AI Survey 작성 방법 예시(출처 : ㈜살린)

③ 설문 생성 및 배포 화면

사용자가 '설문 미리보기'를 통해서 설문 내용을 확인하고, '생성하기'를 클릭하면 설문을 배포할 URL이 생성된다. URL을 설문 대상자에게 배포한다.

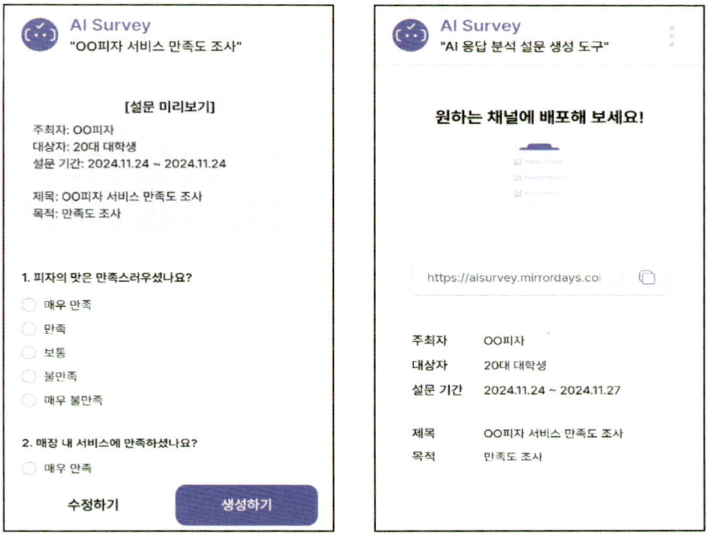

[그림20] AI Survey 생성 및 배포 예시(출처 : ㈜살린)

3) AI Briefer 소개(파일 전송부터 요약, 검색까지)

AI Briefer는 단순히 파일을 전송하는 것에서 그치지 않고, AI 기술을 활용해 파일 내용을 자동으로 요약하고 검색할 수 있는 새로운 방식의 파일 공유 서비스이다. 사용자는 이메일처럼 직관적으로 파일을 첨부하고 전송할 수 있으며, 수신자는 파일의 내용을 열어보지 않고도 AI가 제공하는 요약을 통해 핵심 정보를 빠르게 확인할 수 있다.

또한 수신자는 파일 내에서 특정 키워드를 검색하거나, 대화형 인터페이스를 통해 특정 주제나 항목에 대한 질문을 입력해 원하는 정보를 정확하고 신속하게 찾을 수 있다. 이러한 기능은 긴 문서나 복잡한 파일을 공유할 때 정보를 빠르고 효율적으로 활용할 수 있도록 지원한다.

* 공식 사이트 https://aibriefer.com

(1) AI Briefer는 이렇게 작동한다

① 파일 전송 및 공유

사용자는 AI Briefer를 통해 PDF, PPT, DOC 등 다양한 형식의 파일을 첨부해 이메일처럼 간편하게 전송할 수 있다. 전송된 파일은 URL 형태로 공유되며, 수신자는 링크를 통해 파일에 접근할 수 있다.

② AI 기반 파일 요약

수신자는 받은 파일을 다운로드하지 않아도, AI가 파일의 주요 내용을 요약해 제공해 준다. 긴 문서를 읽지 않아도 핵심 정보를 빠르게 확인할 수 있어, 생산성을 크게 향상시킬 수 있다.

③ 파일 내용 검색

수신자는 대화형 인터페이스를 통해 파일 내에서 원하는 키워드나 정보를 직접 검색할 수 있다. 예를 들어, "주요 제품 기능을 알려줘" 또는 "정책 변경 사항을 요약해줘"와 같은 요청을 통해 필요한 정보를 즉시 확인할 수 있다.

④ 다국어 지원 및 보안

AI Briefer는 다국어 파일 요약과 검색을 지원해 글로벌 사용자를 대상으로 높은 접근성을 제공한다. 또한 비밀번호 설정 및 파일 만료 기한 설정을 통해 파일 보안성을 강화한다.

5. AI Talker 파트너 프로그램

AI Talker 파트너 프로그램은 혁신적인 AI 기술을 다양한 산업과 비즈니스 환경에 접목하는 동시에 공공기관, 민간기업, 학교 및 학원, 소상공인과 개인 사용자에게 실질적이고 폭넓은 혜택을 제공하기 위한 공익적 비전을 중심으로 설계됐다. 이 프로그램은 단순히 비즈니스 협력을 넘어 파트너와 함께 보다 인간적인 기술을 구현하고, 다양한 산업 분야에서 AI 에이전트를 활용해 사용자 경험을 개선하고 삶의 질을 높이는 것을 목표로 한다.

1) R&D 파트너 프로그램

AI Talker의 R&D 파트너 프로그램은 혁신적인 기술 개발과 산업 맞춤형 시나리오를 공동으로 연구·개발해 새로운 시장을 창출하고, 사용자에게 실질적인 혜택을 제공하는 데 목적이 있다. 공공기관, 교육기관, 민간기업 등 다양한 파트너와 협력해 각 산업의 독특한 요구사항을 충족시키는 AI 솔루션을 만들어내는 것이 이 프로그램의 핵심이다.

R&D 파트너십은 AI Talker가 단순히 현재의 기술적 한계에 머무르지 않고, 산업별 요구를 깊이 이해하며 새로운 가능성을 열어가는 협력 모델을 제시한다. 혁신적인 기술 개발과 맞춤형 솔루션을 통해 AI Talker는 파트너와 함께 다양한 사용자에게 혜택을 제공하고, 사회적 가치를 창출하는 데 초점을 맞추고 있다.

* R&D 파트너 문의 : ㈜살린, marketing@salin.co.kr, https://www.aitalker.co.kr

(1) 공공기관과의 협력

공공기관은 시민들에게 신속하고 정확한 서비스를 제공하기 위해 AI 기술을 도입하는 데 점점 더 큰 관심을 보이고 있다.

예를 들어, 공공 민원 응대 챗봇을 개발하면 시민들이 복잡한 민원 절차를 보다 쉽게 이해하고 실시간으로 응답을 받을 수 있다. 이를 통해 공공기관은 민원 처리 속도를 대폭 개선하고 서비스 품질을 높일 수 있다. 또한 다문화 가정을 위한 다국어 번역 및 상담 서비스를 개발하면 외국인 주민들이 공공서비스에 쉽게 접근할 수 있도록 돕는다. 이는 사회적 포용성을 확대하며, 공공기관의 이미지 제고에도 기여한다.

공공기관이 R&D 파트너십에 참여할 경우, AI 기술에 대한 노하우를 확보할 뿐만 아니라 데이터 활용을 통해 더 나은 정책 설계와 서비스를 제공할 수 있다. AI Talker는 이를 통해 공공서비스 성공 사례를 축적하고 기술 신뢰도를 강화한다.

(2) 대학, 학원 등 교육기관과의 협력

교육기관과의 협력은 학생들에게 개별화된 학습 경험을 제공하고, 교사의 업무를 효율화하는 데 큰 가치를 제공한다.

예를 들어, 학생 맞춤형 학습 상담 AI는 학생의 학습 데이터를 분석해 적합한 학습 계획과 진로 상담을 제공할 수 있다. 이는 학생 개개인의 학습 효율성을 높이고 학업 성취도를 향상시킬 수 있다. 또한 교사를 위한 학습 관리 도구를 개발하면 학생들의 학습 데이터를 보다 쉽게 분석하고 효과적인 수업 전략을 수립하는 데 도움을 줄 수 있다.

교육기관이 R&D 파트너십에 참여할 경우, 최신 AI 기술을 활용해 경쟁력을 강화하고 학생들과 교사들에게 차별화된 학습 경험을 제공할 수 있다. AI Talker는 이러한 협력을 통해 교육 분야의 성공 사례를 확보하고, 기술의 활용 가능성을 더욱 확대한다.

(3) R&D 파트너십 참여의 주요 혜택

R&D 파트너십에 참여하는 기관과 기업은 기술적 노하우를 공유받아 독자적인 기술력을 확보할 수 있다. 또한 공동으로 개발된 기술에 대해 특허를 공유하며 이를 통해 독점적 경쟁력을 확보할 수 있다. 파트너는 자신의 비즈니스나 산업에 특화된 맞춤형 AI 솔루션을 설계할 수 있으며, AI Talker는 이를 통해 고객층과 기술 역량을 더욱 확장한다. 파일럿 프로젝트에 우선적으로 참여할 수 있는 기회도 제공돼 혁신적인 기술을 시장에 선보이는 데 앞장설 수 있다.

(4) R&D 파트너십의 사회적 가치

AI Talker의 R&D 파트너십은 단순히 기술적 협력을 넘어 사회적 가치를 창출하는 데 초점을 맞춘다. 공공기관과의 협력은 사회적 포용성을 확대하고, 교육기관과의 협력은 차세대 인재 양성에 기여하며, 민간기업과의 협력은 산업 경쟁력을 강화한다. 이러한 성과는 AI Talker의 기술 신뢰도를 높이고, 파트너에게는 사회적 책임을 다하는 이미지를 부여한다.

결론적으로, AI Talker의 R&D 파트너 프로그램은 공공기관, 교육기관, 민간기업과 함께 산업과 사회를 혁신하며, 사용자에게 실질적인 혜택을 제공하는 중요한 협력 모델이다. 이는 AI 기술이 단순한 발전을 넘어, 사용자의 삶에 긍정적인 변화를 이끌어낼 수 있음을 보여준다.

2) 기술 파트너 프로그램

AI Talker의 기술 파트너 프로그램은 민간기업이 AI 기술을 활용해 다양한 비즈니스 시스템(CRM, ERP, MES 등)과 통합하고, 산업별 맞춤형 AI 에이전트를 개발하는 데 중점을 둔다. 이 프로그램은 각 기업의 고유한 운영 프로세스와 데이터를 AI 기술과 결합함으로써 기업의 운영 효율성을 극대화하고, 고객 경험을 혁신적으로 개선하는 데 기여한다. 기술 파트너십은 기업의 디지털 전환을 가속화하는 동시에 AI Talker가 산업별 기술 솔루션을 확장하는 기회를 제공한다.

기술 파트너 프로그램의 가장 큰 특징은 CRM, ERP, MES와 같은 핵심 비즈니스 시스템과의 긴밀한 연동을 통해 기업이 기존 시스템의 데이터를 더욱 효과적으로 활용할 수 있도록 돕는 것이다. 이를 통해 운영 프로세스를 최적화하고, 기업이 직면한 다양한 문제를 AI 기반으로 해결할 수 있는 새로운 가능성을 제시한다.

* 기술 파트너 문의 : ㈜살린, marketing@salin.co.kr, https://www.aitalker.co.kr

3) 컨설팅 및 판매 파트너 프로그램

AI Talker의 컨설팅 및 판매 파트너 프로그램은 고객이 AI 기술을 성공적으로 도입할 수 있도록 구매와 도입 과정에 집중적으로 지원하는 프로그램이다. 이 프로그램은 다양한 산업과 규모의 기업 및 기관을 대상으로 설계됐으며, 고객의 비즈니스 환경과 목표에 맞춘 최적의 솔루션을 제공하는 것을 목표로 한다. 파트너는 고객의 요구를 분석하고, 맞춤형 솔루션을 설계하며, 구매와 도입의 전 과정을 체계적으로 지원하는 중요한 역할을 맡는다.

* 컨설팅/판매 파트너 문의 : 디지털융합교육원 mdkorea@naver.com

(1) 고객 맞춤형 AI 도입 컨설팅

컨설팅 과정은 고객의 환경과 요구를 면밀히 분석하고, AI Talker 솔루션이 제공할 수 있는 가치를 설계하는 데 초점을 둡니다. 파트너는 고객의 운영 상황을 깊이 이해한 후, 적합한 AI 도입 전략을 수립한다.

먼저, 고객의 운영 프로세스와 기존 시스템을 분석해 AI Talker가 효과적으로 적용될 수 있는 가능성을 평가한다. 데이터 구조, 기술 인프라, 그리고 고객의 비즈니스 목표를 기반으로 도입 준비 상태를 진단하고 이를 바탕으로 최적의 접근 방식을 제안한다. 이후 고객의 니즈를 반영한 맞춤형 솔루션을 설계한다. 고객 응대 자동화, 내부 워크플로 최적화, 다국어 지원 등 고객사의 특수한 비즈니스 요구를 충족시킬 수 있는 AI 에이전트를 제안하며, 필요에 따라 CRM, ERP 등의 기존 시스템과의 연동 방안도 포함한다. 이러한 맞춤형 컨설팅은 AI Talker가 단순한 기술 도구를 넘어 고객의 운영과 성과를 실질적으로 향상시키는 도구로 자리 잡도록 돕는다.

(2) 구매 및 도입 과정 지원

컨설팅 이후에는 고객이 AI Talker 솔루션을 원활히 구매하고 도입할 수 있도록 모든 실행 단계를 체계적으로 관리한다. 파트너는 도입 계획을 수립하고 실행을 지원하며 고객의 비즈니스 환경에 적합한 방식으로 AI Talker를 적용한다.

도입 과정에서는 데이터 통합, 시스템 설정, 초기 테스트 등의 단계를 거쳐 AI Talker가 고객의 기존 시스템과 완벽히 연동될 수 있도록 지원한다. 특히 제한된 환경에서의 시범 운영을 통해 초기 성과를 평가하고 고객의 피드백을 수집한다. 이를 기반으로 솔루션의 세부 사항을 조정해 최적의 성능을 보장한다.

또한 구매 지원 및 사용자 트레이닝을 제공해 고객이 AI Talker의 기본 기능을 빠르게 익히고 활용할 수 있도록 돕습니다. 간단한 사용 가이드와 기본적인 자료를 제공하며, 고객이 도입 초기부터 AI Talker를 효과적으로 사용할 수 있는 환경을 조성한다.

(3) 파트너의 혜택

컨설팅 및 판매 파트너는 AI Talker 도입 과정에서 핵심적인 역할을 맡아 고객에게 실질적인 가치를 제공하는 동시에, AI Talker와 함께 성장할 수 있는 기회를 얻게 된다. 파트너는 컨설팅 실적에 따라 수익 배분과 성과 인센티브를 받을 수 있으며, AI Talker의 기능과 기술에 대한 심층 교육을 통해 효과적으로 컨설팅과 판매를 진행할 수 있도록 지원받는다. 또한 공동 마케팅 캠페인과 브랜딩 자료를 활용해 파트너의 브랜드 가치를 높이고, 시장에서 입지를 확대할 수 있는 기회도 제공한다.

Epilogue

기술은 끊임없이 변화하며, 우리가 그 변화를 어떻게 활용하느냐에 따라 그 가치가 결정된다. AI Talker가 여러분의 일상과 업무 그리고 사회 전체에 긍정적인 변화를 만들어가는 동반자가 되기를 바란다.

더 나은 세상, 더 나은 내일을 향해 함께 나아가자. 감사하다.